Das Alphabet als Code
Wörter und Zahlen

1297820
919
238120
235
1955
OCLDI

Christian Reder

Das Alphabet als Code
Wörter und Zahlen

KOMET

Für Ingrid Z. und Ingrid R.

Lektorat
Sonja Paschen

Computerberatung
Martin Bezwoda

Programmierung
Helge Hergesell
Digitalis, Graz

Frontispiz
Brigitte Kowanz
Licht ist was man sieht/
Light is what we see –
Addition, 1999
Acrylglas, Neon
92 x 146 x 16 cm
Foto
Matthias Herrmann

Sonderausgabe für KOMET
MA-Service und Verlagsgesellschaft
mbh, Frechen

Gesamtherstellung: KOMET
MA-Service und Verlagsgesellschaft
mbH, Frechen

ISBN 3-89836-118-7

Thema	eins
Alpha, Bravo, Charlie	neun
x y z	fünfzehn
Codes, Chiffren	dreiunddreißig
Enigma, Colossus, M-209	dreiundfünfzig
Zahlenreihen, Muster	einundsechzig
Kabbala, Alchemie	siebenundsiebzig
Gleichungen, Ketten	siebenundneunzig
Wörter I, 27–180	einhundertsechzehn
Übertragen	einhundertfünfundzwanzig
Egalisieren	einhundertdreiunddreißig
Selbstbezüge	einhunderteinundfünfzig
Englisch	einhunderteinundsechzig
Wörter II, 27–180	einhundertsiebzig
Ägyptisch, Griechisch, Lateinisch	einhundertneunundsiebzig
Hebräisch, Arabisch, Persisch	einhundertfünfundneunzig
Zeugen I	zweihundertdreizehn
Zeugen II	zweihundertneunundzwanzig
Zeugen III	zweihundertneunundvierzig

Eigenschaften	zweihundertneunundsechzig
Wörter III, 27–270	zweihundertachtundsiebzig
Relationen, Strukturen	zweihundertsiebenundachtzig
Netze, Punkte, Impulse	zweihundertsiebenundneunzig
Räume, Töne, Bilder	dreihundertdrei
Zeit, Abläufe, Aktionen	dreihundertsiebenundzwanzig
Wörter IV, 27–210	dreihundertdreißig
Sprechen, Artikulieren, Rechnen	dreihundertsiebenunddreißig
Zählen, Sammeln, Ordnen	dreihundertneunundvierzig
Paare, Serien, Zufälle	dreihundertneunundfünfzig
Wörter V, 27–351	dreihundertachtundsechzig
Wahrnehmen, Negieren, Verstehen	dreihunderteinundachtzig
Literatur	vierhunderteins
Index: Codierte Wörter	vierhundertzehn
Personenregister	vierhundertsechsunddreißig

a 1	b 2	c 3	d 4	e 5
f 6	g 7	h 8	i 9	j 10
k 11	l 12	m 13	n 14	o 15
p 16	q 17	r 18	s 19	t 20
u 21	v 22	w 23	x 24	y 25
z 26				

Diese Texte beschäftigen sich mit Buchstaben und Ziffern, mit Wörtern und Zahlen, mit dem Alphabet. Ausgangspunkte sind, wie bei einer physikalisch-statistischen Betrachtung, die Einzelteile und deren Bewegungen, die Kombinationsmöglichkeiten. Untersucht werden strukturelle Beziehungen des Materials, das für schriftlich fixierbare Mitteilungen zur Verfügung steht.

Der erzählende, kommentierende Teil folgt verzweigten, oft undeutlichen Spuren davon, welche Wortmuster sich aus Berechnungen ergeben und wie sie sich anderswo bemerkbar machen. Im Kern geht es um die 36 grundlegenden Schrift- und Zahlzeichen und ihre gemeinsamen Aussagemöglichkeiten. Das Interesse gilt Codierungen und der Frage, mit welcher Wahrscheinlichkeit auf Wortbeziehungen gestützte Bedeutungen entstehen, wenn die Zeichen „selbsttätig", aufgrund ihrer Position in der Struktur, Ordnung herstellen.

Als zweite Ebene wird daher auf ein eigens erstelltes Wörterbuch zurückgegriffen *(Wörter I–V)*, aufgebaut als Matrix und Index, in das Wörter nach ihrem vom Alphabet bestimmten Eigenwert aufgenommen sind. Das macht mathematisch festgelegte Strukturen und Konstellationen sichtbar, die den eingeübten Umgang mit dem Raum zwischen Wörtern und dabei auftretenden Assoziationen irritieren. Es sind nicht wie üblich die Anfangsbuchstaben bestimmend, sondern jeder einzelne von ihnen, mit seiner Doppelfunktion als Schrift- und Zahlzeichen. Die Beziehungen jedes Wortes ergeben sich damit aus dem Konstruktionsprinzip des Alphabets, aus seiner Reihenfolge. Wie ein Wort, im technischen Sinn, zusammengesetzt ist, bleibt präsent. Sein Zeichencharakter gewinnt an Kontur. Damit gelingt es auch, Zahlen zum Sprechen zu bringen.

Die Wörter stehen für sich, wie codierte Bildpunkte, aus denen etwas Zusammengesetztes entstehen könnte. Gleichzeitig öffnet sich ihr Selbstbezug, sobald andere neben ihnen auftauchen. Die Integration von zwei für die Kommunikation essentiellen Zeichensystemen führt zu gemeinsamen Äußerungen, die überprüfbar machen, inwieweit solche Wortfolgen Ansätze erzeugen. Weil so viele plausible Relationen auftauchen, obwohl eine „sinnlose" Kausalität die Ursache ist, fällt es schwer, sie als berechnet zurückzuweisen und ihnen bloße Zufälligkeit zuzubilligen, ob nun Sinn und Unsinn, richtig und falsch oder passend und weniger passend als Oppositionen herangezogen werden. Unterscheidungsfähigkeit und Urteilsbildung werden gefordert. Das ergibt Analogien zu Transfers zwischen verschieden codierten Zonen, zu den dabei auftretenden Unvereinbarkeiten. Die entstehenden Effekte demonstrieren, wie reflexhaft derartiges wahrgenommen wird, und provozieren die Unterscheidung von sinnvollen und sinnfernen Systemauswirkungen, als über Wiederholung wirksam werdende Mustererkennung. *Unsinnig* können die Ergebnisse sein, aber – bei korrekter Berechnung – nicht *falsch*. Die Künstlichkeit solcher Beziehungen wird von der zugrundeliegenden Ordnung automatisch hergestellt. Mehr oder minder abgenutzte, in verschiedenster weise belastete Wörter werden neu gemischt, durch ein Medium, das nicht lügen kann.

Wegen dieser Orientierung auf Automation, auf eine subjektlose Mechanik, bilden die Anfänge moderner Codierungsverfahren, als entscheidende Impulse zur Computerentwicklung, den gedanklichen Einstieg. Die strukturalistische Argumentation – von der Sprache, als Grundmuster sozialer Mechanismen, bis zur Selbstreferenz von Zeichen und zur Rolle des Beobachters – wird mitgedacht, im Sinne eines Tests für die Übertragbarkeit und als Gegenfrage zu aufgestellten Behauptungen. Das gleiche gilt für Theorien zur Selbstorganisation und Selbstreproduktion, der Autopoiesis, und ihre Anwendung auf das Alphabet. Das dafür notwendige offensive Öffnen gegenüber dem Paradoxen wendet sich gegen die immer häufiger auftauchende finale Bedeutung dieses Begriffs als Erklärung für alles, das nicht mehr geklärt zu werden braucht. Um dies zu bestärken, wird fallweise auf die Fiktion zurückgegriffen, eine spätere Archäologie des Wissens, der vom Sprachgebrauch nichts mehr bekannt ist, würde aufgefundene Schrift-Artefakte nach deren numerischen Strukturen verstehen wollen. Dadurch wird deutlicher, was es auslöst, wenn Ordnungen konstruiert, dekonstruiert und rekonstruiert werden, wenn offensichtliche Unordnung als Ordnung dechiffriert werden kann, einschließlich der Fallen, in die ein Herstellen von Zusammenhängen führt.

Durch Rückbezüge auf griechische, hebräische, lateinische oder arabische Zahlenschriften wird der Raum erweitert, die Parallelität und Identität von Zahl und Buchstabe anhand solcher Schriftkulturen nachgezeichnet. Einen besonderen Stellenwert haben kabbalistische Methoden, als Beispiel für eine akribisch vom Buchstaben ausgehende Theorie der Schrift. Mit Bezügen zur Moderne, zu Literatur, zu Musik, zu Architektur, zu bildender Kunst wird erkundet, welche Unterschiede eines berechnenden Denkens und mathematisch analysierter Strukturen sich andeuten. Die Allgegenwart der Zahl, die nichts anderes als Mengen bezeichnet, wird in experimenteller Weise dazu benutzt, Schrift als System von Relationen aufzufassen, die mit dieser Begründung neu gesehen werden können.

Einfache Rechnungen reichen aus, um die auf pythagoräisches Denken zurückgehende Verbindung von Mathematik mit Theologie, von Kalkül und Gläubigkeit in Feldern zu verfolgen, die für gewöhnlich nicht als berechenbar gelten. Damit wird Berechenbarkeit als solche einbezogen. Sich anbietende Tendenzen zur Esoterik führen sich von selbst ad absurdum. Trotzdem wird offenkundig, wieviel Metaphysisches aus dem mentalen Archiv von Beobachtern abgerufen wird, als Wiedererkennen gespeicherter Relationen. Für falsche Sinnstiftungen ergeben sich laufend Beispiele; interessanter aber sind die Strukturen verborgener Bedeutungsschichten, die als Beispiel für vieles stehen, einschließlich einer Beachtung des Unsinnigen.

Zur *Logik des Sinns* hat etwa Gilles Deleuze schon in Zeiten durcheinandergeratender Orientierungsmuster differenzierte Argumente geliefert. Die Art der Fragestellung sei entscheidend. Er geht nicht davon aus, „daß Unsinn einen Sinn hat, der darin besteht, keinen zu haben", denn „mit der Annahme, daß Unsinn seinen eigenen Sinn aussagt, möchten wir ganz im Gegenteil darauf hinweisen, daß Sinn und Unsinn in einem besonderen Verhältnis zueinander stehen, das nicht dem Verhältnis von wahr und falsch nachgebildet werden kann, d. h. das nicht einfach als ein Ausschlußverhältnis begriffen werden kann". Die Aufgabe bestehe eben darin, „die prä-individuellen und unpersönlichen Singularitäten zum Sprechen zu bringen, kurz, den Sinn zu produzieren". „Die Paradoxa sind Zerstreuungen, Entspannungen nur, wenn man sie als Initiativen des Denkens begreift."[1] Für Richard Rorty ist es signifikant, daß sich dabei weiterhin entweder ironische oder metaphysische Tendenzen bemerkbar machen; im einen Fall sind „radikale und unaufhörliche Zweifel" am Vokabular bestimmend, während im anderen vorausgesetzt wird, daß es Sicherheit bietet, „daß es nicht auf die

Sprache ankommt, sondern darauf, was *wahr* ist". Es gehe oft gar nicht so sehr um Sätze, sondern darum, „Vokabulare gegeneinander auszuspielen". Denn: „Alle Menschen tragen ein Sortiment von Wörtern mit sich herum, das sie zur Rechtfertigung ihrer Handlungen, Überzeugungen und ihres Lebens einsetzen. Es sind die Wörter, in denen wir das Lob unserer Freunde, die Verachtung für unsere Feinde, unsere Zukunftspläne, unsere innersten Selbstzweifel und unsere kühnsten Hoffnungen formulieren." Selbst liberale Metaphysiker wünschten sich „ein abschließendes Vokabular", wie Rorty es nennt, „mit einer inneren organischen Struktur" und hätten die Hoffnung, „daß Ironie nicht mehr nötig sein wird". Für Ironiker wiederum „kann als Kritik an einem abschließenden Vokabular nur ein anderes solches Vokabular dienen; Antwort auf eine Neubeschreibung kann nur eine neue Neubeschreibung der Neubeschreibung sein".[2] Es geht also, so wie in den folgenden Texten, um eine Auseinandersetzung mit Statik. Ein Ansatzpunkt dafür ist ein ähnliches Wort: Statistik. Sie macht erkennbar, wieviel Dynamik in vermeintlicher Statik verborgen sein kann.

Verführend ist, daß es beim Zählen leichter weitergeht als beim Denken und Schreiben. Gleichzeitig wird eine Intensivierung der Suche nach richtigen Wörtern forciert. Wörter wie Fundstücke zu behandeln, macht sie kostbarer. Aber erst das *Gesetz der großen Zahl* zeigt, zu welchen Wahrscheinlichkeiten es tatsächlich kommt. Das macht das Unberechenbare von Sprache greifbarer. Der Begriff des Spiels, als Gegenmodell zu Arbeit, ist in diesen oft lange unterbrochenen „Vermessungen" sonderbarerweise nie dominierend gewesen, es waren eher Konzentrationsübungen, Untersuchungen zum Bedeutungstransfer. Trotzdem gibt es Parallelen, am ehesten zu Schach. Es geht um die Stellungen der

Figuren (der Wörter) zueinander. Die Freude an kleinen Entdeckungen entspricht jener über den richtigen Zug. Es wird kein Gegner gebraucht. Wörter zu berechnen, sie durch interessantere Versionen zu ersetzen, ohne deswegen gleich Sätze bilden zu müssen, ist eine Politik der kleinen Schritte und – im wörtlichen Sinn – eine Ersatzhandlung. Dagegen hat es innere Widerstände, Aggressionen, Unsinnigkeitsbehauptungen gegeben. Die Beschäftigung mit den Eigengesetzlichkeiten von Institutionen, mit dem Unverständlichen, Irrationalen, das als Blockade oder als Öffnung in Erscheinung treten kann, und die latente Abwesenheit von (wenigstens irgendwie argumentierbarer) Genauigkeit haben aber ermunternd gewirkt. Solcherart bestimmte Funktionsweisen einer weitgehend unveränderbaren Grundstruktur offenzulegen, ist lange als privates, eher peripheres Testgebiet aufgefaßt worden. Schließlich hat es einen Abschluß und eine knappe, verschiedene Felder skizzierende Kommentierung verlangt. Das entstandene künstliche Gehirn, ein provisorisches Modell berechnender Denkvorgänge mit berechneten Wörtern, kann wieder alleingelassen werden. Für Fragen steht es weiterhin zur Verfügung. Es ist durchaus imstande, für ausbaufähige Gedankenfolgen Impulse zu setzen, und demonstriert zugleich, wie einfach es ist, mit diesen oder anderen als durchaus konsistent geltenden Methoden Bedeutung zu produzieren und vorgefaßte Meinungen zu bestätigen.

Bedeutung müßte anders entstehen. Das ist auch so, manchmal. Die mehrfach determinierten Sprachstrukturen lassen sich aber nicht so leicht überlisten. Am Ausdruck *production of meaning* zum Beispiel wird deutlich, wie auch dessen Distanziertheit nicht davor schützt, daß die bezeichneten Sachverhalte diffus bleiben, völlig abhängig vom Gebrauch, vom Tonfall. Aus *meaning* wird in der Übersetzung *Sinn,*

Bedeutung, Meinung, Absicht, Wille, Zweck, Signifikanz. Jedes Zeichen verweist auf andere; jedes Wörterbuch definiert durch Verweise auf andere Wörter. Das Code-System des Alphabets „definiert" durch eine eigene Art von Verweisen: Mit *Bedeutung* ist nach dem hier dargestellten Verfahren *göttlich, zufällig* und *langweilig* (Code 99) rechnerisch verbunden. Sogar über Sprachgrenzen hinweg liefert es weitere Bezüge; *meaning* (Code 63), dieses offenere Wort für derartige Sachverhalte, ist mit *Beweis, Markt* und *Erfolg* in einem solchen System gleichrangig.

Das Alphabet als Code behandelt also Aspekte des Künstlichen. Die rechnerische Codierung unterwirft jedes ausgewiesene Ergebnis einer zwingenden Gesetzmäßigkeit. Das soll, trotz dieser Beschränkung verbaler Freiheiten, beobachtbar machen, was unter derartigen – inhaltlich a priori belanglosen, aber methodisch korrekten – Prämissen im Spielraum von Notwendigkeit und Unabhängigkeit vor sich geht. Verbunden damit ist ein Erkunden von Strukturen, der rechnerisch feststellbaren Zusammenhänge in gegebenen Datenmengen, der Nähe und Ferne von Wortbedeutungen, eines Verstehens ohne Verwendung von Grammatik. Wörter werden wie Markierungen auf einer Landkarte behandelt; ihnen zugeordnete Zahlen bezeichnen die Position in einem Koordinatensystem. Sie lassen sich auch als aufgelistete Programmierungsdaten lesen, deren Interpretation erst bei Weiterlaufen der Operationen plausibler würde. Bevor es dazu kommt, sind sie bloß gespeicherte Vorstellungen. Viele der Konstellationen erscheinen erstaunlich *natürlich; künstlich* wirken sie vor allem dann, wenn sich keine halbwegs plausiblen Entsprechungen ergeben.

Inwieweit paradoxe Vorgehensweisen Muster erzeugen, die den Umgang mit Zeichen bereichern, ob sie nun als Vermittlung zwischen Oberflächen- und Tiefenstruktur aufgefaßt werden, als experimentelle Kombination einer sprachlichen und einer rechnerischen Ebene oder als Projektionsfläche für ein eingelerntes Wiedererkennen, ist Thema der folgenden, nur lose vernetzten Kapitel, die bei Codes und Geheimschriften beginnen und verschiedenste Zugänge zu einer Mathematisierung von Zeichen einbeziehen. Sie können auch als Parabel über Wahrscheinlichkeiten und Trefferquoten oder über Strukturen, die sich ihre Antworten selbst geben, gelesen werden.

Sichtbar wird, wie sich Kalkulationen auf die Beziehungen der Wörter selbst auswirken. Sichtbar wird, inwieweit es für ein berechnendes Denken etwas ändert, ob es zählt oder nicht.

1 Gilles Deleuze: Logik des Sinns (Logique du sens, 1969). 1993. S. 94, 100, 101
2 Richard Rorty: Kontingenz, Ironie und Solidarität (Contingency, irony, and solidarity, 1989). 1993. S. 127, 129, 130, 135, 127, 157, 138

Wenn buchstabiert werden muß, soll ein Verstehen durch Verdeutlichen, Verlangsamen und Wiederholen gesichert werden. Bei atmosphärischen Störungen oder sprachlichen Verständigungsschwierigkeiten wird das einzelne Zeichen wieder wichtig. Zuerst geht es um Präzision, dann erst um Geschwindigkeit. Das dafür im internationalen Sprechfunkverkehr gebräuchliche Alphabet wird zur eigenen Sprache: Alpha, Bravo, Charlie, Delta, Echo, Foxtrott, Golf, Hotel, India, Juliet, Kilo, Lima, Mike, November, Oscar, Papa, Quebec, Romeo, Sierra, Tango, Uniform, Victor, Whiskey, X-Ray, Yankee, Zulu. Der Standardsatz, um sicher zu gehen, ist: *Say again; Reason* die gleichbleibende Ankündigung einer Begründung. *Pan-pan* heißt Dringlichkeit, *Mayday* Notsituation. Mit einem Tag im Mai hat letzteres übrigens nichts zu tun, es leitet sich als Lautfolge aus dem Französischen her, von *m'aider* („Helft mir“).[1]

Zu dieser formelhaften Kommunikation kommt es, weil gerade im Flug- oder Schiffsverkehr jedes Mißverständnis, jeder falsche Eingriff gravierende Folgen haben kann; beim Militär ohnehin. Die noch von Menschen übernommene High-Tech-Kommunikation darf sich von maschinellem Reagieren nicht unterscheiden; je unmerklicher sie sich einfügt, desto besser scheint alles unter Kontrolle zu sein. Passagiere bekommen nur das zu hören, was für sie bestimmt ist. Über die inhaltliche Struktur solcher Kürzel macht sich vermutlich kaum jemand Gedanken, obwohl sich daraus diverse Szenarien verborgener Bedeutungen entwickeln ließen. Ein Vater (Papa), vier Männer (Charlie, Mike, Oscar, Victor – die Söhne?) und ein Liebespaar – Romeo und Juliet – treten auf, ferner ein Yankee und ein Zulu, vom Meer (Golf, Delta) und von Bergen (Sierra, Echo) ist die Rede, von Whiskey natürlich, von der Uniform, von Freizeit und Erinnerungen (Hotel, Foxtrott, Tango, Bravo,

Golf spielen, Kilo), von, je nach Standort, fernen Ländern (Griechenland, Kanada, Indien, Peru). November steht für einen nebligen Monat, X-Ray für das Vertrauen in die Technik. Alle Erdteile sind repräsentiert, die anglo-amerikanischen Namen und Begriffe stehen offenbar für Universalität. Kunst wird durch den Hinweis auf Shakespeare einbezogen; Juliet ist das einzige weibliche Wesen. Niemand ruft ängstlich Mama. Die Mutter scheint tot zu sein, an ihre Stelle, die ominöse dreizehnte, genau in der Mitte des Alphabets, ist Mike getreten.

Da es bei diesen Codes ausschließlich um die international möglichst verständliche Bezeichnung von Buchstaben geht und nicht um eine andere Symbolik, löst sich eine Interpretation vom Gebrauch ab. Völlig auf die Funktionsweisen komplexer Systeme hin orientiert, handelt es sich um eine Sprachregelung, die nur in speziellen Fällen angewendet wird. In der Praxis genügt ein Wiedererkennen, jede Nebenbedeutung würde stören. Diese Wörter sollen gut zu merken und unverwechselbar sein, mehr brauchen sie nicht zu können. Ausschlaggebend ist ihre phonetische Wirkung. Sie sind alphabetisch gereihte Anfangslaute, die mit einer zufällig wirkenden Bedeutung verknüpft sind, so wie das schon in den ältesten Schriftkulturen üblich war. Nur hat deren Entstehungsgeschichte für diese Praxis keinerlei Relevanz, es sei denn als ein Beispiel bisher entwickelter Symboltechniken. Bei zeitlich und räumlich entgrenzter Betrachtung visueller und akustischer Kommunikationsformen wird *Schrift* zum Sonderfall; ihre Stellung als vermeintlich zentrales Kriterium für Kultur relativiert sich radikal. Gesprochene Buchstaben-Codes beziehen sich auf sie, wären in schriftlicher Form aber eine unnötige Verkomplizierung. Außer ihrem Platz in einer festgelegten Abfolge haben sie keine sinnstiftenden Beziehungen zueinander; sie sind bloß Teile des Alphabets, und ein Alphabet ist die festgelegte Reihenfolge der Schriftzeichen einer Sprache; unter Piloten wird Alpha und Omega zu Alpha und Oscar.

Ihre Verwendung steht einem Berechnen näher als einem Argumentieren. Es werden Signale übermittelt und in Anweisungen verwandelt, so komprimiert wie möglich, Ausdruck eines rationellen Umgangs mit Zeit. Trotz aller unterbrochener Kontinuitäten ergibt das Bezugspunkte zu den ältesten Zeichensetzungen, jenen zur Zeitrechnung, zur Orientierung, als Ausdruck einer Vorstellung von Welt. Gezählt und gemessen wurde, lange bevor von Schreiben die Rede sein kann. In einer auf das Potential von Schrift und Poetik ausgerichteten Darstellung wird das so zusammengefaßt: „Die ältesten bis jetzt bekannten Zeichensysteme sind Kalender; älter noch als die steinzeitlichen Felsmalereien in Westeuropa, die auf 35 000 bis 10 000 Jahre vor unserer Zeitrechnung zurückgehen. Erst die bemalten Kiesel aus der letzten Eiszeit aber, die von den azilischen Jägern in Frankreich und Spanien um 8000 benutzt wurden, scheinen eine weitere Stufe in einer Entwicklung darzustellen, die zur Schrift führt – flache Steine mit Punkten, Wellen und Strichen aus rotem Ocker, von denen man jedoch nicht mit Bestimmtheit sagen kann, ob sie zum Zählen, als Opfergaben oder Spielfiguren verwendet wurden. Im Nahen Osten benützten die Bauern zur gleichen Zeit bereits komplexere Notationsformen; in zwei Ausgrabungsstätten im Iran stieß man auf Kugeln, Halbkugeln, Kegel und Scheiben aus Ton mit eingeritzten Linien und Punkten, die man auf 8500 datiert. Es ist anzunehmen, daß sie zum Auflisten von Herden und Ernteerträgen dienten.“[2] Daß einer der frühesten Belege für ein Zahlensystem, ein 11 000 Jahre alter Werkzeuggriff aus Knochen, auf dem in Gruppen geordnete Kerben sogar einen unerklärlichen, vielleicht auch zufälligen Abschnitt mit allen Primzahlen zwischen 10 und 20 enthalten, im heutigen Zaire gefunden wurde, macht die Enge von auf Hochkulturen fixierten Betrachtungsweisen deutlich.[3] Von vielen prähistorischen Höhlenzeichnungen in Indien und Frankreich wird angenommen, daß sie mathematische Muster enthalten.[4] Der mindestens 20 000 Jahre alte Wolfsknochen aus Vestonice in der jetzigen Tschechischen Republik gilt mit seinen 55 Kerben, die in zwei Reihen in Fünfergruppen aufgeteilt sind, als eine der ältesten „Rechenmaschinen".[5] In Stanley Kubricks Film *2001: Odyssee im Weltraum* verwandelt sich ein solcher in die Luft geschleuderter Knochen in ein Raumschiff, zur Parabel für weiträumige, ein Menschsein charakterisierende Relationen.

Aus der Erfassung von Regelhaftigkeit und dem Interesse an Vollständigkeit, bezogen auf kosmische Erscheinungen und im Alltag wichtige Mengen, ergibt sich also ein vages gedankliches Kontinuum. Der Umgang mit Zeichen drückt solche Ansprüche aus. Nur kann, was in einem Flugzeug Sinn macht, anderswo unbrauchbar sein, obwohl die exakte Einhaltung von Regeln, Wortfolgen, Check-Listen gerade für spezialisierte, hochtechnisierte Arbeitsfelder als ideale Verhaltensnorm gilt. Etwas möglichst genau zu nehmen, ist an Zahlen gebunden, mit buchstäblich oder wörtlich hat es oft überhaupt nichts zu tun, wegen der Distanz der Buchstaben, Wörter, Sätze zu dem, was mit ihnen gemeint sein kann. Der Unterschied zwischen Bezeichnendem und Bezeichnetem ist bekanntlich nicht aufzuheben, solange es auf etwas anderes, nicht bloß auf sich selbst verweist. In der buchstäblichen Befolgung von Gesetzen, Regeln, Verträgen, Vereinbarungen wird manchmal Sicherheit, manchmal eine Bedrohung gesehen. Allzu wörtliche, peinlich genaue Auslegung gilt in weiten Bereichen als sturer, selbständiges Denken ausschaltender Formalismus. Beim Umgang mit Zahlen ist das nicht so. Als Inbegriff von Genauigkeit müssen sie manipuliert werden, wenn sie nicht zum gewünschten Ergebnis passen.

Daß sich Rechnungen als richtig oder falsch herausstellen, ist trotzdem Grundlage jeder Wissensvermittlung. Dieses Muster wird hier auf Schrift und Schriftlichkeit und eine damit behauptbare Präzision übertragen. Auch bei einer kybernetischen Betrachtungsweise gibt es die Tendenz, so zu tun, als ob alles seine Ordnung hätte. Eines ergibt das andere, als Selbstbezug, als Automatik von Funktionsweisen einzelner Systeme. Selbst Chaos wird nicht mit dem Zufall gleichgesetzt. „Es besteht aus *scheinbar* zufälligem Verhalten, das auf präzise Regeln zurückzuführen ist. Chaos ist eine verschlüsselte Form von Ordnung."[6]

Die 26 Buchstaben des von westlichen Kulturen propagierten Alphabets sind Grundelemente zugehöriger Ordnungsmanien. Im antiquiert gewordenen Begriff *Homme de lettres* ist einiges solcher nicht mehr korrelierender, aber eine Kausalität unterstellender Bezüge enthalten; der Buchstabe selbst, die Schrift, der Brief, die Literatur, die Abwesenheit des Weiblichen, der Ausschluß von Analphabeten und unzugänglichen Kommunikationsformen. Ausgangspunkt ist das einzelne Zeichen, das einfach ein Bild, einen Laut oder eine Lautverbindung wiedergibt, als eigene, vom Ton, vom Geräusch und von der bezeichneten Sache unterschiedene Form. Ohne Struktur bliebe es unverständlich.

1 David Crystal: Die Cambridge Enzyklopädie der Sprache (1987). 1995. S. 57
2 Raoul Schrott: Die Erfindung der Poesie. 1997. S. 25f.
3 Wolfgang Blum: Die Grammatik der Logik. 1999. S. 17
4 Paul Strathern: Pythagoras & sein Satz (1997). 1999. S. 24
5 Georges Ifrah: Universalgeschichte der Zahlen (1981). 1986. S. 14
6 Ian Stewart: Die Zahlen der Natur (1995). 1998. S. 147

An der folgenden, zur Verdeutlichung der Argumentation konzipierten Zusammenstellung von Zeichen würde selbst unter Bedingungen einer fiktiven, von vorgeprägten symbolischen Bezügen befreiten Beobachtung irgendwann auffallen, daß die Beziehungen untereinander Zusammenhänge ergeben, die Konsequenz einer strengen Systematik sind. Inwieweit einer solchen Logik gefolgt werden kann, ist eine andere Sache. Indem unterstellt wird, daß es sich um einen Fund handelt, der viel später einmal zum Gegenstand einer Archäologie des Wissens wird, läßt sich eine fiktive Distanz erzeugen.

Ein Sinn erschließt sich nicht unmittelbar. Der Raster verweist auf Ordnung. Die Regelmäßigkeit mancher Zeichen kann als Abschnitt von Reihenfolgen interpretiert werden. Um Zufälliges könnte es sich nur handeln, wenn sich keine Notwendigkeit, keine Absicht, kein Grund für diese Anordnung erkennen oder nachweisen ließe.

Analytiker von Symbolen würden einen solchen Fund wahrscheinlich für ein Ideogramm halten (Seite 16) und ihn so angehen: In 12 Feldern gibt es 12 Zeichen, also einen Bezug zur Zeit, zum Universum. Die abgebildeten Zeichen bestehen aus einem, aus zwei, drei oder vier Einzelzeichen (1 + 2 + 3 + 4 = 10; ein Hinweis auf das Dezimalsystem, auf Zählen und Rechnen). Als Einzelzeichen fallen einem vor allem x und y auf. Ihre Anordnung oben und in der Mitte hebt sie heraus. Eines weist in vier, das andere in drei Richtungen. Für sich genommen lassen sich beide als Fixierung von Punkten lesen, in denen sich etwas verbindet, etwas kreuzt, an denen Orientierung notwendig ist und Richtungsänderungen stattfinden oder möglich sind.

Die andere Art von Zeichen – 24, 25, 26 – ist offenbar Teil einer Reihe. Zwei identische Gruppen begrenzen das Zentrum und die Basis

Ideogramm I			
	24	x	24
	25	y	25
	26	Gen	26
	Bild	Hand	Code

der Konstruktion. Die Verdoppelung links und rechts betont Verbindungen zu einem speziellen Ordnungssystem. Die restlichen Zeichen gehören offensichtlich einem anderen an. Bei x und y ist das nicht so sicher, sie könnten in jede der beiden Zeichengruppen passen oder eine eigene bilden.

Die komplexeren, aus jeweils drei oder vier Einzelzeichen bestehenden Gruppen bilden ein Dreieck. Es läßt sich als Spitze eines größeren, sich ausweitenden Gebildes interpretieren, das in die Zone der anderen Zeichen eindringt oder sich von ihnen ablöst. Beziehungen über Grenzen hinweg spielen also eine Rolle.

Wenn die Kenntnis einer Unterscheidung von Buchstaben und Ziffern vorausgesetzt wird, gewinnen solche Vermutungen an Kontur. Das gebräuchlichste Alphabet der hiermit analysierten Epoche hat 26 Buchstaben. Mit den 10 Ziffern bildet es einen Grundstock von 36 Zeichen.

a	b	c	d	e	f	g	h	i	j	k	l	m	n	o	p	q	r	s	t	u	v	w	x	y	z
1	2	3	4	5	6	7	8	9	10	11	12	13	14	15	16	17	18	19	20	21	22	23	24	25	26

Zahlencodes der Buchstaben nach ihrem Stellenwert im Alphabet

Aufgrund anderer Funde, so die Hypothese, läßt sich rekonstruieren, daß x der 24. Buchstabe dieses Alphabets ist und y der 25. Der letzte, das z, fehlt hier.

An seiner Stelle steht das Wort Gen. Dies deswegen, weil die Übersetzung des Stellenwertes der einzelnen Buchstaben im Alphabet für Gen den Wert 26 ergibt. G steht an 7., e an 5. und n an 14. Stelle. Die Summe dieser Zahlenwerte jedes Buchstabens von Gen ist 26. Statt Gen könnte auch 7-5-14 geschrieben werden, statt Bild 2-9-12-4.

Anhand solcher Analysen dieser damit verfügbaren Daten ließe sich das Alphabet – sollte es einmal nicht mehr entschlüsselbar sein – rekonstruieren. Die Hälfte seiner Buchstaben sind in der Montage enthalten, es würde also möglich, durch Berechnungen aufgefundener Wörter und den Stellenwert der Buchstaben seine Struktur neu zu erschließen, bis es wieder vollständig verständlich wird.

Die Reihenfolge des Alphabets ist durch eine schon lange nicht mehr in Frage gestellte Konvention eindeutig festgelegt. Dadurch hat jeder Buchstabe einen bestimmten Stellenwert, andernfalls wäre er irgendein zusammenhangloses Zeichen. Die Verbindung zwischen Buchstaben und Zahlen ergibt sich also bereits aus dieser Grundkonstellation. Auf den sich daraus ergebenden Werten basieren alle hier zugrundegelegten Berechnungen zu den Beziehungen von Wörtern und Zahlen.

Solche Verknüpfungen von zwei Zeichensystemen erscheinen nur unüblich, wenn die Struktur des Alphabets mit ihren durch Zahlen bestimmten Relationen ausgeblendet bleibt. Damit würde aber die ursprünglich viele Kulturen prägende, enge, bis zur völligen Identität gehende Beziehung von Ziffer und Buchstabe genauso negiert wie die Grundlage moderner Informationssysteme, das Alphabet mit zwei Zeichen (0-1), bei dem durch binäre Codierung verschiedene Zeichensysteme (Buchstaben und Ziffern) integriert werden. Jedes elektronische Bild, jede elektronische Information ist Ergebnis solcher nicht direkt wahrnehmbarer Verwandlungen. Statt Zahlen und Buchstaben steuern Impulse diese Prozesse. Die Gleichbehandlung von Buchstaben, Ziffern, Sonderzeichen, Bildern, Tönen, Geräuschen ist dabei der normale Vorgang. Daß Buchstaben und Ziffern in vermischter Weise gebraucht werden, ist für die Aufzeichnung von Musik genauso bestimmend wie für die Mathematik, die Physik, die Chemie. Daß Algebra im ursprünglichen Sinn die Lehre von den Gleichungen und ihrer Auflösung ist, spielt mit herein; ebenso, daß sie inzwischen auch jenen Teil der Mathematik umfaßt, der sich mit den durch Verknüpfungen definierten mathematischen Strukturen befaßt. Im etymologischen Bild von der Einrenkung gebrochener Teile, von der Wiederherstellung von Gleichheit, der normalen Gleichungsform (vom arabischen *al-gabr)* spiegelt sich das alles wider; inklusive einer grundlegenden Vorstellung von Einheit.

Dem Formelhaften an solchen Verfahren wird im weiteren dadurch entsprochen, daß in die Klassifizierung und Argumentation einbezogene Wörter und deren Zahlencodes integriert geschrieben werden. Über den Index der codierten Wörter und die Worttabellen lassen sich Zusammenhänge überprüfen und weitere aufspüren. Jeder Zahlencode$_{93}$ verweist auf die ihm zugrundeliegende Ordnung$_{93}$, auf eine spezielle Art der Abrechnung$_{93}$ – aber auch auf Phantasie$_{93}$.

Zahlencode$_{93}$
Ordnung$_{93}$
Abrechnung$_{93}$
Phantasie$_{93}$

Somit ergeben sich numerisch begründete Verzweigungen, Wortpaare, Wortfelder, Wortserien, die sich auf die Konstruktionsprinzipien der Zeichen zurückführen lassen. Wörter bestärken einander, erweitern die Bezüge, bilden Gegengewichte. Ihre autonomen Komponenten transformieren sich zu dialogischen Bezügen. Ein anderer Ton tritt hinzu. Grundlage dafür ist reine Berechnung, ist der Stellenwert jedes Buchstabens im Alphabet. Ohne diesen hätte es keine Ordnung, könnte nicht als System für Wortbildungen und ein von ihm abgeleitetes Schreiben und Lesen gebraucht werden. Durch das Herausstellen codierter Wörter wird diese zweite Ebene, die Rechenebene, visualisiert. Für rund um Wörter aufgebaute Feststellungen liefert sie Alternativen, Austauschmöglichkeiten, Bestätigungen, den Berechnungsbezug verlassende Assoziationen, obwohl nicht mehr dahintersteckt als eine Kombination von Rechengrößen. Die Differenz zwischen Schrift, Bild und Zahl wird in experimenteller Weise aufgehoben, um von elementaren Regeln produzierte Resultate in Räumen des Verbalen, des Begrifflichen zur Verfügung zu haben, als Befragungsmaterial. Berührungspunkte schriftanalytischer Traditionen mit Auffassungen der Moderne eröffnen Felder für weitere

Zahl$_{47}$
Dialog$_{48}$
Ton$_{49}$
zusammenrechnen$_{179}$
versinnbildlichen$_{179}$

Verhaltensforschung$_{235}$
Archäologie des Wissens$_{235}$
Perspektivenwechsel$_{235}$

Reflexionen über das Signifikante daran, über (mathematisch erzeugte) Gewißheiten, die paradox sind und trotzdem als Impulse für Perspektivenwechsel wirken können.

die Schrift$_{101}$
Mathematik$_{101}$ Programm$_{101}$
System$_{101}$ Register$_{101}$
Transfer$_{101}$ Diskurs$_{101}$
Zeugung$_{101}$ Zeugnis$_{101}$
Gewissen$_{101}$ Jenseits$_{101}$

Wie zur Bekräftigung der Folgerichtigkeit solcher inneren logischen (tatsächlich bloß wahrscheinlichkeitsabhängigen) Zusammenhänge entsteht aus dem Zahlencode von Wörtern zur binären Codierung in elektronischen Systemen (0-1) folgendes Bedeutungsfeld: *die Schrift*$_{101}$, Mathematik$_{101}$, Programm$_{101}$, System$_{101}$, Register$_{101}$, Transfer$_{101}$, Diskurs$_{101}$, Zeugung$_{101}$. Ausgehend vom Register$_{101}$ erweitern sich die inhaltlichen Bezüge zu Zeugnis$_{101}$, zu Gewissen$_{101}$ und Jenseits$_{101}$. Das Gewissen$_{101}$ ist determiniert durch Tatbestände, die als verboten$_{101}$ und ungerecht$_{101}$ bezeichnet werden. Ein Scheitern$_{101}$ scheint unausweichlich. Daß 101 außerdem zu den Primzahlen gehört, die für Codierungen immer wichtiger geworden sind, ist ein weiterer auffallender Aspekt.

Bild$_{27}$ + Hand$_{27}$ + Code$_{27}$
= Buchstabe$_{81}$

Ausgedrückt als $O_{15}-L_{12}$ (=27), eine bisweilen übliche Darstellungsalternative, ergibt sich eine unmittelbare Beziehung mit Bild$_{27}$, Hand$_{27}$, Code$_{27}$. Codiert verweisen sie in Summe auf Buchstabe$_{81}$. Solche Beispiele sind Ausschnitte aus den Berechnungstabellen *(Wörter I–V)*, auf die sich diese Texte beziehen, um ein „mathematisiertes" Wörterbuch numerischer Beziehungen zur Verfügung zu haben.

Nicht Ursprung, Sinn, Aussage, Bedeutung, Lautbilder oder Gebrauch sind dabei Ursache für Nachbarschaften und Reihen, sondern die Buchstaben selbst. Sie bilden die Ausgangspunkte für Mikroanalysen. Bevor es um das Wort geht, geht es um dessen einzelne Zeichen. Daß die Laute der gesprochenen Sprache Anlaß für schriftliche Fixierungen bilden, wird vorerst negiert, so als ob es sich um eine Sprache handeln würde, deren Grammatik und Aussprache unbekannt ist.

Durch die Bewertung der Buchstaben tritt scheinbar Unzusammenhängendes in Beziehung zueinander. In einem Wörterbuch oder Lexikon ist das nicht anders. Statt der Anfangsbuchstaben oder der Regeln für den Satzbau bestimmen nachvollziehbare Rechenoperationen die Positionierung. Nichts läßt sich voraussagen, alles muß ausprobiert werden. Die Überraschung ergibt sich erst mit dem Ergebnis. Die Suche nach plausibleren Konstellationen läßt sich nicht beenden. Nur mit der Begrenzung der Wortanzahl wird einer Beliebigkeit entgegengearbeitet.

Alle in der hier vorangestellten Montage sichtbaren Zahlen ergeben den Wert 150; alle Buchstaben ergeben den Wert 150 plus 6. Diese bloß leicht verschobene Symmetrie kann als Hinweis auf die Gleichwertigkeit beider Zeichensysteme verstanden werden. Die Abweichung von 6 entspricht der Zahl der Felder für Buchstaben und für Zahlen in diesem Beispiel. 6 x 6 steht für die 36 grundlegenden Schrift- und Zahlzeichen; 360 für den Kreis und die Kugel.

150 ist auch die Summe von weiblich$_{71}$ und männlich$_{79}$, von schreiben$_{83}$ und rechnen$_{67}$. Verständnis$_{150}$ und Grenzübergang$_{150}$ können hier zugeordnet werden oder die Vorgänge selbst, als bürokratisch$_{150}$ und geheimnisvoll$_{150}$. 156, der sich ergebende Buchstabenwert, steht für Bewußtsein$_{156}$, für Naturgesetz$_{156}$, für Fortschritt$_{156}$, für Singularität$_{156}$, aber auch dafür, daß es viele reale und fiktive Parallelwelten$_{156}$ gibt.

schreiben$_{83}$ + rechnen$_{67}$
= wiedererkennen$_{150}$

Sogar Ursprungsmythen passen in diesen Raster. Daß – nach Rousseau – der erste sprechende Mensch, „der eigentliche Gründer der Gesellschaft", jener gewesen ist, der auf den Gedanken gekommen war, ein Stück Land einzuzäunen und „Dieses ist mein ..." zu sagen – ein „verhängnisvolles Wort", wie betont wird –, ergibt auf der berechenbaren Ebene einen exakten Zusammenhang von Wort und Wert. „Dieses ist mein …"$_{150}$ hat den Zahlencode 150, so wie Wiedererkennen$_{150}$.[1] Im französischen Original verweist das emphatische *ceci est à moi*$_{102}$ codiert darauf, was mit ihm beginnt, auf *histoire*$_{103}$. Auch im Englischen entsprechen sich *name*$_{33}$, *fence*$_{33}$ und *gate*$_{33}$. Untermauert wird dies durch die frühen Beispiele konventionalisierter symbolischer Zeichensysteme, etwa die sumerischen Tontafeln, die offenbar Landverkäufe, geschäftliche Transaktionen und die Steuerbuchhaltung dokumentieren.

Die 12 Felder und 12 vorkommenden Ziffern beziehen die Einteilung der Zeit mit ein, die 12 Monate des Jahres und die 2 x 12 Stunden des Tages. $x_{24} + y_{25}$ ergibt als Zahlenwert 49, also 7 x 7, ein Hinweis auf die Woche. Woche$_{54}$ und Sieben$_{54}$ haben, als Wörter, denselben Code. Das Wort Zeit$_{60}$ verbindet Kreis- und Raumeinteilungen (360°) mit den 60 Sekunden der Minute und den 60 Minuten der Stunde. Die 12 Felder sind in 360 (der Kreis, die Kugel, 360 Winkelgrade) 30mal enthalten, analog zu den Tagen des Monats und des Jahres. Das Wort Grad$_{30}$ hat den Code 30. Daß die verwendeten Wörter zusammen den Code 107 haben, verbindet sie mit verwandt$_{107}$, mit geheimhalten$_{107}$, mit Erdoberfläche$_{107}$.

Eine solche Beweisführung läßt sich nicht falsifizieren. Alles ergibt sich einfach; aus den Regeln und einem Suchen und Finden.

Die vier eingetragenen Wörter, die sich am Ende des Alphabets aus solchen Berechnungen ergeben, deuten ein elementares Geschehen an. Das könnte leicht als Ausdruck einer dahinterstehenden Logik gewertet werden. Zwölf Zeichen genügen also, um solche Zusammenhänge zu suggerieren. Das Gen$_{26}$ – als Träger genetischer Programmierung – steht für Determiniertheiten aller Art. Es können aus ihm aber sehende (Bild), tätige (Hand) und denkende (Code) Wesen entstehen. Bild$_{27}$,

Hand_{27} und Code_{27}, durch ihre Zahlenwerte als gleichwertig deklariert, wirken also wie ein Programm zivilisatorischer Grundvorstellungen, trotz oder gerade wegen der Berechenbarkeit solcher Ergebnisse.

Statt Gen_{26}, gleichwertig mit z_{26}, steht in anderen Sprachen zum Beispiel God_{26} oder Eli_{26}, der Gott der letzten Worte von Jesus (*Eli, Eli, lema sabachtani?* „Mein Gott, mein Gott, warum hast du mich verlassen?“, *Matthäus* 27, 46). Auch nach hebräischer Zählung, auf die noch eingegangen wird, ergibt sich für den Gottesnamen 26, die Jenseitszahl: *Jod-He-Waw-He* (10 + 5 + 6 + 5 = 26).[2] Sogar der Bär_{26}, häufiges Totemtier von Schamanen, paßt in diesen Raster. Indem Gene, „die elementaren sinnvollen Stücke der genetischen Nachricht“, die bei Fehlen von Mutationen identische Kopien ihrer selbst reproduzieren, also „potentiell unsterblich“ sind, in einen solchen Bezug geraten, verstärkt sich der Anschein einer elementaren Dramaturgie, die auch den Zufall miteinschließt.[3]

Eine beschwörend-profane Gegenformel dazu wäre die Gleichung: $\text{Welle}_{57} + \text{Teilchen}_{76} = \text{Intelligenz}_{133}$. Sie beruft sich, streng physikalisch, ausschließlich auf statistische Wahrscheinlichkeit. Buchstaben werden wie meßbare Quanten behandelt. Daß sie sich zu einem „Ding“, einem verständlichen Zeichen zusammenfügen und mit anderen verstehbare Relationen bilden, entspricht dem Übergang von mikrophysikalischen Zuständen in feste Formen von Materie. Aus dem Wort_{76} und seiner Physik_{88} (=164) bildet sich eine die *gleiche Wellenlänge*$_{164}$ betonende $\text{Beziehungslehre}_{164}$.

Indem derartiges überhaupt beachtet wird, deklariert sich ein Interesse. Zusammenhänge zu sehen, wo keine sind, um dadurch die latente Bereitschaft dazu in Frage zu stellen, als Unterscheidung aussagefähiger

$\text{Welle}_{57} + \text{Teilchen}_{76}$

$= \text{Intelligenz}_{133}$

$\text{Wort}_{76} + \text{Physik}_{88}$

$= \text{Folgerichtigkeit}_{164}$

$= \text{gleiche Wellenlänge}_{164}$

$= \text{Verwandtschaft}_{164}$

$= \text{Beziehungslehre}_{164}$

$\text{Wellenlänge}_{115} = \text{Physik}_{88} + \text{Code}_{27}$

und aussageloser regelhafter Bezüge, macht die Differenz zum Feld der eigentlichen Kontroverse. Daß es nur um Wörter geht, im Sinn Julia Kristevas, die, auf Buchstabenkonstellationen bezogen, vom „semiotischen Würfelspiel" spricht, ermöglicht Distanz.[4] Zugleich wird im Zufall „die Ursache aller Überraschungen" gesehen, wie Paul Valéry betont hat, „die gesichtslose Gottheit", die *divinité sans visage*.[5] Eine naturwissenschaftliche Verbindung dazu liefert die Abkürzung für Quantenelektrodynamik, QED$_{26}$, weil sie ebenfalls ein numerisch gleichwertiges Zeichen ist.[6]

Daß Gen$_{26}$ und Bande$_{26}$ zusammengehören, deutet zugleich auf soziale Grundformen hin (Horde, Familie, Stamm), spiegelt aber auch das Geschehen in DNA-Molekülen (Doppelhelix) wider. Bestärkt wird dieser Bezug durch die Anwesenheit von x$_{24}$ und y$_{25}$, die auch Zeichen für die Geschlechtschromosomen sind, xx$_{48}$ steht für weiblich, xy$_{49}$ für männlich. Mit dem z$_{26}$ korrelieren auch der IQ$_{26}$ (Intelligenzquotient) und QI$_{26}$ (gesprochen: Tschi), der chinesische Begriff für Lebensenergie.

Im Englischen könnte eine Grundformel für Buchstaben- und Zahlenbezüge etwa aussehen wie Ideogramm II. Die Struktur bleibt gleich, die Aussagen verändern sich.

Die Summe der eingetragenen Zahlen (150) entspricht dem Wort *understanding*$_{150}$; die Summe der Buchstabenwerte (156) dem Wort *generalization*$_{156}$. Diese versteckte Botschaft deutet auf eine Allgemeinverbindlichkeit hin. *God*$_{26}$ steht an exponierter Stelle, gleichwertig mit z$_{26}$. Daß das Wort *job*$_{27}$, als Inbegriff einer Arbeitsform ohne additive Berufserfahrung, einen so zentralen Platz einnimmt, flankiert vom *code*$_{27}$ (für Programm, für Kontrolle) und von *ball*$_{27}$ (für das Zufällige), könnte als Ausdruck sozialkritischer Traditionen gewertet werden,

Ideogramm II

24	x	24
25	y	25
26	god	26
code	job	ball

international übertragbar, so wie diese Wörter. Dennoch scheint sich, stärker als beim ersten Beispiel, in angelsächsischen Sprachstrukturen etwas Spielerisches ausgeprägt zu haben, eine andere Art von Humor. Dieser Anschein ist logischerweise purer Unsinn: Jeder dadurch provozierte Symbolismus, mit Rückschlüssen auf vermeintliche kulturelle Eigenheiten, wird zur Falle. Es steht kein Sinn dahinter, nur eine für gewöhnlich nicht wahrgenommene Systematik der Zeichen.

In beiden hier primär einbezogenen Sprachen kommt es also am Ende des Alphabets, wo sich Buchstaben zu Wörtern befreien, zu elementar wirkenden Konstellationen: Am Anfang war das Wort, am Anfang war das Bild, am Anfang war die Tat, am Anfang war die Gruppe (die Bande), am Anfang war Energie. Am Anfang war Gott und sein Spiel. Zeitgenössische Entsprechungen dafür finden sich in der Physik („Am Anfang war das Teilchen", „Am Anfang war die Symmetrie")[7], bei

Schwingung 125
Mechanismus 125
Hemmschwelle 126
Vollendung 126
Symmetrie 127
Alternative 127
Unordnung 128
Normalität 128

Sartre („Die Gruppe ist der Anfang der Menschheit"), bei Lacan („Im Anfang war die Sprache"), bei Roland Barthes, für den das z „der Buchstabe der Verletzung" ist.[8]

Solche sprachlich-rechnerisch ordnenden Konstellationen provozieren also einen bestimmten Blick auf Sachverhalte, bei denen die unterschwelligen Bezüge der gewählten Systematik eine Rolle spielen. Da sie künstlich hergestellt werden, wird ihre Künstlichkeit sichtbar. Sie können aber auch als ohnehin vorhanden behandelt werden. Mehr oder minder verborgene mathematische Ordnungen machen also deutlich, daß es im Umgang mit jeder Art von Ordnung Komplikationen gibt. Der Rahmen, von dem aus operiert wird, bestimmt auch die Sichtweise: ob davon ausgegangen wird, daß im Sinn platonischer Denkweisen hinter den Dingen Strukturen existieren, selbst wenn niemand sie beachtet, daß solche universalen Beziehungen in den Dingen selbst manifest sind, wie es ein sich davon distanzierender Realismus annimmt, daß es nur um Begriffe und Rechengrößen geht, ohne irgendeinen unmittelbaren Realitätsbezug; oder ob Strukturen Produkte des Bewußtseins sind, die erst durch die Bereitschaft des Beobachters, der Beobachterin, derartiges wahrzunehmen, erzeugt werden. Vereinfachungen sind dabei unvermeidlich. So wie es hilft, sich Wörter als Objekte vorzustellen, werden auch Gebilde zu Dingen. Dennoch gerät ein spontanes Verstehen mit dem modernen Bewußtsein immer wieder in Konflikt, denn ihm zufolge hängen auch numerisch bestimmbare Ergebnisse von der Relation zwischen Objekt und Betrachter ab. Als Projektionsfläche verstanden, werden die Funktionsweisen nachvollziehbarer. Sie für Wortbeziehungen aufzuzeigen, ist reine Recherchearbeit, Kombinatorik. Ändern läßt sich nichts. Ein Verschweigen, ein Austauschen hieße, etwas zu unterdrücken.

Die Methode ist exakt. Fehler ließen sich leicht entdecken. Ob etwas als mehr oder weniger zueinander passend wahrgenommen wird, ist trotzdem etwas anderes als bei reinen, *gewürfelten* Zufallsergebnissen. Es steckt System dahinter; und das System ist bekannt. Was es produziert, ist autopoietisch (griech. *autos:* selbst; *poiein:* machen), sich selbst herstellend. Die Wahrscheinlichkeiten, die es erzeugt, öffnen systematische Bezüge zum Unsystematischen. Was, weil ungewohnt, als völlig unregelmäßig erscheint, ist, wie bei fraktalen Mustern, auf Regelhaftigkeit zurückführbar. Im Zahlencode von Wörtern manifestiert sich eine Form von Selbstähnlichkeit, die über den logischen Zusammenhang der Zahlen auf andere Ähnlichkeiten verweist, als Verfremdung und als Freilegung ihres Zeichencharakters. Zugleich ergeben sich Testfälle dafür, welche gespeicherten Muster für Aufmerksamkeit und Bedeutung aktiviert werden.

In den beiden „Ideogrammen" wird vieles davon auf engstem Raum als Andeutung konzentriert. Mit einer geschichts- und symbolbezogenen Zugangsweise könnten aus der Zahlenfolge 24, 25, 26 auch die Weihnachtsfeiertage herausgelesen werden. Die Ereignisse in der Nacht vom 24. auf den 25. 12. (in den Strukturbildern repräsentiert durch die 12 Felder) gelten als Anfang der in westlich orientierten Ländern üblichen Zeitrechnung. Der 26. ist der Tag des ersten Märtyrers. x_{24} und y_{25} sind Formen für das Kreuz. Auch das t_{20} gilt als Zeichen für das Kreuz; numerisch entspricht es dem Ich_{20}. Zugleich bilden x_{24} und y_{25} die Basis jedes Koordinatensystems. Als Summe stehen diese Buchstaben auch für $Enigma_{49}$ (Rätsel) – und für $alles_{49}$. Das Wort $Ideogramm_{85}$ scheint das zu wissen, denn es verweist maximalistisch auf $Weltall_{85}$, auf $Wunder_{85}$, auf $Kunst_{85}$.

$Ideogramm_{85}$ $Weltall_{85}$
$Wunder_{85}$ $Kunst_{85}$

Einem Glauben an Ordnung nützen solche Konstellationen. Sie wirken sogar wie ein poetisches Programm, denn aus der Spannung zwischen der „Vernunft der Poesie“ und ihrem Potential, vorzugeben, „ein Paradoxon logisch zu erklären“, entsteht jenes Moment, so ein auf die Gegenwart bezogenes Statement zur Poetik, aufgrund dessen versucht wird, „die ewige Utopie der Dichtung zu verwirklichen; einen poetischen Raum zu schaffen, der auf ein reales Koordinatensystem abbildbar wäre“. „Poetik ist auch eine Physik der Worte.“[9] Daß sie auf Rechnungen basieren könnte, gehört nicht zum akzeptierten Kodex, trotz immer wieder unternommener Versuche. Damit erkennbar werdende Differenzen lenken den Blick auf sie – und auf unberechenbare Formen von Intensität, die sich zum Klangraum der Sprache hin öffnen.

Rechnung $_{90}$
Lagebericht $_{90}$
Lexikon $_{90}$
Ganzheit $_{90}$

Die Linie $_{49}$ (= $x_{24} + y_{25}$), das Kreuz $_{81}$ und der Punkt $_{82}$ oder der Abdruck $_{60}$ der Hand $_{27}$ sind erste von Menschen gemachte Zeichen. Ein Ritzen $_{92}$ von ersten Zählungen scheint einen Anfang von Beziehungen zum Kosmos $_{92}$ zu bezeichnen. Wenn solchen Mustern gefolgt wird, dann tragen Zeichen $_{70}$ und Sprache $_{70}$ rechnerisch in sich, daß sie zusammengehören. Die Menschenrechte $_{140}$ korrelieren mit Zeichensprache $_{140}$.

Handabdruck $_{87}$
Person $_{87}$

Ein von Wellen und Schwingungen ausgehender Physiker wie Erwin Schrödinger wiederum hätte die Gleichung Code $_{27}$ = Gen $_{26}$ + 1, die vom Zeichensystem selbst hergestellt wird, als sonderbare Bestärkung seines fundamentalen, im Krieg, in Dublin, erstmals geäußerten Gedankens heranziehen können, „daß die Codeschrift selber der wirksame Faktor sein muß, der die Entwicklung hervorruft“. In seiner den Gesetzen der statistischen Physik – „als den Gesetzen der Physik überhaupt“ – verpflichteten Beschäftigung mit der Frage *Was ist Leben?* ist er davon ausgegangen, daß in den Chromosomen „in einer Art Code

Code $_{27}$ = Gen $_{26}$ + 1

das vollständige Muster der zukünftigen Entwicklung des Individuums und seines Funktionierens im Reifezustand enthalten“ ist. „Mit dem molekularen Bild des Gens“ sei es also nicht mehr unvereinbar, „wenn der Miniaturcode einem hochkomplizierten und bis ins einzelne bestimmten Entwicklungsplan genau entspricht und irgendwie die Fähigkeit hat, seine Ausführung zu bewerkstelligen“. An anderer Stelle spricht er etwas vorsichtiger davon, „daß in jedem einzelnen Chromosomensatz tatsächlich ein leidlich vollständiger Code des ‚Musters‘ enthalten ist“. Diese Restgröße drückt sich auch in der numerischen Differenz zwischen den Wörtern Code und Gen aus. An den Genen ist ihm vor allem die Abweichung wichtig erschienen: „Wirklich grundlegend ist nach meiner Ansicht eher die Verschiedenheit der Merkmale als das Merkmal selbst.“[10] Die minimale Differenz, um die es im weiteren geht, ist auch in einer aktualisierten Definition das Entscheidende, als Konstellation für Vererbung und Variation; bei Genen wird „deren grundlegende Struktur bei der Fortpflanzung mit geringfügiger Änderung repliziert“.[11]

Fortpflanzung 176
Unsterblichkeit 176

Für *Die Lesbarkeit der Welt,* so Hans Blumenberg, ist der genetische Code zum Inbegriff einer Schrift und einer Grammatik geworden, da zum ersten und einzigen Mal „das Verfahren der Schrift eine präzise Entsprechung in der Natur“ gefunden habe, um „eine beinahe unbegrenzte Vielfalt von Variationen der Bedeutung mit einem kleinen Satz von Elementen darzustellen“. Das hänge aber mit der Beobachtungsweise zusammen, denn ein an Schrift orientierter Blick auf „die Größe der kryptographischen Leistung im Erbvorgang“ verführe zu einer Metaphorik der Lesbarkeit und dazu, den Text endgültig zu entziffern und Entwicklung als Fortschreibung des genetischen Textes aufzufassen. Ein

Natur 74
Ursache 75
Wort 76
Beispiel 77
Zufall 78
Gesetz 82
Schrift 83
Nachricht 84

Denken in Buchstaben genügt dafür nicht mehr. Die einsetzende Distanzierung vom Lesen erfolgt durch Meßwerte, durch einen Prozeß des Sortierens, mit dem „die Wechselwirkungen stereospezifischer Erkennungseigenschaften von Molekülen, die sie zur Bildung geordneter Aggregate veranlassen", erfaßt werden.[12] Es geht um Ordnungen, die von Ordnungen erzeugt und als solche erkannt werden. Auf die kurzfristige Priorität des Buchstabens folgt also auch in solchen Verfahren wieder die Priorität der Zahl.

Statistik$_{128}$ = Zahl$_{47}$ + Buchstabe$_{81}$

Berechnung$_{97}$ Geometrie$_{97}$

Verfahren$_{97}$ Beziehung$_{97}$

Die Statistik$_{128}$, um die es dabei geht, ist ein Produkt von Zahl$_{47}$ und Buchstabe$_{81}$. Aus der Kombination von beiden geht hervor, daß Berechnung$_{97}$ und Geometrie$_{97}$ die geeigneten Verfahren$_{97}$ sind, um über deren oder eine andere Beziehung$_{97}$ etwas auszusagen.

1 Jean Starobinski: Rousseau (1971). 1988. S. 460 („Dieses ist mein")
J.-J. Rousseau: Abhandlung über den Ursprung und die Grundlagen der Ungleichheit unter den Menschen (1755). In: J.-J. Rousseau: Kulturkritische Schriften. 1989. Band I. S. 241 („Das gehört mir", diese modernisierte Übersetzung, entspricht mit ihrem Zahlencode Wörtern wie Organisation $_{142}$, Fruchtbarkeit $_{142}$ und Zusammenhang $_{142}$.)

2 Friedrich Weinreb: Buchstaben des Lebens. Das hebräische Alphabet. 1990. S. 109

3 David Ruelle: Zufall und Chaos (1991). Berlin 1994. S. 212

4 Julia Kristeva. In: Carola Hilmes/Dietrich Mathy (Hg.): Spielzüge des Zufalls. 1994. S. 150

5 Paul Valéry: Cahiers/Hefte (1973/74). 1990. Band IV. S. 71

6 Richard P. Feynmann: QED. Die seltsame Theorie des Lichts und der Materie. 1993

7 Werner Heisenberg: Der Teil und das Ganze (1969). 1991. S. 159

8 Jean-Paul Sartre, Jaques Lacan, Roland Barthes. In: François Dosse: Geschichte des Strukturalismus. 1996/97. Band II. S. 140; Band . S. 359; Band II. S. 82

9 Raoul Schrott: Die Erfindung der Poesie. 1997. S. 412
Raoul Schrott: Fragmente einer Sprache der Dichtung. 1997. S. 29

10 Erwin Schrödinger: Was ist Leben? Die lebende Zelle mit den Augen des Physikers betrachtet (1944). 1999. S. 112, 70, 56, 112, 61, 67

11 Humberto R. Maturana/Francisco J. Varela: Der Baum der Erkenntnis (1984). 1987. S. 78

12 Hans Blumenberg: Die Lesbarkeit der Welt. 1986. S. 381, 383, 406

Stichwort Code: Als Systeme von Regeln und Übereinkünften, die eine Zuordnung von Zeichen verschiedener „Alphabete" erlauben, sind Codierungen – so, wie sie hier thematisiert werden – Transformationsverfahren. Weiter gefaßt sind darunter alle Vorgänge der Reduktion, der Komprimierung, der Verschlüsselung von verbalen und nicht-verbalen Ausdrucksmöglichkeiten zu verstehen, die ihre Ausprägung und Verständlichkeit über die Art hinreichend akzeptierter Zeichen-Konventionen oder kultureller Normen erhalten. Ein Codieren und Decodieren erfolgt weitgehend automatisiert, unbewußt, um verschiedenste Formen von Sprache, um Wahrnehmung, praktisches Handeln, Erfahrungen ordnen zu können. Als in Fluß befindliche Standardisierung ist es Basis für Kompetenz, für einen die jeweiligen Situationen mitreflektierenden Umgang mit Vorstellungs- und Beobachtungszusammenhängen. Mittels seiner Codes prägt jedes Subsystem seine Kommunikationspotentiale; sie bilden eine fluktuierende Kombination von Zeigen und Verbergen.

Am Verständnis von Kultur als der dominierenden Art der Selbstbeschreibung moderner Gesellschaften wird das besonders deutlich, denn aus ihm ergibt sich, daß „Kultur" das sei – so Dirk Baecker –, „was sich an den Lebensweisen der Menschen unterscheiden läßt und in dieser Hinsicht mit den Lebensweisen anderer Menschen verglichen werden kann. Oder kürzer gesagt: ‚Kultur' ist das, was unvergleichbare Lebensweisen vergleichbar macht." Zugleich aber verdeckt dieser Begriff seine Operationsweise, „indem er nicht den Vergleich betont, sondern das Unvergleichbare, nicht den Zweifel, sondern die Identität, nicht das Zufällige, sondern das Authentische. Der moderne Kulturbegriff ist eine Falle. Er lockt mit Orientierung, hat aber nur Ungewißheit zu bieten,

Vergleich 89
Rechnung 90
Realität 91

wie lange die eine Orientierung gegenüber anderen Orientierungen aufrechterhalten werden kann."[1]

Regel 47
Zahl 47
Gedanke 47

Selbst Anarchisch-Uneinsichtigem liegen dabei Regeln zugrunde, sonst könnten Zeichen nicht verstanden werden. Eine kulturwissenschaftliche Umschreibung lautet daher: „Regelhaftigkeit ist notwendige Vorbedingung jeder Kommunikation und damit jeder Form von Gesellschaft und Sinnstiftung. Regeln gibt es immer und überall, wo Menschen zusammenleben. Dafür hat sich der Begriff ‚Code' eingebürgert."[2] *Kultur* insgesamt und natürlich Sprache lassen sich als Geflecht von Mehrfachcodierungen sehen, als von gesellschaftlichen Mechanismen erzeugt; für Kunst sind Codierungsvorgänge, die sie als solche ausweisen, essentiell. Mit Allgemeinverbindlichkeit, Konsens oder einem Kanon (einem fremdbestimmten, übergeordneten Code zweiten Grades) braucht das nicht unbedingt zu tun zu haben, gerade Differenzierungen sind bestimmend für die möglich werdende Kommunikation. Kultur insgesamt ist ein Code, „der auf drei Ebenen – Sprache, Wahrnehmung und praktisches Handeln – Ordnung in die menschliche Erfahrung bringt".[3]

Ordnung 93
Grammatik 93
Abweichung 93

Eingegrenzt auf Schriftlichkeit, als eine von vielen Techniken, wird die Komplexität deutlich, um die es geht, etwa wenn der Argumentation von Vilém Flusser gefolgt wird, der Rückwirkungen auf Denkweisen so charakterisiert: „Ziffernsysteme haben Regeln, die das Verhältnis zwischen den Ziffern ordnen. Man nennt diese Systeme ‚Codes'. Man spricht zum Beispiel vom alphabetischen Code und jenem der arabischen Zahlen, und es kann, wenn diese beiden Codes verbunden werden, von einem alphanumerischen Code gesprochen werden." „Der alphanumerische Code, den wir im Laufe der Jahrhunderte zum linearen

der alphanumerische Code 207
Gesamtzusammenhang 207

Notieren ausgearbeitet haben, ist ein Gemengsel aus verschiedenen Arten von Zeichen: Buchstaben (Zeichen für Laute), Ziffern (Zeichen für Mengen) und eine ungenau definierte Anzahl von Zeichen für die Regeln des Schreibspiels (zum Beispiel Punkte, Klammern und Anführungszeichen). Jede dieser Zeichenarten fordert den Schreibenden auf, nach der ihnen entsprechenden Denkart zu denken. Man hat, wenn man Gleichungen schreibt, anders zu denken, als wenn es darum geht, Symbole für Regeln oder Worte einer Sprache zu schreiben.“ Schon das eingelernte Folgen von Zeilen stimme nicht mit den Gedankensprüngen überein; es gebe also eine Denkart, die den „für den alphanumerischen Code charakteristischen Buchstaben“ entspricht. „Schließlich heißt man Schriftstücke ‚Literatur‘ (was Buchstabenmenge bedeutet), und man spricht von ‚literarischem‘ (buchstäblichem) Kulturgut.“ Bezogen auf die hier thematisierten Zahlenwerte von Buchstaben, findet sich bei ihm die Feststellung: „Weil Buchstaben Zeichen für gesprochene Laute sind, ist ein alphabetischer Text eine Partitur einer akustischen Aussage: Er macht Laute ersichtlich. Zahlen hingegen sind Zeichen für Ideen, für mit dem ‚inneren Auge‘ ersehene Bilder“, die sehr abstrakt sein können. „Also kodifizieren Buchstaben auditive Wahrnehmungen, während Zahlen optische Wahrnehmungen kodifizieren. Buchstaben gehören ins Gebiet der Musik, Zahlen in jenes der darstellenden Künste.“ „Bei Buchstaben geht es um Diskurse, bei Zahlen um Sachverhalte.“[4]

Der alphanumerische Code, so wie er hier interpretiert wird, antwortet Vilém Flusser auf seine phantasievollen Zuordnungen keineswegs kryptisch: Beim Diskurs$_{101}$, den er vom Buchstaben herleitet, spielen Argument$_{99}$ und Irrtum$_{99}$, Nonsens$_{100}$ und Nutzen$_{100}$ oder Programm$_{101}$ und

Argument$_{99}$ Irrtum$_{99}$
Nonsens$_{100}$ Nutzen$_{100}$
Programm$_{101}$ Mathematik$_{101}$

Sachverhalt$_{117}$ Aufklärung$_{117}$
Realismus$_{117}$ Möglichkeit$_{117}$
buchstäblich$_{113}$
wörtlich$_{113}$
numerisch$_{110}$
mehrdeutig$_{110}$

Mathematik$_{101}$ eine numerisch zugehörige Rolle, beim von Zahlen repräsentierten Sachverhalt$_{117}$ dessen Aufklärung$_{117}$ und ein zugehöriger Realismus$_{117}$. So getrennt, wie er meint, scheinen die Sphären also nicht zu sein, denn es werden damit Beispiele geliefert, wo eine normalerweise unterbleibende „ästhetisch-erkenntnistheoretische Kritik“ an Texten ansetzen könnte, die seiner hypothetischen Forderung entspricht, „die Regeln der Buchstaben (die ‚Logik‘) auf die Regeln der Zahlen (die ‚Mathesis‘) zurückzuführen.“ „Dann nämlich“, so seine Schlußfolgerung, „könnte man sagen, daß die Buchstaben und Zahlen (die auditive und die visuelle Wahrnehmungsform) die gleiche Grundstruktur haben und diese Grundstruktur eben für die Sachen dort draußen irgendwie adäquat ist.“ Da sich herausgestellt habe, daß dies unmöglich ist, müsse hingenommen werden, „daß wir von der Organisation unserer Wahrnehmungsorgane und unseres Zentralnervensystems her verurteilt sind, in mindestens zwei miteinander unvereinbaren ‚Wirklichkeiten‘ zu leben: in der auditiven der Buchstaben und in der visuellen der Zahlen.“ Eines werde aber im Zuge der Computerisierung offensichtlich: „Wir denken nicht mehr buchstäblich, sondern numerisch, nicht mehr mit dem Ohr, sondern mit dem Auge. Wenn wir immer noch Namen tragen statt Nummern, dann ist das als Übergangsstadium anzusehen.“ Das Wort Sachverhalt$_{117}$, das er mit Zahlen verbindet, sagt über seinen numerischen Code dazu nur, daß es zum Wort Möglichkeit$_{117}$ engste Verbindungen hat. Da auch er will, daß Zahlen „jetzt in den Dienst einer schöpferischen Einbildungskraft gestellt werden“, müßte es sich lohnen, den Spuren ihrer Beziehungen zu Buchstaben zu folgen.[5]

Verschlüsselt und entschlüsselt wird aber nicht nur mit Buchstaben und Zahlen. Sich Räume und Situationen vorzustellen, die von verschiedensten Codierungen bestimmt sind, als Koordinaten und als mobile Datenströme, gibt dem Blick auf divergierende Richtungen einen fiktiven Halt. Niklas Luhmann geht, pragmatischer als Flusser, beim Umgang mit Zeichen davon aus, daß trotz aller Bestrebungen, die Unterscheidungen selbst auf ihre Funktionsfähigkeit hin zu untersuchen und linguistisch zu fragen, wie festgelegt wird, was Wörter bedeuten, jedes Subsystem seine Kommunikation über eine eingeschränkte Art von Code abwickelt, einen binären, zweiwertigen, mit einem positiven und einem negativen Wert: die Wissenschaft über wahr–unwahr (bzw. richtig–falsch), die Moral über gut–schlecht (oder, wenn subjektiviert, über gut und böse), die Politik über Macht–Ohnmacht, die Ökonomie über Haben–Nichthaben oder Zahlen–Nichtzahlen. „Ein Wert kann nur in Richtung auf den Gegenwert verlassen werden. Man kann sagen: nicht wahr, sondern unwahr. Aber man kann nicht sagen: nicht wahr, sondern häßlich. Die Codes sind geschlossene ‚contrast sets'." Innerhalb solcher Systeme sei es notwendig, „zwischen der Ebene der Codierung und der Ebene, auf der die Bedingungen der Richtigkeit für Operationen fixiert und gegebenenfalls variiert werden", also der Programmierung, zu unterscheiden. Nur dadurch gewinne ein System die Möglichkeit, „als geschlossenes und als offenes System zugleich zu operieren". „Auf der Ebene der Programme kann daher in gewissem Umfange Lernfähigkeit organisiert werden."[6]

Lernfähigkeit 130
Abstraktion 130

Im übrigen könne über Zukünftiges „unter modernen Bedingungen praktisch nur noch im Modus des Wahrscheinlichen bzw. Unwahrscheinlichen gesprochen werden". Nichtwissen „ist zunächst nur die andere Seite der Form des Wissens". Es gehe in hohem Maße um „die Frage des Umgangs mit Nichtwissen". Intransparenz müsse respektiert und

Geheimschrift 130
Sprachgebrauch 130
Nichtwissen 143
Spekulation 143

produktiv gemacht werden. Es sei ratsam, „die Kommunikation mit der Kommunikation von Nichtwissen beginnen zu lassen".[7]

Konträr dazu argumentiert Norbert Bolz: „Das Wissen, nichts zu wissen, ist längst nicht mehr der Anfang aller Weisheit." Schlüsselproblem sei „das Management von Wissen". „An die Stelle der Frage nach Intentionalität und Sinn ist die Frage nach Information und ihrer Verarbeitung getreten."[8] Entweder, so Manfred Faßler, sei die Tendez zu einer „Kultur des Verstehens" stärker oder zu „einer Kultur, die sich aus dem Nicht-Verstehen-Können heraus begreift".[9] Unter dem Einfluß „der unsichtbaren Strukturen, die das Wahrgenommene organisieren", sei jedes Zeigen auch ein Verstecken, betont Pierre Bourdieu in bezug auf die mediale Situation; paradoxerweise werde zwar „das Fernsehen im Grunde vom Wort dominiert", trotzdem sei aus ihm nichts anderes geworden als „ein phantastisches Instrument zur Aufrechterhaltung der symbolischen Ordnung", das zunehmend darüber entscheide, „wer und was sozial und politisch existiert".[10] Angesichts der Präsenz – und offensichtlichen Unvermeidbarkeit – solcher Formen des Nicht-Verstehens kann eine auf Schrift bezogene Mustererkennung bloß andeuten, welche unterschwelligen Schichten von Texten transportiert werden. Paradoxer als die unvermittelt wahrnehmbaren Zusammenhänge sind die zutagetretenden Ergebnisse jedenfalls nicht. Die binären Codes haben, als „höchst erfolgreiche evolutionäre Errungenschaft", so Niklas Luhmann, die Funktion, „das System, das unter diesem Code operiert, von Tautologien und Paradoxien zu erlösen", indem „die *Einheit,* die in der Form einer Tautologie (zum Beispiel: Recht ist Recht) oder in der Form der Paradoxie (man hat nicht das Recht, sein Recht zu behaupten) unerträglich wäre", durch die *Differenz* ersetzt wird („Im Beispiel: die Differenz

Nicht-Verstehen 170
Gleichgültigkeit 170
Schwebezustand 170
Paradoxie 93
Differenz 93
Abrechnung 93
Schweigen 93
Phantasie 93

von Recht und Unrecht"). „Dann kann das System seine Operationen an dieser Differenz orientieren, kann innerhalb dieser Differenz oszillieren, kann Programme entwickeln, die die Zuordnung der Operationen zu Positionen und Gegenpositionen des Codes regeln, *ohne die Frage nach der Einheit des Codes zu stellen.*"[11]

Unter Konzentration solcher Fragen auf einen exemplarischen Umgang mit Codes werden die Auswirkungen einer Verwandlung von Zei- Logik 54
chen in andere Zeichen deutlich. Chiffre heißt Ziffer, Zahl, aber auch Chiffre 55
geheimes Schriftzeichen, Zeichen einer Geheimschrift. Beim Entschlüs- Sinn 56
seln geht es in der Regel nicht darum, das vorerst Unbekannte beim Wort zu nehmen. Die Zergliederung eines „Textes" muß weiter gehen, bis zu den Facetten der einzelnen Zeichen, ihrer Kombinationen, ihrer Strukturen. Wörter treten zerlegt in Erscheinung, verfremdet. Die Transformation ist meistens vielschichtig. Buchstaben und Zahlen gehen ungewöhnliche Verbindungen ein. Die Kombinationsmöglichkeiten sind astronomisch, also würde eine Entgrenzung, weg vom Wort, nur einen „Nihilismus der Semiotik" bestätigen, der sagt: „Alles ist Text."[12] Deswegen wird im weiteren von Wörtern und von einer sich mit ihnen befassenden geheimdienstlichen Praxis ausgegangen.

Deren Methoden weisen viele Parallelen zu naturwissenschaftlichen Verfahrensweisen auf, geht es doch beim Verstehen natürlicher und künstlicher Welten, so Herbert A. Simon, um „die Entdeckung eines teilweise verborgenen Musters", darum, „in scheinbarem Chaos Regelmäßigkeiten zu finden", die lokalisierten „ungleichen Bestandteile miteinander in Beziehung zu setzen", unabhängig davon, ob es sich um „natürliche" oder „von Menschen gemachte" Dinge und Konstellationen handelt.[13] Auch für Douglas Hofstadters *Computer models of the fundamental mechanisms of thought* sind Muster und ihre grundlegenden Regeln der essentielle Ansatz.[14] Metaphern vom Dechiffrieren bis zur „Entzauberung der Welt" (Max Weber) bekräftigen einen solchen Konnex. Codierung ist, als Analysemuster, als zentrales Verfahren der Computertechnologie, längst nicht mehr auf politisch-militärische Anwendungsbereiche konzentriert. Derartige Prozesse finden überall statt; jedes elektronisch erzeugte Bild ist ein Ausdruck von ihnen. Bei nicht kompatiblen Programmen werden Schrift und Bild zur unverständlichen Zeichenkette.

Solche unverständlichen Zeichenketten zu entschlüsseln, ohne Kenntnis des Codes, ist eine Suche nach Mustern, nach verborgenen Regeln. Der Zugang ist holistisch, weil davon ausgegangen wird, daß in jedem Teil die Beschreibung des Ganzen, also der Methode, codiert ist. Bei Erfolg ist es immer eine Art Wiedererkennen oder eine andere Art von Brauchbarkeit. Die einzelnen Zeichen stehen für andere, das verschleiert einen gegebenen Zusammenhang. Handelt es sich um Geheimschriften, steckt Absicht dahinter. Außenstehende sollen nichts damit anfangen können. In solchen wie zufällig wirkenden, also völlig sinnlos erscheinenden Buchstaben- oder Zahlenreihen lassen sich erst anhand von Gleichförmigkeiten und Wiederholungen Anhaltspunkte dafür gewinnen, welche Systematik zur Offenlegung des tatsächlichen Inhalts führen könnte. Bei komplizierteren Verfahren ist die Codierung mehrschichtig. Ein gefundener Rhythmus verweist bloß auf den nächsten. Da Zeichen durch andere ersetzt werden, Buchstaben durch Buchstaben, Buchstaben durch Zahlen, Zahlen durch Buchstaben, oder ihre Stellung, ihre Reihenfolge verändert wird, orientiert sich eine Entschlüsselung in der Regel an diesen Grundelementen, nicht an Wörtern oder an einer Grammatik. Durch den Verzicht auf Worttrennungen oder mit willkürlichen Gruppenbildungen wird ein gewohntes Satzbild negiert. Es kann aber auch mit Ersatzwörtern gearbeitet werden, und in vermeintlich verständlichen Texten können geheime Botschaften verborgen sein, weil bloß bestimmte Buchstaben eine Bedeutung erhalten.

Kein übermitteltes Zeichen soll mit dem, um das es geht, identisch sein. Die hier herangezogene Behandlung des Alphabets als Buchstaben- und Zahlensystem ist eine Grundlage der meisten klassischen Verfahren. Werden Buchstaben nach ihrem Stellenwert im Alphabet codiert, können Texte direkt als Zahlen geschrieben werden, aus dem Wort *Zahl* wird demnach 26-01-08-12 und aus *Wort* 23-15-18-20. Durch Schlüssel und mehrstufige Verfahren läßt sich das endlos verkomplizieren. Grundsätzlich kann in x-beliebige Zeichen übertragen werden. Mit dem exponentiellen Anstieg von Rechenleistungen haben sich dafür völlig neue Dimensionen eröffnet. Grundzüge lassen sich auch anhand von simplen Codierungsformen darstellen. Bereits mit der Verschiebung um eine oder einige Stellen wird eine vorerst völlig unverständliche Buchstabenfolge erzeugt. Die Botschaft ist immer noch dieselbe, nur ist sie nicht mehr allgemein verständlich. Technisch läßt sich dieses Schema für das Vertauschen von Zeichen schon mit zwei Papierstreifen, mit zwei Stäben, mit zwei Scheiben sehr einfach lösen. Mit der Schlüsselzahl 22 – für die Verschiebung – zum Beispiel wird aus Zahl *delp* und aus Wort *asvx.* Regelmäßigkeiten lassen sich im folgenden Beispiel fürs erste nicht erkennen.

Die Entschlüsselung einer solchen einstufigen Chiffrierung ist relativ einfach, wenn die Sprache, um die es geht, bekannt ist oder vermutet werden kann. Von den 34 Buchstaben des codierten Textes sind e und i mit 14,7 Prozent bei weitem die häufigsten, andere kommen maximal etwa halb sooft vor. Im Deutschen müßte nach statistischer Wahr-

Codierungsbeispiel																										
	e	f	g	h	i	j	k	l	m	n	o	p	q	r	s	t	u	v	w	x	y	z	a	b	c	d
	1	2	3	4	5	6	7	8	9	10	11	12	13	14	15	16	17	18	19	20	21	22	23	24	25	26
	a	b	c	d	e	f	g	h	i	j	k	l	m	n	o	p	q	r	s	t	u	v	w	x	y	z

asivxivyrhdelpir	Wörter und Zahlen
heweptlefixepwgshi	Das Alphabet als Code

Häufigkeitsverteilung der Buchstaben		
	e	17,40 %
	nisrat	9,78 – 6,15 %
	dhulcg	5,08 – 3,01 %
	mobwfkzpv	2,53 – 0,67 %
	jyxq	0,27 – 0,02 %

Häufigkeit 102
Sachzwang 102
Kreislauf 102
Kontrolle 122
Schlüssel 123
Gewißheit 124
Algorithmus 143
Katalysator 143
Spekulation 143

scheinlichkeit ein mit dieser Häufigkeit vorkommender Buchstabe also dem e, dem n oder dem i entsprechen. Somit läßt sich die Verschiebung testen und der Rest auflösen, sofern ein lineares Alphabet verwendet wurde; in diesem Fall ist der erste oder zweite Versuch erfolgreich, da nur das a überrepräsentiert ist. Die Häufigkeit bestimmter Buchstaben stellt den Schwachpunkt dar; durch Mehrfachverschlüsselungen kann er entschärft werden. Dabei werden gleiche Buchstaben verschieden codiert. Die Addition oder Multiplikation von Buchstaben erzeugt weitere Verfeinerungen. Entscheidend ist die Komplexheit der Schlüssel, der Algorithmen. Für eine Beschäftigung mit den Auswirkungen des Stellenwerts im Alphabet zeigt diese Verteilung überdies, daß die ersten dreizehn Buchstaben durchschnittlich deutlich häufiger vorkommen als jene der zweiten, rechnerisch höherwertigen Hälfte; diese Relation von 60 zu 40 Prozent wirkt wie ein programmierter Ausgleich numerisch bedingter Gewichtungen; die Minoritäten, also die seltener verwendeten Buchstaben, werden durch die Stellenwert-Codierung aufgewertet.[15]

Idealkombination 154
kompliziert 154
phantasievoll 154
unorthodox 154

Bereits mit linear angeordneten Alphabeten ergeben sich 25 Kombinationsmöglichkeiten. Durch Hinzufügen von Merkwörtern oder durch anders angeordnete, teils völlig verwürfelte Alphabete steigt die Zahl der Variationen exponentiell. Mit den sechsundzwanzig Buchstaben lassen sich – die Zahlen 1 bis 26 miteinander multipliziert – 403.291.461.126.605.635.584.000.000 mögliche Kombinationen für Geheimalphabete bilden.[16] Es ist also die erforderliche Zeit und Rechenkapazität, die ein Dechiffrieren durch systematisches Ausprobieren unmöglich macht. Die Kenntnis der Sprachstrukturen kann entscheidende Hinweise liefern; dies gilt auch im umgekehrten Fall: Eigenheiten der schriftlich fixierbaren Sprachstruktur zeigen ihre statistisch erfaßbare Systematik.

Muster müssen durch Annäherung aufgespürt werden. Bei größeren Textmengen ist es leichter, Gesetzmäßigkeiten zu erkennen, da die Häufigkeitsverteilung der Buchstaben Rückschlüsse ermöglicht. *E-n-i-s-r-a-t* ist das Merkwort für die im Deutschen häufigsten Buchstaben; bei den Buchstabenpaaren ergibt sich als Reihenfolge en-er-ch-te-de-nd-ei-ie-in-es. Der häufigste Buchstabe, e, verbindet sich besonders oft zu en, er, ei und es.[17] Bei den Hauptwörtern – der Häufigkeit nach die wichtigste Wortart – führt laut einer diesbezüglichen Erhebung mit Abstand das Wort *Zeit* vor *Herr* und *Jahre. Frau* kommt erst an vierzehnter Stelle. Die im Englischen häufigsten Buchstaben bilden den Merksatz *a sin to err.*[18]

Wird als zweites Alphabet eine Zufallsfolge verwendet, verkompliziert sich die Sache bereits wesentlich. Eine andere Methode ist, die

676 möglichen Buchstabenpaare zu substituieren. Mit dem Prinzip der einmaligen Verwendung von Schlüsseln, die noch dazu aus reinen Zufallsprozessen, wie Kartenmischen oder Würfeln gebildet sind, werden weitere Systemverschärfungen möglich. Signifikant ist, daß beim Dechiffrieren aus Wiederholungen (Datum, Anreden, Namen, Titeln, Standardwörtern, Signaturen) entscheidende Anhaltspunkte gewonnen werden. Ein besonderes Interesse gilt Zufallsfolgen, weil – so heißt ein Grundsatz – der Zufall nicht wissen kann, was vorher geschehen ist.[19]

Die verschlüsselten Meldungen, aus denen die Sowjetregierung vom bevorstehenden deutschen Angriff erfuhr, der ohne die befürchtete gleichzeitige japanischen Landoffensive stattfinden würde, wurden in Tokio von Richard Sorges Funker Max Klausen mit dem Schlüsselwort *Subway* zuerst in einem mehrstufigen Verfahren in Zahlen verwandelt. Anschließend sind sie, unter Verwendung des vereinbarten Bandes des *Statistischen Jahrbuchs für das Deutsche Reich,* durch Kombination mit dort in wechselnden Tabellen enthaltenen Zahlen in Gruppen zu je fünf Ziffern übermittelt worden. Schlüsselwort, Buch, spezielle Additionsregeln ohne Zehnerübertragung und codierte Seitenangaben waren die Module dieses Systems.[20]

Kryptographie 169
Elementarteilchen 169
Sprachvermögen 169

Kryptologie 153
Schriftzeichen 153
Stellenwert 153

„Die Kunst, einen Text so zu verändern, daß er für einen Außenstehenden unlesbar wird, nennt man *Verschlüsselung, Chiffrierung* oder auch *Kryptographie.* Die Wissenschaft vom Ver- und Entschlüsseln ist die *Kryptologie.*“[21] Diesbezügliche Entwicklungsstufen sind in jeder Chipkarte, jeder E-mail-Nummer, in jedem Password-System, in jedem Supermarkt, bei der Produktkennzeichnung (Universal Product Code UPC, European Article Numbers EAN) präsent, als Wachstumsbranche der Informationsgesellschaft mit neuen Code-Wörtern wie Public-key-

Kryptographie, RSA-Algorithmus, Zero-Knowledge, Fiat-Shamir-Verfahren oder asymmetrische Systeme, bei denen nur ein Partner einen geheimen Schlüssel braucht. Auch in digitalisierten Bildern lassen sich Texte verstecken. Der Kryptographie, die von einem ihrer Exponenten höchst pragmatisch als „die Wissenschaft von den Geheimnissen" bezeichnet wird, geht es primär um die Verheimlichung von Nachrichten, um den Nachweis von Echtheit, die Authentifikation, um Zahlentheorie, Computerwissenschaft, um weiter verfeinerte Verschlüsselungsmechanismen und Sicherheitssysteme.[22] Die technischen Möglichkeiten zu einer nahezu totalen Kontrolle haben geheimdienstliche Verfahren zur omnipräsenten Sicherheitstechnik gemacht. Hierarchien werden zwar flacher, ein „mißtrauischer Kapitalismus" (Richard Sennett) verfeinert aber ständig die Kontrollmechanismen. Macht verschwindet nicht, sie versteckt sich in den Netzwerken. Was von Satelliten aus möglich ist, wird überall möglich. Die Exportverbote für hochkomplexe Codierungssysteme erinnern an die Interessenslagen. In den USA werden sie von der *National Security Agency* (NSA) überwacht, dem weltweit größten Arbeitgeber für Mathematiker. Der Umgang mit elektronischen Übermittlungs- und Speichermöglichkeiten ist in fragmentarisierte Spezialprobleme aufgesplittert, in Detailfragen des Datenschutzes, in die von garantierter persönlicher Zustimmung abhängige Decodierung, in eine Verifizierung übermittelter Dokumente oder die Bildung internationaler *certification authorities,* die für die Echtheit von Schlüsseln öffentlicher und privater Signaturen garantieren und haften. In andere Richtungen weist, daß das Cern-Institut bei Genf für die von ihm initiierte Internet-Entwicklung keinen Auftrag und keine kommerziellen Strukturen hatte und sogar für seine besonders schönen Schlüssel

Bildschirm 97
Satellit 98
Bedeutung 99

wahrnehmen 109
dechiffrieren 110
buchführen 111

geschätzt wird. Es sind die Methoden, die gewisse Inhalte schützen und doch wieder verständlich und kommunizierbar machen sollen. Das macht sie unabhängig von den Inhalten relevant.

Kybernetik 120
Nomadentum 120
Kybernetik 120
abstrahieren 120
vermessen 120
verwalten 120

Aus seiner Sicht der Kybernetik, so Heinz von Foerster, sind Codierungen und Computer nicht wegen vermuteter Ansätze zu künstlicher Intelligenz interessant, sondern wegen des neuen, von seiner Symbolik nicht zu trennenden Modells von „Maschine", das aufgrund dieser Entwicklungen möglich wurde. „Eine ‚Maschine' ist in diesem Zusammenhang eine Anordnung von Regeln und Gesetzen, durch die gewisse Tatbestände in andere transformiert werden." Als Vereinfachung genüge es, „zwei Arten dieser Maschinen zu unterscheiden: eine, die im allgemeinen als ‚triviale Maschine' firmiert, arbeitet nach nur einer festgesetzten Regel, die getreulich gewisse Tatbestände in andere überführt; die andere, die ‚nicht-triviale Maschine', hat jedoch Regeln, die die soeben beschriebenen, tatbestandsändernden Regeln selbst wieder ändern: eine Maschine in einer Maschine, sozusagen eine ‚Maschine zweiter Ordnung'."

Turing-Maschine 161
Unberechenbarkeit 161
Turing-machine 142
complexity 142

Dieser zweite Typ, die Turing-Maschine, das Grundmodell eines einfachen virtuellen Verstandes, ändert ihre Transformationsregeln nach einem Programm, ihr Output wird durch den Input und den internen Zustand der Maschine bestimmt. Als nicht-trivial wird sie bezeichnet, weil eine Identifikation, sofern diese unbekannt ist, wegen der exorbitanten Größenordnungen der Variationsmöglichkeiten „jenseits aller Errechenbarkeit" liegt, also im Prinzip unlösbar ist. Zur Demonstration der Funktionsweisen verwendet Heinz von Foerster sinnlose Anagramme aus den Buchstaben a, b, c, d, so als ob es um eine Geheimschrift ginge. A wird in b, c, oder d umgewandelt und so fort. Systeme, deren eigener Output zum neuen Input wird, konvergieren „früher oder später (im chaotischen Fall nie) zu einem stabilen Verhalten", es können aber „sogar Systeme mit wohldefinierten Operationsregeln unvoraussagbar sein". Wird das hier thematisierte Codierungssystem als „triviale Maschine" verstanden, weil diese nach nur einer festgesetzten Regel arbeitet („Verwandle a in 1, b in 2, c in 3 usw. und weise vor jedem Zwischenraum die Summe aus"), dann funktioniert sie so wie jede solchen Typs, als „eine zentrale Stütze des westlichen Denkens" – oder sie parodiert einen solchen Zusammenhang; denn es geht um feststehende Kausalitäten, um feststehende Reaktionen auf Reize, um die Errechnung entsprechender Outputs für bestimmte Inputs. Der stillschweigende Verweis „auf eine unveränderliche Regel" ist für Heinz von Foerster das Symptomatische; die Wahl anderer Gesetze bleibe die Ausnahme. Gerade darin läge aber die Chance des „Nicht-Trivialen" als Erhöhung der Möglichkeiten.[23] Aus dem militärisch-politischen Bereich kommende Codierungssysteme führen das auf ihre „negative", ein Verbergen absichernde Weise vor, inklusive diverser Komplexheitsstufen des Nicht-Trivialen. Der Rahmen für Programmänderungen ist eng limitiert, trotz der herauskommenden numerischen Vielfalt.

Auf Wörter und Zahlen bezogen, ergeben sich analoge lineare oder nicht-lineare Verhältnisse. Das Ausschöpfen des Trivialen ist bloß ein Einstieg, die Programme lassen sich jederzeit erweitern, nur die Rechenregeln und das Alphabet stehen fest. Der Umgang mit Störungen kann relevant werden. Quantitativ sind die Kombinationsmöglichkeiten unendlich. Da auch die Vorgänge, durch die Wissen erworben wird und die „das Verstehen des Verstehens" zugänglich machen, „als algorithmische Rechenprozesse" aufgefaßt werden, kommt es primär auf die

Fragen an und wie mit der latenten Divergenz von Beschreiben und Berechnen umgegangen wird.[24]

paralleles Denken 154
Rechenprogramm 154
Datenerfassung 154
Idealkombination 154

serielles Denken 157
Kryptogramm 157
Verzweigung 157
Lokalaugenschein 157

ordnen 70 suchen 70
zählen 71 fühlen 71

„Grundsätzlich existieren zwei verschiedene Denkweisen“, heißt es dazu in einer Zusammenfassung derzeitiger Positionen, „paralleles und serielles Denken. Paralleles Denken ist durch analoge und schnelle Signalverarbeitung, serielles Denken hingegen durch Logik und Langsamkeit geprägt. Paralleles Denken findet oftmals ohne genaue Kenntnis der Rückkoppelungsprozesse statt, während serielles Denken klar strukturiert ist und die Transformationsprozesse bekannt sind. Trotz der Langsamkeit neuronaler Schaltkreise ermöglicht die massive Parallelverarbeitung im Gehirn, daß dort viel mehr und schnellere Berechnungen als in heutigen Großrechnern durchgeführt werden können. Die Parallelverarbeitung des Gehirns ist der Grund für die Überlegenheit des menschlichen Denkens über das Computer-Denken auf Gebieten der Mustererkennung.“[25]

sortieren 123
entziffern 123
analysieren 123

Unordnung 128
Situation 128
Statistik 128

Entropie 102
Häufigkeit 102
Dimension 102

„Die Grundlage für all das, was wir ‚Rechnen‘ nennen“, so Heinz von Foerster, sei ein „Ordnen“. „Einmal wollen wir eine gegebene Anordnung von Gegenständen beschreiben, zum anderen gewisse Dinge“ – oder eben Wörter – „neu anordnen.“ Wird Kybernetik als „die Wissenschaft des Regelns, Rechnens, Ordnens und der Entropieverzögerung“[26] sinngemäß auf Funktionsweisen von Zeichensystemen angewandt, dann geraten Codierungen in den Zusammenhang mit dem statistischen Begriff von Unordnung und Ordnung, von Entropie und negativer Entropie. Dabei geht es einerseits um das Streben der Dinge, sich dem chaotischen Zustand anzunähern, andererseits darum, ein Ordnungsgefüge „durch Entnahme von ‚Ordnung‘ aus der Umwelt aufrechtzuerhalten“, wie Erwin Schrödinger es unter Bezug auf Ludwig

Boltzmann ausgedrückt hat.[27] Beim Codieren wird Ordnung in Unordnung verborgen, beim Decodieren Unordnung als Ordnung präsentiert. Wenn dabei Zwischentöne verlorengehen oder neue hinzukommen, löst sich die Transformation vom Trivialen, als Öffnung in Richtung Abstraktion oder Komplexität. Das ist bei jedem Verwenden einer Zeichensprache, etwa beim körperlichen Artikulieren oder in der Kleidung, zu beobachten, als Konfusion zwischen fremdbestimmten und selbstreferentiellen Wiederholungen.

Beobachtung 98
Erfindung 98
Skepsis 98

Die „zentrale intellektuelle Faszination“ des 20. Jahrhunderts liegt – so Dirk Baecker resümierend – „wahrscheinlich in der Entdeckung des Beobachters“, wobei schwer zu entscheiden sei, ob die beiden anderen großen Theoriethemen, „die Sprache und die Selbstreferenz, Voraussetzung oder Folgen dieser Entdeckung sind“.[28] Stärker auf Physik bezogen ergibt sich folgendes, von Peter Weibel zusammengefaßtes Bild: „Nach der Relativitätstheorie, nach der Quantenmechanik und der Chaostheorie erfolgt zum vierten Male in diesem Jahrhundert eine radikale Infragestellung unseres Realitätsverständnisses. Die Relativitätstheorie hat zwar die Absolutheit von Raum und Zeit aufgehoben, aber alle Phänomene der Lichtgeschwindigkeit als letzter absoluter Konstante unterworfen. Die Quantenmechanik hat durch die Einführung des Beobachters den objektiven Charakter der Welt relativiert. Die Chaostheorie hat den unvermeidlichen Meßfehler hochvergrößert und die Unvorhersehbarkeit der Zukunft unentrinnbar gemacht. Nach der Relativierung der Objektivität durch die Lichtgeschwindigkeit, durch die Beobachtung und die Unvorhersehbarkeit führt die Endophysik diese Kette zu Ende, indem sie nach der traditionellen Annahme des externen Beobachters (Exophysik) den internen Beobachter einführt.“

Sprache 70 Zeichen 70
Selbstreferenz 174
Existenzform 174
Gruppendynamik 174
Relativitätstheorie 241
Strukturalismus 242
Gegenwartsliteratur 243
Quantenmechanik 156
Trefferquote 156
Chaostheorie 126
Endophysik 126

„Die Relativierung und Beobachterabhängigkeit der Welt wird dadurch um vieles radikaler." „Die einzige wissenschaftliche Methode herauszufinden, ob unsere Welt eine zweite exo-objektive Seite besitzt, ist die Konstruktion von Modellwelten (bzw. Kunstwelten) auf einer unter unserer Welt befindlichen Ebene. Dieses Vorgehen heißt Endophysik"; virtuelle Welten sind ein Spezialfall von ihr.[29]

Beobachter$_{79}$
Neugier$_{79}$
Beobachterin$_{102}$
Lesbarkeit$_{102}$

Inwieweit ein Beobachter, eine Beobachterin innerhalb des Systems der Buchstaben und Zahlen einen solchen Umgang mit *Welt,* mit Welten, anhand mathematisch herstellbarer Relationen trainieren kann oder dabei die retrospektive Orientierung von Schrift zum Hindernis wird, machen Codierungsverfahren deutlich. Wenn, im Sinn einer experimentellen Analogie, die Selbstreferenz von Buchstaben auf ihren Stellenwert im Alphabet bezogen wird, dann erzeugt diese neue Ordnung entweder wiedererkennbare, den Beobachter brauchende Relationen oder irrelevante Zeichenkombinationen. Der Rückgriff auf konventionelle Codierungen macht also zugänglich, inwieweit es im Rahmen gewählter Regeln zur Bildung geordneter Aggregate kommt und welche Reaktionen solche Paradoxien auslösen. Anders ausgedrückt wird erkennbar, wie in Regelungsprozessen die „physikalische" Ebene sich mit sozialen, akzeptanzabhängigen Ebenen überlagert. Wie codierte Wörter in einen bestimmten Zusammenhang geraten, ist auf einfache – in anderen Fällen auf komplizierte – Weise nachvollziehbar; was das bewirkt, welche Bedeutungsfelder entstehen, hängt von den Speichern ab, die bewußt oder unbewußt hinzugeschaltet werden.

Das hier verwendete Code-System gibt darauf seine eigenen Antworten, indem es für Fortschritt$_{156}$ und Notwendigkeit$_{156}$ und zugehörige Ängste, wie Rasterfahndung$_{156}$ und Spinnennetz$_{156}$, exakte numerische

Entsprechungen ausweist. Es sagt aber auch, daß Code$_{27}$ und Geld$_{28}$, Chiffre$_{55}$ und Alchemie$_{56}$, Korruption$_{157}$, Guerillataktik$_{157}$ und Kryptogramm$_{157}$ einen solchen Zusammenhang haben.

Die Übereinstimmung von Wörtern wie Kryptologie$_{153}$, Wortschatz$_{153}$ und Schriftzeichen$_{153}$ mit Bewußtmachen$_{153}$ könnte als Ausdruck einer künstlichen Intelligenz des Systems gewertet werden. Ein sich so zusammensetzendes Weltbild$_{87}$ vereinigt als numerisch codiertes Wort Begriffe wie Geschichte$_{87}$, Praxis$_{87}$, Geräusch$_{87}$, Befreiung$_{87}$ und Person$_{87}$.

Welt$_{60}$	Himmel$_{60}$
Zeit$_{60}$	Lächeln$_{60}$
Weltbild$_{87}$	Geschichte$_{87}$
Praxis$_{87}$	Befreiung$_{87}$
Person$_{87}$	Geräusch$_{87}$

1 Dirk Baecker: Gesellschaft als Kultur. Warum wir beschreiben müssen, wenn wir erkennen wollen. Lettre International, Heft 45. 1999. S. 56ff.
2 Jan Assmann: Das kulturelle Gedächtnis. 1992. S. 115
3 Georges Canguilhem: Tod des Menschen oder Ende des Cogito? (1967). In: Georges Canguilhem/Michel Foucault (Hg.): Der Tod des Menschen im Denken des Lebens. 1988. S. 25
4 Vilém Flusser: Die Schrift. 1993. S. 78f., 24f.
5 Ebda., S. 26f., 29
6 Niklas Luhmann: Ökologische Kommunikation (1986). 1990. S. 90, 91
7 Niklas Luhmann: Beobachtungen der Moderne. 1992. S. 187, 159, 210
8 Norbert Bolz: Philosophie nach ihrem Ende. 1992. S. 8
9 Manfred Faßler: Was ist Kommunikation? 1997. S. 31f.
10 Pierre Bourdieu: Über das Fernsehen (1996). 1998. S. 25, 20, 28
11 Niklas Luhmann: Ökologische Kommunikation (1986). 1990. S. 78, 76f.
12 Manfred Faßler: Was ist Kommunikation? 1997. S. 63
13 Herbert A. Simon: Die Wissenschaften vom Künstlichen (1981). 1994. S. 2, 1, 3, 4
14 Douglas Hofstadter: Fluid Concepts and Creative Analogies (1995). 1997. S. 14
15 Albrecht Beutelspacher: Kryptologie. 1996. S. 18
16 Ebda., S. 20
17 Ebda., S. 25
18 Rudolf Kippenhahn: Verschlüsselte Botschaften. 1997. S. 111, 15
19 Ebda., S. 167
20 Ebda., S. 14f.
21 Ebda., S. 33
22 Albrecht Beutelspacher: Geheimsprachen. 1997. S. 10, 36
23 Heinz von Foerster: KybernEthik. 1993. S. 135f., 147f., 136f.
24 Heinz von Foerster: Wissen und Gewissen. 1997. S. 292, 50
25 Artur P. Schmidt: Der Wissensnavigator. Das Lexikon der Zukunft. 1999. S. 93
26 Heinz von Foerster: KybernEthik. 1993. S. 166f., 169
27 Erwin Schrödinger: Was ist Leben? (1944). 1999. S. 126f.
28 Dirk Baecker: Kybernetik zweiter Ordnung. In: Heinz von Foerster: Wissen und Gewissen. 1997. S. 17
29 Peter Weibel. In: Otto E. Rössler: Endophysik. Die Welt des inneren Beobachters. 1992. S. 9, 11, 12

Mit Entwicklung der ersten Telegraphen war klar geworden, daß Buchstaben und Zahlen in Stromstöße verwandelt werden müssen, um sie per Draht oder später per Funk weiterleiten zu können. Das vom Maler und Erfinder Samuel Morse konzipierte Alphabet hat diesen Anforderungen entsprochen; es ist eine Vorform der Digitalisierung. Codierung und Decodierung erfolgten weiterhin mechanisch. Kurz-lang-Tonfolgen und Lochstreifen ersetzten, als Zwischenmedium, die gewohnten Zeichen.

Die berühmte Chiffriermaschine, die im 2. Weltkrieg auf deutscher Seite verwendet wurde, hieß *Enigma* (griech., Rätsel). Der neubelebten Tradition nach hätte sie auch nach der Rune (gotisch *Runa,* Geheimnis) benannt werden können. Sie war Ziel konzentrierter Entschlüsselungsversuche der Alliierten, aus denen sich entscheidende Grundlagen der Computerentwicklung ergeben haben. Ihre Anfänge und ihr Name gehen auf Artur Scherbius zurück, der holländische Patentrechte verwertete und die erste Maschine, die mit einer Umkehrwalze chiffrieren und dechiffrieren konnte, zur Produktionsreife brachte. Schließlich wurde die Herstellung vom neuen deutschen Staat selbst übernommen. Alle Militär- und Geheimdienststellen wurden mit laufend verbesserten Geräten dieser Serie ausgestattet.

Von den USA wiederum wurden schwedische Vorarbeiten genutzt. Profitiert davon hat die Crypto AG, mit späterem Sitz in Zug, die seither einer der führenden Produzenten von Sicherheitssystemen ist. Sie geht auf eine Firma der Dynamit-Familie Nobel zurück, die sich für „eine bequeme, maschinell erzeugte Geheimschrift", ursprünglich für Betriebe in Rußland, dann für die schwedische Telegraphenverwaltung, finanziell engagierte. Ihr Chef und schließlich Inhaber wurde Boris Hagelin, ein Vertrauter von Emanuel Nobel, einem Neffen des Nobelpreis-

Stifters Alfred Nobel. Zwischen Sprengstoff- und Computerentwicklung gibt es also kommerziell motivierte direkte Beziehungen. Die bewußt handlichen Chiffriergeräte, die als Rechenmaschinen aufgefaßt wurden, mit denen „immer ‚falsch' gerechnet werden mußte", waren anfangs in keiner Weise geheim, die Kompliziertheit lag in den Schaltungs-, Austausch- und Zusatzmöglichkeiten. Nach Kriegsausbruch kamen über Vermittlung des berühmten Kryptologen William Friedman, der später auch mit Alan Turing, dem für die Koordination aus England entsandten Spezialisten, Kontakt hatte, große amerikanische Aufträge; vom Modell M-209, der US-Enigma, wurden in den USA schließlich über 140 000 Stück gebaut. Nach Verlegung des Firmensitzes in die Schweiz wurde das Programm um Zufallsgeneratoren, Telechiffriermaschinen und elektronische Sicherheits- und Datenschutzanlagen erweitert.[1]

Ähnlich peripher wie die Maschinenentwicklung verliefen die anfänglichen Initiativen zur Dechiffrierung, da wegen der neuen technischen Möglichkeiten nicht mehr auf bekannte Methoden zurückgegriffen werden konnte. Bahnbrechend dabei waren drei polnische Mathematiker, Jerzy Rozycki, Hendrik Zygalski und Marian Rejewski. Im Warschauer Chiffrierbüro BS 4 (byro szyfrov, Dienststelle 4, zuständig für Deutschland) konnten sie als erste die Enigma-Maschine immer wieder decodieren, trotz der neuen Technik, täglich wechselnder Verschlüsselung und laufender Veränderung der Walzenlage. Einblicke in ein entdecktes Gerät waren dabei hilfreich. Über Rumänien entkamen sie nach Frankreich, dort wurden neuerlich Enigmas nachgebaut. Ein junger Mathematiker aus Cambridge kam zum Gedankenaustausch: Alan Turing. Jerzy Rozycki starb bei einem Schiffsuntergang. Der Rest der polnischen

Gruppe gelangte über Algerien, nochmals Frankreich, dann Spanien, Portugal und Gibraltar nach England. Im Rahmen der polnischen Exilarmee konnten sie ihre Arbeit fortsetzen; von englischer Seite jedoch sind sie in das Projekt „Ultra“, das mit Tausenden von Mitarbeitern Entschlüsselungsarbeit geleistet hat, nie einbezogen worden.[2]

Alan Turing, mit Kurt Gödel (geb. in Brünn) und John von Neumann (geb. in Budapest) ein Begründer der Computerwissenschaft und der modernen Theorie der Berechenbarkeit, war durch seine knapp vor dem Krieg mit *On Computable Numbers* begonnene Arbeit zum später nach ihm benannten Modell der Turing-Maschine für die Mitarbeit an der Enigma-Entschlüsselung in besonderem Maße prädestiniert. Im Kern ging es um den Schritt vom Modell der trivialen zur nicht-trivialen Maschine unter binärer Darstellung von Zahlen. Dieses Denken auf ein Decodieren anzuwenden, hieß, die variable Funktionsweise feindlicher Apparate zu simulieren. Schließlich lieferte er essentielle Beiträge für die Grundkonzeption und Programmierung eines universellen Computers und einer Theorie der Berechenbarkeit, entscheidende Voraussetzungen aller späteren Computer. Die erste englische, zur Gänze elektronische Maschine, der „Colossus“, ist mit seiner Mitwirkung für Decodierungszwecke gebaut worden. Sie konnte „durch Erkennen und Zählen die beste Übereinstimmung eines gegebenen Teils eines Musters mit dem Text produzieren“. Bald war es auch möglich, daß sie „durch Automatisierung der Variierung des Textmusters“ von sich aus herausfinden konnte, „welches das am besten zum Versuch geeignete war“. Die Biographie von Andrew Hodges heißt daher auch: *Alan Turing, Enigma,* was seine essentielle Mitwirkung an der Entschlüsselung von Feinddaten betont, speziell jener im Marinebereich und im U-Boot-Krieg.

Entschlüsselungsarbeit 278
Telekommunikationsbranche 278
Informationstheorie 223
Theorie der Berechenbarkeit 223

„Die Enigma-Maschine war das zentrale Problem“, mit dem sich der britische Geheimdienst zu Kriegsbeginn konfrontiert sah. Klar sei damals auch gewesen, daß anfangs „die Polen den Briten um Jahre voraus“ waren und „drei energische Mathematiker“ dies erreicht hatten, die zufällig bei einem Kryptologiekurs in Poznan (Posen) zusammengetroffen waren. Auch für Turing sei seine britische Amateur-Tradition signifikant gewesen. „Zum Kern von etwas zu gelangen, seine Bedeutung zu abstrahieren und mit etwas zu verbinden, das in der physischen Welt funktionierte, war genau die Sache, die er vor dem Krieg gesucht hatte.“

Weltherrschaft 166
Kommunikation 166
Konkursmasse 166
das Ende der Geschichte 166

Es ging ihm nicht bloß darum, verschlüsselte Meldungen verstehen zu können, „sondern das gesamte System der Kommunikation des Feindes zu erbeuten“. Er ist ein Einzelgänger geblieben, weil ihm nichts daran lag, „andere Leute zu organisieren“. Daß er schließlich Maschinenkonzeptionen entwickeln würde, „die nicht mit Zahlen oder Instruktionen,

Impuls 90
Rechnung 90
Ganzheit 90

sondern mit elektronischen Impulsen“ operieren, „ohne zu verstehen“, war ihm nach seiner komplexen Befassung mit Dechiffrierarbeit nichts Neues mehr, da dabei dauernd „Instruktionen absichtlich als Daten getarnt worden waren“.[3] Sein eigentliches Interesse lag darin, „die universellen Ansprüche der symbolischen Logik zu untergraben“.[4]

symbolische Logik 184
Wahrscheinlichkeit 185

Oswald Wiener präzisiert in seinen Analysen zu den Perspektiven *Künstlicher Intelligenz,* daß es um aus vielen Fachdisziplinen kommende Ideen über „Gesetze des Denkens“ geht, um ein „Denken über das Denken“: „Die Turingmaschine und der Von-Neumann-Computer sind als Nachbildungen des menschlichen Rechners entstanden, nicht des Denkers.“ Was unter Intelligenz zu verstehen ist, wird über systemtechnische Ebenen eingegrenzt. Ein Ausgangspunkt sei die These, „Intelligenz beruhe auf der Fähigkeit gewisser physikalischer Systeme,

Denken über das Denken 181
Systemtheorie 181
menschenfreundlich 181
menschenverachtend 181

Regelmäßigkeiten im Verhalten äußerer Gegenstände in Gestalt von inneren Modellen zu speichern, diese Modelle zu analysieren und Ergebnisse dieser Analyse zur Steuerung des Systemverhaltens zu verwenden". Als eigentliche Arbeitshypothese der Künstlichen Intelligenz sei aber die speziellere, umstrittene Behauptung entscheidend, nach der Intelligenz „ein spezifisches Erzeugen und Manipulieren formaler Systeme durch formale Systeme" sei; das heiße – als Konsequenz der dies konstatierenden Church-These –, „jedes effektive Verfahren könne durch eine Maschine dargestellt werden".[5]

Maschine 72 Gewinn 72
Geschenk 72 Klischee 72

Die Schwierigkeiten liegen in der räumlichen und zeitlichen Kapazität: „Menschliche Intelligenz interagiert ‚real time' mit Zeitserien von mesokosmischen Proportionen; ein Von-Neumann-Computer kann vielleicht nur in einer verzögerten Simulation der Welt intelligent gemacht werden, und es ist wohl diese letzte Simulation, welche die Ressourcen von Programmierern und Apparat überfordert." Bei solchen Überlegungen wird das Modell des „Orakels" aktiviert und Sprache nicht „für einen direkten Zugang zum verstehenden Apparat" gehalten, da sie nur „sensomotorisch erworbene Modelle" steuere. Dennoch werden Versuche unternommen, „eine gegebene Zeichenkette ‚formal' in einen Zielausdruck umzuformen", sie schrittweise in eine andere zu überführen; es wird mit Listen, mit Verbindungs- und Multiplikationstabellen, mit „geometrischen Spielen", mit „kryptoarithmetischen Produktionssystemen" gearbeitet. All dies deutet an, daß sich solche Forschungen, bis hin zu akribischer „Selbstbeobachtung", hochdifferenzierte Vorstellungsräume erschließen, in denen es möglich bleibt, „den Mechanismus sehen zu können, welcher die Repräsentationen erzeugt". Entdeckungen „rein als Problem des formalen Auffindens von

wissenschaftlicher Rationalismus$_{372}$

die Wissenschaften vom Künstlichen$_{374}$

rechnerischen Zusammenhängen in gegebenen Daten“ zu sehen, also gleichsam kryptographisch, wie es für *die Wissenschaften vom Künstlichen* gefordert wird, blendet entscheidende Komplexe aus; etwa, so Oswald Wiener, „wie es dazu kommen könnte, daß Meßmethoden und Meßinstrumente erfunden werden, wie die Vorstellung von etwas aus Meßvorgängen entsteht oder warum man überhaupt etwas messenswert findet“. Denn: „Probleme setzen Absichten voraus.“ Der Eindruck, daß von den Buchstaben gelernt werden könne, bleibt vom Finden eines Formalismus abhängig, der ein Modell „wirkungsvoll, nämlich überall und konsistent beschreibt“.[6]

Ausgeblendet kann auch nicht bleiben, was Michel Serres konstatiert: „Die gelungene Kommunikation ist der Hauptfeind des Aggressiven. Der Krieg durch Störung und Codierung der Signale ist die Basis des Krieges schlechthin.“ Je „stärker man eine Botschaft codiert, desto weniger Besitzer hat sie und desto größer ist, je nach dem Inhalt der Botschaft, deren Macht“.[7]

Künstliche Intelligenz$_{260}$

trivialer Formalismus$_{260}$

Bedeutungszusammenhang$_{260}$

Bewußtseinsstrom$_{260}$

=

Alphabet$_{65}$ + Medium$_{65}$ + Netz$_{65}$

+ Gebrauch$_{65}$

Das Alphabet, als Problembeschreibungssystem ohne explizite Ziele, scheint darauf zu reagieren, indem es sein Algorithmus-Potential aktiviert, die inhärente Möglichkeit, sich in geregelter Weise zu anderen Zeichen umzuformen. Selbst auf dieser trivialen Ebene entsteht der Eindruck, daß es zu Gegenangriffen fähig ist und sich in einer Welt der Zahlen behaupten will. Der Begriff *Künstliche Intelligenz*$_{260}$ wird jedenfalls ernst genommen, weil er letztlich als *trivialer Formalismus*$_{260}$ aufgefaßt werden kann, numerisch in Bedeutungszusammenhang$_{260}$ und Bewußtseinsstrom$_{260}$ Entsprechungen hat und sich symmetrisch aus zugehörigen Wörtern wie Alphabet$_{65}$, Medium$_{65}$, Netz$_{65}$ und Gebrauch$_{65}$ zusammensetzen läßt.

1 Crypto Hauszeitung, Nr. 11/1992, Informationsmaterial der Crypto AG, Zug. 1997

2 Rudolf Kippenhahn: Verschlüsselte Botschaften. 1997. S. 211ff. Albrecht Beutelspacher: Geheimsprachen. 1997. S. 33ff.

3 Andrew Hodges: Alan Turing. Enigma (1983). 1994. S. 320, 173, 184, 204, 198, 237f., 223, 310, 377

4 Sadie Plant: nullen + einsen (1997). 1998. S. 91

5 Oswald Wiener: Kambrium der Künstlichen Intelligenz. In: Herbert A. Simon: Die Wissenschaften vom Künstlichen (1981). 1994. S. 176, 217, 178, 176

6 Ebda., S. 218, 206, 202, 199, 196, 184, 204, 184, 199

7 Michel Serres: Hermes III. Übersetzung (1974). 1992. S. 118

Schon als Schüler haben Alan Turing die Fibonacci-Zahlen – jene Zahlenfolge, in der jedes Glied die Summe der beiden vorangegangenen ist – und ihr Auftreten in der Natur besonders fasziniert. Zum ersten bedeutenden Mathematiker Europas war Leonardo Fibonacci (ca. 1170–1240) nach Studien in Sizilien, Nordafrika, Byzanz und Syrien geworden, sein *Liber abbaci* wurde zum grundlegenden Rechenbuch des Mittelalters. Ein anderer großer Mathematiker, Carl Friedrich Gauß, hat sich sein Leben lang, gleichsam als spielerische Nebenaufgabe, der Identifizierung aller Primzahlen bis drei Millionen gewidmet, um seine Beobachtungen zur Regelhaftigkeit bestätigen zu können, gerade wegen der offenkundigen Unregelmäßigkeit der Primzahlreihe, die alle Zahlen umfaßt, die nur durch sich selbst und durch eins ohne Rest teilbar sind, also nur zwei Divisoren haben.[1] Weil sich jede Zahl auf eindeutige Zahl 47
Weise als Produkt von Primzahlpotenzen und sich jede gerade Zahl als Eins 47
Summe zweier Primzahlen darstellen läßt (das Fundamentaltheorem Uhr 47
der Arithmetik und die niemals bewiesene oder widerlegte Goldbachsche Gedanke 47
Vermutung), bilden Primzahlen für die moderne Zahlentheorie und für komplexe Codierungsvorgänge eine in vielen Anwendungen nützliche strukturelle Kategorie.[2]

Daß ein Quadrat von 8 x 8 Feldern genügt, um astronomische Größenordnungen anschaulich zu machen, wird am Schachspiel deutlich, und zwar nicht nur über die berühmte Geschichte, daß die Verdoppelung eines Korns beim Übergang auf das nächste Feld eine Menge ergäbe (18.446.744.073.709.551.651), für die ein Getreidespeicher von zwölf Billionen Kubikmetern benötigt würde: „Im ersten Zug von Weiß bestehen 20 Möglichkeiten, 16 Bauernzüge und 4 Springerzüge. Nach der ersten Antwort von Schwarz sind 400 Positionen denkbar. Nach

Fibonacci-Zahlen	1	1	2	3	5	8	13	21	34	55	89	144
Primzahlen	2	3	5	7	11	13	17	19	23	29	31	37
	41	43	47	53	59	61	67	71	73	79	83	89
	97	101	103	107	109	113	127	131	137	139	149	151
	157	163	167	173	179	181	191	193	197	199	211	223
	227	229	233	239	241	251	257	263	269	271	277	281
	283	293	307	311	313	317	331	337	347	349	353	359

Lichtgeschwindigkeit (sek/m)

0,000000003335640952

-,--------cccefd-ieb

1/29979245

a/biigi xe

Zahl π

3,141592653589793

c, n oi zecehigic

dem zweiten Zug sind bereits 71 852 Positionen möglich, nach dem dritten Zug etwa 9,1 Millionen. Spinnt man den Faden bis zur potentiell höchstmöglichen Zuganzahl weiter, ergibt sich als oberste Grenze die phantastische Zahl von 10 hoch 10 hoch 70,5." Als Spiel ist es „die Utopie des geordneten, regelgerechten Handelns in einer Welt des Als-Ob, in der weder Not noch Mangel noch Zwang herrscht. Spiel ist aber auch ein Raum jenseits von Moral und Sitte, dessen einziger Sinn darin liegt, es gut zu spielen."[3]

Lichtgeschwindigkeit 205
Mustererkennung 205

Ein Interesse an Absolutem, an Unendlichem führt dazu, Zeit und Dimensionen mit ihm in Verbindung zu bringen. Die Lichtgeschwindigkeit als grundlegende physikalische Konstante definiert auch die üblichen Längenmaße; ein Meter ist der vierzigmillionste Teil eines Erdmeridians und zugleich, als größtmögliche, schrittweise noch weiter verfeinerte Präzision, „die Länge der Strecke, die Licht im Vakuum während der Dauer von $^{1}/_{299792458}$ Sekunden durchläuft", das sind, anders ausgedrückt, 0,000000003335640952 Sekunden pro Meter.[4] In Buchstaben übersetzt, ergibt sich daraus am Anfang eine Erinnerung an *big*, beim π eine an *no* und *noise.*

Zeichensystem 171
Dezimalsystem 171

Die Dezimalstellen des π sind Gegenstand eines ständig weitergehenden Wettbewerbs; derzeit überschreiten die Rekorde bei ihrer Berechnung bereits 50 Milliarden Stellen. Diese gewaltige Zunahme an Genauigkeit ist für jede Anwendung völlig unerheblich. Was speziell interessiert, sind die noch ausstehenden theoretischen Begründungen, das noch nicht bekannte Muster, die noch nicht gefundenen Regeln für den Rhythmus ihrer Abfolge. Daß auch die möglichen Computerleistungen erprobt werden, ergibt sich daraus von selbst. Ihre Übertragung in Buchstaben führt zu keinen Folgen plausibler Wortbildungen. Wenn das gelegentlich irgendwo stattfindet, wäre das nur ein anderer Ausdruck dieser Art noch unerklärlicher Unregelmäßigkeit. Auch Wittgenstein hat am π primär die Regel interessiert; es sei ja kein Dezimalbruch, „sondern nur das Gesetz, nach dem unendlich viele Dezimalbrüche gebildet werden können". „Wenn es eine unendliche Realität gibt", so eine weitere Feststellung dazu, „dann gibt es auch den Zufall im Unendlichen. Also zum Beispiel auch die unendliche Dezimalzahl, die durch kein Gesetz gegeben ist."[5]

Zeit, Geschwindigkeit und Präzision verbinden sich in einem Fortschritt höchst unterschiedlicher Intensität. In Mesopotamien – das mit dem heutigen Irak nur selten in Zusammenhang gebracht wird – ist der Wert für π schon Jahrhunderte vor unserer Zeitrechnung ungefähr mit 3 angenommen worden. In Ägypten wurden Formeln mit einer Genauigkeit von 3,16 verwendet, Archimedes kam durch Beweisführung auf einen Wert, der in Dezimalstellen 3,1408 entspricht ($3\ ^{10}/_{71}$). Mit $3\ ^{1}/_{7}$ wurde im weiteren allgemein das Auslangen gefunden. In China sind schon früh auf geometrischem Weg sehr exakte Werte berechnet worden, die schließlich eine Genauigkeit bis auf sechs richtige Kommastellen ergaben. In Indien wurde im 6. Jahrhundert eine ähnliche Präzision erreicht. Die Bezeichnung π ist für derartige Verfahren, die Kreisfläche zu bestimmen, nie verwendet worden. Sie ist erst im 18. Jahrhundert von Leonhard Euler, der hauptsächlich in St. Petersburg tätig war, eingeführt worden. Durch den damals einsetzenden Aufschwung der Mathematik wurde es in der Folgezeit theoretisch möglich, in mühseliger Kleinarbeit mehrere hundert Kommastellen zu berechnen. Daß jahrzehntelang eine Reihe von 707 Stellen, die aber ab der 527sten Position einen Fehler hatte, für richtig gehalten wurde, ist erst, unmittelbar vor der Verfügbarkeit schnellerer Rechner, von D. F. Ferguson korrigiert worden. Mehr als ein bis zwei neue Stellen pro Tag waren mit mechanischen Hilfsmitteln nicht zu schaffen. Erst mit Computern wurde die Schwelle von 1000 Kommastellen überschritten, 1973 berechneten Guilloud und Bouyer in Paris eine Million Stellen, die millionste Stelle ist 1. In den letzten Jahren wurde diese Form, in die Unendlichkeit vorzudringen, von den Japanern Yoshiaki Tamura und Yasumasa Kanada und von zwei Brüderpaaren beherrscht, von Jonathan und Peter Borwein und von David und Gregory Chudnovsky. 1996 lagen die Brüder Chudnovsky mit acht Milliarden Stellen voran, ein Ergebnis, das sich eigentlich aus einem Testlauf für diverse Programme ergeben hat. Nach dem Stand von 1997 führen wieder Tamura und Kanada auf ihrem Hitachi SR 2201 mit 51,5 Milliarden π-Stellen.[6]

David und Gregory Chudnovsky sind die Außenseiter in diesem Spiel, sie stammen aus der Gegend von Kiew, studierten dort Mathematik und verstehen sich als Zahlentheoretiker. Wegen einer schweren Krankheit von Gregory war der Familie die Ausreise erlaubt worden. Mit dem selbstgebauten Computer „m zero“ haben sie in ihrer New Yorker Wohnung als Hacker begonnen, ohne dauernden Kontakt zu Institutionen. Inzwischen arbeiten sie mit diversen Universitäten zusammen, als hochrangige Experten für alle Formen nonlinearer Dynamik. „Wir sind darauf aus“, sagen sie auf Fragen nach dem Grund ihres Tuns, „die Regeln zu entdecken, nach denen sich die Stellen des π von anderen Zahlen unterscheiden. Es ist so, als ob wir Schriftsteller durch die Analyse ihrer Art, mit Grammatik umzugehen, studieren würden. Beim Blick auf einen Satz in russischer Sprache, der sich über eine ganze Seite ausdehnt, fast ohne Kommas, wird vieles für Tolstoj sprechen.

Zahlentheorie 146
Wissenschaft 146
Perspektive 146

alles in Ordnung 165
Regelmäßigkeit 165
Gleichzeitigkeit 165
Intervention 165

Wenn einem aber jemand eine Million Stellen irgendwo aus der Reihe von π zeigt, wer kann da sagen, daß das tatsächlich von π ist? In Wahrheit forschen wir nicht nach Mustern; wir sind auf die Regeln aus.“[7]

Datenmenge 88
Größe 88
Öffnung 88
Essenz 88

Als erst einige hundert Kommastellen verfügbar waren, fiel auf, daß die Sieben seltener vorkam, als es statistisch hätte sein sollen; im weiteren ist diese Besonderheit verschwunden. In der inzwischen berechneten Reihe ist die Fünf überrepräsentiert, es fehlt aber jede Sicherheit, daß nicht bei noch größeren Datenmengen andere, vielleicht stabilere Strukturmerkmale erkennbar werden, sei es in bezug auf Häufigkeit, auf Nachbarschaften, auf Wiederholungsrhythmen oder auf bestimmte Ziffern an bestimmten Stellen. So kommt zum Beispiel die Zwei, lesbar als Quadrierungs- und Bruchzeichen, das erste Mal an siebter Stelle (bei Zählung beginnend vor dem Dezimalpunkt) und das dritte Mal an 22. Stelle vor; daraus läßt sich die einfachste Annäherung an π, der Bruch $^{22}/_{7}$ oder $3\ ^{1}/_{7}$ herauslesen. Ein rechnerischer Zusammenhang mit dem Buchstaben π ergibt sich ferner, weil er als „pi“ im modernen Alphabet den Stellenwert 16 + 9 hat, die Quadratur der ganzzahligen Begrenzungen der Zahl π, als 4^2 und 3^2. Auch streng mathematisch gesehen symbolisiert π eine irrationale, transzendente, unendliche, nicht-periodische Dezimalzahl; sie existiert, weil sie das konstante Verhältnis des Kreisumfangs zum Kreisdurchmesser angibt. Daß die Quadratur des Kreises zum Synonym für das Unmögliche wurde, obwohl dieses Problem in der Wissenschaft längst keine Rolle mehr spielt, spiegelt sich in der Menge bis jetzt berechneter Kommastellen der Zahl π wider; in noch lesbarer Schriftgröße gedruckt, ergäbe sich eine Länge von 100 000 Kilometern.[8]

Als Wort steht Mathematik für das Gelernte, die Kenntnis. Ausgehend von praktischen Aufgaben des Zählens, Rechnens und Messens ist sie zu einer Wissenschaft von den formalen Systemen geworden. Inzwischen gibt es eine spezifizierte Definition: „Mathematik ist die Wissenschaft der Muster“, sie ist ein Denksystem, „um Muster erkennen, klassifizieren und ausnutzen zu können“, ob sie nun Formmuster oder Bewegungsmuster sind, ob Regelmäßigkeit oder Unregelmäßigkeit bestimmend sind.[9] Eine der durchdringendsten Ideen der Mathematik „ist die der *Geometrisierung*“ als Visualisierung des Denkens.[10]

formales System $_{190}$
Funktionsweise $_{190}$
Selbstbeschreibung $_{190}$

In *Die Wissenschaften vom Künstlichen* betont Herbert A. Simon wieder Wunder und das Wunderbare. Von der Naturwissenschaft, die „eine Ansammlung von Wissen über eine bestimmte Klasse von Dingen – Objekte oder Phänomene – in der Welt“ sei, fordert er „darzutun, daß das Wunderbare nicht unverständlich ist, zu zeigen, wie es erfaßt werden kann – aber dabei das Wunder nicht zu zerstören. Denn wenn wir das Wunderbare erklärt, die versteckten Muster entlarvt haben, steht das neue Wunder vor uns: wie das Komplexe aus dem Einfachen gewoben ist. Die Ästhetik der Naturwissenschaften und der Mathematik trifft sich mit der Ästhetik der Musik und der Malerei – beide liegen in der Entdeckung eines teilweise verborgenen Musters.“[11] Codiert ergibt sich die Wortreihe Tarnung$_{95}$, Muster$_{96}$, Geometrie$_{97}$, Ästhetik$_{98}$, Bedeutung$_{99}$, der eine musterbildende Komprimierung von Komplexität nicht abzusprechen ist.

Erlebnis $_{84}$
Wunder $_{85}$
Symbol $_{86}$
Tarnung $_{95}$
Muster $_{96}$
Geometrie $_{97}$
Ästhetik $_{98}$
Bedeutung $_{99}$

In einem „Universum voller Muster“, das auf der Massenproduktion von Mustern beruht, geht es vor allem darum, „zwischen signifikanten und zufälligen numerischen Mustern zu unterscheiden“, also um ihre Bedeutung, ihre Wiedererkennbarkeit, ihre Entstehungsursachen.[12] Wie die Mustererkennung im Gehirn funktioniert, wie der Prozeß der Beobachtung selbst mitwirkt, wie sich Bedeutung bildet, subjektiv und sozial, sind Vorfragen dazu. Die Bedeutung eines Ausdrucks zu kennen heißt, ihn seiner festgelegten Verwendung gemäß gebrauchen zu können; das gilt auch für Zeichen, für Muster. Als Bedeutung kann aber auch das durch ein Zeichen hervorgerufene Wissen eines Zusammenhangs verstanden werden oder die Fähigkeit eines Wortes, eines Zeichens, ein Stück Wirklichkeit zu meinen. Präzision wird durch individuell gespeicherte Vorstellungen und Bedeutungsschichten konterkariert, durch die dabei auftretenden Unschärfen. Sinn und Bedeutung haben nicht allzuviel miteinander zu tun. Denktraditionen, die dazu neigen, hinter jedem wahrnehmbaren Ereignis einen verborgenen, vielfach sogar einen tieferen Sinn zu suchen, gelten als Relikte einer Vermischung von Religiosität und Wissenschaft. Gläubigkeit bindet sich aber dauernd an neue Systemvorstellungen und Objekte. Totale Skepsis, als Gefühl radikaler Entfremdung, ist kaum durchzuhalten. Neugier verträgt sich nicht so ohne weiteres mit der Forderung nach Brauchbarkeit. Deshalb betont etwa Pierre Bourdieu unermüdlich, Aufgabe aller Wissenschaften sei es, „Verborgenes zu enthüllen", insbesondere „die verborgenen Zwänge", um „sich durch Bewußtwerdung von dem Bann zu lösen". Das gilt nicht bloß für die von ihm primär gemeinten sozialen Strukturen, bei deren Vergleich ständig die Gefahr auftauche, „sich zu täuschen und als unerhört zu beschreiben, was banal ist". Wenn „zur praktischen Universalisierung des Zugangs zum Universellen" beigetragen werden soll, führe kein Weg an solchen Strukturvergleichen vorbei.[13]

Was daran wichtig, weniger wichtig, bedeutungsvoll oder marginal ist, stellt sich häufig erst im Zuge solcher Enthüllungen oder später einmal heraus. Die mathematischen Muster der Natur, die etwa Johannes Kepler zeitlebens fasziniert haben, verführten ihn dazu, die Existenz der sechs damals bekannten Planeten zu beweisen, indem er feststellte, daß sich für jeden von ihnen dieselbe Zahl errechnen läßt, wenn der Abstand von der Sonne (hoch drei) durch die Umlaufzeit (hoch zwei) dividiert wird. Das hat sich als irrelevant herausgestellt. Die lange unbeachtet gebliebenen Versuchsreihen von Gregor Mendel jedoch, mit denen die numerischen Beziehungen der Übertragung von Merkmalen beim Kreuzen von Pflanzen aufgezeigt wurden, waren entscheidende Hinweise auf die verschlüsselten Informationen, die in Organismen gespeichert sind. Die Entdeckung von Erwin Chargaff, daß die vier Basen des DNA-Moleküls in bestimmten Mengenverhältnissen vorkommen, ist ein anderes Beispiel für die Bedeutung von Mustern. Warum bei den meisten Pflanzen die Anzahl der Blütenblätter und anderer Merkmale mit der Fibonacci-Folge übereinstimmt, also der Summe der beiden vorangegangenen Zahlen, konnte erst anhand der Regeln der Dynamik des Pflanzenwachstums geklärt werden. Die genetische Programmierung oder irgendeine Art dynamischer Beschränkung mußten die Ursache sein. Es ist das Wachstum in Spiralen und in zeitlichen Intervallen, das annähernd im „goldenen Winkel" von 137,5° erfolgt; und dieser Winkel ist eine Relation aus aufeinanderfolgenden Fibonacci-Zahlen. Solche spiralförmigen Muster entstehen auch in Magnetfeldern, werden also von der Art des Prozesses selbst und nicht von einer vorherigen Codierung bestimmt. Daß es bei „willkürlich" zerfallenden radioaktiven Atomen überhaupt statistische Regelmäßigkeiten gibt, daß subatomare Partikel eine Art unter hoher Spannung vibrierende Schleifen sind oder daß die scheinbare Unbestimmtheit von Tropfen von einer determini-

Wachstumsprozesse 250
Versuchsaufzeichnung 250
Komplexitätsspirale 250

stischen, aber chaotischen Dynamik erzeugt wird, sind Hinweise auf noch unbekannte, noch verborgene Variable.[14]

Transfer 101
Programm 101
Mathematik 101
System 101

Mit Berechnungen und Statistik können unendlich viele solcher Muster und Entsprechungen zwischen ihnen erfaßt werden, als Belege für den mathematisch faßbaren Aufbau der Welt, als Entgrenzung der Frage nach Zufall und Notwendigkeit, als Orientierung des Denkens auf materiell nachvollziehbare Sachverhalte. Einzelfälle verschwinden entweder in dieser Menge oder lassen sich Gesetzmäßigkeiten, bis hin zu universeller Gültigkeit, zuordnen. In diesem Sinn kann in Mathematik „der Gipfel des Technologietransfers" gesehen werden, „aber des Transfers geistiger Technologie, also der Art und Weise zu denken". Mathematik steht für Genauigkeit, für das Herstellen von Grundlagen und Querbeziehungen verschiedener Disziplinen. Entscheidend ist der Schritt zur Abstraktion. Zahlenrelationen selbst, ob sie nun für Formen, Töne, für physikalische oder biologische Vorgänge herangezogen werden, dienen einer Erforschung von Symmetrien und Symmetriebrüchen, von Gleichförmigkeit und Abweichung, von Entsprechungen ohne bereits erkennbare Kausalzusammenhänge. Gegen eine spielerische Anwendung ergeben sich kaum Einwände, erst bei einer esoterischen kommt eine problematische Fremdbestimmheit hinzu. Mit dem Erkennen von Mustern und deren Akzeptanz als Ausdruck von Berechenbarkeit, im Sinn eines indifferenten Zwischenstadiums, kann der begründeten Skepsis gegen numerologische Interpretationen entgegengewirkt werden. Wenn aus der Sicht der Mathematik Numerologie als „die einfachste – und folglich gefährlichste – Methode, Muster zu finden" bezeichnet wird, „weil jeder sie anwenden kann", werden allerdings hermetisch-elitäre Ansprüche offenkundig, die sich von esoterisch-kabbalistischen Traditionen kaum unterscheiden.[15] Entscheidend ist schließlich, ob richtig gerechnet wird und welche Schlußfolgerungen gezogen werden. Absichtslosigkeit kann Suchstrategien und Aufmerksamkeit stimulieren; Ziele haben auch einschränkende Funktionen. Gegebene Strukturen ziellos zu erforschen, macht die Erkundung selbst zur Aufgabe.

Paul Feyerabends institutionsfeindliche Forderungen sind offenbar höchstens noch als Fluchtversuch präsent: „Der einzige Grundsatz, der den Fortschritt nicht behindert, lautet: *Anything goes* (‚Mach, was du willst‘).“ *Anything goes* ist als Leitbild zwar ziemlich einflußreich geworden, aber nicht so, wie es gemeint war, als ein von Methodenzwängen befreites Forschen. Denn es hat sich auf Erkenntnistheorie bezogen. „Die Wissenschaft ist wesentlich ein anarchistisches Unternehmen: der theoretische Anarchismus ist menschenfreundlicher und eher geeignet, zum Fortschritt anzuregen, als ‚Gesetz-und-Ordnungs‘-Konzeptionen.“ Es paßt auch ermunternd in diesen Zusammenhang, wenn er konstatiert: „Kein Gedanke ist so alt oder absurd, daß er nicht unser Wissen verbessern könnte.“[16]

Erkenntnistheorie 209
Wissenstransfer 209

Ein Mathematiker wie Karl Sigmund bezieht sich in diesem Sinn ausdrücklich auf Auffassungen wie „Evolution ist Basteln“ und darauf, daß „das Spielen unter allen menschlichen und tierischen Tätigkeiten die offenste ist“. Jedes Gedankenexperiment sei im Grunde „ein Spiel: man tut so als ob, in einem von der Wirklichkeit abgegrenzten Bereich. Spiele dienen (unter anderem) dazu, die Welt zu erkunden und in den Griff zu bekommen.“ Freuds Aussage zu Beginn des 20. Jahrhunderts ist ihm wichtig: „Der Gegensatz zu Spiel ist nicht Ernst, sondern – Wirklichkeit.“[17] „Eine Korrektur der unbefriedigenden Wirklichkeit“,

Spieltheorie 141
Kreativität 141
Feldforschung 138
Wörterbuch 138
Wirklichkeit 138

Zufallsforschung $_{208}$
Voraussetzung $_{208}$
Quantenbeziehungen $_{208}$
Bewußtseinsstörung $_{294}$
Wahrscheinlichkeitsrechnung $_{294}$
Spontaneität $_{159}$
Ungewißheit $_{159}$
Fastgewißheit $_{170}$
Schwebezustand $_{170}$
Wahrscheinlichkeit $_{185}$
Verhaltensweise $_{185}$
Konditionierung $_{185}$
Gewißheit $_{124}$
Gelassenheit $_{124}$
Zahlenreihe $_{111}$
Forschung $_{111}$
Computer $_{111}$

„eine Wunscherfüllung“, so Freud weiter, „sind die Triebkräfte der Phantasien“; daher dürfe man sagen, „der Glückliche phantasiert nie, nur der Unbefriedigte“. „Die Dinge seiner Welt in eine neue, ihm gefällige Ordnung“ zu versetzen, sei nichts anderes als das, was schon jedes spielende Kind mache.[18]

Die wissenschaftliche Untersuchung des Zufalls ist von Zufallsspielen ausgegangen, durch Blaise Pascal, Pierre Fermat, Christiaan Huygens, Jaques Bernoulli; sie hat die Wahrscheinlichkeitsrechnung, die Spieltheorie ermöglicht, „den Übergang von Ungewißheit zu einer Fastgewißheit, wenn wir eine *lange Kette* von Ereignissen oder *große Systeme* beobachten“. Mit der statistischen Mechanik, die auf Ludwig Boltzmann und Willard Gibbs zurückgeht, sind Grundlagen der Chaostheorie und weiterer Quantifizierungsverfahren verfügbar geworden. Auch „die Quantenmechanik gibt Regeln, um die Wahrscheinlichkeiten für Ereignisse zu berechnen. Sie ist also eine probabilistische [nur Wahrscheinlichkeiten behandelnde] Theorie, aber keine der üblichen, weil das Ereignis ‚A und B‘, wenn die Ereignisse ‚A‘ und ‚B‘ gegeben sind, oft keinen Sinn macht.“ Und die Entropie, statistischer Ausdruck für die Relation von Ordnung und Unordnung, informationstheoretisch der mittlere Informationsgehalt einer Zeichenmenge, „mißt die Menge des Zufalls, der in einem System vorliegt“.[19]

Der Zahlenreihe $_{111}$ steht das Alphabet jedenfalls nicht skeptisch gegenüber; mit diesem Wort gleichwertig sind Begriffe wie Forschung $_{111}$ und Computer $_{111}$. Dem Spiel $_{61}$ ordnet es eine Schlüsselstellung zu, gleichwertig mit Gehirn $_{61}$ und Modell $_{61}$, vermittelnd zwischen Welt $_{60}$ und Mensch $_{62}$, zwischen Himmel $_{60}$ und Gott $_{62}$.

Das System der Schrift hat aber auch den stärker auf Dialektik als auf

Paradoxes setzenden Gegenpositionen etwas mitzuteilen. Dialektik$_{82}$ verweist als Wort auf Decodieren$_{82}$, auf das Gesetz$_{82}$ und die Ausnahme$_{82}$. Parallel zur vielfach eingeforderten größeren Wirklichkeitsnähe$_{190}$ wird die Aufmerksamkeit auf eine *Theorie der Schrift*$_{190}$ gelenkt. *Die Schrift*$_{101}$ und Transfer$_{101}$ sind rechnerisch Synonyme. Daß durch den Transfer$_{101}$ von Fachgebiet$_{66}$ zu Fachgebiet$_{66}$ ein Geflecht$_{66}$ entsteht, gehört zu ihrem Wesen$_{66}$. In jedem dabei auftretenden Konflikt$_{98}$ wird mangelnde Sorgfalt$_{98}$ eingemahnt. Das Konfliktpotential$_{210}$ hat viel mit der Art der Verschlüsselung$_{210}$ zu tun. Kurt Gödel konnte mit Wittgensteins Zugängen zu Mathematik nicht das geringste anfangen. Die Denkmuster waren offenbar zu verschieden. Offensichtlich ist, daß die Attitüde, auf der Höhe des Wissensstandes der Zeit zu argumentieren und Gesetzmäßigkeiten aufzudecken, ein bedenkenloses Übertragen physikalischer Erkenntnisse auf Soziales begünstigt. Mit Unausweichlichem zu tun zu haben, erzeugt Faszination. Mathematisierung soll Sachverhalte absichern, sie läßt sich aber auch als Metapher für Präzision verwenden. Die Erregung über die Angriffe, denen Jaques Lacan, Julia Kristeva, Jean Baudrillard, Michel Serres, Gilles Deleuze oder Paul Virilio plötzlich ausgesetzt waren, ist exemplarisch für dieses Dilemma. Alan Sokal und Jean Bricmont, zwei Physiker, haben ihnen bekanntlich in kategorischer Weise Mißbrauch der Wissenschaften vorgeworfen. Durch eine relativistische, mehrdeutige, vieles vermischende, sachlich oft unhaltbare Benutzung neuer naturwissenschaftlicher Erkenntnisse sei häufig jede Aussagekraft verlorengegangen. Alles würde als „Text" gesehen, als kulturell geprägte Codierung. Aus der Sicht einer auf Tatsachen fixierten Naturwissenschaft, die übergreifenden, perspektivischen Fragestellungen skeptisch gegenübersteht, wird konstatiert, daß dabei vielfach bloß

Theorie der Schrift$_{190}$

Wirklichkeitsnähe$_{190}$

mehr oder minder eleganter Unsinn herauskomme, der maßgeblich zur politischen Entmutigung, zur Verwirrung, zum Verrat an der Aufklärung beigetragen hätte. Literarische Dimensionen werden negiert. Die Forderungen laufen darauf hinaus, daß den vorgezeichneten Linien mit exakteren Methoden und Begründungen gefolgt werden müßte, denn es gehe weiterhin um die „Betonung von Nichtlinearität und Diskontinuität", um die Dekonstruktion der „Unterscheidung zwischen Menschheit und Natur, Beobachter und Gegenstand der Beobachtung, Subjekt und Objekt", um die Konzentration auf „das dynamische Netz von Beziehungen zwischen dem Ganzen und dem Teil", das ein Überschreiten fachlicher Grenzen unumgänglich mache. Für die Physik, die sich in der Sprache der Mathematik formuliert, gelte es, eine „emanzipatorische Mathematik" anzustreben, selbst wenn sich über deren künftige Inhalte erst spekulieren ließe.[20]

Objektivität $_{149}$
Spurensuche $_{149}$

Der aphanumerische Code könnte als Produzent zugehöriger Irritationsmomente dienen. Für die eingeforderte Relevanz und Genauigkeit liefern alleinstehende Wörter, die er in einen vom Begründungszusammenhang zu unterscheidenden Entdeckungszusammenhang stellt, durchaus Impulse für weiterführende Texte. Auf den Vorwurf latenter Irrationalität $_{172}$ wird lakonisch geantwortet, durch den Hinweis auf das Thema Wechselbeziehung $_{172}$ und Automatismus $_{172}$. Als Bezugssystem $_{181}$ wird ein *Denken über das Denken* $_{181}$ empfohlen. Die Frage nach Relevanz $_{103}$ wird mit der Frage nach dem Bedürfnis $_{103}$ und nach der Wirkung $_{103}$ verknüpft; es wird an den Verstand $_{103}$ appelliert. Genauigkeit $_{109}$ wiederum taucht im selben Kontext $_{109}$ auf wie das Wahrnehmen $_{109}$ und die Empfindung $_{109}$. Die eingeforderte Objektivität $_{149}$ scheint von einer Spurensuche $_{149}$ abhängig zu sein.

Ein Philosoph wie Burghart Schmidt hat zu solchen Kontroversen um Fakten und Denkmuster weiter differenzierende Überlegungen anzubieten. Ihm ist es wichtig, daß in Texten, die über ein Informieren und Kommentieren hinausweisen, ein „Ton von Möglichkeit" spürbar bleibt und sich zwischen „Dialektik und Paradoxie" die „Ambivalenz eines Gleichgewichts" herstellt, „wobei eines mit dem anderen zu tun hat", sofern „im Kopf des Lesenden im nachhinein die Dialektik ihre Chance behält, wenn auch eine hoch verkleinerte".[21]

Dialektik 82
Decodieren 82
Bezugssystem 181
Denken über das Denken 181

1 Andrew Hodges: Alan Turing. Enigma (1983). 1994. S. 240, 157
2 Herbert A. Simon: Die Wissenschaften vom Künstlichen (1981). 1994. S. 92
3 Ernst Strouhal: acht mal acht. Zur Kunst des Schachspiels. 1996. S. 5, 13, 2
4 Paul von Naredi-Rainer: Architektur und Harmonie. 1982. S. 106, 108
5 Ludwig Wittgenstein: Wiener Ausgabe. Band I. 1994. S. 234
6 David Blatner: The Joy of π. 1997. S. 59
7 Ebda., S. 68
8 Ebda., S. 23ff., 45ff., 49ff., 65ff., 73, 116
9 Ian Stewart: Die Zahlen der Natur (1995). 1998. S. 29, 11
10 David Ruelle: Zufall und Chaos (1991). 1994. S. 79
11 Herbert A. Simon: Die Wissenschaften vom Künstlichen (1981). 1994. S. 1, 2
12 Ian Stewart: Die Zahlen der Natur (1995). 1998. S. 11, 14f.
13 Pierre Bourdieu: Über das Fernsehen (1996). 1998. S. 22, 120, 121, 61, 121
14 Ian Stewart: Die Zahlen der Natur (1995). 1998. S. 15, 31, 162ff., 150f.
15 Ebda., S. 108, 14
16 Paul Feyerabend: Wider den Methodenzwang (1975). 1976, S. 5
17 Karl Sigmund: Spielpläne. Zufall, Chaos und die Strategie der Evolution. 1997. S. 14, 327, 16, 335
18 Sigmund Freud: Der Dichter und das Phantasieren (1908). Studienausgabe Band X. 1994. S. 171, 174, 171
19 David Ruelle: Zufall und Chaos (1991). 1994. S. 5, 134, 140
20 Alan Sokal/Jean Bricmont: Eleganter Unsinn. Wie die Denker der Postmoderne die Wissenschaften mißbrauchen (1997). 1999. S. 287f.
21 Burghart Schmidt: Über den Realismus des Formalen. Rede zur Inauguration des Ambivalenzromans *das offene schloß* von Herbert J. Wimmer. Wespennest. Wien. Nr. 116, 1999. S. 29

Wenn Codes als entscheidende Ebene der Kommunikation aufgefaßt werden, als kulturelles Organisationsprinzip, als Komprimierung, Vereinfachung, als Ordnungsmoment, als Mittel der Differenzierung, als Kombinationsfaktoren, als sozial konditionierte Form der Zeichensetzung, dann erschließen Verfahren der Textdecodierung jenen Erfahrungsraum, in dem sich für ein Trennen und Vermischen, für ein Verbergen und Offenlegen solcher „Daten“ komplexe Denkmodelle herausgebildet haben. Die Schriftmetapher führt zur Grundvorstellung über *Die Lesbarkeit der Welt* – eine nach Hans Blumenberg entscheidende, aber fragwürdige Basis für ein Verstehen. In kabbalistischen Textinterpretationen, in denen ein Lesen und ein Berechnen gleichermaßen wichtig genommen wird, ist dieser Zugang von jeher besonders stark ausgeprägt und über Jahrhunderte fortgesetzt worden. Die Parallele zur Alchemie, der Vorform naturwissenschaftlichen Forschens, ergibt sich schon aus dem Interesse an Codes. Bei Albert Hofmann, dem Entdecker des LSD und der Halluzinogene in Peyote und Ololiuqui, dürfte das nicht anders gewesen sein.[1] Es ist aber nicht er, sonder eher Joseph Beuys als Schamane bezeichnet worden.

Aus kulturgeschichtlicher Sicht ist offenkundig, daß Chemie, Kernphysik oder Genetik in alchemistischen Traditionen Vorläufer haben, auch durch das Zustreben auf ein Endstadium. „Der Alchemist nimmt“, so Mircea Eliade, „das Werk der Natur wieder auf und vervollkommnet es, während er zugleich daran arbeitet, sich selbst zu ‚machen‘.“ Als dem „Meister des Feuers“, schon früh gleichgesetzt mit dem Teufel, gehe es ihm darum, „wie man es ‚schneller machen‘ könne als die Natur“, dafür die magische Formel zu kennen, zu verwandeln, zu beschleunigen oder, in bezug auf den Tod, etwas zu verlangsamen. Den Lauf der Dinge

Alchemie 56
Reise 56
Suche 56
Sinn 56

Suche nach Worten 177
Begriffsdefinition 177
Bedeutungswandel 177
die Ordnung der Dinge 177

Problemlösung 174
Willensfreiheit 174
Gruppendynamik 174
Kriegszustand 174

Ideologie 81
Ritual 81
Problem 81
Verdacht 81

– oder eine Problemlösung – entscheidend zu beschleunigen, ist auch ein Grundmuster für Krieg. Mit dem Begehren, „sich an die Stelle der Zeit zu setzen“, sei „das Wesentliche der Ideologie der modernen Welt vorausgenommen“ worden. „In der Urgeschichte verwurzelte Vorstellungen der Alchemie“, so diese Kontinuitäten behauptende Argumentation, haben „in der Ideologie des 19. Jahrhunderts weiterbestanden“; wie sich das im inzwischen herausgebildeten „völlig neuen Typus der Zivilisation“ auswirken werde, sei noch nicht absehbar.[2]

In den kontinuierlichen Versuchen, sich mit mathematischen Methoden dem Unvorstellbaren anzunähern, das Unendliche gedanklich zu fassen, das Nichts, bis hin zu positiven und negativen Räumen, nicht mehr konkret vorstellbaren Dimensionen oder rechnerischen Aussagen über Parallelwelten, kann eine latente „Modernität“ und eine ständige Nähe zum Okkulten gesehen werden. Belege für letzteres lassen sich viele finden. Wenn allerdings bei einem Mathematiker wie Kurt Gödel, der die Grenzen formaler Systeme aufgezeigt und bewiesen hat, ausdrücklich auf die in seiner Familie präsente „jahrhundertealte Tradition der Kabbala mit ihrer mystischen Sehnsucht und ihren exakten Analysen“ hingewiesen wird, so wirkt das auf den ersten Blick übertrieben. Bestätigt wird es, weil er sich nebenbei tatsächlich intensiv mit Okkultismus, mit übersinnlicher Wahrnehmung, mit indischer Philosophie, mit Seelenwanderung beschäftigt hat.[3] Auf seinen Spaziergängen mit Albert Einstein in Princeton hätten sich durchaus auch diesbezüglich gemeinsame Themen finden können. Einstein selbst war überzeugt, daß „die schönste und tiefste Erfahrung, die ein Mensch machen kann, im Sinn für das Geheimnisvolle liegt. Das ist das grundlegende Prinzip für Religion wie für jedes ernsthafte Bemühen in Kunst und Wissen-

Zufallsbegegnung 179
Naturzustand 179
Wassertropfen 179
Nervensystem 179
Das Alte Testament 179
Theorie für alles 179
das Geheimnisvolle 179

schaft.“ „Zu empfinden, daß hinter allem, was erfahren werden kann, etwas existiert, das für unser Bewußtsein nicht faßbar ist und dessen Schönheit und Großartigkeit uns nur indirekt, als schwache Reflexion erreicht“, sei religiös, kosmisch-religiös, in dem Sinn, wie er es verstehe.[4] Auch in Stephen Hawkings Publikationen zur Physik kommt das Wort *God* häufig vor; sogar ein Börsenspezialist wie George Soros nennt eines seiner Bücher *The Alchemy of Finance,* mit unübersehbarem Bezug zu einem alchemistischen Hauptmotiv, der Herstellung von Gold.[5] Für Unwägbares, für Experimentelles, für Grenzbereiche werden solche Wörter weiterhin gebraucht, ob es nun tatsächlich um religiöse Unterströmungen oder um heidnische Varianten dazu geht.

Margaret Wertheim hat in ihrer Studie über *God, Physics and the Gender Wars* die Latenz solcher Bezüge herausgearbeitet. Demnach ist Physik – und Astronomie – „immer eine quasi-religiöse Aktivität gewesen“, ein „religiös inspirierter Vorgang“. Eine Linie ihrer Entwicklung werde, gerade in den letzten Jahrzehnten, von der höchst fragwürdigen Vision bestimmt, „eine einheitliche Theorie aller Teilchen und Kräfte der Natur zu finden – eine Reihe mathematischer Gleichungen, die nicht nur Materie und Kraft, sondern auch Raum und Zeit zueinander in Beziehung setzen. Für eine solche Synthese wäre vermutlich alles, was ist, als komplexe Vibration in einem allumfassenden Kraftfeld zu verstehen. Protonen, Pulsaren und Personen, alle wären sie eingeschlossen in eine mathematische ‚Symmetrie‘, in der das ganze Universum in mathematischer Form definiert würde. Das haben Physiker vor Augen, wenn sie über die *theory of everything* (TOE), die *Theorie von allem,* sprechen.“[6] Wenn es gelänge, das Geschehen im Kosmos und im subatomaren Bereich durch einen Satz universeller Gleichungen schlüssig

Symmetrie 127
Metaphysik 127

theory of everything 245
Universal Product Code 245
=
pattern 94 + quintessence 151

Theorie von allem 174
Durchsichtigkeit 174
Vollkommenheit 174
Gesamtrechnungen 174
=
Muster 96 + Zufall 78
pattern 94 + moment 80
unkritisierbar 174

Bibel $_{30}$ Kabbala $_{30}$
Faden $_{30}$ Erbe $_{30}$
Membran $_{66}$ Geflecht $_{66}$
Diagramm $_{66}$ Wesen $_{66}$
Satz $_{66}$
Weltformel $_{129}$ Kartographie $_{129}$
Experiment $_{129}$ Beharrlichkeit $_{129}$
Countdown $_{129}$ Explosion $_{129}$
Erkenntnis $_{129}$
String-Theorie $_{167}$
Zeichenbeziehung $_{167}$
Grundvokabular $_{167}$
Konstellation $_{167}$
Wahrheitssuche $_{167}$
M-Theorie $_{93}$
Grammatik $_{93}$ Lösung $_{93}$
Ordnung $_{93}$ Zahlencode $_{93}$
Physik $_{88}$ Einfachheit $_{88}$
Datenmenge $_{88}$ Öffnung $_{88}$
Vision $_{88}$ Essenz $_{88}$

darzustellen, als die Synthese von allgemeiner Relativitätstheorie und Quantenphysik, wäre das nichts anderes als die endgültige Realisierung des pythagoreischen Traums von integrierbaren mathematischen Relationen, auf die sich alles zurückführen läßt. Das Alphabet sagt dazu kryptisch: alles $_{49}$ = falsch $_{49}$.

Es stellt aber auch die mysteriöse Gleichung Bibel $_{30}$–Faden $_{30}$–Kabbala $_{30}$ her, so als ob es andeuten will, daß die Auffassung, das Innerste des Universums bestünde aus winzigen vibrierenden Fäden, aus Superstrings, der richtige Weg sei, um Elementarteilchenphysik $_{257}$, Hintergrundstrahlung $_{258}$, Schwingungszustände $_{259}$ zum definitiven Bedeutungszusammenhang $_{260}$, zur Weltformel, zur *Theorie für alles* zu integrieren. Wenn es sich doch um Membrane $_{71}$ handeln sollte, so die andere Auffassung, werden sie vom Alphabet mit Materie $_{71}$ gleichgesetzt. Edward Witten, Proponent jener Physiker, die davon ausgehen, daß sich alle String-Theorien vereinen lassen, stellt dazu fest: „Die Schrift steht an der Wand." Der Raum dafür sei ein verschlungenes Gebilde mit zehn oder elf Dimensionen. Er läßt offen, was das M seiner M-Theorie bedeutet *(membranes, mystery, magic, mother of all theories).* Von Michael Green, mit John Schwarz Auslöser der ersten String-Revolution, stammt die Aussage: „Die Gleichungen, die sich ergaben, hatten magische Eigenschaften. Ich hatte das Gefühl, daß sie uns etwas sagen wollten." Steven Weinberg wiederum, dem *Der Traum von der Einheit des Universums* lebenslanges Anliegen geblieben ist, baut auf die Devise: „Der Fortschritt in Richtung auf Einfachheit muß irgendwann zu einem Ende kommen", und zwar auch deswegen, um „ein Bild der Welt zu entwickeln, das ohne Gott auskommt". Ideen in dieser Richtung hätten nur eine winzige Chance zu funktionieren, aber „ab und zu paßt plötzlich etwas zusammen". Es sei „die Unausweichlichkeit, die eine Note oder eine Gleichung schön macht", nichts anderes. „Wir testen Theorien, um zu sehen, ob sie mit Experimenten übereinstimmen. Damit überprüfen wir unseren Schönheitssinn – wir prüfen, ob unsere Theorien wahr sind. Wahrheit ist etwas, für das es in der Kunst keine Entsprechung gibt."[7]

Kompliziertheit 196 =
Einfachheit 88 + Reflexion 108

„Talmudisten wissen ganz genau", heißt es dazu in Franz Dornseiffs klassischer Studie *Das Alphabet in Mystik und Magie,* als Bekräftigung einer zwischen Respekt und Vorurteil schwankenden Einstellung, „durch welche Buchstaben oder Buchstabenkombinationen Jahwe die Welt erschaffen hat". Die Versuche, in den Sternen „zu lesen", die schon früh, etwa in Babylon, ausdrücklich darauf beruhten, sie als Text, als „Himmelsschrift" aufzufassen, die kompetente Leute verstehen konnten, kann als Komplementärbewegung dazu gesehen werden. Vieles spricht dafür, daß Buchstaben anfangs eine astronomische Bedeutung hatten. Auch in Ägypten sei jede Hieroglyphe „ein Gotteswort" gewesen, als Erfinder der Schrift galt Thot (später Isis), der Gott der Worte und der Bücher. In Griechenland, das viele ägyptische Einflüsse aufgenommen hat, wurde er zu Hermes (auf den sich, auch als Buchtitel, etwa Michel Serres bezieht), bei den Römern zu Merkur. Im Mittelalter galt vielfach Adam als Erfinder der Buchstaben, im Islam werden sie als von Gott selbst erschaffen betrachtet, nur Adam ist ihr Geheimnis offenbart worden. Nach jüdischer Tradition ist die Schrift der ersten, zerbrochenen Bundestafeln eine „Götterschrift", die zweiten schrieb Moses und wurde damit zum Schrifterfinder.[8]

die Teile und das Ganze 185
Superstrings 185
Logik der Entdeckung 185
Wahrscheinlichkeit 185
Buchstabenrechnung 185

Unter Eingrenzung auf den gewählten Ausschnitt einer „Mathematisierung", die numerische Methoden einer Wort- und Textinterpretation behandelt, als eigene Ebene eines solchen umfassenden Zahlenverständnisses, führt das zum Stichwort Kabbala. Mit einem unspezialisierten Zugang wird darunter für gewöhnlich die vor- und parawissenschaftliche, esoterische Suche nach verborgenen Zusammenhängen verstanden, die außerhalb darauf eingeschworener Zirkel bestenfalls mit Ironie wahrgenommen wird. Durch die Dominanz von Codierungen ergeben sich dennoch, losgelöst von ideellen Konzeptionen, methodische Parallelen zu unesoterischen Verfahrensweisen. Auch den Kabbalisten ging es um ein Erkennen verborgener Strukturen; zugleich ist ein geschriebenes Wort zuerst behandelt worden als das, was es ist: eine Gruppe verschiedener Zeichen. Im Thorastudium wird jeder Buchstabe wichtiggenommen, schon weil der Text ohne Wortabteilungen geschrieben ist. Die Schrift ist nicht ein unbefriedigendes Abbild von Sprache, sie ist zentraler Ort des Geheimnisses. „Tradition ist nicht nur eine Weise, zu sehen und zu handeln, sondern auch eine Weise zu verbergen", sagen Humberto Maturana und Francisco Varela generell zu solchen sozialen Codierungen, „eine Tradition basiert auf all jenen Verhaltensweisen, die in der Geschichte eines sozialen Systems selbstverständlich, regelmäßig und annehmbar geworden sind."[9]

Gershom Scholem kommentiert in seinem, übrigens Walter Benjamin gewidmetem Buch *Die jüdische Mystik in ihren Hauptströmungen* die Kabbala als Teil der mystisch-religiösen Bewegung, die sich, ohne ein bestimmtes Lehrsystem zu sein, seit talmudischer Zeit entwickelt hat, mit Höhepunkten im Orient, in Spanien, in der Provence, im Italien des Mittelalters, in Safed in Palästina zu Beginn der Neuzeit, später im Chassidismus in Deutschland, in Osteuropa, mit starkem Einfluß auf die Lebensweise gläubiger Juden. „Kabbala bedeutet wörtlich: Tradition."

Tradition 110 Handschrift 110

Bereits das sei paradox, da „scheinbar ganz persönliches und intimes Wissen“ zugleich als überliefertes Wissen verstanden werde, ein Wissen, „das seinem Wesen nach nicht ohne weiteres ausdrückbar, also geheim ist“. Auch die Umstände seiner Weitergabe seien im Prinzip geheim, trotz tausender erhaltener Schriften. Die Blickrichtung ist auf Elementares ausgerichtet, auf die Anfänge, auf Wissen als Wiedererinnerung. Je reiner und vollkommener das mystische Wissen der Kabbalisten sei, desto näher komme es „dem ursprünglichen Wissen der Menschheit überhaupt“. „Das Wissen Adams, des ersten Menschen, von den menschlichen und göttlichen Dingen ist das Wissen des Mystikers zu jeder Zeit.“ „Ihr solltet wissen“, so der Rabbi Moses aus Burgos, „daß jene Philosophen, deren Wissenschaft ihr rühmt, da aufhören, wo wir anfangen.“[10] Erkenntnis sollte losgelöst von einer Sparteneinteilung gewonnen werden. Gegnerschaft wurde für die Selbstdarstellung gebraucht.

Geheimnis 89 Vergleich 89
Religion 89 Wissen 89

Von Marcel Duchamp, auf den noch eingegangen wird, ist ein fast identischer Ausspruch überliefert: „Kunst ist das einzige, was Leuten übrigbleibt, die der Wissenschaft nicht das letzte Wort überlassen wollen.“[11] Ein Philosoph wie Michel Serres, von Haus aus Mathematiker, sagt Analoges: „Dort, wo die Wissenschaft nicht hinreicht, dort soll die Literatur einspringen!“ Zugleich betont er aber: „Man kann meines Erachtens nicht philosophisch tätig sein wollen, ohne vorher bestimmte Formen des strengen und stringenten Denkens erlernt zu haben. Aus diesem Grunde ist die Mathematik für mich auch heute noch ein Kanon, ein mustergültiges System von Regeln und auch ein Ideal für das philosophische Schreiben selbst.“[12] Solche Entsprechungen sind natürlich weit hergeholt; die Denkmodelle sind jeweils andere. Trotzdem existieren derartige Übereinstimmungen, als Tradition, Glauben ge-

Denkmodell 95
Projekt 95

gen Verstehen, Religion – später Kunst – gegen Wissenschaft auszuspielen, als banale Entgegensetzung. Durchaus modern erscheint auch das kabbalistische Interesse an Strukturen, an Vieldeutigkeit, an Beziehungen zwischen Unvereinbarem, scheinbar Unzusammenhängendem, an Unentscheidbarem. Auf einen Text bezogen, gibt es keine Nebensächlichkeiten, die *Hauptworte* sind Teil des Zeichengeflechts. Er ist kein geschlossenes ästhetisches Objekt, sondern ein offenes Feld der Zeichen, mit starker Handlungsbezogenheit.

Zahlen und Buchstaben spielen eine zentrale Rolle. Im *Buch der Schöpfung,* dem *Sefer Jezira,* dem ersten Hauptwerk der Kabbala – entstanden zwischen dem 3. und 6. Jahrhundert –, werden die Elemente der Welt behandelt, das sind die zehn Urzahlen *(Sefiroth)* und die 22 Buchstaben des hebräischen Alphabets. „In ihnen“, sagt Scholem dazu, „leben die geheimen Kräfte, durch deren Zusammentreten die verschiedenartigen Kombinationen der Schöpfung zustande gekommen sind. Dies sind die ‚zweiunddreißig geheimen Wege der Weisheit‘, auf denen Gott alles Wirkliche hervorgebracht hat.“ Zu den Zahlen liefert dieser Text nur rätselhafte Andeutungen, betont wird vor allem die geheime Funktion der einzelnen Buchstaben: „[Gott] ersann sie, bildete sie, stellte sie zusammen, wog sie, vertauschte sie und brachte durch sie die ganze Schöpfung hervor, sowie alles, was erschaffen werden soll.“

Rätsel 80
Buchstabe 81
Gesetz 82
Schrift 83

Erst im deutschen Chassidismus kommt es, vermutlich unter Wiederaufnahme orientalischer Einflüsse, zur extensiveren Verbreitung von rechnerischen Methoden, die seither als besonders „kabbalistisch“ gelten, mit den charakteristischsten Gedankengängen der eigentlichen Kabbala aber, so Scholem, wenig zu tun haben. „Solche Verfahren sind etwa die *Gematria,* das heißt die Ausrechnung des Zahlenwertes der hebräischen

Worte nach bestimmten Systemen, und das Aufsuchen von Beziehungen zu anderen Worten oder Sätzen, die den gleichen Zahlenwert, dieselbe *Gematria,* haben, oder das *Notarikon,* das heißt die Betrachtung der Buchstaben eines Wortes als Abbreviatur eines ganzen Satzes, oder auch der *Temura,* die ebenfalls nach bestimmten Regeln erfolgende Vertauschung der Buchstaben gegen andere." Anders war der von Maimonides geprägte Ansatz bei Abraham Abulafia (1240 – nach 1291) aus Saragossa mit seiner ekstatisch-meditativen Richtung der Kabbala, der „Wissenschaft von der Kombination der Buchstaben", „der Kombinatorik". „Die einzelnen Buchstaben oder ihre Verbindung brauchen", ihm zufolge, „als solche keinen ‚Sinn' zu haben; im Gegenteil, das ist ihr Vorteil, daß sie uns oft nichts zu bedeuten scheinen und daher nicht imstande sind, unsere Aufmerksamkeit zu zerstreuen." Bedeutungslosigkeit entstehe trotzdem nicht, geht er doch von der Theorie der Kabbalisten aus, nach der „das Wesen der Welt sprachlicher Natur ist" und alles nur durch den Anteil am Namen Gottes, der sich in der Schöpfung und der göttlichen Sprache offenbart, bestehe. Der universelle Anspruch zeige sich sogar darin, „daß das hebräische Wort für die ‚70 Sprachen' (was im Hebräischen den Inbegriff aller Sprachen bedeutet) denselben Zahlenwert hat wie das hebräische Wort für ‚Kombination der Buchstaben'."[13] Abgesehen von der theologischen Begründung ist die Neuprägung solcher Gedanken vom sprachlichen Wesen der Welt in der Moderne offensichtlich.

vertauschen 136
dramatisieren 136
persiflieren 136
humanisieren 136

Kombination 123
Schlüssel 123
Partitur 123

sprachlich 97
kritisch 97
unsicher 97

Für den amerikanischen Literaturkritiker Harold Bloom ist die Kabbala eine kühne Theorie der Schrift, denn sie „spricht von der Schrift vor der Schrift (Derridas ‚Spuren'), aber auch von der Rede vor der Rede, einer ersten Unterweisung, die allen Spuren der Rede vorausgeht".

Theorie der Schrift 190
formales System 190
Funktionsweise 190
Kulturgeschichte 190
Wirklichkeitsnähe 190
Selbstbeschreibung 190

Wenn Derrida in seiner *Grammatologie* konstatiert, daß „alle westlichen Methoden der Analyse, der Erklärung, des Lesens oder der Interpretation“ hervorgebracht wurden, „ohne jemals die radikale Frage der Schrift zu stellen“, so treffe das „gewiß nicht für die Kabbala zu, die mit Sicherheit eine westliche Methode, wenn auch eine esoterische ist“. Die Kabbala behandle „die Thora als Alphabet, als Sprache selbst“.[14] Für eine solche Methodik bis hin zur akribischen Beschäftigung mit den einzelnen Buchstaben und variablen Bedeutungen lassen sich auch bei Wittgenstein Parallelen finden, gerade in Passagen, die nicht zu häufig

Sprachphilosophie $_{197}$
Wiedererkennbarkeit $_{197}$
Beziehungsraster $_{197}$

zur Komprimierung seiner Sprachphilosophie herangezogen werden. Sein Interesse an einer Rückführung der Wörter von ihrer metaphysischen auf die alltägliche Verwendung macht für ihn zum Beispiel „eine Sprache denkbar, in der die Bedeutung von Worten nach bestimmten Regeln abwechselt: Vormittags heißt das Wort A dies, nachmittags jenes. Oder eine Sprache, in der die Wörter sich täglich änderten, indem an jedem Tag jeder Buchstabe des vorigen Tages durch den nächsten im Alphabet (und z durch a) ersetzt würde.“[15] Daß Sprachphilosophie$_{197}$ lapidar auf Beziehungsraster$_{197}$ verweist oder Schrifttheorie$_{163}$ auf Nützlichkeit$_{163}$, fügt sich ohne logische Brüche ein.

Schrifttheorie $_{163}$
Nützlichkeit $_{163}$

Die geläufige (oder eine solche künstliche) Sprachverwirrung ist von kabbalistischen Denkern des Mittelalters nicht als Hindernis gesehen worden; denn alle Sprachen seien aus einer Korruption der Ursprache, des Hebräischen, der Sprache des Paradieses, hervorgegangen. Die Zahlenwerte der Wörter hätten daher generelle Bedeutung. Die Buchstabenmystik im Islam wurde als Analogie betrachtet. Der Weg der Kabbala besteht nach dieser Auslegung „aus der Verschmelzung von mathematischen und naturwissenschaftlichen Prinzipien in der Seele des Menschen, nachdem er zuerst den wörtlichen Sinn der Thora und des Glaubens studiert hat, um durch kühne Dialektik seinen Verstand zu trainieren, und nicht wie ein Simpel einfach alles glaubt. Dies freilich braucht man nur, weil der Mensch ein Gefangener der natürlichen Welt ist und es unangemessen wäre, wenn ein vernünftiges Wesen nicht mit allen Mitteln ein Loch oder einen kleinen Spalt zu finden versuchen sollte, um sich aus seinem Gefängnis zu befreien." Der anonyme Schüler, von dem diese Thesen Abulafias Ende des 13. Jahrhunderts überliefert wurden, betont aber auch dessen Distanz zu den propagierten Methoden: „Wenn wir heute einen Propheten hätten", schreibt er in seinem Bericht, „der uns ein Verfahren zeigte, mit dem wir den natürlichen Verstand schärfen könnten, und uns dabei subtile Formen lehrte, durch die wir der Körperlichkeit ledig werden könnten, dann brauchen wir neben unserer Kabbala, die aus den Grundprinzipien des Buches *Jezira* mit Hinblick auf die Lehre von den Buchstaben abgeleitet ist, alle diese natürlichen Wissenschaften nicht. Denn der Prophet würde uns die Geheimnisse der Kombination der Konsonanten vermitteln sowie die Kombination der Vokale zwischen ihnen; er würde uns über die Wege belehren, auf denen sich die geheimen aktiven Kräfte auswirken, und über den Grund, warum der Influxus von oben manchmal nicht zustande kommt …" Religiös wichtig sei letztlich nur, „was zur Vollkommenheit des Menschen beitrage".[16]

Vollkommenheit 174
Theorie von allem 174

Volkstümlicher ist das Buch *Sohar,* die einflußreiche theosophische Antithese zum System Abulafias geworden, das vermutlich etwa gleichzeitig vom spanischen Kabbalisten Moses de Leon verfaßt wurde und eine hochkomplexe mystische Symbolik entwickelt, mit dem kabbalistischen Baum, der „die Struktur aller Welten" repräsentiert. Adam spielt eine große Rolle, da erst sein Fall Gott „transzendent“ gemacht habe. Mit dem Einsetzen der eigentlichen Verfolgungsperiode und besonders seit der Vertreibung der Juden aus Spanien sind aus solchen esoterischen Lehren plötzlich Massenbewegungen entstanden. Die einflußreichste war die lurianische Kabbala, die Lehre des Isaak Luria, die sich von Safed in Obergaliläa aus in allen Ländern der Diaspora durchgesetzt hat. Keiner anderen religiösen Bewegung innerhalb des Judentums ist das später noch in solchem Umfang gelungen. „Die neuen Lehren verbinden eine mystische Deutung des Exils mit einer ebenfalls mystischen Theorie vom Weg zur Erlösung“, sagt Scholem dazu. Eine Zeitlang hat die sabbatinische Kabbala von Sabbatai Zwi und Nathan von Gaza (17. Jahrhundert) noch eine ähnliche Breitenwirkung gehabt, auch der Chassidismus (18. Jahrhundert), begründet von Israel Baalschem, allerdings nur in den slawischen Ländern und in Rumänien. Scholem hält sie für drei Stufen des gleichen Prozesses, „für einen Aufstand der religiösen Produktivität gegen unlebendig gewordene Werte“; geendet hat er in einer Verwandlung, „die so tief ist, daß vom Mysterium schließlich nur noch die Geschichte übrigbleibt“.

„Die völlige Irrationalisierung der religiösen Werte“ wendet sich im Chassidismus ins Paradoxe. „Ich bin nicht zum ‚Maggid‘ von Meseritz gegangen, um Thora von ihm zu lernen“, heißt es in solchen Geschichten von einem berühmten Heiligen, „sondern um zu sehen, wie er seine Schuhbänder knüpft.“ Um Form und um Verbindungen ist es dabei also weiterhin gegangen.[17]

Verbindungen 135
Unendlichkeit 135
Alltäglichkeit 135

Im Erforschen von Verbindungen ist auch der primäre Bezug zwischen Kabbala und Alchemie zu sehen; vielfach gelten sie als verwandte, wenn nicht identische Betätigungsfelder, verbunden durch das Obskure, für Uneingeweihte Unverständliche. Als unbrauchbar gewordene Vorformen und Begleiterscheinungen wissenschaftlicher Arbeitsweisen sind sie, außer in okkultisch interessierten Kreisen, höchstens noch historisch relevant. In eine Geschichte der Suche nach Verbindungen, der Suche nach Verwandlungsmöglichkeiten müßten sie aber, schon wegen der bewiesenen Beharrlichkeit, einbezogen sein – zumindest als Metapher für Vergeblichkeit. Auf säkularem Gebiet haben sich die Unterschiede zu kabbalistisch-alchemistischen Methoden verflüchtigt.

Verwandlung$_{141}$

Stoffwechsel$_{141}$

Wiederholung$_{141}$

Ludwig Boltzmann, dessen von der Thermodynamik ausgehende *statistische Mechanik* später so wichtig wie die Relativitätstheorie oder die Quantenmechanik wurde, hat solche Zusammenhänge lakonisch gesehen: „Solange die Alchimisten nur den Stein der Weisen suchten, war all ihr Bemühen vergeblich; erst die Beschränkung auf scheinbar weniger wichtige Fragen schuf die Chemie.“ [18] Der Stein$_{67}$ verweist codiert auf die Mitte$_{67}$; als *Der Stein der Weisen*$_{196}$ bezeichnet er nach der alphanumerischen Methode den Weg von der Alchemie$_{56}$ über den Kristall$_{102}$ zum Gral$_{38}$ (dem Leben$_{38}$) und ist mit Symmetriebildung$_{196}$ gleichwertig.

Alchemie$_{56}$

+ Kristall$_{102}$

+ Gral$_{38}$/Leben$_{38}$

= Der Stein der Weisen$_{196}$

= Querverbindungen$_{196}$

= Symmetriebildung$_{196}$

Im Durcheinander von Geheimhaltung, bewußter Anonymität, Verfolgung und Richtungskämpfen verschiedenster die Reformation vorbereitender mystischer Strömungen hat sich gegen Ende des Mittelalters ein fließender Übergang von der Kabbala zur Alchemie ergeben. Verbindend war die Vorstellung, daß alles mit allem verbunden sei, zugleich das Interesse an der Trennung von Reinem und Unreinem, an Methoden und Ritualen, an der „Verwendung alter, unverständlich gewordener Formeln“. „Die Hauptlehrsätze der traditionellen Alchemie (Wachstum der Minerale, Umwandlung der Metalle, das Elixier und die

Text$_{69}$ = Formel$_{69}$

Verpflichtung zur Geheimhaltung) blieben“, so Mircea Eliade, „zur Zeit der Renaissance und der Reformation unangefochten“; analoge Entwicklungen hat es in allen Kulturen gegeben.[19] Seit Pico della Mirandola gab es auch eine christliche Kabbala; Kabbala und Magie waren für ihn die „zwei Wissenschaften, die deutlicher als alle anderen die Gottheit Christi beweisen“. „Das Zentrum aller wie immer verstandenen Alchemie“, so Scholem, „ist die Transmutation der Metalle in Gold als das Höchste und Edelste, das in der Welt existiert. Auch für den Mystiker unter den Alchemisten ist das Gold Mittelpunkt oder Ziel der ‚Arbeit‘, als Symbol des höchsten moralischen und geistigen Standes. Ohne diese Voraussetzung gibt es keine Alchemie.“ Der Pakt mit dem Teufel blieb ein Dauerthema. Noch Paracelsus unterschied zwischen einer teuflischen und einer göttlichen Kabbala, in seinen Schriften ist vom „Teufel, großer Cabalist, der er ist …“ die Rede. Rudolf II. in Prag wurde zu einem Zentrum solcher Interessen, die Rosenkreuzer knüpften daran an oder die „Asiatischen Brüder“, wie Freimaurer anfangs manchmal genannt wurden.[20]

Gerade das Zeitalter der Aufklärung hat seine Geheimgesellschaften und die dafür nötigen Codes gebraucht. Bezüge dazu sind latent geblieben, von einem Arbeitsbegriff, der ein Verwandeln meint, ein Verwandeln von Material und von Daten, bis zur Forderung André Bretons, die „Alchimie des Wortes“ ernst zu nehmen.[21] Das pythagoreische Pentagramm, ein nach dem Goldenen Schnitt gebildetes, oft als Stern verwendetes Fünfeck, hat schon in Babylon eine außerordentliche, geheimnisvolle Bedeutung gehabt. „Bis auf den heutigen Tag erscheint es auf allen Flaggen mit dem muslimischen Halbmond und Stern sowie auf zahlreichen weiteren Flaggen von Burkina Faso bis West-Samoa,

Pentagramm 108
Paradoxon 108

von China zu den USA", im Pentagon hat es sich baulich manifestiert. Nur als Sowjetsymbol ist es eliminiert worden.[22]

Mitzudenken bei den Beziehungen von Wissenschaft und Parawissenschaft, speziell im 16. und 17. Jahrhundert, ist das Aufbrechen der Vorstellungen von geschlossener Welt zum unendlichen Universum, das die zugehörigen Weltbilder verschiebt. „Das Wort ‚unendlich' erhält einen neuen Sinn: Bezeichnete es zuvor die – metaphysische oder religiöse – Grenze der Welt, wird das ‚Unendliche' nun Teil von ihr, ein Teil, der darüber hinaus der wissenschaftlichen Erklärung und Erforschung zugänglich ist."[23] Dieser andere Umgang mit Distanzen hat ein neues, distanziertes Sehen erzeugt, das nicht mehr an die Unmittelbarkeit im Raum, wie beim Hören, gebunden ist.

unendlich 90
absolut 90
rational 90

Mit einem neuerlich verschobenen Begriff von *unendlich* zu tun hat auch der inzwischen allgegenwärtige Umgang mit völlig vermischten, weitgehend zusammenhanglosen Informationsmengen und Bildsequenzen, der über ein Zappen und Surfen zu einer Lektüre dritten oder vierten Grades von „ironischen und metatextuellen" Botschaften wird, mit wenig Bezug zum eigentlichen Inhalt.[24] Darin eine Neuformierung kabbalistischer, aber inzwischen zwecklos kombinierbarer Splitter von Weltauffassungen zu sehen, ist vielleicht etwas verstiegen. In einem Quoten- und Reichweitensystem ist jedoch Berechnung und Symbolik mindestens so präsent wie in noch so spitzfindigen Textinterpretationen. Die Konstellation jedenfalls ist ähnlich, durch ständiges Trennen und Mischen von allem und jedem; nur stark beschleunigt, längst nicht mehr zielgerichtet, ohne daß Ränder erkennbar wären.

intellektuell 158
experimentell 158
unrealistisch 158

Inwieweit sich für Experimentelles die Bedingungen ändern, bleibt diffus. Daß Leonardo da Vinci durch sein forschendes Interesse „in die

Nähe der verachteten Alchymisten" geraten war, weil nur „in deren Laboratorien die experimentelle Forschung wenigstens eine Zuflucht während dieser ungünstigen Zeiten gefunden hatte", ist schon von Sigmund Freud betont worden.[25] Mit dem Blick auf zeitlich weiträumige Bezüge wird dieses Abseitige sogar als durchgehender Grundzug der technischen Entwicklung gesehen, da in deren diversen Durchgangsstadien bis hin zu „Elektronik, Chemikalien, Software und Genetik" immer experimentelle Wege verfolgt wurden. Diese – so Sadie Plant in ihrer kulturtechnologischen Studie, die vom Weben und Flechten bis zum elektronischen Netzwerk die Kontinuitäten und Brüche erforscht – seien zurückzuführen „auf die Fertigkeiten untergegangener schamanischer Kulturen (...), auf die Versuche und Irrtümer der Alchimie und auf die Gebräue, die in den Jahrhunderten vor der Aufklärung der Hexerei zugerechnet und mit ihr zusammen verdammt wurden."[26]

göttlich 99
schamanisch 98
erotisch 97
sonderbar 96
ironisch 95
menschlich 94

In einer kompakten Befassung mit kabbalistischen Bezügen in der Moderne konstatiert etwa Liesl Ujvary, daß es Kabbalisten nicht um Magie gehe, „sondern um Sprachtheorie als Meditationsübung, die zu Erkenntnisakten führen soll"; ohne jahrzehntelanges Studium ergebe sich aber kein Zugang. In der in immer gleichen Kolonnen abgeschriebenen Thora hat man alle Buchstaben durchgezählt und zum Beispiel auch „den mittleren Buchstaben festgestellt, und auch bei den einzelnen Büchern und einzelnen Seiten hat man das gemacht". Methodisch ist gerade durch diese Akribie, das frühe statistische Interesse und das extensive Operieren mit Anspielungen eine religiöse Praxis konstituiert worden, die in der säkularen Praxis der Psychoanalyse oder der Chaosforschung Parallelen hat.[27] Auf Denkformen bezogen, steht also keineswegs fest, ob sie, abgewertet zur Skurrilität, eigentlich folgenlos geblieben ist. Auch als Wort und als Inbegriff einer Trennung des Symbolischen vom Realen ist Kabbalistisches weiterhin präsent.

In einem grundlegenden Buch der prophetischen Kabbala, *Die Tore der Gerechtigkeit*, ist von Büchern die Rede, „die ganz aus Buchstaben [-kombinationen] und Namen und mystischen Zahlen *[gematrioth]* bestanden, von denen nie jemand etwas verstehen wird, denn sie sind auch gar nicht dafür bestimmt, ‚verstanden' zu werden". Der Kommentar des Kabbalisten dazu: „Dies ist der [unverstellte] Weg der Namen."[28] Die analoge Passage bei Freud lautet: „Der Traumdeutung bleibt es überlassen, den Zusammenhang wiederherzustellen, den die Traumarbeit vernichtet hat", da diese *„ja nicht beabsichtigt, verstanden* zu werden".[29]

„Unsere Sprache", konstatiert Wittgenstein, „ist eine Verkörperung alter Mythen. Und der Ritus der alten Mythen war eine Sprache."[30] Das ist auch ein Ansatzpunkt für Derrida, dessen *Grammatologie* (als „Lehre von den Buchstaben, vom Alphabet, der Syllabierung, dem Lesen und dem Schreiben") sich gegen eine „Wissenschaft von der Schrift, die noch an die Metapher, die Metaphysik und die Theologie gefesselt ist", wendet.[31] Peter Sloterdijk wiederum hält das metaphysische Denken für ein unendlich wertvolles Erbe und spricht von der notwendigen „Entmythologisierung der Praxis", da diese „in Wahrheit den Zentralmythos der Moderne darstellt".[32]

Dieses Eingebundensein in mythische Bezüge demonstrieren sogar die zugehörigen gewichtigen Wörter; Thora$_{62}$ hat denselben Zahlencode wie Gott$_{62}$ und Mensch$_{62}$; Bibel$_{30}$ und Kabbala$_{30}$, Kirche$_{54}$, Recht$_{54}$ und Logik$_{54}$, Talmud$_{71}$ und Tempel$_{71}$ sind numerisch gleichwertig, Alchemie$_{56}$ entspricht Wörtern wie Sinn$_{56}$, Suche$_{56}$ und Gedicht$_{56}$.

Person$_{87}$
Praxis$_{87}$
Weltbild$_{87}$

die Moderne$_{92}$
Wahrheit$_{92}$
Rebellion$_{92}$
Semantik$_{92}$
Akustik$_{92}$

360 = 180 + 180
die zweite Moderne$_{180}$
Lustprinzip$_{180}$
Handlungsfreiheit$_{180}$
Spiritualität$_{180}$
Improvisation$_{180}$

Alchemie$_{56}$ Sinn$_{56}$
Suche$_{56}$ Gedicht$_{56}$

1 Richard E. Schultes/Albert Hofmann: Pflanzen der Götter (1980). 1987. S. 175

2 Mircea Eliade: Schmiede und Alchemisten. 1980. S. 52, 83, 191, 195

3 Werner DePauli-Schimanovich/Peter Weibel: Kurt Gödel. 1997. S. 21, 60f., 116

4 Denis Brian: Einstein. A Life. 1996. S. 234

5 George Soros: The Alchemy of Finance. 1994

6 Margaret Wertheim: Pythagoras' Trousers. God, Physics and the Gender Wars. 1997. S. xiii, xv; deutsche Ausgabe 1998. S. 12, 20

7 Johann Grolle: Symphonie der Superstrings/Johann Grolle und Rafaela von Bredow: Gespräch mit Steven Weinberg. Der Spiegel. Nr. 30. 1999. S. 182ff.
Ulf von Rauchhaupt: Fäden, Membranen, elf Dimensionen. Die Zeit. Nr. 31. 1999

8 Franz Dornseiff: Das Alphabet in Mystik und Magie (1925). 1975. S. 120, 89, 3, 8, 4

9 Humberto R. Maturana/Francisco J. Varela: Der Baum der Erkenntnis (1984). 1987. S. 261

10 Gershom Sholem: Die jüdische Mystik in ihren Hauptströmungen (1941). 1967. S. 20, 22, 23, 26

11 Dieter Daniels: Duchamp und die anderen. 1992. S. 258

12 Michel Serres. In: Michael Jakob: Aussichten des Denkens. 1994. S. 191, 186f.

13 Gershom Sholem: Die jüdische Mystik in ihren Hauptströmungen (1941). 1967. S. 81f., 109, 144 f., 413

14 Harold Bloom: Kabbala. Poesie und Kritik (1975). 1997. S. 48f., 77

15 Ludwig Wittgenstein: Wiener Ausgabe. Band III. 1995. S. 276

16 Gershom Sholem: Die jüdische Mystik in ihren Hauptströmungen (1941). 1967. S. 146, 167f., 157

17 Ebda., S. 234, 244, 315, 356ff., 370, 384, 377

18 Ludwig Boltzmann: Populäre Schriften (1905). Hg.: Engelbert Broda, Braunschweig 1979, S. 27
Karl Sigmund: Spielpläne. 1997. S. 331

19 Mircea Eliade: Schmiede und Alchemisten. 1980. S. 184

20 Gershom Scholem: Alchemie und Kabbala (1977). 1994. S. 39, 96, 97, 19, 100, 95f.

21 André Breton: Die Manifeste des Surrealismus (1924/1930). 1986. S. 89

22 Paul Strathern: Pythagoras & sein Satz (1997). 1999. S. 58

23 Leonardo Benevolo: Fixierte Unendlichkeit (1991). 1993. S. 7
Alexandre Koyré: Von der geschlossenen Welt zum unendlichen Universum (1957). 1969
24 Pierre Bourdieu: Gegenfeuer. 1998. S. 85
25 Sigmund Freud: Eine Kindheitserinnerung des Leonardo da Vinci (1910). Studienausgabe, Band X. 1994. S. 93
26 Sadie Plant: nullen + einsen (1997). 1998. S. 86
27 Liesl Ujvary: Der verborgene und der konkrete Buchstabe. Erkenntnistheoretische Montage aus Chaostheorie, Kabbalistik, Psychoanalyse & moderner Dichtung. Wespennest, Wien. Nr. 74/1989
28 Gershom Sholem: Die jüdische Mystik in ihren Hauptströmungen (1941). 1967. S. 163
29 Sigmund Freud: Die Traumdeutung (1899/1900). Studienausgabe, Band II. 1994. S. 311, 337
30 Ludwig Wittgenstein: Wiener Ausgabe. Band III. 1995. S. 306
31 Jaques Derrida: Grammatologie (1967). 1996. S. 13
32 Peter Sloterdijk: Kritik der zynischen Vernunft. 1983. Band I. S. 86; Band II. S. 939

In der Astronomie spielen *Gleichungen,* als Tag- und Nachtgleiche, als Erfassung sich wiederholender Regelmäßigkeiten, seit den Anfängen solcher Beobachtungen eine auf die Verfahren rückwirkende Rolle. Die historisch faßbaren Ausgangspunkte für Berechnungen orientieren sich an einer Praxis, einerseits auf die „praktisch-wirtschaftlichen Aufgaben der Verwaltungsbeamten", andererseits auf die Himmelskunde, die „astrologischen Zwecken (allerdings öffentlichen, nicht privaten Charakters)" gedient hat. An der altägyptischen Mathematik ist bemerkenswert, daß sich ihre „Operationen der ‚Verkettung' (Aneinanderreihung) und ‚Ersetzung' (Substitution)" auch nach heutigen Begriffen „als die grundlegenden Operationen mit mathematischen Symbolen erwiesen haben."[1]

Gleichungen 105
Ähnlichkeit 105
Zustand 105
Wiederholung 141
Zusammenhang 142
Regelhaftigkeit 143
Verkettung 143

Solchen Verkettungen von Wörtern und Zahlen, als sprachunabhängige, artifizielle Erzeugung von Relationen, wird auf der Rechenebene dieser Texte nachgegangen. Das Versuchsprogramm faßt dabei Buchstaben und Ziffern als Elemente „eigensinniger" Teilsysteme im Sinne von Niklas Luhmann auf. Seine Definition von Autopoiesis wird, als abstrakter Testfall, für das Alphabet selbst angewandt: „Der Begriff bezieht sich auf (autopoietische) Systeme, die alle elementaren Einheiten, aus denen sie bestehen, durch ein Netzwerk eben dieser Elemente reproduzieren und sich dadurch von einer Umwelt abgrenzen – sei es in Form von Leben, in der Form von Bewußtsein oder (im Falle sozialer Systeme) in der Form von Kommunikation. Autopoiesis ist die Reproduktionsweise dieser Systeme."[2]

autopoietisch 161
systematisch 161
ästhetisierend 161

Dabei bilden sich nicht neue Buchstaben, sondern unendlich viele Zeichenkombinationen; jene, die Bedeutungen erkennen lassen, werden nach ihren Codewerten geordnet. Dieser einzige Eingriff des Beobachters

Verwandlung 141
Organisation 142
Produktion 143

Unterscheidung 168
Verfahrensmangel 168
Folgeerscheinung 168
Sinn 56
Hölle 57
Schein 58
sagen 46
reden 46
beten 46
logisch 73
richtig 73
Buchhaltung 117
Aufklärung 117
Reduktion 117

ließe sich leicht automatisieren. Die Kriterien für die Auswahl sind das verbleibende subjektive und – sofern kommunizierbar – intersubjektive Moment. Der Beobachter konzentriert sich auf das, was Humberto Maturana und Francisco Varela als seine Funktion sehen, „er macht sprachliche Unterscheidungen sprachlicher Unterscheidungen“. Da jeder Beobachter „in einem sprachlichen Bereich, der durch unsere Operationen in der Sprache unter Erhaltung der Anpassung erzeugt wird“, existiert, also an einem sprachlichen Bereich teilnimmt, „entsteht Bedeutung (Sinn) als eine Beziehung von sprachlichen Unterscheidungen“. Im Konflikt zwischen der Annahme, „daß das Nervensystem mit *Repräsentationen* der Welt arbeitet“, und der Annahme, „daß das Nervensystem in einem völligen Vakuum funktioniert, wo alles gültig und möglich ist“, also zwischen repräsentationistischem und solipsistischem Extrem, empfehlen sie, „bei einer klaren *logischen* Buchhaltung zu bleiben“. Das heißt: *„Alles Gesagte ist von jemandem gesagt.* Die Lösung – wie bei allen Lösungen scheinbarer Widersprüche – besteht darin, daß wir vom Denken in Gegensätzen Abstand nehmen und die Art der Fragestellung ändern, damit diese einen größeren Zusammenhang erfaßt.“[3]

Das verweist auf die Struktur von Gleichungen und auf die Frage, was das Alphabetsystem selbst zu sagen hat. Inwieweit berechnete Wortkonstellationen für Unterscheidungen eine brauchbare „a-logische Buchhaltung“ bilden, die auch für Wortbedeutungen, ob sie nun repräsentativ oder verinnerlicht wahrgenommen werden, eine Überprüfungsfunktion hat, ist Gegenstand der Testreihe und zugehöriger sich einem vergleichbaren Umgang mit Zeichen öffnender Kommentare. Mathematisch daran ist ein Fassen von Unsichtbarem, da die feste Verbundenheit von Buchstaben und Zahlen normalerweise verborgen bleibt.

Daraus entstehende Wortbeziehungen belegen, welche Irritationen oder Bestätigungen das Zeichenmaterial selbst produzieren kann. Bevor noch eine komplexe Symbolik ins Spiel kommt – die Grundlage jeder Skepis gegenüber vielschichtig interpretierenden, überall Bedeutung vermutenden, alles verknüpfenden kabbalistischen (oder für solche gehaltenen) Methoden –, läßt sich damit rechnerisch experimentieren. Dies stellt eine Möglichkeit dar, solche Strukturen zu erkunden und Zahlen zum Sprechen zu bringen.

Aus numerischen Relationen von Wörtern ergeben sich Nahverhältnisse: Gleichwertigkeiten, Nachbarschaften, Positionen in Serien, in Feldern, in einem Rhythmus. Grammatik wird durch Arithmetik und Symmetrie ersetzt. Systemtechnisch gesehen stehen letztere dem Wort näher, da sie von dessen Elementen, den Buchstaben, ausgehen. Ist das Wort noch nicht in einen Satz eingebunden, bekommt es seine Position durch den numerischen Eigenwert zugewiesen, als Speicherplatz, von dem es abgerufen werden kann. Die damit sichtbar werdende vor-grammatikalische Ordnung wird zur Projektionsfläche für Assoziationsbilder, für Deutungen, für Zustimmung und Ablehnung. Weil die Zusammenhänge rechnerisch bewiesen sind, gibt sich eine Struktur zu erkennen, deren innere Logik – und Paradoxie – jederzeit nachvollziehbar ist. Das Verfahren erzeugt, was es erzeugt. Zueinandergeratende Wörter lösen etwas aus, oder sie tun es vorerst nicht.

Arithmetik$_{114}$ + Symmetrie$_{127}$
= Relativitätstheorie$_{241}$

Eigenwert$_{106}$ = Qualität$_{106}$

Projektionsfläche$_{192}$

Rationalisierung$_{192}$

Wird, wie hier der Fall, eine gewisse Vollständigkeit angestrebt, taucht zum Beispiel das Problem auf, für den Code 303 ein Wort zu finden. Das funktioniert nur durch Ausprobieren. Es läßt sich nichts vorherbestimmen. Aus den hier einbezogenen Möglichkeiten wurde dafür schließlich ein gängiger Begriff gewählt, Problemlösungskapazität$_{303}$, der von

System $_{101}$
+ Programm $_{101}$
+ Mathematik $_{101}$
= Problemlösungskapazität $_{303}$

Problemlösungskapazität $_{303}$
Pseudowissenschaftlichkeit $_{303}$

Weltuntergangsstimmung $_{302}$ und Entwicklungsperspektive $_{304}$ eingerahmt ist. Mit einiger Mühe könnten weniger passende Konstellationen gefunden werden, nur setzt sich normalerweise die Konvention durch und überredet einen, den verständlicheren Zusammenhang für plausibler zu halten. Ein Drittel dieses Wertes ergibt den Code 101, der, wie schon festgestellt wurde, nicht nur wie ein Modul binärer Codierung aussieht, sondern direkt zu den ihm entsprechenden Wörtern Mathematik $_{101}$, Programm $_{101}$ oder System $_{101}$ führt. Sich dem Anschein einer dahintersteckenden Logik zu widersetzen, fällt angesichts solcher Wahrscheinlichkeiten schwer. Im Englischen bestätigt sich die Dichte einer solchen Konstellation durch Wörter wie *system* $_{101}$ oder *transfer* $_{101}$. Sogar im Einmaleins $_{101}$ taucht dieser Elementarbezug wieder auf. Die Austauschbarkeit bekräftigt, wie variabel solche Kombinationen funktionieren.

Daß sich nach einigem Suchen permanent solche Beziehungen herstellen lassen, die offenbar Sinn, oder Ansätze von Sinn, ergeben, kann nicht den Wörtern zur Last gelegt werden, eher schon den Modellen von „Sinn“, in die sie hineinpassen. Die naheliegende Hypothese, daß sich vor allem bei einfachen, gebräuchlichen Wörtern fast automatisch Bedeutungsüberlagerungen ergeben, wird durch die Beispiele aus der Systemanalytikersprache widerlegt. Nahverhältnisse existieren unabhängig davon, ob es sich um alte Wörter oder um Neuschöpfungen handelt.

Relativität $_{142}$
Verkettung $_{143}$
Zufallszahl $_{144}$

Solche rechnerisch zusammengestellten Wörter sind als Sprach- und Schriftexperiment zu sehen, das in der naheliegendsten Form methodisch stringent erzeugte „Gleichungen“ aufstellt, die sich zu Verkettungen erweitern, in denen jedes Wort ein in ungewohnter Weise geordnetes Umfeld erhält. Dadurch kann es gelingen, anders zu lesen, räumlich, körperlich, sprunghaft, vernetzt. Die Zwischenräume sind leer. Bedeutungsrelationen können sich auf nichts anderes berufen als auf die Wahrheit von Zahlen. Esoterische Absichten sind dafür nicht notwendig. Wörter in berechnender Weise zu behandeln, kann darauf konzentriert werden, vom Konkreten, vom Buchstaben auszugehen, mit dem Alphabet als zugrundeliegender Systematik. Sind solche Regeln einmal gewählt, läßt sich nichts mehr ändern, nur noch austauschen. Aber ein einziger Tausch kann einem ganzen Wortfeld einen anderen Akzent geben. Die Rechnung erzeugt Brücken zum Unberechenbaren.

Die Skepsis von Gershom Scholem solchen Methoden gegenüber teilt zum Beispiel der jetzt in Paris Philosophie lehrende Rabbiner Marc-Alain Ouaknin in keiner Weise. Ihm sind Beziehungen zur *Intertextualität* von Julia Kristeva und Tzvetan Todorov wichtig, nach der es keine Aussage ohne Beziehungen zu anderen Aussagen gibt, zu Derridas *Grammatologie,* zu sprachanalytischen Untersuchungen im weitesten Sinn. „Das einzige Kriterium für eine Interpretation ist ihre Fruchtbarkeit", sagt er in seiner Darstellung darüber, wie vielschichtig der Talmud gelesen werden kann. Daß die hebräische Sprache eine „numerische Struktur" hat und jeder Buchstabe mit einer Zahl korrespondiert, ist für ihn ein wichtiger Ausgangspunkt. Die Gematria (wahrscheinlich vom griechischen *geometria*) „ist kein Spiel mit ‚Ziffern und Buchstaben'. Sie ist eine Interpretationsmethode, eine Methode der Eröffnung: weder gibt es Bedeutungslosigkeit noch Zufälligkeit." Ein numerischer Zugang zur Sprache „ist eine Art, sich einer anderen Sache zu öffnen: Vorwand, Sprungbrett, Übergang. Es genügt nicht, eine Gleichung aufzustellen, Gleichheiten zum Vorschein zu bringen; der Sinn liegt nicht im Ursprungs- noch im Ankunftswort, sondern zwischen beiden, er ist das ‚Zwischen-Gesagte' (inter-dire ist auch: untersagen). Die *Gematria*

Methode der Eröffnung 208
Genauigkeitsmoment 208
Quantenbeziehungen 208
Zufallsforschung 208

notwendig 111
– dazwischen 112
– eigensinnig 112
– visionär 112
buchstäblich 113

ist ein Ausgangspunkt für das Denken, sie ist nicht das Denken." Wenn die Interpretationsarbeit so weit geht, „den kleinsten Teil der Sprache, also den Buchstaben, zu sezieren", dann ergeben sich daraus unter Umständen Bestätigungen für die Feststellung, daß ein gemeinsamer Buchstabe genügt, „damit zwei Wörter aufhören, sich zu ignorieren". falsch 49 Die binäre Logik von wahr und falsch mutiert. Die talmudische Frage wahr 50 nach Bedeutungsebenen, nach dem einfachen oder wörtlichen Sinn, dem anspielenden, dem erbetenen, dem versteckten oder geheimen Sinn stellt sich abgehoben von einem vorproduzierten Satzbau. Durch „Verräumlichung" wird die Differenz aktiviert. „Ein Wort kann sich ausdehnen und zu einem Satz explodieren; es gibt aber auch die umgekehrte Bewegung. Hier besteht die Methode darin, im etymologischen Sinn des Wortes zu ‚lesen'."[4]

Wenn offenkundig bleibt, daß ein geschriebenes Wort eine Buchstabengruppe ist, bekommen deren Elemente ein logisches Gewicht. Sie sind gleichrangig, haben aber, um unterschieden werden zu können, einen Eigenwert. Jede Änderung bewirkt etwas. Würden auch die Buchstaben gleich bewertet, ergäbe sich bloß eine Hierarchie von kürzeren und längeren Wörtern. Eine alphabetische Ordnung nach den Anfangsbuchstaben, wie sie in Wörterbüchern, Lexika, Telefonbüchern oder Indexsystemen üblich ist, erleichtert die Auffindbarkeit, erzeugt aber monotone Nachbarschaften. Daß an diesen etwas befragenswert wäre, kommt eher selten vor; es geht um den Ort, um den Raster, nicht um die jeweilige Umgebung.

Mit dem enzyklopädischen Projekt, das ab der zweiten Hälfte des 17. Jahrhunderts diese Einstellung forciert hat, wird, so Foucault, ein grundlegender Paradigmenwechsel eingeleitet: „Das was man weiß, nicht mehr im neutralen Element der Sprache reflektieren – sondern durch die Verkettung der Wörter und durch ihre Anordnung im Raum die Ordnung der Welt rekonstruieren."[5] Der Zwang, sich dafür einer „brutalen alphabetischen Assoziation" zu bedienen, hat auch Fritz Mauthner gestört, nur ist ihm keine Alternative greifbar erschienen, sich anders als durch „das kindlichste aller Ordnungsprinzipien, das Alphabet" in der Masse menschlichen Wissens orientieren zu können.[6] Paul Valéry hat eine analoge Aversion gehabt; in den *Cahiers* notierte er: „Falls ich ein Wörterbuch machen sollte (und was tue ich schon anderes mit diesen Notizen?), so würde ich Tafeln von Wörtern zusammenstellen, die sich *gegenseitig stützen* und ein implizites System bilden – derart, daß die ‚Definitionen' in diesem Wörterbuch homogen sind." Man könnte dabei, ist ihm dazu vorgeschwebt, „an Nummern denken – mit einer Tabelle, auf der man gegenüber der Nr. P sämtliche Wörter finden würde, die sich auf ein bestimmtes Objekt beziehen, und im Wörterbuch würde diese Nr. neben jedem dieser Wörter eingetragen sein. Man könnte diese Numerierung sogar dezimalisieren."[7]

Bei Verwendung des numerischen Werts von Wörtern fällt die Bindung an die Anfangsbuchstaben weg. Geordnete Wörter bestehen nicht mehr aus 26 Klassen. Es bilden sich zwar neue Ordnungen, aber viel mehr, offenere. Ein fiktiver Eigenwert bestimmt die Position darin. Aus ganz verschiedenen Buchstaben gebildete Wörter können den gleichen Wert haben. Die Bindung an die Grundordnung, das Alphabet, ist dabei sogar konsequenter, da alle, nicht nur die ersten Buchstaben für die Einordnung eines Wortes herangezogen werden. Damit verliert der Wortanfang, der gewohnte Zugang, seine Dominanz. Der Körper des Wortes, seine Struktur aus Lauten und Buchstaben, öffnet sich nach

Wert 66
Wesen 66
Satz 66

allen Seiten. Die Berechnung selbst ist etwas Sekundäres, ist bloß Ausdruck des Bauplans und der gewählten Methode. Sie macht aus den Teilen etwas Ganzes, eine Summe, eine Tonfolge.

Ausgangspunkt 171
Untersuchung 171
Zwischenbilanz 171
Arbeitsbeziehung 171

Das Wort wird zur Zwischensumme, zu der sich Varianten bilden lassen. Gewürfelt wird dabei nicht. Alphabetisch gereihte Buchstaben bleiben einfach mit der ihrem Platz entsprechenden Ordnungszahl verbunden, wie ein Ton mit seiner Frequenz, mit seiner Wellenlänge. Die „Schwingungsbreite“ ergibt sich aus den Eigenarten des Wortschatzes einer Sprache. Im Deutschen entspricht sie etwa Zahlenwerten bis 400. Kurze, „niedrigwertige“ Wörter wie ja $_{11}$, Idee$_{23}$ oder ich$_{20}$ und du$_{25}$ sind eher selten; die Tabellen beginnen daher mit Überschreitung des Alphabets, des z$_{26}$. Hier drückt sich ein Paradigmenwechsel aus: Von da an haben Wörter, also etwas Zusammengesetztes, das für ein Ganzes steht, höhere Werte als einzelne Buchstaben. Im Extremfall – bei *Wörter V* – werden sie bis zur Obergrenze 351 fortgesetzt, der Stellenwertsumme aller Buchstaben des Alphabets, die noch behandelt wird.

Das einzelne Wort, um das es dabei geht, ist vielleicht das Wort, von dem Roland Barthes in bezug auf Poetik – die sich vom Verfertigen und Machen herleitet – spricht, oder es könnte dazu werden: „Das Wort ist hier enzyklopädisch, es umfaßt gleichzeitig alle Bedeutungen … Es verwirklicht also einen Zustand, der nur im Wörterbuch oder in der Lyrik möglich ist, da, wo das Nomen ohne seinen Artikel leben kann, zurückgeführt auf eine Art Naturzustand, der aber vergangene und zukünftige Spezifizierungen enthält.“[8] In einem von den Wörtern selbstgemachten Wörterbuch entstehen Strukturmuster als Hinweise auf „ein Denken der Frage“, als Ausdruck einer schließlich angehaltenen Bewegung, die

ein Denken der Frage 145
Laboratorium 145

nach „der Zerstreuung des Satzes und der Wörter“ zu einer neuorganisierten Form führt.[9]

Wenn mit der Metapher das eigentlich gemeinte Wort durch ein anderes ersetzt wird, so liefert die Codierung eine von einem solchen Meinen unabhängige Art der Übertragung. Mathematisch ausgedrückt ergeben sich Gleichungen; auf beiden Seiten von gedachten Gleichheitszeichen stehen gleichwertige Zeichenkombinationen. Daß die von ihnen bezeichneten Objekte oder Zustände nicht gleichwertig sind, ist so offensichtlich, daß das Erkennen und der Umgang mit dieser Differenz das eigentliche Spannungsmoment ausmacht. Die verschwommenen Ränder der Begriffe überlagern einander, eingebunden in Datenfelder, unter vorläufiger Abwesenheit der Regeln für ihren Gebrauch. Es wird sichtbar, welche Leistungen einzelne Wörter in solchen Zusammenhängen erbringen können. Auf kleinstem Raum findet sich Material für Satzbildungen. Sie tatsächlich auszuführen, ist nicht notwendig. Obwohl die Wörter einer systematischen Ordnung unterworfen werden, fügen sie sich nicht unbedingt; es wird sogar ihr Potential, sich zu behaupten, deutlich. Wörter lassen sich nach diesen Regeln nicht ohne weiteres durch solche mit kompatibler Bedeutung ersetzen. Ein Ändern der Leserichtung ändert auch die auftauchenden Bilder. Manchmal erscheinen sie unmittelbar, manchmal verzögert, wie ein Echo aus dem Nichts. Was unter Verstehen verstanden wird, läßt sich anhand solcher Vorgänge testen wie unter Laborbedingungen.

„Am Beispiel der Gleichungstheorie aufzuzeigen, daß viele Begriffsbildungen, die sich daran im Laufe ihrer Entwicklung anknüpften, über die Mathematik hinausweisen“ – weil es um „das Lösen von Gleichungen als Akt menschlicher Erkenntnis“ geht, um den systematisierten

Gleichungstheorie 185
Buchstabenrechnung 185
Wahrscheinlichkeit 185
die Teile und das Ganze 185

Umgang mit Unbekannten, um verschiedenste Ebenen von Gleichungen höherer Grade –, hat etwa der Mathematiker Gerhard Kowol zum Gegenstand einer „historisch-phänomenologischen Darstellung“ von Gleichungen gemacht. Beeinflußt von anthroposophischen Sichtweisen orientiert er sich daran, daß „die Brücke von der Mathematik zu einer nicht bloß quantitativen, sondern qualitativen Beschreibung der Lebensvorgänge gefunden werden könnte“.[10]

Wittgenstein, der „Diogenes der modernen Logik“, wie ihn Sloterdijk einmal nannte[11], hat sich extensiv mit Gleichungen beschäftigt, bezogen auf Mathematik und auf Sprache. „Das ganze Problem des Verständnisses der Allgemeinbeziehungen in der Mathematik geht zurück auf das Verständnis der *Gleichung*“, lautet eine seiner Feststellungen dazu. Eine andere bezieht sich ausdrücklich auf vorerst uneinsichtige Verbindungen: „Wir können eine Gleichung nicht *verstehen*, wenn wir die Verbindung ihrer beiden Seiten nicht einsehen. Die Unentscheidbarkeit setzt voraus, daß zwischen den beiden Seiten sozusagen eine unterirdische Verbindung besteht; daß die Brücke nicht in Symbolen geschlagen werden kann. Aber dennoch besteht: denn sonst wäre die Gleichung sinnlos. – Denn die Gleichung deutet eine Brücke an, die zwischen den Symbolen geschlagen werden *kann.*“ Zugleich bremst er solche Spekulationen: „Wir denken viel zu wenig daran, daß das Zeichen wirklich nicht mehr bedeuten kann, als es ist“, fragt sich aber: „Was heißt ‚Eine Gleichung ist unsinnig‘? Darf denn die Syntax eine Gleichung ausschließen?“ Und „wenn es den Sinn Abrakadabra gibt, dann ist es in Ordnung, von abrakadabrischen Sinneswahrnehmungen zu reden“.[12] Damit bezieht er sich, vielleicht unbewußt, auf eine direkt aus dem Alphabet abgeleitete alte Zauberformel, die einen

Verbindung 116 verstehen 116

Direktbezug zu den ersten Buchstaben und zum hebräischen *abbada kedabra* hat („Nimm ab wie dieses Wort“).[13]

Abrakadabra$_{60}$, der Inbegriff eines als kabbalistisch geltenden Kunstwortes, verbindet sich übrigens über seinen Code mit Welt$_{60}$, Himmel$_{60}$, Zeit$_{60}$, Geist$_{60}$ und Lächeln$_{60}$. Strenggenommen wird damit nur sichtbar, daß es sich dabei um Zeichenfolgen handelt, die nach feststehenden Regeln einen numerischen Eigenwert erhalten, um sie mit anderen Zeichenfolgen in Beziehung setzen zu können. Einfacher und „reiner“ können formalistische Vorgänge nicht sein. Erprobt wird die Kombinationsfähigkeit von 26 Buchstaben und 10 Ziffern. Die ungewohnte Ordnung, die sich dabei ergibt, kann auf Gewohnheiten aufmerksam machen. Würden die Produktionsbedingungen nicht offengelegt, entstünde der Eindruck von Zufälligkeit. Als gleichsam statistisches Phänomen wird sie zu etwas anderem.

Abrakadabra$_{60}$
Welt$_{60}$
Himmel$_{60}$
Zeit$_{60}$
Geist$_{60}$
Lächeln$_{60}$

Anknüpfend an die Futuristen, an ihre Forderung nach Zerschlagung des Satzes, nach Zerstörung der Syntax, nach befreiten Worten faßt Eva Hesse in ihrer Studie *Die Achse Avantgarde–Faschismus* zur Thematik von „Gleichungen“, im Sinn von Wortgleichsetzungen, folgendes zusammen: „Die ‚Analogik‘ operiert mit Bildübertragungen (Metaphern) oder Namensvertauschungen (Metonymen), also dem Urbestand der Sprache und des Denkens. Ihrer Quintessenz nach ist sie ein Schalten zwischen Bekanntem und Unbekanntem, eine Logik der Entdeckung. Schon Aristoteles hatte das Wohlgefallen, das die Menschen am metaphorischen Ausdruck finden, auf die ‚Freude am Lernen‘ zurückgeführt.“ Wie Claude Lévi-Strauss es in *Das wilde Denken* gezeigt habe, „hat sich, lange vor der Entstehung unserer Zeichensysteme und ihrer progressiven analytischen Ablösung vom Gegenständlichen,

Inhalt$_{64}$
Gefühl$_{64}$
Analogie$_{64}$
Logik der Entdeckung$_{185}$
Wahrscheinlichkeit$_{185}$
Selbstreflexion$_{185}$
rechnen$_{67}$
lernen$_{68}$

über Analogiesetzungen der Grundbestand unserer Sprache und unseres Denkens herausgebildet. Die Analogie ist die Grundlage des mythischen Denkens der Naturvölker, ‚in dem sich das gegenseitige Bild vom Menschen und der Welt bis ins Unendliche widerspiegelt'. Das analogische Denken schafft Zusammenhänge und Bildverknüpfungen, wobei die reale Vernetzung und Komplementarität aller Dinge der Außenwelt vorausgesetzt wird." Genaugenommen sei „jede sprachliche Kommunikation zwischen Menschen eher metaphorisch als logisch".[14]

Für „errechnete" Analogien kann das nicht gelten, weil sie völlig künstlich sind, abgelöst von kommunikativen Zusammenhängen. Sie sind Abstraktionen, Ausdruck von Wahrscheinlichkeiten. Sie werden vom Buchstaben-Zahlen-System geliefert. Der unrealistische Umgang mit dem Wortmaterial, das Übersteigern des Formelhaften von Wortkombinationen macht Wörter zu Bestandteilen einer irritierenden Automatik. Mechanismen bilden fiktive Einheiten. Der Blick wird auf Beziehungen gelenkt. Überraschungen ergeben sich aus der entstehenden Statik und aus Impulsen für ein Verlassen dieser Determiniertheit. Den Surrealisten wäre das zu systematisch gewesen, die Ergebnisse hätten sie aber interessiert, nach der Regel: „Je entfernter und je genauer die Beziehungen der einander angenäherten Wirklichkeiten sind, um so stärker ist das Bild." Oder: „Alles ist geeignet, um von bestimmten Assoziationen den erwünschten Überraschungseffekt zu erlangen"; überprüfbar wird auch die Feststellung Bretons: „Worte, Wortgruppen, *die einander folgen,* verhalten sich untereinander höchst solidarisch."[15] Für Schlußfolgerungen aus solchen Plädoyers für Analogien ermöglichen die hier integrierten Wort-Tabellen eine „mathematische" Prüfung; bei Eva Hesse heißt das Resümee: „Nicht die Analogie ist regelwidrig, sondern die von der Logik vorausgesetzte Eindeutigkeit der Worte ist als Grenzfall zu werten.“ Auf Gleichungen wird auch unmittelbar Bezug genommen: „Für die Abstraktionsleistung des Abendlandes hat Dietmar Kamper die Kurzformel ‚Tod des Körpers – Leben der Sprache‘ geprägt.“[16]

Aus den Wortberechnungen kann eine Vielzahl numerisch begründeter Gleichungen herausgelesen werden. Die Unbekannte x, die vor alle numerisch gleichwertigen Wörter gesetzt werden kann, bezieht sich auf die entstehenden Relationen. Als aufgelöst verstanden, wird das x überflüssig. Als formelhaftes Zeichen geht es übrigens auf den Dichter und Mathematiker Omar Khayyam zurück, „der den arabischen Namen ‚shay‘ für ‚Ding‘ in seinen Schriften verwendete“, was über spanische Übersetzungen dann zu x wurde.[17]

Gleichung 86
Gleichheit 86
Metapher 86

Der Blick auf einzelne Fundstücke würde aber die flächendeckenden Ergebnisse negieren, die in einer dreidimensionalen Anordnung Worträume sein könnten. Der Ort des Wortes ist durch Koordinaten bestimmt. Für ein Gleiten und Springen von Bedeutungen bilden sie bloß den Raster, eine Matrix. Die Unübersetzbarkeit würde in anderen Sprachen eine eigenständige Rekonstruktion erfordern. Begonnen und geendet wird mit Hauptwörtern *(Wörter I, Wörter V)*, der häufigsten Wortart. Um eine weitere Sprache als Strukturbild präsent zu haben, folgt ein englischer Abschnitt *(Wörter II)*. Eine Vermischung mit Adjektiven oder adjektivischen Verwendungen *(Wörter III)* und mit Verben *(Wörter IV)* hat sich als wenig ergiebig herausgestellt, da sich ansonsten teilweise Satzfragmente bilden. Daher sind sie getrennt erfaßt. Im Kern geht es bewußt um einfache, gebräuchliche, eher alte oder alt wirkende Wörter. Eigennamen sind weitgehend ausgeklammert, um benennende und unterscheidende sprachliche Ausdrücke, um individuelle und

Realitätsverlust 227
Koordinatensystem 227

allgemeine Bezeichnungen nicht zu sehr zu vermischen. Eine Nähe zu numerologischen Spielen mit Namen und Daten würde die Wortbedeutungen konterkarieren.

Buchstaben und Zahlen werden, wie einleitend dargestellt, in fortlaufender Reihenfolge gleichgesetzt. Dies entspricht geläufigen Codierungs- und Decodierungsgrundsätzen bei Geheimschriften. Das Alphabet linear in Zahlenwerte zu übersetzen, erscheint logischer als eine Bindung an davon abweichende Traditionen; dies auch aus Respekt vor ihnen. Mit griechischen, hebräischen oder arabischen Zahlenwerten entstünden Bezüge, die von solchen Interpretationssystemen und der ihnen zugrundeliegenden Sprache losgelöst sind. Sie auf das lateinische Alphabet und die deutsche Sprache zu übertragen, würde die Komplexheit solcher Verfahren und die dafür nötigen Kenntnisse negieren.

Noch nicht in eine Grammatik eingebundene Wörter lassen sich als Rohstoffe sehen, als Felder, als Bilder, als vorerst unabhängige Zeichen. Es braucht keiner vorherbestimmten Leserichtung gefolgt zu werden. Strukturelle Regelmäßigkeit und Unregelmäßigkeit lassen sich erforschen. Da es sich noch nicht um Sätze, um Gedichte handelt, fällt die Befassung mit formal-qualitativen Aspekten weg. Die Wörter selbst sagen, was sie zu sagen haben, wie Bildpunkte, die sich über eine subjektiv gefilterte Wahrnehmung neu zusammensetzen, an den Rändern offen, im einzelnen austauschbar, bezogen auf die Relationen verbesserbar. Nur das System selbst ist vorgegeben, als unterstellte Akzeptanz vereinbarter Regeln. Ohne ein verbleibendes Optimierungspotential würde Spannung verlorengehen. Vieles ergibt sich von selbst. Es hat die Menge, nicht bloß die Stichprobe interessiert, das Netz von Beziehungen. Die entstehenden Räume erinnern an einander durchdringende urbane

Strukturen, so wie Rem Koolhaas es für den „Manhattan-Raster“ beschreibt: „Er ist eine Ansammlung von Blocks, deren Nähe und Nebeneinander ihre jeweiligen Bedeutungen verstärkt“, eine Doktrin, „die unversöhnliche Gegensätze zwischen einander ausschließenden Positionen aufhebt“. Diese Art von Transfers wird mit Sprache, mit Übersetzungen verglichen: „Manhattan ist der Rosette-Stein des 20. Jahrhunderts.“[18]

Raster 81
Problem 81
Buchstabe 81

Der auf der Wortebene eingeschlagene Weg basiert auf einem einfachen Algorithmus, der als Anwendungsregel die Rechenoperation festlegt: Verwandle a in 1, b in 2, c in 3 und so weiter, und weise vor jedem Zwischenraum die Summe aus. Die einlaufenden Nachrichten sind also Zeichengruppen (Wörter), die Aussagebotschaft ist deren Codewert. Das auf diese Weise bearbeitete Problem ist: Wie ordnet das Alphabet Wörter, wenn der Stellenwert der Buchstaben im Alphabet als summierter Ordnungswert für jedes Wort herangezogen wird? Dabei liegt gleichzeitig ein Determinismus, gegeben durch die starren Regeln, und eine Unvorhersehbarkeit vor. Aufgezeigt wird, welche Informationen die Zeichen selbst gespeichert haben. Der Einzelfall ist irrelevant, erst eine ausreichende Menge macht Strukturen sichtbar. Der Vorgang ist de facto irreversibel. Sobald sie beachtet werden, bleiben einmal festgestellte Relationen, zumindest eine Zeitlang, präsent. Welche davon mehr Aufmerksamkeit auf sich ziehen als andere, demonstriert Unterschiede in der Wirksamkeit. „Wirkung“ entsteht, sobald sich Überraschung einstellt, bevor ein Nachdenken einsetzt. Sie ergibt sich, und zwar vermutlich deswegen, weil offensichtlich ist, daß keine in irgendeiner Weise „wirkliche“ oder „andere“ Bedeutung vorliegt. Wenn ein solcher Eindruck auftaucht, dann reflexartig, als Anziehungskraft des Paradoxen. Verstehen läßt sich nur die Methode.

Elementarteilchen 169
Determinismus 169

Unvorhersehbarkeit 219 =
Chance 34 + Wahrscheinlichkeit 185

Inwieweit das mit der von Vilém Flusser behaupteten Eigenheit von Codierungen zu tun hat, läßt sich testen, denn er konstatiert: „Das Schreiben von Gleichungen ist dem von Skripten völlig verschieden. Schreibe ich Algorithmen, dann bin ich an eine Grenze des Alphabets vorgestoßen und versuche, über diese Grenze hinaus in Richtung des kritischen Denkens zu gelangen." Die Zone dafür ist umkämpft, denn „die Absicht des numerischen Codes ist, das Alphabet über sich selbst hinaus voranzutreiben, die der digitalen ist, das Alphabet über Bord zu werfen". Im Kern gehe es darum, auf mehreren Ebenen „aus der Welt der gesprochenen Sprache in die der ideographischen Bilder, aus der Welt der logischen Regeln in die der mathematischen und vor allem aus der Welt der Zeile in die des aus Punkten gebildeten Netzes" überzuwechseln.[19]

Wenn sich dabei eine neurologisch determinierte Vorliebe für Bilder, für Muster zu erkennen gibt, dann läßt sich erforschen, welche Art von Bildern, Wortbildern und Assoziationen Priorität erhält. „Mathematisiert" bilden sie einen Gegensatz zu jedem „wilden Denken", wie Lévi-Strauss es thematisiert hat, oder zu einem „poetischen" Zugang, bei dem in der Regel betont wird, daß die Basiselemente des Denkens Bilder sind, intuitive Bilder. Trotzdem entstehen Transfers. „Wir denken in Analogien, Vergleichen und Metaphern", heißt es dazu in einem Text zur Poetik, so als ob tatsächlich gewußt würde, wie Denken funktioniert; denn „über Ähnlichkeiten stellen wir neue Bezüge her und integrieren jedwedes faktische Wissen in Zusammenhänge, die für uns Relevanz besitzen. Jeder kreative Akt und jede Erfindung baut auf den neuen Beziehungen auf, die eine Metapher als einziges sprachliches Instrument herstellen kann. Daß etwas wie etwas anderes sein kann, das

Gleichung 86
Symbol 86
Landkarte 86
Metapher 86
Dichtung 86
Utopie 86

hat zu all dem geführt, was Zivilisation und ihre sogenannten Errungenschaften erst ausmacht.“ [20]

Das Alphabet scheint das zu wissen. Codiert verbindet es Gleichung$_{86}$ mit Metapher$_{86}$, mit Symbol$_{86}$, mit Dichtung$_{86}$, mit Landkarte$_{86}$, mit Utopie$_{86}$. Gleichung$_{86}$ und Gleichheit$_{86}$ sind numerisch synomym. Das Wort Alphabet$_{65}$ selbst verweist direkt auf das Medium$_{65}$, auf Papier$_{65}$, auf die Liste$_{65}$, auf das Netz$_{65}$. Es sagt auch, daß es sich als Brücke$_{65}$ versteht. Zur Matrix$_{85}$ geordnet, wird es zum Ideogramm$_{85}$.

Alphabet$_{65}$ Medium$_{65}$
Papier$_{65}$ Liste$_{65}$
Netz$_{65}$ Brücke$_{65}$

Matrix$_{85}$ Ideogramm$_{85}$

Daß solche Zuordnungen Fallen enthalten, ergibt sich aus der Gleichwertigkeit von Absurdität$_{120}$ und Vernunft$_{120}$; beide können sich auf eine direkte Beziehung zu Kausalität$_{120}$ berufen.

Absurdität$_{120}$ Vernunft$_{120}$
Kausalität$_{120}$

1 Oskar Becker: Grundlagen der Mathematik in geschichtlicher Entwicklung (1964). 1975. S. 3, 4
2 Niklas Luhmann: Ökologische Kommunikation (1986). 1990. S. 266
3 Humberto R. Maturana/Francisco J. Varela: Der Baum der Erkenntnis (1984). 1987. S. 228, 146ff.
4 Marc-Alain Ouaknin: Das verbrannte Buch. Den Talmud lesen (1986). 1990. S. 15, 118f., 122, 140, 104, 120
5 Michael Foucault: Die Ordnung der Dinge (1966). 1974. S. 69f.
6 Fritz Mauthner: Wörterbuch der Philosophie. (1923/24). 1997. Band I/1, S. 400, 386
7 Paul Valéry: Cahiers/Hefte (1973/74). 1987. Band I. S. 554, 541
8 Roland Barthes: Am Wendepunkt der Literatur. In: Gibt es eine Schreibweise der Lyrik? 1982. S. 58
9 Marc-Alain Ouaknin: Das verbrannte Buch. Den Talmud lesen (1986). 1990. S. 133, 143
10 Gerhard Kowol: Gleichungen. Eine historisch-phänomenologische Darstellung. 1990. S. 10, 13ff., 243
11 Peter Sloterdijk: Kritik der zynischen Vernunft. 1983. Band I. S. 87
12 Ludwig Wittgenstein: Wiener Ausgabe. 1994. Band I. S. 130, 149, 130, 148
13 Franz Dornseiff: Das Alphabet in Mystik und Magie (1925). 1975. S. 64
14 Eva Hesse: Die Achse Avantgarde – Faschismus. o. J., S. 122, 131ff., 121
15 André Breton: Die Manifeste des Surrealismus. 1986. S. 23, 38, 32
16 Eva Hesse: Die Achse Avantgarde – Faschismus. o. J., S. 133, 121
17 Raoul Schrott: Fragmente einer Sprache der Dichtung. 1997. S. 41
18 Rem Koolhaas: Delirious New York (1978). 1999. S. 12, 167, 10
19 Vilém Flusser: Die Schrift (1987). 1993. S. 122, 136
20 Raoul Schrott: Fragmente einer Sprache der Dichtung. 1997. S. 22, 23

Wörter I, 27–180

a 1	b 2	c 3	d 4	e 5
f 6	g 7	h 8	i 9	j 10
k 11	l 12	m 13	n 14	o 15
p 16	q 17	r 18	s 19	t 20
u 21	v 22	w 23	x 24	y 25
z 26				

27

Bild
Hand
Code
Ball
Feld
Pfad
Ego

28

Tag
Geld
Bank
Blei
Haar
Grab
Ende

29

Lob
See
Hanf
Liga
Hof
Gang
Held

30

Faden
Bibel
Kabbala
Erbe
Leid
Dank
Lied

31

Land
Ebene
Ideal
Fall
Echo
Gnade
Hahn

32

Erde
Berg
Farbe
Feige
Rede
Neid
Pech

33

Name
Tal
Nähe
Ekel
Geige
Liebe
Eis

34

Auge
Buch
Chance
Amt
Sack
Hafen
Ding

35

Magie
Rache
Weg
Bauch
Fell
Herd
Falke

36

Asche
Laub
Klage
Bedarf
Ehre
Falle
Sache

37

Frage
Jahr
Baum
Drama
Mode
Blick
Glied

38

Leben
Sand
Gold
Feind
Feder
Kind
Loch

39

Tod
Atem
Gebet
Lamm
Arena
Käfig
Glas

40

Sieg
Elend
Hilfe
Herde
Oase
Boden
Fläche

41

Waffe
Tat
Höhe
Aura
Basar
Kleid
Meer

42

Mann
Bote
Raub
Barbar
Leiche
Hexe
Gift

43

Anfang
Plan
Lager
Lachen
Fähre
Dorf
Aufgabe

44

Wahl
Menge
Leder
Fliege
Chor
Tabu
Handel

45

Macht
Alarm
Klang
Fisch
Tiefe
Leere
Gefahr

46

Frau
Seele
Mond
Nacht
Saft
Klima
Chaos

47

Gedanke
Kampf
Bett
Zahl
Eins
Uhr
Sein

48

Kopf
Glaube
Lehre
Ring
Pfeil
Segel
Ferne

49

Maske
Droge
Lohn
Haus
Linie
Taube
Schlaf

50

Fest
Lüge
Krieg
Exil
Mord
Wind
Haut

51

Rauch
Qual
Fett
Duft
Wein
Schiff
Abschied

52

Licht
Maß
Form
Dasein
Tier
Ziel
Nomade

53

Raum
Ort
Höhle
Blume
Begriff
Gesang
Mädchen

54

Logik
Recht
Kirche
Kälte
Ikone
Orgie
Vagina

55

Dreieck
Arbeit
Brot
Familie
Feuer
Blut
Gipfel

56

Kraft
Sinn
Suche
Alter
Gedicht
Serie
Reise

57

Werk
Hölle
Idiot
Masse
Welle
These
Herz

58

Schein
Mönch
Güte
Reiz
Mauer
Salz
Hammer

59

Glück
Moral
Freude
Null
Einfall
Luft
Anarchie

60

Welt
Himmel
Zeit
Geist
Askese
Opfer
Lächeln

61

Spiel
Staat
Angst
Gehirn
Archiv
Modell
Frieden

62

Gott
Mensch
Orakel
Fleisch
Kreis
Gemeinde
Krise

63

Melodie
Staub
Energie
Markt
Erfolg
Beweis
Zelt

64

Inhalt
Gefühl
Sorge
Stadt
Bilanz
Grund
Schamane

65

Alphabet
Medium
Netz
Beischlaf
Papier
Gebrauch
Wärme

66

Satz
Wert
Wesen
Wolke
Geflecht
Vater
Unfall

67

Sonne
Mitte
Stein
Märchen
Wunde
Schuld
Ruine

68

Gewalt
Sünde
Hitze
Bordell
Kerker
Freund
Schule

69

Teufel
Strafe
Schlange
Formel
Prosa
Poesie
Text

70

Sprache
Gericht
Kapital
Methode
Technik
Ironie
Zeichen

71

Materie
Zwang
Friedhof
Sucht
Soldat
Gesicht
Tempel

72

Gewinn
Geschenk
Talent
Maschine
Taktik
Lust
Quelle

73

Paradies
Traum
Musik
Apparat
Betrug
Armut
Geburt

74

Natur
Aberglaube
Biologie
Element
Geschäft
Spaß
Pflicht

75

Ursache
Gewicht
Lyrik
Humor
Reform
Grenze
Schwäche

76

Nebensache
Wort
Stern
Zitat
Heilung
Folter
Bürger

77

Tatsache
Analyse
Beispiel
Stille
Dynamik
Fluß
Theater

78

Zufall
Erotik
Anatomie
Frost
Kritik
Witz
Schmuck

79

Sekunde
Neugier
Messer
Knoten
Ergebnis
Stimme
Stärke

80

Freiheit
Theorie
Medizin
Spirale
Pflanze
Rätsel
Nirwana

81

Steppe
Ritual
Kreuz
Ideologie
Orient
Verdacht
Buchstabe

82

Gesetz
Verbot
Ausnahme
Gespräch
Intrige
Quadrat
Punkt

83

Schrift
Trauer
Haltung
Bedingung
Harmonie
Nahrung
Gruppe

84

Bewegung
Nachricht
Handwerk
Erlebnis
Fragment
Gelächter
Verrat

85

Weltall
Schicksal
Augenblick
Wasser
Wunder
Kunst
Urteil

86

Utopie
Gleichheit
Atombombe
Landkarte
Symbol
Dichtung
Nachwelt

87

Geschichte
Praxis
Militär
Weltbild
Befreiung
Person
Geräusch

88

Körper
Reinheit
Physik
Sport
Landschaft
Subjekt
Vision

89

Wissen
Religion
Geheimnis
Gleichklang
Ewigkeit
Virus
Urknall

90

Lebewesen
Ganzheit
Rechnung
Impuls
Würfel
Schatten
Wildnis

91

Unsinn
Realität
Machbarkeit
Wetter
Engagement
Hoffnung
Abenteuer

92

Wahrheit
Schmerz
Politik
Rebellion
Machtkampf
Semantik
Kosmos

93

Wüste
Schweigen
Ordnung
Abrechnung
Bibliothek
Grammatik
Phantasie

94

Weitblick
Eigentum
Republik
Folklore
Ökologie
Fernsehen
Botschaft

95

Gedächtnis
Kaufkraft
Gemeinheit
Tarnung
Erregung
Tagesablauf
Projekt

96

Muster
Gegenstand
Eigensinn
Meuterei
Fälschung
Trommel
Versuch

97

Geometrie
Reichtum
Mystik
Revolte
Berechnung
Bildschirm
Beziehung

98

Sorgfalt
Erfahrung
Ästhetik
Warnung
Skepsis
Äquator
Weisheit

99

Irrtum
Archäologie
Argument
Energiebedarf
Abhängigkeit
Einkommen
Bedeutung

100

Gegenwart
Spiegelbild
Nonsens
Umsatz
Nutzen
Verbrechen
Mythos

101

Jenseits
Gewissen
Demokratie
Programm
Mathematik
System
Romantik

102

Wahnsinn
Unschuld
Sachzwang
Ökonomie
Häufigkeit
Kreislauf
Kristall

103

Kultur
Verstand
Relevanz
Bedürfnis
Wirkung
Versteck
Sanktion

104

Menschheit
Gegensatz
Diktatur
Regierung
Bestechung
Sicherheit
Heiligtum

105

Publikum
Verhalten
Sadismus
Ähnlichkeit
Zustand
Minderheit
Rettung

106

Herrschaft
Qualität
Mitgefühl
Schönheit
Spannung
Einsamkeit
Leidenschaft

107

Leistung
Symbiose
Untergang
Befriedigung
Konzept
Identität
Zeichnung

108

Wachstum
Sachlichkeit
Intellekt
Paradoxon
Ehrlichkeit
Spielregel
Prinzip

109

Regenzeit
Offenbarung
Peripherie
Empfindung
Dunkelheit
Kontext
Signatur

110

Funktion
Tradition
Handschrift
Gesinnung
Meditation
Schmutz
Oberschicht

111

Toleranz
Urbanität
Höflichkeit
Forschung
Gemeinwohl
Computer
Radikalität

112

Idealismus
Gesundheit
Navigation
Langsamkeit
Matriarchat
Humanität
Sinngebung

113

Autonomie
Schauspiel
Wachsamkeit
Trennung
Einzelheit
Sündenfall
Orgasmus

114

Schöpfung
Zyklus
Linearität
Arithmetik
Interesse
Querdenken
Eifersucht

115

Wettkampf
Behauptung
Wellenlänge
Antimaterie
Bewertung
Netzhaut
Atheismus

116

Verstehen
Stimmung
Verbindung
Wohlstand
Instinkt
Erlösung
Sympathie

117

Gesellschaft
Aufklärung
Widerstand
Zentrum
Realismus
Buchhaltung
Möglichkeit

118

Lebensweise
Disziplin
Faschismus
Geheimdienst
Vergnügen
Leichtigkeit
Prozeß

119

Zukunft
Industrie
Fingerabdruck
Börsenkrach
Störung
Vitalität
Gleichgewicht

120

Absurdität
Vernunft
Kausalität
Elektronik
Kybernetik
Geburtstag
Intimität

121

Dissonanz
Fatalismus
Schwachsinn
Lebensgefühl
Jahreszeit
Astrologie
Apokalypse

122

Existenz
Kontrolle
Zuschauer
Nächstenliebe
Substanz
Fremdwort
Netzwerk

123

Höhepunkt
Totalität
Fanatismus
Rassenhaß
Vorwurf
Freispruch
Schlüssel

124

Gewißheit
Besonderheit
Fachkenntnis
Entfernung
Vertrauen
Gelassenheit
Literatur

125

Freundschaft
Schwingung
Grausamkeit
Mechanismus
Glückszahl
Erinnerung
Bürokratie

126

Bürgerkrieg
Unterschied
Gewerkschaft
Doppelhelix
Chaostheorie
Italienreise
Vollendung

127

Gerechtigkeit
Symmetrie
Metaphysik
Wirtschaft
Kalkulation
Beschäftigung
Selbstmord

128

Statistik
Situation
Normalität
Klassenkampf
Sklavenhandel
Feminismus
Integrität

129

Erkenntnis
Experiment
Explosion
Beharrlichkeit
Technokratie
Automation
Entscheidung

130

Autorität
Grundsatz
Stillstand
Steuerung
Sauerstoff
Topographie
Abstraktion

131

Schuldgefühl
Zwiespalt
Erniedrigung
Resignation
Linguistik
Mitternacht
Gemeinsamkeit

132

Wahrnehmung
Philosophie
Schwerkraft
Sparsamkeit
Verfassung
Präzision
Rhythmus

133

Sinnlichkeit
Intelligenz
Versprechen
Simulation
Nihilismus
Verhältnis
Solidarität

134

Ursprung
Katastrophe
Information
Veränderung
Sachverstand
Urheberschaft
Architektur

135

Unendlichkeit
Alltäglichkeit
Vergangenheit
Motivsuche
Sinnesorgan
Proletariat
Spürsinn

136

Rentabilität
Organismus
Lebensmittel
Intensität
Herzklopfen
Liebestragödie
Allgemeinwohl

137

Marxismus
Unternehmen
Zahlenfriedhof
Menschenscheu
Südseeinsel
Sexualität
Wiedergeburt

138

Humanismus
Wirklichkeit
Wörterbuch
Sonnenaufgang
Polarstern
Erdumdrehung
Lebensstandard

139

Menschlichkeit
Vermischung
Gentechnologie
Kreuzigung
Turbulenz
Konvention
Todesfurcht

140

Zeichensprache
Orthographie
Typographie
Standpunkt
Diskussion
Originalität
Entschluß

141

Spieltheorie
Stoffwechsel
Investment
Verwandlung
Wiederholung
Vernichtung
Kreativität

142

Universum
Zusammenhang
Organisation
Fruchtbarkeit
Überraschung
Relativität
Kunstwerk

143

Produktion
Zellteilung
Flüssigkeit
Spekulation
Verwaltung
Nebenwirkung
Emanzipation

144

Sensibilität
Widerspruch
Bankverbindung
Schuldenstand
Empfindlichkeit
Zufallszahl
Hotelzimmer

145

Ordnungsliebe
Selbstzweck
Numerierung
Artenvielfalt
Subkultur
Montagetechnik
Laboratorium

146

Wissenschaft
Freiheitskampf
Zynismus
Schwierigkeit
Sternzeichen
Milchstraße
Neutralität

147

Konsequenz
Einheitlichkeit
Konjunktiv
Störaktion
Geburtswehen
Zärtlichkeit
Allgemeinbildung

148

Struktur
Öffentlichkeit
Opposition
Staatsgewalt
Nervosität
Zivilcourage
Weltfremdheit

149

Objektivität
Arbeitsplatz
Versicherung
Gottesbeweis
Rosenzucht
Frauenbewegung
Spurensuche

150

Selbstbetrug
Fahrlässigkeit
Sublimierung
Brüderlichkeit
Lohnerhöhung
Zufriedenheit
Verständnis

151

Revolution
Kapitalismus
Würfelspiel
Globalisierung
Spaziergänger
Fetischismus
Komplexität

152

Weltschmerz
Bombenattentat
Überzeugung
Unlösbarkeit
Vernetzung
Umgangssprache
Schlafbedürfnis

153

Geschwindigkeit
Konkurrenz
Medienwirkung
Aufmerksamkeit
Stellenwert
Schriftzeichen
Wortschatz

154

Optimismus
Nachkommenschaft
Querschnitt
Sprachregelung
Verweigerung
Stöckelschuhe
Datenerfassung

155

Konjunktur
Anthropologie
Verbesserung
Mitteleuropa
Selbstkritik
Nachkriegszeit
Anachronismus

156

Fortschritt
Naturgesetz
Notwendigkeit
Bewußtsein
Proportion
Trefferquote
Vergänglichkeit

157

Korruption
Guerillataktik
Verwechslung
Lokalaugenschein
Gottesdienst
Verzweigung
Seidenstraße

158

Kernspaltung
Mikrokosmos
Privatsphäre
Enttäuschung
Argumentation
Freizügigkeit
Körpersprache

159

Sternstunde
Maßlosigkeit
Vieldeutigkeit
Sperrstunde
Kritikfähigkeit
Kopfschmerzen
Spontaneität

160

Rechtschreibung
Zwischenraum
Urteilskraft
Wortklauberei
Monokultur
Verknüpfung
Materialismus

161

Pluralismus
Elektrizität
Rechtfertigung
Unberechenbarkeit
Ressentiment
Inszenierung
Unterhaltung

162

Arbeiterbewegung
Staatsstreich
Pessimismus
Vertragsbruch
Flugverbindung
Schwellenangst
Selbständigkeit

163

Sozialismus
Spießbürger
Lebensqualität
Nützlichkeit
Universität
Zahlenmystik
Psychoanalyse

164

Weltregierung
Zielsetzung
Würdenträger
Partisanenkampf
Zusammenbruch
Kräutergarten
Geschlechtsorgan

165

Zivilisation
Regelmäßigkeit
Volksempfinden
Gleichzeitigkeit
Intervention
Triebverzicht
Traumdeutung

166

Weltherrschaft
Konkursmasse
Neubauwohnung
Unwissenheit
Transzendenz
Kommunikation
Fluchtversuch

167

Weltuntergang
Seelenwanderung
Konstellation
Lernprozeß
Muttersprache
Wahrheitssuche
Symbolhandlung

168

Kettenreaktion
Kommunismus
Trümmerhaufen
Verfahrensmangel
Zerstörung
Gedankenlosigkeit
Verzweiflung

169

Persönlichkeit
Weltanschauung
Elementarteilchen
Szenenapplaus
Hausfrauenarbeit
Standfestigkeit
Enthusiasmus

170

Personenkult
Schauprozeß
Parteizentrale
Einzigartigkeit
Gleichgültigkeit
Institution
Schwebezustand

171

Immunsystem
Genmanipulation
Naturschutz
Zuständigkeit
Untersuchung
Gleichwertigkeit
Zwischenbilanz

172

Sprachlosigkeit
Gastfreundschaft
Wechselbeziehung
Einbildungskraft
Quantentheorie
Kindheitstraum
Jahrtausendwende

173

Meinungsumfrage
Volkszählung
Rettungsanker
Wertlosigkeit
Prüfungsklima
Morgendämmerung
Reiseerzählung

174

Problemlösung
Willensfreiheit
Gruppendynamik
Kriegszustand
Zerstreuung
Schriftsteller
Subjektivität

175

Methodenstreit
Terrorismus
Rechnungswesen
Glaubwürdigkeit
Selbstbeobachtung
Einfallsreichtum
Gewaltlosigkeit

176

Universalität
Raumkrümmung
Instanzenzug
Verkehrszeichen
Lebensunterhalt
Fortpflanzung
Unsterblichkeit

177

Begriffsdefinition
Bedeutungswandel
Weichenstellung
Aktiengesellschaft
Kurzschluß
Einsturzgefahr
Spendensammlung

178

Machtverhältnis
Einverständnis
Dienstleistung
Zigeunermusik
Verschwörung
Sternschnuppe
Schönheitsbegriff

179

Nervensystem
Schmerzschwelle
Gewaltverzicht
Naturzustand
Kulturverfall
Wassertropfen
Himmelsrichtung

180

Handlungsfreiheit
Anziehungskraft
Verwirklichung
Lustprinzip
Todessehnsucht
Spiritualität
Verschwiegenheit

In einer berühmten, hier auf Kernaussagen komprimierten programmatischen Schrift wird davon ausgegangen, daß eine bestimmte Art von Text nicht „als Ganzes", sondern „als etwas Zusammengesetztes" aufzufassen ist. Es sei eine „Chiffriermethode" notwendig, die ihn „wie eine Art Geheimschrift behandelt, in der jedes Zeichen nach einem feststehenden Schlüssel in ein anderes Zeichen von bekannter Bedeutung übersetzt wird". Offensichtlich wird in der Regel, daß in ihm „das Nebensächliche und Unbeachtete" eine andere Bedeutung bekommt, weil die Auswahl der Themen, der Bilder, der Aussagen „nach anderen Prinzipien" erfolgt als gewohnt. Die Berührungen und Verbindungen zwischen den Gedanken erzeugen „Knotenpunkte", führen zur „Bildung neuer Einheiten". In solchen Prozessen werden Worte „häufig wie Dinge behandelt und erfahren dann dieselben Zusammensetzungen wie die Dingvorstellungen. Komische und seltsame Wortschöpfungen sind das Ergebnis."

Geheimschrift 130
Topographie 130
Abstraktion 130

Deshalb ist „die Analyse unsinniger Wortbildungen" besonders dazu geeignet, „die Verdichtungsleistung" aufzuzeigen. Sichtbar wird auch, daß ein solcher Text „anders zentriert", „sein Inhalt um andere Elemente als Mittelpunkt geordnet" ist. Es findet „eine Übertragung und Verschiebung der psychischen Intensitäten der einzelnen Elemente" statt. Einen „logischen Zusammenhang" gibt er wieder als „Gleichzeitigkeit", „die Verursachung" wird dargestellt „durch ein Nacheinander"; ein „Vertauschen des sprachlichen Ausdrucks" ist wichtiger Teil dessen, was vor sich geht. Ein anderes Spezifikum ist es, daß er „die Alternative ‚Entweder-Oder' überhaupt nicht ausdrücken kann; er pflegt die Glieder derselben wie gleichberechtigt in einen Zusammenhang aufzunehmen", scheinbare Alternativen werden durch „und"

verbunden. „Die Kategorie von Gegensatz und Widerspruch" wird vernachlässigt, „das ‚Nein' scheint in solchen Texten nicht zu existieren. Gegensätze werden mit besonderer Vorliebe zu einer Einheit zusammengezogen oder in einem dargestellt." „Die Relation der Ähnlichkeit, Übereinstimmung, Berührung, das ‚Gleichwie'" wird zur dominierenden, oft zur „einzigen unter den logischen Relationen". „Das Wort,
Rechenprogramm 154
als der Knotenpunkt mehrfacher Vorstellungen, ist sozusagen eine prä-
Wortbrücken 155
destinierte Vieldeutigkeit", die „Wortbrücken" sind es, „über welche die Wege zum Unbewußten führen".[1]

Inzwischen dürfte klar geworden sein, woraus hier zitiert wird. Es ist
Traum 73
Die Traumdeutung; nur ist das Wort „Traum" durch „Text" ersetzt wor-
Spiegel 73
den. Wird in der Code-Beziehung von Wörtern jenes vorerst Un-
Apparat 73
bekannte gesehen, das neue Einheiten, Verdichtungen, Berührungen, Verbindungen, Knotenpunkte, Gleichzeitigkeit, Ähnlichkeit, Übereinstimmung, Vieldeutigkeit und die Möglichkeit für Verschiebungen und Vertauschungen erzeugt, so ergeben sich offensichtliche Parallelen zum hier thematisierten, zwei Zeichensysteme verbindenden Wörterbuch. Die Berechnung produziert unvermittelte Übergänge, die Wörter als von einer externen Instanz geordnet erscheinen lassen; sinnlos, aber dennoch Fragen nach der Bedeutung auftretender Assoziationen stellend. Diese Instanzen sind die Zahl, die Berechnung und der Wunsch, derartiges festzustellen. Wenn Freud „das Problem der Absurdität des
absurd 65
Traumes dahin aufgelöst" hat, „daß die Traumgedanken niemals absurd
links 65
sind", dann läßt sich das auch auf rechnerisch erzeugte Wortkonstellationen übertragen, selbst wenn kein träumendes Subjekt an ihrem Entstehen mitgewirkt hat. So simpel dieser Mechanismus ist, so mysteriös sind oft die Zusammentreffen. Die Qualität vermeintlicher Zu-

fälligkeit wird sichtbar. Wie das alles entsteht, ist zwar einfach zu verstehen, trotzdem ist es eine Art Begegnung mit dem Unbekannten, mit einer im Unlogischen steckenden Logik. Daß die Aufklärungsmöglichkeit begrenzt ist, dessen war sich auch Freud sicher: „Wir können es unmöglich dazu bringen, den Traum als psychischen Vorgang *aufzuklären*, denn erklären heißt auf Bekanntes zurückführen, und es gibt derzeit keine psychologische Kenntnis, der wir unterordnen könnten, was sich aus der psychologischen Prüfung der Träume als Erklärungsgrund schließen läßt." „Die Traumgedanken, auf die man bei der Deutung gerät, müssen ja ganz allgemein ohne Abschluß bleiben und nach allen Seiten hin in die netzartige Verstrickung unserer Gedankenwelt auslaufen. Aus einer dichteren Stelle dieses Geflechts erhebt sich dann der Traumwunsch wie der Pilz aus seinem Mycelium."[2]

schweigen 93
aufklären 94
begründen 95
Geflecht 66
Alphabet 65

Worttabellen, Wortfelder, die wie Bilder gelesen werden können, ohne daß von vornherein „sinnstiftende" Verbindungen sichtbar sind, aktivieren Subjektives, Erinnerungen, Vorbewußtes, Unbewußtes, so als ob es sich um etwas Geträumtes handeln würde. Das Mechanische daran entspricht Freuds Vorstellung vom seelischen Apparat, „dessen Bestandteile wir *Instanzen* oder der Anschaulichkeit zuliebe *Systeme* heißen wollen". Offensichtlich ist dabei, „daß die kompliziertesten Denkleistungen ohne Mittun des Bewußtseins möglich sind". Gerade jene Vorstellungen, „die einander ihre Intensitäten übertragen, stehen in den *lockersten Beziehungen* zueinander und sind durch solche Arten von Assoziationen verknüpft, welche von unserem Denken verschmäht und nur dem witzigen Effekt zur Ausnützung überlassen werden."[3]

Die Ansammlungen unzusammenhängender Wörter, wie sie sich aus Codierungen ergeben, entsprechen dem Sachverhalt, „daß der Traum

Unbewußtes 168
Traummuster 169
Zeichenbeziehung 167
Symbolhandlung 167
Demonstration 167
Grundvokabular 167
Muttersprache 167
Umgangssprache 152
Wortfetzen 152
Transparenz 152
Suchprogramm 152
Bild 27
Code 27
Ego 27

(fast) nie geordnete Erinnerungen aus dem Wachleben, sondern nur Einzelheiten aus demselben übernimmt", das Traummaterial ist oft „eine Sammlung von psychischen Resten, Erinnerungsspuren". Es ergeben sich Muster, auch die Psychoanalyse spricht von „Traummustern". Entscheidend sind die einzelnen Zeichen, denn „der Trauminhalt ist gleichsam in einer Bilderschrift gegeben, deren Zeichen einzeln in die Sprache der Traumgedanken zu übertragen sind. Man würde offenbar in die Irre geführt, wenn man diese Zeichen nach ihrem Bildwert anstatt nach ihrer Zeichenbeziehung lesen wollte." Es gehe darum, sich zu bemühen, „jedes Bild durch eine Silbe oder ein Wort zu ersetzen, das nach irgendwelcher Beziehung durch das Bild darstellbar ist. Die Worte, die sich so zusammenfinden, sind nicht mehr sinnlos, sondern können den schönsten und sinnreichsten Dichterspruch ergeben."[4]

„Der Traumdeutung bleibt es überlassen, den Zusammenhang wiederherzustellen, den die Traumarbeit vernichtet hat", da diese *„ja nicht beabsichtigt, verstanden* zu werden". Letzteres trifft auch auf Berechnungen zu, die Buchstaben mit Zahlen gleichsetzen. Es deckt sich auch, wie bereits erwähnt, mit kabbalistischen Vorstellungen von Textanalyse. Der wirklich essentielle Unterschied zum Traum besteht vielleicht nur darin, „daß jeder Traum die eigene Person behandelt. Träume sind absolut egoistisch."[5] Das ist ein Berechnungssystem auch, weil es eben nur seiner eigenen engen Logik folgen kann. Ob es tatsächlich jemanden braucht, der mit seinen Ergebnissen etwas anfangen kann, wird nicht unmittelbar ersichtlich. Weil es imstande ist, Wortbeziehungen zu erzeugen, die solche Sachverhalte auf den Punkt bringen, beweist es eine Leistungsfähigkeit, die auf Ansätze zu künstlicher Intelligenz, auf ein Mitdenken des Systems schließen ließe.

Psychoanalyse $_{163}$

Geschlechtsorgan $_{164}$

Traumdeutung $_{165}$ Triebverzicht $_{165}$ Zivilisation $_{165}$ Weltzustand $_{165}$

Unwissenheit $_{166}$

Symbolhandlung $_{167}$

Daß Natur$_{74}$ und berechnen$_{74}$, träumen$_{97}$ und erinnern$_{97}$, Berechnung$_{97}$ und Beziehung$_{97}$ Gleichungen bilden, Sündenfall$_{113}$, Orgasmus$_{113}$ und Verdrängen$_{113}$, oder Lust$_{72}$ und Gewinn$_{72}$, kann als Zufälligkeit abgetan werden. Auch die Beziehung von Sperma$_{72}$ und Spalte$_{73}$ oder die Summierung des Ich$_{20}$ und des Es$_{24}$ zum Tabu$_{44}$ ist noch nicht allzu auffällig.

Ich $_{20}$ + Es $_{24}$ = Tabu $_{44}$

Die Gleichung Traumdeutung$_{165}$ – Triebverzicht$_{165}$ – Zivilisation$_{165}$ – Weltzustand$_{165}$ hat aber eine intellektuelle Prägnanz, die von Freud selbst stammen könnte. Gekreuzt mit der Reihe Psychoanalyse$_{163}$ – Geschlechtsorgan$_{164}$ – Triebverzicht$_{165}$ – Unwissenheit$_{166}$ – Symbolhandlung$_{167}$ wird sie gleichsam zur Formel, zum Ideogramm. Unbewußtes$_{168}$ läßt sich rechnerisch unmittelbar von diesen Begriffen ableiten. Was dahintersteckt, hinter einer solchen sich „buchstäblich" ergebenden Konstellation, ist nichts als Berechnung.

Angst$_{61}$
Modell$_{61}$
verheimlichen$_{131}$
Schuldgefühl$_{131}$
Zwiespalt$_{131}$
Familie$_{55}$
Dreieck$_{55}$
Chiffre$_{55}$
Selbstbestrafung$_{190}$
Kulturgeschichte$_{190}$

Sogar Gegenpositionen erscheinen in vorkalkulierter Weise diffamierbar, da etwa der *Anti-Ödipus*$_{133}$ (Deleuze/Guattari) als Wort mit überreagieren$_{133}$ und kaputtmachen$_{133}$ gleichgestellt ist. Immerhin haben dessen Autoren ja Freud als einen „allzu sehr vom Bewußtsein durchdrungenen Idioten" bezeichnet, „der weder etwas von Mannigfaltigkeiten noch von den Bildungen des Unbewußten versteht" und bei dem „es immer eine Reduktion auf das Eine" gebe.[6] Ihr Angriff auf die „Figuren der Selbstbestrafung, die sich aus Ödipus ergeben" und die nur die allgemeine bürgerliche Repression fortsetzen würden, wird aber, in der Sprache Freuds, selbst wieder von der Terminologie eingeholt.[7] Selbstbestrafung$_{190}$ als essentieller Faktor von Kulturgeschichte$_{190}$ verweist auf Sisyphusarbeit$_{191}$ und auf Produktivität$_{191}$. Damit schlägt sich das Alphabet auf die Seite des bekämpften Systems, weil es ihm offensichtlich recht gibt.

unsichtbar$_{115}$
synchron$_{116}$
irrational$_{117}$

Daß C. G. Jungs Begriff Archetypus$_{136}$ – der als Parallele zur Physik mit den „primären Wahrscheinlichkeiten" seelischer Reaktionen gleichgesetzt werden könnte[8] – mit Organismus$_{136}$ und Intensität$_{136}$ korreliert, klingt so, als ob die Wörter von sich aus solche strukturellen Komponenten des kollektiven Unbewußten spekulativ$_{136}$ und produktiv$_{136}$ dramatisieren$_{136}$ würden. Dabei macht Jung in seinen Schriften deutlich, daß er in kabbalistisch-alchemistischen Verfahren nur eine Quelle für über große Zeiträume vergleichbare Symbolismen sieht, eine Vorform der Psychologie, und „daß die Alchemie mit ihrem überquellenden Reservoir von Symbolen und Bildern, von Metaphern und obskuren Wortprägungen, die sich wechselseitig ersetzen können, eigentlich nur eine Projektionsfläche für die innerpsychischen Strukturen des Alchemisten und seiner Zeitgenossen darstelllt."[9] „Synchronizität als ein

Prinzip akausaler Zusammenhänge“ hat ihn im Rahmen seiner Psychologie der Übertragung dennoch sehr interessiert; als Zusammentreffen von Unzusammengehörigem, dem subjektiv Bedeutung beigemessen wird, als Gefühl der Korrespondenz, der Fügung, bis hin zu einem Beziehungswahn. „Worin jener Faktor, der uns als ‚Sinn‘ erscheint, an sich besteht, entzieht sich der Erkenntnismöglichkeit“, schreibt er dazu. Das Tao der chinesischen Philosophie gebe eine Antwort: „Sinn heißt dann Richtung.“[10]

In dieser Art verbalisierte Zahlenbezüge können zwar auch für eine solche Loslösung vom Gegenstand herangezogen werden, für eine Bestätigung der Absicht, primär das zu sehen, was gefunden werden soll, was gebraucht werden kann. Sie führen jedoch gleichzeitig ein solches Begehren ad absurdum, weil der rechnerische Zusammenhang bloß Wahrscheinlichkeiten offenlegt, die von der Programmierung abhängen. Antiquiertes kippt in neue Dimensionen.

Der Computer steht, als Zäsur in der Geschichte der Wahrnehmung, „für die Überführbarkeit des Gegenständlichen in die *Schrift*, das heißt für die Idee einer universellen Programmierbarkeit“. Die binäre Logik des Codes erzeugt ein Maß an Abstraktion, „welches jegliches Denken, das in den Kategorien der Ähnlichkeit operiert, übersteigt. Im Zeitalter des Computers (...) löst sich der Raum in die *Beschreibung des Raums*, die Zeit in die *Beschreibung der Zeit* und der Körper (ein Werkzeug, ein Stoff) in die *Beschreibung des Körpers* auf.“[11] Die damit angesprochene Beschreibung$_{113}$ bildet mit Trennung$_{113}$, Einzelheit$_{113}$, Austausch$_{113}$ und Schauspiel$_{113}$ eine fiktive, bloß durch den gleichen Code verbundene Begriffsgruppe. Als ein Übertragen$_{116}$ verbindet sich die Beschreibung mit wiederfinden$_{116}$, entwickeln$_{116}$ und verstehen$_{116}$.

Unmittelbarkeit $_{180}$
Anziehungskraft $_{180}$
Korrespondenz $_{180}$
Improvisation $_{180}$
Richtung $_{100}$
Gewissen $_{101}$
Unschuld $_{102}$
Programmierung $_{175}$
Selbstbeobachtung $_{175}$
Ähnlichkeit $_{105}$
Zustand $_{105}$
übertragen $_{116}$
wiederfinden $_{116}$
entwickeln $_{116}$
verstehen $_{116}$

1 Sigmund Freud: Die Traumdeutung (1899/1900). Studienausgabe, 1994. Band II. S. 124, 118, 177, 286, 296, 297, 304, 305, 307, 312, 314, 335, 315, 316, 317, 336, 368

2 Ebda., S. 429, 490, 503

3 Ebda., S. 513, 563, 566

4 Ebda., S. 69, 235, 117, 280, 281

5 Ebda., S. 311, 337, 320

6 Gilles Deleuze/Félix Guattari: Tausend Plateaus (1980). 1997. S. 51

7 Gilles Deleuze/Félix Guattari: Anti-Ödipus. Kapitalismus und Schizophrenie I (1972). 1988. S. 63

8 M.-L. von Franz: Das Unbewußte und die Wissenschaften. In: C. G. Jung u. a.: Der Mensch und seine Symbole. 1968. S. 308

9 Dieter Daniels: Duchamp und die anderen. 1992. S. 248f.

10 Rosemarie Boenicke: Materie mit latenter Psyche. C. G. Jungs Begriff der Synchronizität. In: Carola Hilmes/Dietrich Mathy (Hg.): Spielzüge des Zufalls. 1994. S. 55ff.
C. G. Jung: Synchronizität als ein Prinzip akausaler Zusammenhänge (1950). In: Gesammelte Werke, Band VIII. 1976. S. 542

11 Martin Burckhardt: Metamorphosen von Raum und Zeit. 1994. S. 309

Egalisieren

In einer politischen Thematik verwendbare Wörter haben ihrerseits oft erstaunlich enge rechnerische Zusammenhänge. Sich ergebende Reihen- und Flächenbildungen lesen sich zum Teil so, als ob sie Muster der Geschichte abbilden würden. Sie erzählen, über Stichworte, wie wahrscheinlich Berechenbarkeit (und Käuflichkeit) ist. Solche Relationen tauchen in jedem Text, in jedem Sprechen auf; um derartigen Zufälligkeiten zu entgehen und grundlegende gegenwärtige Fragestellungen miteinzubeziehen, werden daher Passagen aus neuen Texten signifikanter Analytiker, um nicht bei den üblichen Stereotypien anzusetzen, als akzeptierbarer gedanklicher Zugang verwendet. Eine Devise Peter Sloterdijks ist dafür eine brauchbare Richtungsangabe, bei der einem Konträres den Rücken stärkt: „Weil alles problematisch wurde, ist auch alles irgendwo egal. Dieser Spur gilt es zu folgen. Sie führt dorthin, wo von Zynismus und ‚zynischer Vernunft‘ die Rede sein kann.“[1] Daß sich nach einem gescheiterten Humanismus$_{138}$ bloß noch in der Gentechnologie$_{139}$ Perspektiven eröffnen, wie er das in letzter Zeit als späte Antwort auf Heidegger polemisch-philosophisch thematisiert, läßt sich allerdings – zynisch$_{104}$ und „wertfrei“$_{104}$ – bereits aus den aufeinanderfolgenden alphanumerischen Codes dieser Wörter herauslesen. *Die zynische Vernunft*$_{247}$ sieht in allem ein mehr oder minder kalkulierbares Optimierungsproblem$_{247}$.

Slavoj Žižek geht die Probleme anders an, nimmt aber ausdrücklich auf die *Lesbarkeit* von Vorgängen Bezug. Den Hintergrund bilden selbstverständlich nicht formal-rechnerische, sondern kategorische ökonomisch-politische Strukturmerkmale. Damit die „alltägliche Erfahrung engagierter Individuen“ in überzeugender Weise „lesbar“ gemacht werden kann, meint er, müßte es möglich sein, „ihre Lebenserfahrung

problematisch$_{141}$
fragmentarisch$_{142}$
stereotyp$_{143}$
interessant$_{144}$

Humanismus$_{138}$
Gentechnologie$_{139}$

die zynische Vernunft$_{247}$
Optimierungsproblem$_{247}$

Es ist wie es ist$_{181}$
Systemtheorie$_{181}$

Modell$_{61}$ Orakel$_{62}$
Markt$_{63}$ Börse$_{64}$

Erzählung 117 · Gesellschaft 117
Sachverhalt 117 · Realismus 117
Aufklärung 117 · Selbsthilfe 117
Widerstand 117 · Möglichkeit 117

effektiver in eine konsistente Erzählung einzubauen“. Das Problem sei aber, daß diejenige Erzählung gewinne, „die der Realität am ‚adäquatesten‘ ist: das Verhältnis ist zirkulär und selbstbezüglich, das heißt die Erzählung prädeterminiert schon, was wir als ‚Realität‘ erfahren werden.“[2]

Realität 91 · Machbarkeit 91
Politik 92 · Semantik 92
Ordnung 93 · Abrechnung 93

Genau davon ist hier unter Konzentration auf Wortbeziehungen die Rede, wenn auch in übertragenem Sinn. Die Selbstbezüglichkeit von Wörtern prädeterminiert sogar auf der Ebene einer fiktiven numerischen Verwandtschaft ein Beziehungsgeflecht, das in seiner Absurdität immer wieder „adäquat“ erscheint, gerade weil fast jedes Wort zum Schlagwort wird. Wenn Wörter als Gruppen von Zeichen aufgefaßt werden, dann scheint mit ihnen in solchen Verfahren ähnliches zu passieren wie mit sozialen Gruppen. Žižek kritisiert in seinem hier einbezogenen Text *Ein Plädoyer für die Intoleranz* radikal die herrschende postideologische Situation mit ihrem Verbalanspruch, durch eine tolerante Koexistenz „von ewig sich wandelnden ‚hybriden‘ *Life-Style-Gruppen*“ die einzig noch möglichen gesellschaftlichen Zustände greifbar zu haben. Multikulturelle Tendenzen dieser Art seien bloß Teil der Ideologie des globalen Kapitalismus, die inzwischen „jede Lokalkultur so behandelt, wie der Kolonist die kolonisierten Menschen behandelt – als ‚Eingeborene‘, deren Sitten genau studiert werden müssen und die zu ‚respektieren‘ sind.“ Das Grassieren solcher Auffassungen von Differenz und Egalisierung bekräftigt, daß auch gegenüber zugehörigen Bezeichnungen, wegen ihrer Stereotypie und ihrer verborgenen Beziehungen, Intoleranz angebracht ist, und sei es als bloßer Versuch, den Konsens der Mehrheit zu stören. Im Kern konzentriert sich Žižek auf einen Satz: „Die einzige Verbindlichkeit zwischen diesen multiplen Gruppen

Toleranz 111 · Gemeinwohl 111
Urbanität 111 · Höflichkeit 111
Radikalität 111 · Illusion 111
Emigration 111 · Abwesenheit 111
Kapital 70
Sprache 70
Zeichen 70

ist die Verbindlichkeit des Kapitals selbst, immer bereit, die spezifischen Forderungen jeder Gruppe und Untergruppe zu befriedigen." An die Stelle einer zu erkämpfenden sozialen Nützlichkeit ist eine unverbindliche Kompatibilität getreten. Deswegen ist für ihn auch „die Opposition zwischen Fundamentalismus und postmoderner pluralistischer Identitätspolitik" ein Schwindel, die Trennlinie sei bloß formal. „Oft beruht sie einzig und allein auf der andersgearteten Perspektive, von der aus ein Beobachter eine Bewegung betrachtet, die sich für die Aufrechterhaltung ihrer Gruppenidentität einsetzt." Der Eurozentrismus ist omnipräsent, trotz aller Beteuerungen von Liberalität. In der laufend mit partikularen Angelegenheiten, Nebensächlichkeiten und Teillösungen angefüllten öffentlichen Sphäre wird konsequent die entscheidende Frage vermieden: *„Wie können wir den politischen Raum wieder in die heutigen Bedingungen der Globalisierung einführen?"*, stellungnehmend, konzentriert auf einen Zustand der Gesellschaft, in dem „risikoreiche basale Entscheidungen aus einer öffentlich geführten Debatte aller Betroffenen resultieren", mit „radikaler Limitierung der Freiheit des Kapitals", „Unterordnung des Produktionsprozesses unter soziale Kontrolle", also radikaler *„Repolitisierung der Ökonomie"*, Konzentration auf etwas, „das *wirklich* zählt".[3]

Nützlichkeit 163
Kompatibilität 163
politischer Raum 187
Ausnahmezustand 187
Weltwirtschaft 187
Weltwährungssystem 277
Verschwörungstheorie 277
Gewinner 95
Kaufkraft 95
Markenname 95
die Überflüssigen 186
Unerträglichkeit 186
Unverbindlichkeit 186

Bei der Suche, für solche Ansprüche in der Ordnung des Wortmaterials Entsprechungen zu finden, ohne damit einen Zynismus zu ermuntern, ergibt sich fürs erste eine ununterbrochene Reihe von Eigenschaften, die in beiden Richtungen gelesen zueinander passen oder sich im Weg stehen. Wie Berechnung entwerten kann, zeigen sogar solche Zufallsreihen. Selbst das Körnchen Wahrheit in manchen Kombinationen ergibt sich einfach, wenn den Eigenwerten von Wörtern wie soziali-

ordnen 70
zählen 71
brauchen 72

pessimistisch $_{168}$
sozialistisch $_{169}$
volkstümlich $_{170}$
aristokratisch $_{171}$
antiautoritär $_{172}$
futuristisch $_{173}$
kommunistisch $_{174}$
revolutionär $_{175}$
illusionslos $_{176}$
gottverlassen $_{177}$
wissenschaftlich $_{178}$
zahlungsunfähig $_{179}$

stisch$_{169}$, kommunistisch$_{174}$, revolutionär$_{175}$ oder wissenschaftlich$_{178}$ und sie verbindenden Eigenschaften gefolgt wird.

Radikal$_{56}$ sein leitet sich von Sinn$_{56}$ und Suche$_{56}$ und von Eigenschaften wie jung$_{52}$, rot$_{53}$, laut$_{54}$, fragend$_{55}$ her und setzt sich als bunt$_{57}$, lebendig$_{58}$, liberal$_{59}$ fort. Seine Egalisierung mit braun$_{56}$ macht auf die einseitige Verschiebung der Extreme und auf die latente Gefährdung durch sich transformierende Erscheinungsformen aufmerksam.

Daß aus Wortpaarungen die Bestätigung von Ansprüchen und Zumutungen herausgelesen werden könnte, wird auch in weiteren Zusammenhängen offenkundig, weil konservativ$_{156}$ den Begriff Notwendigkeit$_{156}$ gepachtet hat, sozialdemokratisch$_{208}$ mit Wirtschaftskrise$_{208}$ gleichgesetzt wird und fundamentalistisch$_{198}$ mit wahrzunehmender Verantwortung$_{198}$. Neokonservativ$_{190}$ verbindet sich mit problembewußt$_{190}$ und erinnerungslos$_{190}$, bürgerlich$_{108}$ mit parasitär$_{108}$ und prosaisch$_{108}$.

Das Paradies$_{73}$ der wenigen liegt rechts$_{73}$. Liberal$_{59}$ ist, wer Glück$_{59}$ hatte. Links$_{65}$ und grün$_{65}$ entsprechen einander, zumindest, wenn es um das Alphabet$_{65}$ geht. Engagiert$_{86}$ sein wird verdrängt von Eigenschaften wie privat$_{86}$, fleißig$_{86}$, stumm$_{86}$. Die Billigkeit solcher Konstellationen entsteht von selbst, aus Berechnung. Wie sehr sich in einer mathematisierten Sprache die von ihr zu beschreibende Realität abbildet, eine Realität, in der „die Verbindlichkeit des Kapitals“ zum absolut dominierenden Prinzip wurde, scheint programmiert zu sein.

Kapitalismus $_{151}$
Revolution $_{151}$

Daß Kapitalismus$_{151}$ und Revolution$_{151}$ zusammengehören, ist rechnerisch vorgegeben. Es entspricht inzwischen aber auch dem Sprachgebrauch, den Pierre Bourdieu so charakterisiert: „Die konservative Revolution neuen Typs nimmt den Fortschritt, die Vernunft, die Wissenschaft (in diesem Fall die Ökonomie) für sich in Anspruch, um eine Restauration zu rechtfertigen, die umgekehrt das fortschrittliche Denken und Handeln als archaisch erscheinen läßt." Dabei hat jede Reform$_{75}$ von vornherein ihre Grenze$_{75}$. Das Wort „Reform", so Bourdieu, ziele längst darauf ab, „eine Restauration als eine Revolution zu präsentieren".[4] Restauration$_{161}$ wiederum verweist auf die Inszenierung$_{161}$ von Pluralismus$_{161}$ und Unterhaltung$_{161}$.

Reform$_{75}$
Grenze$_{75}$
Restauration$_{161}$
Inszenierung$_{161}$
Pluralismus$_{161}$
Unterhaltung$_{161}$
Ressentiment$_{161}$
Unberechenbarkeit$_{161}$
Rechtfertigung$_{161}$
Vermittlung$_{161}$

Ernstzunehmende Sätze mit politischen Inhalten zu bilden, ist angesichts solcher Unterströmungen, angesichts dieser sich überall unvermutet auswirkenden Rechenresultate im mathematisierten Alphabet offenbar nicht vorgesehen. Sobald Buchstaben als Zahlen behandelt werden, bestätigen sie, was Berechnungen ausdrücken können. Die ironische Komponente vermittelt den Eindruck, daß so etwas wie ein Bewußtsein dahintersteht. Vielfach werden bloß Erinnerungen angesprochen, sei es durch Gleichungen wie Arbeiterbewegung$_{162}$ und Staatsstreich$_{162}$ oder Sozialismus$_{163}$, Lebensqualität$_{163}$ und Spießbürger$_{163}$. Daß Proletariat$_{135}$ zu einem Begriff der Vergangenheit$_{135}$ wird, war bereits programmiert. Programmiert ist auch, daß Marktwirtschaft$_{190}$ und Kulturgeschichte$_{190}$ rechnerisch identisch sind, Humanismus$_{138}$ und Liberalisieren$_{138}$; Zivilisation$_{165}$ setzt ein Privatisieren$_{165}$ voraus, orientiert an *Angebot und Nachfrage*$_{166}$. Das stellt zugleich die Vordergründigkeit solcher Bezeichnungen in Frage; für Michel Serres etwa hat der Markt ganz andere Dimensionen, als ihm das üblicherweise zugebilligt wird; er ist Schauplatz der großen Zahl, der Unordnung, der Zerstreuung, der Suche nach dem Fremden: „Der Markt ist ein Verteiler von Fremdem."[5]

Angebot und Nachfrage$_{166}$
Kommunikation$_{166}$
Schnittstelle$_{166}$
Unwissenheit$_{166}$

Als Perspektive$_{146}$ ist aber ein Zynismus$_{146}$ festgeschrieben. Es geht ganz pragmatisch$_{115}$ um einen Wettkampf$_{115}$, um Bewertung$_{115}$, um Behauptung$_{115}$. Zukunft$_{119}$ verbindet sich zwar mit Gleichgewicht$_{119}$,

Perspektive$_{146}$
Zynismus$_{146}$
Neutralität$_{146}$

Markt$_{63}$ Nachfrage$_{63}$
Bilanz$_{64}$ Angebot$_{64}$
Medium$_{65}$ Gebrauch$_{65}$
Wert$_{66}$ Wesen$_{66}$
Preis$_{67}$ Schuld$_{67}$
Gewalt$_{68}$ Hitze$_{68}$
Formel$_{69}$ Text$_{69}$
Kapital$_{70}$ Methode$_{70}$
Materie$_{71}$ Zwang$_{71}$
Gewinn$_{72}$ Geschenk$_{72}$

dessen wahrscheinlichste Störung$_{119}$ ist jedoch der Börsenkrach$_{119}$. Für das unmittelbare Zusammenspiel weiterer Basiswörter solcher Realitätsebenen finden sich jedenfalls genügend Belege; zwischen Markt$_{63}$ und Gewinn$_{72}$ taucht in keiner Position ein nach den Konventionen wirklich unpassender Begriff auf.

Politik selbst ist von berechneten Wörtern umgeben, die einen latenten Antagonismus ansprechen, ohne daß dafür ein sätzebildendes Bewußtsein notwendig wäre. Auf einer kategorischen Ebene kommt der Anspruch auf Ganzheit$_{90}$ zum Ausdruck, mit Begriffen wie Lebewesen$_{90}$, Hoffnung$_{91}$, Engagement$_{91}$, Emotion$_{91}$, Wahrheit$_{92}$, Schmerz$_{92}$, Ordnung$_{93}$, Botschaft$_{94}$. Der Realität$_{91}$ viel näher sind die Rechnung$_{90}$, das Gewinnen$_{91}$, der Unsinn$_{91}$, die Machbarkeit$_{91}$, der Machtkampf$_{92}$ der Experte$_{93}$, das Management$_{93}$, das Fernsehen$_{93}$.

Zentrum$_{117}$
Buchhaltung$_{117}$

Ziel$_{52}$
Dasein$_{52}$

Semiotisch gesehen sind derartige Konstellationen auf „eine einfache allgemeine Formel" zurückzuführen: „Jedes Zeichen verweist auf ein anderes, es verweist bis ins Unendliche nur auf Zeichen." In der Argumentation von Gilles Deleuze und Félix Guattari wird daraus, unter Berufung auf Lévi-Strauss, die kategorische Feststellung: „Das Universum hat bereits begonnen zu bezeichnen, bevor man wußte, was es bezeichnet." Daraus ergibt sich die Regel: „Es ist nicht wichtig, was das alles zu bedeuten hat, aber es ist trotzdem signifikant." Weil das nicht ohne weiteres akzeptiert wird, sind „Signifikanz und Interpretationswahn", ist die Sucht, Bedeutung und Erklärung zu finden, „die grundlegende Neurose des Menschen". Um was es geht, verschwindet im harmlosen Durcheinander des Beliebigen. Eine solche Fixierung auf Zeichen kann in die Richtung gehen, „daß das Zeichen ad infinitum auf andere Zeichen verweist" – als Netzperspektive –, oder sie kann auf einen fiktiven

Lebewesen 90	Ganzheit 90	Biographie 90
Hoffnung 91	Engagement 91	Emotion 91
Wahrheit 92	**Politik** 92	Schmerz 92
Phantasie 93	Ordnung 93	Abweichung 93
Eigentum 94	Republik 94	Botschaft 94

Würfel 90	Impuls 90	Rechnung 90
Realität 91	Unsinn 91	Machbarkeit 91
Machtkampf 92	**Politik** 92	Rebellion 92
Experte 93	Management 93	Schweigen 93
Weitblick 94	Fernsehen 94	Folklore 94

nichts$_{73}$
rechts$_{73}$
logisch$_{73}$
normal$_{73}$

Egalisieren$_{104}$
Menschheit$_{104}$
Lotterie$_{104}$
Regierung$_{104}$
Globalität$_{104}$

Punkt zulaufen, weil unterstellt wird, „daß die unendliche Gesamtheit der Zeichen auf einen höchsten Signifikanten verweist“. Über dieses „Zentrum der Signifikanz“ gebe es wenig zu sagen, „denn es ist ebenso reine Abstraktion wie reines Prinzip, mit anderen Worten: nichts.“ Das Kabbalistische an solchen Denkmodellen wird, abgesehen von Inhaltlichem, auch deutlich, weil im „Regime des Zeichens“ durchaus mannigfaltige Möglichkeiten bestehen, mit zirkulierenden, zurückkehrenden, springenden Zeichen, mit Fluchtlinien, Kreisen, mit komplizierten Beziehungen zwischen diversen Territorien. In diesem „Regime der universellen Täuschung“ hat auch der Blick auf andere Arten von Semiotik selbstreferentielle Aspekte. „Die zählende Zahl“ mit der numerischen Einteilung in 10, 50, 100, 1000 „und die räumliche Aufteilung, die mit ihr verbunden ist, wurden offensichtlich von staatlichen Armeen übernommen, bezeugen vor allem aber die Existenz eines militärischen Systems, das für die großen Nomadenstämme der Steppen, von den Hyksos bis zu den Mongolen, spezifisch war und das Prinzip der Abstammungslinie überlagerte. Geheimnis und Spionage sind wichtige Bestandteile dieser Semiotik der Zahlen in der Kriegsmaschine.“[6]

Im Code-System finden sich dafür Bestätigungen. Geheimnis$_{89}$ korreliert mit Religion$_{89}$ und Wissen$_{89}$, Krieg$_{50}$ mit Lüge$_{50}$ und Mord$_{50}$, Kampf$_{47}$ mit Haß$_{47}$, Militär$_{87}$ mit Spionage$_{86}$. Daß die angesprochene grundlegende Neurose$_{97}$ des Menschen als Wort mit Berechnung$_{97}$ gleichwertig ist, verifiziert den sich aus solchen Kalkulationen ergebenden Sinnzusammenhang, noch dazu, wo beziffern$_{91}$ und gewinnen$_{91}$, glücklich$_{91}$ und trivial$_{91}$ ebenfalls eine Kategorie bilden. In welchen rechnerischen, unmittelbar ineinander übergehenden Umfeldern die Wörter Sinn, Glück und Spiel plaziert sind, macht deutlich, welche automa-

Recht 54	Logik 54	Kirche 54
Arbeit 55	Brot 55	Familie 55
Kraft 56	**Sinn** 56	Suche 56
Werk 57	Herz 57	Hölle 57
Schein 58	Güte 58	Reiz 58
Anarchie 59	**Glück** 59	Moral 59
Welt 60	Himmel 60	Zeit 60
Gehirn 61	**Spiel** 61	Modell 61
Gott 62	Orakel 62	Mensch 62
Beweis 63	Erfolg 63	Melodie 63

tischen Nahverhältnisse die Buchstaben rekonstruieren. Sinn$_{56}$ steht in einem festgefügt wirkenden Feld aus Wörtern wie Recht$_{54}$, Logik$_{54}$, Kirche$_{54}$, Arbeit$_{55}$, Brot$_{55}$, Familie$_{55}$ oder Herz$_{57}$, Werk$_{57}$ und Hölle$_{57}$. Der Sinn$_{56}$ korreliert unmittelbar mit Kraft$_{56}$ und Suche$_{56}$. Glück$_{59}$ hat ein numerisches Nahverhältnis zu Schein$_{58}$, zu Anarchie$_{59}$, zur Welt$_{60}$ und zum Himmel$_{60}$. Moral$_{59}$ scheint von Güte$_{58}$, Glück$_{59}$ und von der Zeit$_{60}$ abhängig zu sein. Das Wort Spiel$_{61}$ ist so plaziert, als ob es zwischen Welt$_{60}$ und Himmel$_{60}$, zwischen Mensch$_{62}$ und Gott$_{62}$ vermitteln sollte und das Modell$_{61}$ für das Gehirn$_{61}$ darstellt.

Neurose$_{97}$
Berechnung$_{97}$

Der in den Wortstrukturen zutagetretende Zusammenhang von Sinn, Glück und Spiel und die Gleichung Neurose$_{97}$ und Berechnung$_{97}$ führen zurück zu einem weiteren kategorischen Satz von Pierre Bourdieu, der in der Übersetzung lautet: „Man läßt ein größtmögliches Wachstum von Produktivität und Wettbewerb als letztes und einziges Ziel menschlichen Handelns gelten; oder glaubt, daß man sich den Kräften der Ökonomie nicht entziehen könne."[7] Daß diese geläufigen, von ihm radikal in Frage gestellten Zielvorstellungen als Wörter numerisch Entsprechungen haben, die auf Sinnverwandtes hinweisen, dokumentiert eine durchgehende Tendenz zur Tautologie, die weder Bourdieu (noch dazu in einer Übersetzung) noch sonst jemandem vorzuwerfen ist. Ob derartiges als Bestätigung der Kritik oder des Kritisierten zu lesen ist oder einfach als Egalisierung der Begriffe, ist nicht ohne weiteres entscheidbar; einiges spricht für letzteres. Denn Egalisieren$_{104}$ verweist auf Globalität$_{104}$, auf Lotterie$_{104}$, aber auch auf Regierung$_{104}$ und Menschheit$_{104}$, Wachstum$_{108}$ auf Spielregel$_{108}$, Produktivität$_{191}$ auf vollautomatisch$_{191}$, Wettbewerb$_{123}$ auf Totalität$_{123}$ und Fanatismus$_{123}$, Ökonomie$_{102}$ auf Sachzwang$_{102}$, Unschuld$_{102}$ und Wahnsinn$_{102}$.

Ökonomie$_{102}$ Sachzwang$_{102}$
Unschuld$_{102}$ Wahnsinn$_{102}$

Freiheit $_{80}$	**Gleichheit** $_{86}$	**Brüderlichkeit** $_{150}$	**Solidarität** $_{133}$	1789
Theorie $_{80}$	Utopie $_{86}$	Verständnis $_{150}$	Simulation $_{133}$	
Rätsel $_{80}$	Symbol $_{86}$	Lohnerhöhung $_{150}$	Rangordnung $_{133}$	
Spirale $_{80}$	Dichtung $_{86}$	Zufriedenheit $_{150}$	Versprechen $_{133}$	

Die Elemente aufgeschriebener Sprache produzieren über inhärente Zahlen also eher Bestätigungen des Akzeptierten und plausibel wirkende Analogien. In einem weiteren Satz Bourdieus wird das genauso sichtbar: „Es gibt ein ganzes Spiel mit den Konnotationen und Assoziationen von Wörtern wie Flexibilität, Anpassungsfähigkeit, Deregulierung, das glauben macht, die neoliberale Botschaft sei eine der allgemeinen Befreiung.“[8] Nach rechnerischer Bewertung verbindet sich Flexibilität$_{134}$ mit Sachverstand$_{134}$, Anpassungsfähigkeit$_{212}$ tendiert zum (materiellen und geistigen) Existenzminimum$_{214}$, Deregulierung$_{146}$ basiert auf einer Zahlentheorie$_{146}$. Die Botschaft$_{94}$ wird identisch mit dem Fernsehen$_{94}$, die Befreiung$_{87}$ scheitert nicht mehr an der Praxis$_{87}$. Sie ist die Praxis.

Wie die Grundforderungen der Moderne numerisch verflochten sind, zeigen zur Auswahl stehende wertgleiche Wörter. Freiheit$_{80}$ blieb Theorie$_{80}$, Gleichheit$_{86}$ eine Utopie$_{86}$, Brüderlichkeit$_{150}$ und Solidarität$_{133}$

Brüderlichkeit$_{150}$ + Solidarität$_{133}$
= Betriebsratsversammlung$_{283}$

sind Sache der Betriebsratsversammlung$_{283}$. Zufriedenheit$_{150}$ wurde, als Lohnerhöhung$_{150}$, zum berechenbaren Faktor. Die Revolution$_{151}$, als Anspruch, hat sich in Komplexität$_{151}$ aufgelöst.

Revolution$_{151}$ Komplexität$_{151}$

Die Handschrift von Saragossa, geschrieben mit noch nicht verblaßter Erinnerung an 1789 und an jakobinische Intentionen, läßt Jan Potocki mit dem Fund eines spanischen Manuskripts beginnen, in dem wie in einem bizarren Roman ein verwirrendes Geflecht mysteriöser Beziehungen behandelt wird, enzyklopädisch, nur einer rationellen Moral verpflichtet, verschiedenste Kulturen miteinbeziehend. „Von Räubern war die Rede, von Gespenstern, von Kabbalisten“, heißt es gleich zu Beginn. Materialismus vermengt sich mit einer vergleichenden Geschichte der Religionen, eine der Linien dabei folgt der Verwunderung über gleichbleibende Muster: „Was nur einmal geschehen kann, wiederholt sich. Beides fügt sich zusammen und führt eine schreckensvolle Art von Regelmäßigkeit herbei.“[9] Daß sich eine solche Regelmäßigkeit$_{165}$ – als Synonym für Zivilisation$_{165}$ – sogar bei rechnerischer Bewertung existentieller Begriffe einstellt, so als ob ein metaphysisches Netzwerk zeigen wollte, wie künstlich und wie wirksam es ist, wird nicht bloß an der schon betonten Gleichwertigkeit von Mensch$_{62}$ und Gott$_{62}$ sichtbar. Dabei haben beide Wörter nicht einen einzigen identen Buchstaben. Welt$_{60}$, Himmel$_{60}$ und Zeit$_{60}$ treffen sich über die der Zeitrechnung zugrundeliegende Zahl 60. Leben$_{38}$ und Tod$_{39}$ sind nur durch eine Zähleinheit getrennt. Solche Wörter, in numerisch bestimmten Reihen gelesen, ergeben ein – auch von Bourdieu angesprochenes – Bild, das nahezu jedes „Denken und Handeln als archaisch erscheinen läßt“.

Regelmäßigkeit$_{165}$
Zivilisation$_{165}$

Daß ein endzeitliches Wort wie Apokalypse$_{121}$ durch exakte Übereinstimmung der Codes auf höchst reale Ereignisse wie Gefangenenlager$_{121}$

civil society$_{151}$
Komplexität$_{151}$
Globalisierung$_{151}$
Kapitalismus$_{151}$

und Massenmord$_{121}$ hinweist, wirkt wie eine latente, nicht wahrgenommene Warnung, so als ob numerierte Wörter auf solche Konsequenzen von Numerierung aufmerksam machen könnten. Aber auch eine gewisse Verharmlosung klingt an. Die unmittelbare Vorstufe dazu bilden Ausdrücke wie Zwangsjacke$_{120}$ und Selbstaufgabe$_{120}$ oder die Reihe Faschismus$_{118}$ – Stacheldraht$_{119}$ – Hakenkreuz$_{120}$; auch Rassismus$_{138}$ und Völkermord$_{138}$ haben eine exakte numerische Entsprechung. Es handelt sich also nicht um völlig singuläre Zusammentreffen einander überlagernder Bedeutungen. Der eschatologische Standardsatz „Das Ende$_{28}$ ist nahe$_{28}$" ist im Kern ebenfalls eine solche Gleichung. In Erinnerung an Beschwörungsformeln macht dies deutlich, daß die Aufhebung der Aussage die eigentliche Intention sein kann. Dafür wurden oft rückwärts gelesene Sprüche verwendet; Palindrome – also Wortfolgen, die vorwärts wie rückwärts gelesen (den gleichen) Sinn ergeben – stammen aus solchen Zusammenhängen. Auch die ganze Alphabetreihe ist seit dem späten Altertum immer wieder „als mächtige heilige Formel" gebraucht worden, oft reduziert auf das Alpha und Omega der Apokalypse (griech. *apokálypsis*, Enthüllung), wo Gott sagt: „Ich bin das Alpha und das Omega."[10]

Daß *Der jüngste Tag*$_{156}$ vom Alphabet mit Gesamtrechnung$_{155}$ und Gottesdienst$_{157}$ zu einem Wortfeld zusammengefügt wird, wirkt wie eine Konsequenz davon. Im engen numerischen Zusammenhang existentieller Wörter scheint sich eine solche Dramatik von Vorstellungswelten also erhalten zu haben, sei es als Himmel$_{60}$ und Welt$_{60}$ oder Angst$_{61}$ und Frieden$_{61}$.

Auch im Umfeld der Wörter Mann$_{42}$ und Frau$_{46}$ bilden sich elementare Figurationen, die sogar visuell, mit dem Aufrecht-Männlichen und

herkunftsorientiert$_{255}$
nationalsozialistisch$_{255}$

vergangenheitsfixiert$_{245}$
rechtsextremistisch$_{245}$

Nationalismus$_{167}$
Gebietsanspruch$_{167}$
Muttersprache$_{167}$
Bezugsperson$_{167}$
Symbolhandlung$_{167}$

patriotism$_{140}$
nationality$_{140}$

Bücherverbrennung$_{202}$
Schädlingsbekämpfung$_{202}$

Wirtschaftskrise$_{208}$
Feinbildproduktion$_{208}$

Schreckensherrschaft$_{211}$
Rechtsstaatlichkeit$_{211}$

Gesamtrechnung$_{155}$
Der jüngste Tag$_{156}$
Gottesdienst$_{157}$

Leben$_{38}$

Tod$_{39}$

Sieg$_{40}$

Waffe$_{41}$

Mann$_{42}$

Aufgabe$_{43}$

Wahl$_{44}$

Macht$_{45}$

Seele$_{46}$	Mond$_{46}$	**Frau**$_{46}$	Nacht$_{46}$	Chaos$_{46}$
Gedanke$_{47}$	Kampf$_{47}$	Zahl$_{47}$	Bett$_{47}$	Sein$_{47}$

dem Horizontal-Weiblichen, durchgängige Stereotypien repräsentieren. Für den Mann$_{42}$ ergibt sich als Wortmuster der Bezug zu Leben$_{38}$ und Tod$_{39}$, zu Sieg$_{40}$, Waffe$_{41}$ und Tat$_{41}$, zur Aufgabe$_{43}$. Für die Frau$_{46}$ ist als Äquivalent dazu die Assoziation von Seele$_{46}$, Nacht$_{46}$, Mond$_{46}$ und Chaos$_{46}$ vorgesehen.

Daß Macht$_{45}$ und Gefahr$_{45}$ eine Gleichung bilden, genau an der Schnittstelle dieser beiden Wortfelder, wirkt wie ein dramaturgischer Effekt, mit dem in einem Szenario des Immergleichen Spannung aufrechterhalten werden soll. Die Zahl$_{47}$ und der Gedanke$_{47}$ als Bestimmungsfaktoren solcher Konstellationen sind, mit minimalen Differenzen, der Frau$_{46}$, der Nacht$_{46}$, der Seele$_{46}$, dem Sein$_{47}$ zugeordnet; aber auch dem Kampf$_{47}$.

Trotz seiner vehementen Angriffe auf die vorherrschenden, durch und durch berechnenden Perspektiven beruft sich sogar Bourdieu ausdrücklich auf Galilei, der davon ausgegangen ist, „daß die natürliche Welt in mathematischer Sprache geschrieben sei". Inzwischen aber, so setzt er fort, „will man uns weismachen, daß sich die ökonomische und soziale Welt in Gleichungen ausdrücken lasse. Mit dieser mathematischen (und medialen) Bewaffnung ist der Neoliberalismus zur höchsten Form einer konservativen Sozioidee geworden", die sich mit allen Insignien der Modernität schmücke und die sich „seit dreißig Jahren unter dem Namen eines ‚Endes der Ideologien' oder, in jüngerer Zeit, eines ‚Endes der Geschichte' angekündigt hat". Mit solchen Schlagworten und Gleichungen werde permanent die notwendige „Logik von Argumentation und Widerlegung" ausgeschaltet. Für eine „Ökonomie des Glücks", wie er es nennt, wäre es notwendig, „allen symbolischen und materiellen Gewinnen und Kosten, die aus menschlichem Verhalten und insbesondere aus Aktivität und Inaktivität entstehen, Rechnung zu tragen", als „Gesamtrechnung ökonomischer Entscheidungen" unter „Einbeziehung ihrer sozialen Kosten". Der herrschenden Ökonomie könne nur mit ihrer eigenen Waffe, der Berechnung, vorgehalten und nachgewiesen werden, wie wenig ökonomisch „streng ökonomische Politik" letztlich sei.[11]

Auch von einer Oppositionshaltung aus wird also von einer Ausweitung des Berechnens, allerdings eines anderen als des üblichen, ausgegangen. Eine zu Schlagworten und Worthülsen tendierende Sprache genüge nicht; die Auseinandersetzung habe sich auf berechenbare Fakten zu konzentrieren, denn es sei offensichtlich, daß – zumindest als Orientierung$_{155}$ – für eine essentielle Verbesserung$_{155}$ eine gesellschaftliche Gesamtrechnung$_{155}$ notwendig wäre, also die Frage nach Instanz$_{103}$ und Ziel$_{52}$, nach Gericht$_{70}$ und Urteil$_{85}$ in umfassender Weise gestellt werden müsse.

Argumentation $_{158}$
Beschwichtigung $_{158}$
Abwehrsystem $_{158}$
Machtmißbrauch $_{158}$

das Ende der Geschichte $_{166}$
Angebot und Nachfrage $_{166}$

Ökonomie des Glücks $_{208}$
Zufallsforschung $_{208}$
Rentabilitätsdenken $_{208}$

Rentabilität $_{136}$
Allgemeinwohl $_{136}$

Perspektive $_{146}$ Neutralität $_{146}$
Deregulierung $_{146}$ Schwierigkeit $_{146}$
Wissenschaft $_{146}$ Formalismus $_{146}$
Freiheitskampf $_{146}$ Zynismus $_{146}$
Worthülse $_{146}$

Orientierung $_{155}$
Verbesserung $_{155}$
Gesamtrechnung $_{155}$

Gesamtrechnung 155
=
Mathematik 101 + Logik 54
Instanz 103 + Ziel 52
Gericht 70 + Urteil 85

Daß eine mathematisierte Sprache so viele passende Gleichungen erzeugt, scheint Buchstaben und Wörter mehr an die „natürliche Welt“, von der Galilei spricht, an deren materielle Bedingungen zu binden als an die „soziale Welt“. Vermessungen lassen sich dadurch nicht diskreditieren. Klärung ist, auch sprachlich, ein Gegensatz zu jedem Vermischen, Trennung die Voraussetzung von Analyse. Andererseits, so Bourdieu, sei die „absolut ungerechtfertigte Trennung zwischen dem Wirtschaftlichen und dem Sozialen“, die den Ökonomismus ausmache, „ausschlaggebend für das Scheitern jeder Politik.“[12] Das Dilemma, Schlußfolgerungen von Zahlen abhängig zu machen, als Bestätigung oder als Offenlegung, wiederholt sich also auf verschiedensten Ebenen.

Trennung 113
Arithmetik 114
Bewertung 115

Galileo Galilei, der dem Vermessen selbst durch Philosophen bekanntlich sehr zustimmend gegenübergestanden ist (als Arbeit, so wie Felder vermessen werden, damit einer mit Recht sagen kann, „wie lang und breit sie sind“), war, so hielt er ausführlich fest, „weit davon entfernt zu glauben, daß die geheimnisvollen Eigenschaften, derentwegen Pythagoras und seine Schule die Zahlenlehre so hoch schätzten, jene Albernheiten sein sollten, die im Volksmunde und in den landläufigen Büchern spuken“.[13] Abgesehen von mystisch-symbolischen Spielereien sind Zahlen für ihn von zentraler Bedeutung gewesen, und er hat sich selbst auch primär als Mathematiker gesehen. Ob ihn Bourdieus Feststellung, daß inzwischen „ganz oben, an Gottes Stelle, ein Mathematiker“ stehe (eine Doktrin, die schon von Platon vertreten worden ist), irritiert hätte, kann offenbleiben. Der vom selben Autor konstatierte „Verfall jeglichen Verhältnisses zur Welt, zu Raum und Zeit“ wäre sicher nicht in seinem Sinn gewesen, genausowenig wie die von den Medien produzierte, „aus disparaten Momentaufnahmen zusammengesetzte Repräsentation der Welt“

Sinnesorgan 135
Kontingenz 135
Objektivität 149
destruktiv 149
Subjektivität 174
unkritisierbar 174

als „eine Abfolge scheinbar absurder Geschichten, die sich letztendlich alle irgendwie ähneln“, wobei bloß noch Unverbindlichkeit geliefert werde, „ohne jede Erklärung“, „ohne jede Lösung“.[14]

Die codierten Antworten auf das damit skizzierte Dilemma verbinden Erklärung$_{112}$ mit Sinngebung$_{112}$, Idealismus$_{112}$ und Humanität$_{112}$, also mit eher diskreditierten, entwerteten Begriffen. Das problematisch gewordene Wort Wahrheitsfindung$_{186}$ verweist auf die angesprochene Unverbindlichkeit$_{186}$. Ähnlichkeit$_{105}$ hat einen Direktbezug zu Publikum$_{105}$, zu Zustand$_{105}$ und Verhalten$_{105}$.

Idealkombination$_{154}$
Datenerfassung$_{154}$
Rechenprogramm$_{154}$
Optimismus$_{154}$

Beim Wort Lösung$_{93}$ sind die unmittelbaren Verbindungen vielschichtiger, einmal ist es der Experte$_{93}$ und das Management$_{93}$, auch Ordnung$_{93}$ und Schweigen$_{93}$ behaupten ihre Position, konterkariert von Abweichung$_{93}$ und Phantasie$_{93}$. Eigens für Strukturalisten und Linguisten dürfte die Entsprechung von Lösung$_{93}$ und Grammatik$_{93}$ eingeführt worden sein. Eine ausständige *Theorie des Scheiterns*$_{228}$ wird zur Beschäftigungstherapie$_{228}$ erklärt.

Arbeitsplatzvernichtung$_{290}$
Entscheidungszusammenhang$_{290}$
Kritik der reinen Vernunft$_{290}$

Theorie des Scheiterns$_{228}$
Beschäftigungstherapie$_{228}$

Die resümierende Gleichung Demokratie$_{101}$ = Mathematik$_{101}$ = System$_{101}$ = Programm$_{101}$ (jedes dieser Wörter läßt sich durch scheitern$_{101}$ oder Gewissen$_{101}$ ersetzen), wirkt wie ein überzeugender neutralisierender Beweis dafür, wie gleichwertig ein a priori gedankenloser, kalkulierter Wortminimalismus im Vergleich zur im Normalfall verwendeten politischen Sprache funktionieren kann. Er öffnet sogar Bedeutungen durch ihre Eingliederung in ein Netz vorherbestimmter Beziehungen. Die Gewichtigkeit mancher Begriffe wirkt offenbar anziehend. Ein Zynismus ist auf beiden Ebenen latent, so als ob es in der Berechnungsweise keine Unterschiede gäbe. Bei numerisch begründeten Relationen zeigt das Paradoxe wenigstens, wie es entsteht. Schon in der „Dialektik

Demokratie$_{101}$
Mathematik$_{101}$
System$_{101}$
Programm$_{101}$

politisch$_{\text{III}}$
utopisch$_{\text{III}}$
notwendig$_{\text{III}}$

der Aufklärung“ heißt es resümierend: „Kultur ist eine paradoxe Ware.“ [15] Zugehörige Eigenschaften verbinden sich rechnerisch zu einer viel deutlicheren Aussage: politisch$_{\text{III}}$ = utopisch$_{\text{III}}$ = notwendig$_{\text{III}}$.

1 Peter Sloterdijk: Kritik der zynischen Vernunft. 1983. Band I. S. 17
2 Slavoj Žižek: Ein Plädoyer für die Intoleranz. 1998. S. 20, 21
3 Ebda., S. 61, 72, 61, 62, 83, 93f
4 Pierre Bourdieu: Gegenfeuer. 1998. S. 44, 58
5 Michel Serres: Hermes IV. Verteilung (1977). 1993. S. 237f.
6 Gilles Deleuze/Félix Guattari: Tausend Plateaus (1980). 1997. S. 156, 157, 160, 163, 165
7 Pierre Bourdieu: Gegenfeuer. 1998. S. 40
8 Ebda., S. 41
9 Jan Potocki: Die Handschrift von Saragossa (1815). 1961. S. 7, 866 (aus dem Nachwort von Roger Callois)
10 Franz Dornseiff: Das Alphabet in Mystik und Magie (1925). 1975. S. 63, 69, 77
11 Pierre Bourdieu: Gegenfeuer. 1998. S. 45, 20, 49, 71, 48f.
12 Ebda., S. 59
13 Galileo Galilei: Schriften, Briefe, Dokumente. 1987. Band I. S. 76, 186
14 Pierre Bourdieu: Gegenfeuer. 1998, S. 62f., 97, 83
15 Max Horkheimer/Theodor W. Adorno: Dialektik der Aufklärung (1944/1947). 1971. S. 145

Dem „Regime der universellen Täuschung“, in dem „das Zeichen ad infinitum auf andere Zeichen verweist“, etwas vorzurechnen, um eine seiner Strukturen offenzulegen, funktioniert überzeugend, wenn das Wort *Zeichen* selbst als Ansatzpunkt genommen wird.[1] Codiert ergibt sich die Gleichung: Sprache$_{70}$ – Zeichen$_{70}$ – Ziffer$_{70}$ – Kapital$_{70}$.

Sprache$_{70}$ Zeichen$_{70}$
Ziffer$_{70}$ Kapital$_{70}$
Technik$_{70}$ Fetisch$_{70}$
Methode$_{70}$ Ironie$_{70}$

Diese knappe Formel liefert zum Beispiel eine Bestätigung für Umberto Eco, der klargestellt hat, „womit ein Buch über den Begriff des Zeichens sich beschäftigen muß: *mit allem.*“[2] Daß Ziffer und Kapital einbezogen sind, betont die Bedeutung rechnerischer Vorgänge. Die Bandbreite kultureller Abstraktionsleistungen ist angedeutet. Widersprüche zwischen Finanz- und Investitionskapital und zu Vorstellungen von Humankapital sind präsent. Errechnen läßt sich auch, daß Zeichen$_{70}$, Ziffer$_{70}$ oder Kapital$_{70}$ zum Fetisch$_{70}$ werden können. Es kommt jeweils auf die Technik$_{70}$ und die Methode$_{70}$ an. Manchmal muß die Ironie$_{70}$ schützend hinzutreten. Für Gershom Scholem übrigens, der – so Adorno – wie kein zweiter „die Würde der Idee des mystischen Nihilismus“ neu fundiert hat[3], war Ironie ein zentrales Element seiner Arbeit; die wissenschaftliche Erforschung „einer mystischen Disziplin wie der Kabbala hat etwas Ironisches an sich“, ein „Element der Ironie“ liege schon „im Gegenstand dieser Kabbala selber“, schreibt er dazu in seinen *Zehn unhistorischen Sätzen über die Kabbala.*[4] Dies gilt um so mehr, wenn nur bei den Methoden Anleihen genommen werden.

Berechnung$_{97}$ Mystik$_{97}$
Reichtum$_{97}$ Revolte$_{97}$

Sinnlichkeit$_{133}$ Intelligenz$_{133}$
Nihilismus$_{133}$

Das Wort Zeichen$_{70}$ ist in der hier gewählten Logik gleichwertig mit Einheit$_{70}$, mit suchen$_{70}$, mit ordnen$_{70}$. Das Wort Schriftzeichen$_{153}$ entspricht dem Stellenwert$_{153}$; das Alphabet$_{65}$ dem Hören$_{65}$ und dem Gebrauch$_{65}$. Die beweisbare Verbindung von Ziffer$_{70}$ – Zeichen$_{70}$ – Sprache$_{70}$ würde also auch gut in eine alte mystische Schrift passen, noch dazu wo Schrift$_{83}$ dem Gesetz$_{82}$ so nahe steht, sich offenkundig aus diesem ableitet. Die Ziffer verweist durch ihre Herkunft vom arabischen *sifr* für Null$_{59}$ übrigens auch auf Glück$_{59}$, auf Moral$_{59}$, auf Anarchie$_{59}$.

Das Wort Buchstabe$_{81}$ hat in Problem$_{81}$ und in Verdacht$_{81}$ unmittelbare Entsprechungen. Daß es auch mit Orient$_{81}$ oder Kreuz$_{81}$ korreliert, mit berechenbar$_{81}$, mit perfekt$_{81}$ oder mit regieren$_{81}$, scheint zu belegen, daß Spuren seiner Geschichte, seiner Hervorbringung und Funktionen in ihm selbst nachweisbar sind. Das gilt – fiktiv – auch für das Wort Zahl$_{47}$. Es läßt kaum einen Bezug aus und ist gleichwertig mit Eins$_{47}$, mit Gedanke$_{47}$, mit Haß$_{47}$, mit Gewebe$_{47}$, Regel$_{47}$, mit Silbe$_{47}$, mit Uhr$_{47}$, Ware$_{47}$, Fabrik$_{47}$ – aber auch mit lieben$_{47}$, üben$_{47}$, sein$_{47}$.

Weil für Umberto Eco offensichtlich ist, daß „die Gesellschaft dazu neigt, aus den Verweisungsbezügen des Zeichens diejenigen zu entfernen, die auf den Prozeß seiner Hervorbringung verweisen", gelte es, „im fertigen Zeichen die bedeutungstragende Spur seiner Hervorbringung festzustellen".[5] Zahlenbezüge werden in bezug auf Schrift für gewöhnlich nicht als solche Spuren akzeptiert. Irgendwann sind sie entfernt worden und nur sporadisch wieder zur Anwendung gekommen. Retrospektiv, mit gebührendem Abstand, würde das auffallen. Angesichts der Menge plausibler oder irritierender Korrelationen von Wörtern, die allein das Thema *Zeichen* spezifizieren, hätte jede spätere Archäologie des Wissens keinen Grund, im zugrundeliegenden Berechnungsmodus nicht einen tatsächlich abgelaufenen Prozeß für die Hervorbringung von Verweisungsbezügen zu sehen. Eine rechnerisch orientierte Forschung, die nahezu unbeschränkte Rechenkapazitäten für statistische Untersuchungen zur Verfügung hat, würde mit einiger Sicherheit unterstellen, daß solche vom Alphabet selbst produzierten Konstellationen tatsächlich ein kultureller Faktor gewesen sind. Erstaunt wäre man, wie wenig Belege sich für eine Anwendung finden ließen, trotz der Nützlichkeit vieler Wortverbindungen. Daß der mathematische Aufbau nur fragmentarisch erhalten geblieben ist, ließe sich über verlorengegangene Traditionen oder nicht mehr aufrechterhaltbare Ordnungsstrukturen erklären. Die Symmetriebildungen, aufgefaßt als die älteren, von der Entwicklung abgeschirmten grundlegenden Teile der Schrift, wären eine Bestätigung dafür.

Die von Umberto Eco angesprochene bedeutungstragende Spur der Hervorbringung von Verweisungsbezügen der Zeichen beginnt, numerisch gesehen, mit der Grundformel: Metaphysik$_{127}$ = Buchstabieren$_{127}$. Die Gleichung Zahlentheorie$_{146}$ = Wissenschaft$_{146}$ bestätigt die Methode. Der Zahlenwert$_{132}$, um den es dabei geht, steht gleichrangig neben Philosophie$_{132}$, neben Rhythmus$_{132}$ und Wahrnehmung$_{132}$.

Metaphysik$_{127}$ = Buchstabieren$_{127}$

Zahlentheorie$_{146}$ = Wissenschaft$_{146}$

Zahlenwert$_{132}$

Philosophie$_{132}$

Rhythmus$_{132}$

Wahrnehmung$_{132}$

höhere Gewalt$_{132}$

Aus historischer Sicht verwundert weniger, daß im frühen Ägyptisch wie im frühen Griechisch die Wörter für „schreiben“ und „zeichnen“ identisch waren, als daß schreiben$_{83}$ und zeichnen$_{84}$ ihre Verwandtschaft in einer ganz anderen Sprache heute noch in sich tragen. Ritzen$_{92}$ wiederum, ein Ursprung des Schreibens, hat mit einem Vereinen$_{92}$ und mit Wahrheit$_{92}$ einen unmittelbaren numerischen Zusammenhang; und, wie bereits erwähnt, mit Kosmos$_{92}$.

schreiben$_{83}$

Schrift$_{83}$

Zählen$_{71}$ korreliert mit Zwang$_{71}$, mit Sucht$_{71}$, mit kämpfen$_{71}$, also mit schon angesprochenen militärisch-ordnenden Funktionen. Daß das Zählen$_{71}$ zugleich mit Materie$_{71}$ gleichwertig ist, verbindet diesen Bezug mit den Grundlagen der statistischen Physik. Da Rhythmus$_{132}$ und Wahrnehmung$_{132}$ eine sich mit der Erfahrung deckende Gleichung

Zehner-Stufen	Gen$_{26}$	Sache$_{36}$	Frau$_{46}$
	Gedicht$_{56}$	Satz$_{66}$	Wort$_{76}$
	Dichtung$_{86}$	Versuch$_{96}$	Schönheit$_{106}$
	Werkzeug$_{116}$	Vollendung$_{126}$	Intensität$_{136}$
	Wissenschaft$_{146}$	Komposition$_{156}$	Transzendenz$_{166}$
	Universalität$_{176}$	Wahrheitsfindung$_{186}$	Geschlechtsverkehr$_{196}$
	Selbsterkenntnis$_{206}$	Opportunismus$_{216}$	

Dezimalsystem$_{171}$

Zeichensystem$_{171}$

bilden, wenn sie als Wörter mit einem Eigenwert behandelt werden, sind auch sprunghafte Verbindungen von Interesse. Sie nach dem Dezimalsystem zu ordnen, demonstriert Rückbezüge zur Herstellungsart. Eine solche Reihe verläuft von Gen$_{26}$ zur Frau$_{46}$, zum Satz$_{66}$, zur Dichtung$_{86}$, zu Schönheit$_{106}$ und Vollendung$_{126}$, eine andere vom Wort$_{76}$ zum Versuch$_{96}$, zum Werkzeug$_{116}$, zur Intensität$_{136}$.

Die Dramatik solcher Wörter würde in Sätzen Aversionen erzeugen; als rhythmische Reihe gelesen, können sie bewußt machen, daß sie nicht freiwillig in eine solche Ordnung geraten sind. Erkenntnisse darüber ergeben sich erst nach Fertigstellung. Die Semiotik, wie Umberto Eco sie sieht, kann, indem sie Codes aufstellt, „zwar die dynamischen Regeln für diese Möglichkeiten formulieren, aber nicht die Ergebnisse vorhersehen“. Außerdem ist sie darauf angewiesen, daß ein gelungener Interpretationsakt „kommuniziert und von der Allgemeinheit akzeptiert wird".[6] Für von Zahlencodes erzeugte Resultate ist das nicht der Fall; so gesehen bleiben sie eine Art Geheimschrift, allerdings ohne jede Verbergungsabsicht.

Daß gerade Wörter, die mit Alphabet, Sprache, Zeichen, Zahl, Wort und Schrift zusammenhängen, wie sie auf der folgenden Seite in ihrer arithmetischen Ordnung zusammengestellt sind, eine auffällige numerische Nähe und sinnbeladene Nachbarschaften haben, ergibt Selbstbezüge, die wie konstruiert wirken. Ihre Codewerte weisen ihnen Positionen zu, die in Wortebenen (z. B. *Wörter I*) als Knotenpunkte zu funktionieren scheinen, die fluktuierenden Bedeutungen Halt bieten.

Wie in Nomadenkulturen scheinen die Wörter geregelten, an Treffpunkten orientierten Mustern zu folgen. In Oasen, um bei diesem Bild zu bleiben, verdichten und vermischen sich die Bezüge; die Oase$_{40}$ und die Fläche$_{40}$ gehören zusammen, der mythische Ort der Abrechnung$_{93}$ liegt in der Wüste$_{93}$.

Abrechnung$_{93}$
Wüste$_{93}$

Ein solcher Ort ist durch den Code 86 lokalisiert: Gleichung$_{86}$ – Symbol$_{86}$ – Metapher$_{86}$ – Dichtung$_{86}$; ein anderer durch den Code 69: Formel$_{69}$ – Text$_{69}$ – Prosa$_{69}$ – Poesie$_{69}$. Der Code 70, von dem in diesem Abschnitt ausgegangen wurde, läßt sich variieren zu Zeichen$_{70}$ – Sprache$_{70}$ – Methode$_{70}$ – Ziffer$_{70}$. Relativierend wirkt, daß das Alphabet das Wort$_{76}$ zur Nebensache$_{76}$ erklärt. Die zwei Kreuzungspunkte, die von Zeichen$_{70}$ und Symbol$_{86}$ gebildet werden, sind durch einen Weg, der bei Materie$_{71}$ beginnt und bei Kunst$_{85}$ endet, verbunden.

An den herausgestellten Wörtern über Zeichen, die auf andere Wörter über Zeichen verweisen, wird eine numerisch belegte Selbstreferenz deutlich, die für die auftretende Gruppendynamik bestimmend ist. Der

Selbstreferenz$_{174}$
Gruppendynamik$_{174}$

Wörter über Wörter und Zeichen

Alphabet 65
Satz 66
Sonne 67
Gewalt 68
Text 69
Prosa 69 Formel 69 Poesie 69
Sprache 70 **Zeichen** 70 Methode 70
Ziffer 70
Einheit 70
Materie 71
Gewinn 72
Musik 73
Natur 74
Ursache 75
Wort 76
Tatsache 77
Zufall 78
Stimme 79
Freiheit 80
Buchstabe 81
Gesetz 82
Schrift 83
Fragment 84
Kunst 85
Gleichung 86 **Symbol** 86 Metapher 86
Dichtung 86
Geschichte 87
Subjekt 88
Wissen 89

Eindruck von Geschlossenheit, der sich aus einer solchen Komprimierung linear fortlaufender Wort-Codierungen ergibt, läßt sich von seiner Künstlichkeit ablösen, indem Michel Foucalts Beschreibung von Sprache zu Beginn der Moderne miteinbezogen wird: „Im sechzehnten Jahrhundert“, so schreibt er, „ist die wirkliche Sprache keine einförmige und glatte Gesamtheit von unabhängigen Zeichen, in der die Dinge sich wie in einem Spiegel reflektieren, um darin Ding für Ding ihre besondere Wahrheit auszudrücken. Es ist vielmehr eine opake, mysteriöse, in sich selbst geschlossene Sache, eine fragmentierte und von Punkt zu Punkt rätselhafte Masse, die sich hier und da mit den Figuren der Welt mischt und sich mit ihnen verflicht, und zwar so sehr und so gut, daß sie alle zusammen ein Zeichennetz bilden, in dem jedes Zeichen in Beziehung zu allen anderen die Rolle des Inhalts oder des Zeichens, des Geheimnisses oder des Hinweises spielen kann und tatsächlich spielt.“ *Die Ordnung der Dinge,* wo er dies ausführt, heißt im Original übrigens *Les mots et les choses* („Die Wörter und die Dinge“), Sartre hat sein kurz davor erschienenes autobiographisches Buch bloß *Die Wörter* genannt. Im Kapitel „Die Schrift der Dinge“ schreibt Foucault, daß Wissen darin bestehe, „Sprache auf Sprache zu beziehen, die große einförmige Ebene der Wörter und der Sachen wiederherzustellen, alles sprechen zu lassen, das heißt, oberhalb aller Markierungen den Kommentar als zweiten Diskurs entstehen zu lassen“. Die „Erfahrung der Sprache“ gehöre „dem gleichen archäologischen Raster“ an „wie die Erkenntnis der Dinge in der Natur. Diese Dinge zu erkennen, bedeutete das System der Ähnlichkeiten zu enthüllen, die sie einander nahe und verbindlich werden ließen.“ Seine Darstellung der Beziehungen zwischen Bestandteilen beschreibt wirksam werdende

Zeichennetz 135
Unendlichkeit 135
System der Ähnlichkeiten 252
Welterklärungsmodell 252

Zahl$_{47}$
Silbe$_{47}$
Ritual$_{81}$
Buchstabe$_{81}$

Selbstbezüge und über Ähnlichkeit und Distanzierung funktionierende, keineswegs primär an Sinn orientierte Prozesse: „Die Wörter gruppieren Silben und die Silben Buchstaben, weil es in ihnen Kräfte gibt, die sie einander annähern oder sie voneinander entfernen, genau so, wie in der Welt sich die Zeichen gegenseitig anziehen oder in Opposition zueinander stehen.“[7]

In gewissem Sinn geht es immer um Unwahrscheinliches. Wenn Informationstheorie in einem ihrer wesentlichen Aspekte „als wahrscheinlichkeitstheoretisch orientierte Syntax von Zeichenformen“ aufgefaßt wird, dann ergibt sich daraus, daß eine Nachricht „eine Kombination von Signalen“ ist, „der eine errechenbare Wahrscheinlichkeit zukommt. (...) Das Maß für die Information ist die Unwahrscheinlichkeit, mit der genau die *Signalfolge* auftritt, die tatsächlich die Information vermittelt. Eine Information wird also gemessen an dem Erwartungswert, der einer Nachricht zukommt. Je wahrscheinlicher das Auftreten einer bestimmten Signalfolge ist, desto weniger Information übermittelt sie.“[8]

Signal$_{62}$
Orakel$_{62}$
Unwahrscheinlichkeit$_{220}$
Sprachverwirrung$_{220}$

Die Entsprechung von Signal$_{62}$ und Orakel$_{62}$ scheint auszudrücken, daß solche Mechanismen im System vorgesehen sind; die angesprochene Unwahrscheinlichkeit$_{220}$, als Grundlage für Information, deckt sich mit Sprachverwirrung$_{220}$.

1 Gilles Deleuze/Félix Guattari: Tausend Plateaus (1980). 1997. S. 163, 160

2 Umberto Eco: Zeichen (1973). 1977. S. 15

3 Theodor W. Adorno: Gruß an Gershom G. Scholem (1967). In: Adorno: Gesammelte Schriften. 1997. Band XX. 2. S. 486

4 Gershom Scholem: Zehn unhistorische Sätze über die Kabbala (1958). Judaica III. 1987. S. 264

5 Umberto Eco: Zeichen (1973). 1977. S. 187

6 Ebda., S. 189

7 Michel Foucault: Die Ordnung der Dinge (1966). 1974. S. 66, 72, 74, 67

8 Herbert E. Brekle: Semantik. 1972. S. 78

Nur für eine einzige Sprache angestellte Analysen begrenzen den Aussagewert. Das Signifikante und Marginale von Wortbedeutungen und ihren Konstellationen wird erst im Kontext mit anderen Sprachen deutlich. Das Lexikon sagt, daß die Schätzungen, wie viele lebende, also als Muttersprache gesprochene Sprachen es gibt, stark auseinandergehen; etwas über 4 000 wird als plausible Zahl genannt, wobei es fließende Grenzen zu unzähligen Dialekten gibt. Diese Vielfalt nimmt rapide ab; von den über 1 000 Indianersprachen Brasiliens zum Beispiel, über die es im 19. Jahrhundert vage Kenntnis gab, existieren nur noch 200. Wird eine Sprache von mehr als einer Million Menschen gesprochen, gilt sie als bedeutend. Das trifft derzeit auf 138 Sprachen zu; darunter 40 europäische. Insgesamt werden für Europa 76 Sprachen angegeben, nicht mitgezählt sämtliche 57 Sprachen des Kaukasusgebiets. Die Muttersprache der meisten Menschen ist Chinesisch, für das sich das mit 3 500 Jahren älteste lebende Schriftsystem herausgebildet hat. Dessen überall gleich aussehenden und gleiches bedeutenden Zeichen, von denen über 10 000 – 2 000 bis 3 000 davon häufig – in Gebrauch sind, verbinden seine untereinander vielfach kaum verständlichen Sprachvarianten. Von der Quantität her folgen Englisch, Spanisch, Hindi, Arabisch, Bengali, Russisch, Portugiesisch, Japanisch, Deutsch, Französisch, Pandschabi, Javanisch, Bihari, Italienisch, Koreanisch. Unter den Amtssprachen ist Englisch die am weitesten verbreitete, weiters Chinesisch, Hindi und Spanisch. Die anhaltende Bedeutung mündlicher, schriftloser, „unorganisierter" Kommunikation zeigt sich auch darin, daß nur für relativ wenige Sprachen Schriftstandards festgelegt worden sind.[1]

Das Buch der Schrift, enthaltend die Schriftzeichen und Alphabete aller Zeiten und aller Völker des Erdkreises bildet 100 außereuropäische und

35 europäische Schriften ab, zuzüglich verschiedenster Variationen.[2] Solche Überblicke veranschaulichen die weit aufgefächerten Parallelentwicklungen zum lateinischen Alphabet und machen nachvollziehbar, daß sich dieses nicht nur wegen seiner Praktikabilität oder seinem kulturellen Prestige weltweit verbreitet hat.

Im Rahmen aller bekannten Schriftsysteme haben Alphabetschriften die bei weitem größte Differenzierung entwickelt. „In acht großen Schriftkulturkreisen, dem phönizischen, griechischen, etruskischen, lateinischen, kyrillischen, arabischen, aramäischen und indischen, sind Hunderte von Alphabetvarianten und -variationen entstanden."[3] Bei den Zahlen ist die Entwicklung anders verlaufen; ihre „arabische" Version ist längst zur Grundlage einer global verwendeten „Sprache" geworden.

Daß es in anderen Sprachen um Grundbedingungen geht, die mit den bisher thematisierten nicht in direkter Weise vergleichbar sind, müßte also, bezogen auf die aufgezeigten Determiniertheiten, befreiende Wirkungen haben. Über Zahlen lassen sich so oder so Verbindungen herstellen. Am Beispiel des Englischen wird einbezogen, was dabei unter Verwendung derselben Methode ersichtlich wird. Die Beziehungsrelationen weichen in jedem Einzelfall vom bisher gewonnenen Bild ab, trotzdem lassen sich strukturelle Muster vergleichen. Allein die tendenzielle Kürze englischer Wörter ergibt für die entstehenden Wortfelder eine eigene Charakteristik; mit zunehmender Wortlänge entstehen eher altmodisch oder artifiziell wirkende Konstellationen. Knappe numerisch gereihte Wortfolgen zu finden, ist relativ leicht: *Feel*$_{28}$ *no*$_{29}$ *peace*$_{30}$. *Male*$_{31}$ *pig*$_{32}$. Das internationale Pidgin-Englisch reflektiert sich in solchen Verknappungen.

Als Beispiel für die konträre Richtung, die Spracherfindung mit hochkomplexen Überlagerungen, ist es naheliegend, eine Frau heranzuziehen, die sich noch weit verschlüsselter ausdrücken würde, jene in *Finnegans Wake.* Sie ist ein *Bringer of Plurabilities*, von einer in keinem Lexikon enthaltenen Art von Vielheit – wie der Fluß, an den ihr Name erinnert. Auch für den Mann ändern sich die Bezeichnungen ständig, Finnegan wird durch *Here Comes Everybody* und durch Variationen davon mit denselben Anfangsbuchstaben ersetzt. Die vorletzte Wortpassage heißt: *The keys to. Given!* Die Schlüssel dazu sind gegeben, im Text selbst enthalten.[4] „Die Sätze des Buches sind durchwebt von Wortspielen über gegensätzliche Paare", schreibt Michel Butor darüber; Wortverdrehungen, Wortverrenkungen, Überlagerungen, Deformierungen, „gärende Wörter" erzeugen „eine bizarre neue Gangart. (...) Die Sprache ist darin durchgehend wie ein musikalisches Material behandelt." *Finnegans Wake* „ist das Geräusch der Welt", es verbiete „die Illusion einer integralen Lektüre". „Wie die Wörter in dieser sich verändernden Erzählung sich verändern", von denen sehr viele in keinem Wörterbuch stehen, „ziehen auch die Personen, mögen sie aus der Wirklichkeit oder der Fiktion stammen, sich zueinander zusammen, verwandeln sich ineinander und werden durch ständig wechselnde Namen bezeichnet."[5]

structure 145
numerology 145
plurability 145
exchangeability 145
consequence 121
everybody 121
unification 121
key 41
help 41
globe 41
Geräusch 87
Weltbild 87
Geschichte 87

Die erste Gesamtausgabe erschien 1939, zur gleichen Zeit, als die englischen Bemühungen, militärische Nachrichten zu entschlüsseln, voll angelaufen waren und Alan Turing zu der damit befaßten Expertengruppe stieß. „Das Erkennen einer Regel in der scheinbaren Regellosigkeit", „die allgemeinste Art von Code oder Chiffre" waren das Thema. Zugleich waren, wegen der Unmenge an Feinddaten, „die Möglichkeiten eines Hochgeschwindigkeitsmaschinen-Einsatzes" langsam greifbarer

geworden.[6] Außer der zeitlichen Parallelität hat dies mit der Spracharbeit von Joyce nichts zu tun; es sei denn als Erinnerung daran, wie weit gefächert das Thema Codierung gerade in jener Zeit gedankliche Prozesse beherrschte. Im Rahmen einer solchen Auffächerung von Rückbezügen ist auch bemerkenswert, daß Samuel Beckett als Mitglied einer französischen Resistance-Gruppe unmittelbar in die Benutzung von Codes und das Abhören verschlüsselter Radiomeldungen involviert war. Er wäre, wenn nicht knapp einer Verhaftung entgangen, so wie sein engster Freund aus dem Widerstand ins KZ Mauthausen gekommen. Er hat zwar dezidiert betont, daß die künstlerische Arbeit nicht von solchen Erfahrungen abhinge, sie sei kein Bericht, aber daß diese natürlich verwendet würden.[7] Eine weitere Parallele ist die markante Rolle John Fords für die Entwicklung der Luftkartographie, für die er im Krieg Spezialkameras konzipierte, die unter anderem für die Landung in der Normandie eingesetzt wurden; auch die Geschichte der Tarnung hängt eng mit den durch Technik veränderten Wahrnehmungsweisen zusam-
Landkarte $_{96}$ men. Die Landkarte, als Text, ist ein signifikantes Codierungsbeispiel.

Symbol $_{86}$ Wenn sich die Gleichung *God*$_{26}$– *dog*$_{26}$, *dog*$_{26}$– *God*$_{26}$ als Tarnung ver-
Atombombe $_{86}$ stehen läßt, würde das eine solche Sichtweise stützen. Auch das Franzö-
sische kennt diesen kryptischen Bezug: *Dieu*$_{39}$– *chien*$_{39}$ oder *ciel*$_{29}$– *fin*$_{29}$.
God $_{26}$ Der Hund könnte dabei als stellvertretend für alle Lebewesen ver-
dog $_{26}$ standen werden; Blasphemisches ergibt sich nur im ersten Moment.
lie $_{26}$ Samuel Beckett hat sich mit dieser Wortkonstellation beschäftigt, bis
game $_{26}$ hin zu *Warten auf Godot.* Von André Thomkins ist sie im Palindrom
card $_{26}$ *Dogma I am god* versteckt worden.[8]

Daß im Englischen *God*$_{26}$ mit z$_{26}$, dem letzten Buchstaben des Alphabets, gleichwertig ist und zur Gleichung *code*$_{27}$– *job*$_{27}$– *hand*$_{27}$– *ball*$_{27}$

überleitet, wurde schon kommentiert; bereits die Einstiege in den „Textraum“ nach Überschreiten dieser vom höchsten Codewert eines einzelnen Buchstaben bestimmten Grenze zeigt starke Differenzen im Zugang. Offensichtlich ist, daß sich die Dramaturgie berechneter Wortfolgen je nach Sprache gravierend unterscheidet, sobald nicht bloß Einzelbeispiele, sondern größere Wortmengen zur Verfügung stehen. Nicht nur auf den ersten Blick dominiert im Englischen eine lakonische, spielerische, fragende Komponente, im Deutschen eine Ernsthaftigkeit, eine existentielle „Tiefe“, so als ob Stereotypien sprachlich bestätigt würden. Einen Kontrapunkt dazu bildet die markante Stellung von *God*$_{26}$ im Englischen, während im Deutschen an der gleichen numerischen Position mit Gen$_{26}$ eine naturwissenschaftliche Sicht symbolisiert wird. Für eine vergleichende Analyse ergibt das untersuchenswerte Ansatzpunkte. Indem damit auf den Konflikt zwischen *Kultur* und *civilization* zurückverwiesen wird, zeigt sich erneut, wie einfach es ist, irgendwelche Strukturmerkmale für reagierende oder reaktionäre Schlußfolgerungen zu verwenden. Das, was mit dem Wort Kultur$_{103}$ (als Kombination seiner bewerteten Einzelteile verstanden) bezeichnet wird, verbündet sich offenbar eher mit dem jeweiligen *ancien régime*$_{103}$, weil es von ihm seine Relevanz$_{103}$, seine Wirkung$_{103}$ bezieht und sich alles von der Herkunft$_{103}$ ableitet. Zivilisation$_{165}$ hingegen verweist auf Gleichzeitigkeit$_{165}$ von Verschiedenem, auf Regelmäßigkeit$_{165}$, auf Intervention$_{165}$. Auch die Gleichung *civilization*$_{149}$– *environment*$_{149}$– *organization*$_{149}$ dokumentiert in der gängigsten Sprache für solche Begriffe eine pointiert pragmatische Haltung.

Kultur$_{103}$ Instanz$_{103}$
Herkunft$_{103}$ Verstand$_{103}$
Relevanz$_{103}$ Wirkung$_{103}$
Bedürfnis$_{103}$ Sanktion$_{103}$
Antimoral$_{103}$ ancien régime$_{103}$

civilization$_{149}$
environment$_{149}$
organization$_{149}$

Unter Einbeziehung von im Englischen und Amerikanischen häufig zusammengesetzten (aber getrennt geschriebenen, ansonsten nicht berücksichtigten) Begriffen ergeben sich latent Bilder, die tatsächliche Reali-

Amerikanisierung$_{174}$
Existenzform$_{174}$
Gruppendynamik$_{174}$

American $_{64}$
morale $_{64}$

In God We Trust $_{175}$
superiority $_{175}$
standardization $_{175}$
universality $_{175}$

Dow Jones Index $_{161}$
prosperity $_{161}$
amortization $_{161}$
subordination $_{161}$

civil society $_{151}$
humanization $_{151}$
participation $_{151}$
revolution $_{151}$

happy end $_{89}$
success $_{89}$
leisure $_{89}$
religion $_{89}$

tätsausschnitte zusammenzufassen scheinen. Die spezifischen Bezugsfelder dieser beiden Sprach- und Schrifttraditionen werden durch numerierte Differenzen besonders deutlich. In anderen Sprachen verwendete Anglizismen sind Ansätze für längst geläufige Vernetzungen. Auffallend ist, daß gerade gewichtige Ausdrücke illustrierende Zusätze anziehen. So ergibt sich als historische Komprimierung die Formel: *pilgrim fathers*$_{161}$– *philanthropy*$_{162}$– *harmonization*$_{163}$– *anticommunism*$_{164}$ und *investigation*$_{164}$ – *United Nations*$_{165}$– *The White House*$_{166}$ und *American way of life*$_{166}$. Der auf jeder Dollarnote abgedruckte Grundsatz *In God We Trust*$_{175}$ verweist ausdrücklich darauf, daß eine sich auf *standardization*$_{175}$ stützende *superiority*$_{175}$ den Anspruch auf *universality*$_{175}$ begründet; jedenfalls suggerieren die Substantive eine solche Formulierung. Der *dollar*$_{62}$ ist numerisch flankiert von *value*$_{61}$ und *meaning*$_{63}$ und gleichwertig mit *right*$_{62}$ und *sense*$_{62}$. Daß er auch als *enemy*$_{62}$ gesehen werden kann oder vor ihm geschützt werden muß, ist eine Information, die in beiden Wörtern rechnerisch enthalten ist. Die Schlüsselworte der amerikanische Nationalhymne stellen sich als codiertes Wertmuster heraus: *God Bless America*$_{133}$– *accumulation*$_{133}$– *property*$_{133}$– *government*$_{133}$. Sogar das Zusammenspiel und die potentiellen Konflikte zwischen NATO$_{50}$ und UNO$_{50}$ tauchen in Gleichungsform auf. Dem *common sense*$_{135}$ ist die Reduktion auf *speculation*$_{135}$, *stock exchange*$_{135}$ und *Wall Street*$_{135}$ einprogrammiert. Die selbstkritische Komponente ergibt sich aus den enthaltenen Überzeichnungen und weil das Standardrepertoire der Kritik persifliert wird. Daß es für jedes *human being*$_{94}$ um *relation*$_{94}$, *pattern*$_{94}$, *harmony*$_{94}$ geht, relativiert den sarkastischen Tonfall dabei. Neben der daraus abzulesenden Pragmatik wird aber auch eine soziale Dimension merkbar, denn jeder *anybody*$_{86}$ gilt als *citizen*$_{86}$; zumindest die Wörter sind gleichwertig. In einer *republic*$_{86}$ ist davon auszugehen. *Cartoon*$_{86}$, *fast food*$_{86}$ und *fantasy*$_{86}$ bilden dafür bloß einen ironischen Hintergrund.

Wie die nachfolgende Zusammenstellung *(Wörter II)* flächendeckender zeigt, verstärkt sich immer wieder der Eindruck, es würde sich in englischer Sprache eine andere Denktradition abbilden. *Connection*$_{112}$ beruft sich auf *mathematics*$_{112}$, *alphabet*$_{65}$ auf *method*$_{65}$ und *random*$_{65}$. *Parliament*$_{109}$ korreliert mit *referendum*$_{109}$, mit *variation*$_{109}$, mit *witness*$_{109}$. *Policy*$_{80}$ bildet mit *party*$_{80}$, *answer*$_{80}$ und *moment*$_{80}$ eine Gleichung. *Pragmatism*$_{117}$ verbindet sich mit *progress*$_{117}$, *statement*$_{117}$, *newspaper*$_{117}$ oder *publicity*$_{117}$. *Leadership*$_{97}$ tritt als Funktion von *product*$_{97}$, *control*$_{97}$, *lobbyism*$_{97}$ und *story*$_{97}$ auf. *Power*$_{77}$ und *glory*$_{77}$ gehören zusammen. *Politics*$_{103}$ verbindet sich mit *privilege*$_{103}$, *intrigue*$_{103}$, *dissonance*$_{103}$ und *capitalism*$_{103}$. Auf der Basis eines *moralism*$_{100}$ hat sich jeder *socialism*$_{100}$ erübrigt; ein *liberalism*$_{100}$ ist zur gültigen Form geworden.

Man$_{28}$ und *job*$_{27}$ haben einen zentralen Stellenwert, gleich nach *God*$_{26}$. *Nature*$_{79}$ und *mother*$_{79}$ sind gleichwertig. *Reality*$_{90}$ und *economy*$_{90}$ sind rechnerische Synonyme. Als Perspektiven für *improvisation*$_{180}$ und *nonconformity*$_{181}$ bieten sich *privatization*$_{180}$ und *expropriation*$_{180}$ an. Da solche Alternativen schon lange nicht mehr zur Debatte stehen, dürfte es sich dabei um eine Erinnerungsformel handeln. Aus den Zahlenrelationen läßt sich aber immerhin herauslesen, daß *democracy*$_{87}$ als *project*$_{87}$ aufzufassen ist, in dem es um die *person*$_{87}$ geht, trotz der Dominanz der Lebensform *company*$_{87}$.

Sympathy$_{127}$ konzentriert sich auf *ownership*$_{127}$, *normality*$_{127}$, *quantity*$_{127}$, aber auch *integrity*$_{127}$. *Sex*$_{48}$, *blood*$_{48}$ und *crime*$_{48}$ sind ein stereotypes Gegenbild dazu. Daß *woman*$_{66}$ mit *mankind*$_{66}$ und *freedom*$_{66}$ eine Gleich-

calculation$_{111}$
computer$_{111}$

navigation$_{112}$
connection$_{112}$
mathematics$_{112}$

alphabet$_{65}$
method$_{65}$
random$_{65}$

culture$_{100}$	Gegenwart$_{100}$
moralism$_{100}$	Spiegelbild$_{100}$
socialism$_{100}$	Richtung$_{100}$
liberalism$_{100}$	Nutzen$_{100}$
attitude$_{100}$	Anspruch$_{100}$
nature$_{79}$	mother$_{79}$
reality$_{90}$	economy$_{90}$

ung bildet, könnte als mysteriöse Weissagung oder als Ursprungsmythos interpretiert werden, wenn es den einschränkenden Hinweis auf die gleichwertige *family*$_{66}$ nicht gäbe. Das protestantische Element drückt sich in der numerischen Gleichsetzung von *bible*$_{30}$ und *peace*$_{30}$ aus, von *day*$_{30}$ und *bread*$_{30}$.

fiction$_{76}$
concept$_{76}$
example$_{76}$

World$_{72}$ und *paradise*$_{73}$ bilden mit *English*$_{74}$, *humor*$_{75}$ und *fiction*$_{76}$ eine fortlaufende Reihe; als Wort bezieht sich *English*$_{74}$ dezidiert auf seine Sprachmelodie. Es ist gleichwertig mit *melody*$_{74}$, *beauty*$_{74}$, *energy*$_{74}$ und *point*$_{74}$. *American*$_{64}$ leitet sich von *value*$_{61}$, *dollar*$_{62}$ und *meaning*$_{63}$ her. *Language*$_{68}$ als verallgemeinernder Ausdruck ist rechnerisch Teil einer Reihe, die von *music*$_{65}$, *freedom*$_{66}$ und *work*$_{67}$ weiter zu *message*$_{69}$, *secret*$_{70}$, *grammar*$_{71}$, *world*$_{72}$ und *number*$_{73}$ führt.

non-fiction$_{119}$
necessity$_{119}$
absurdity$_{119}$

unveränderliche Beziehungen$_{280}$
Möglichkeit des Verstehens$_{280}$
It works when it works$_{280}$

Fiction$_{76}$ verbindet sich mit *concept*$_{76}$ und *example*$_{76}$; *non-fiction*$_{119}$ mit *necessity*$_{119}$ und *absurdity*$_{119}$. Ein zweisprachiges Räsonieren über *unveränderliche Beziehungen*$_{280}$ und die *Möglichkeit des Verstehens*$_{280}$ bekommt eine einfache Antwort: *It works when it works*$_{280}$.

1 David Crystal: Die Cambridge Enzyklopädie der Sprache (1987). 1995. S. 284ff.
Harald Haarmann: Die Sprachenwelt Europas. 1993. S. 53f., 45ff., 282

2 Carl Faulmann: Das Buch der Schrift (1880). 1990
Károly Földes-Papp: Vom Felsbild zum Alphabet (1966). 1975

3 Harald Haarmann: Universalgeschichte der Schrift. 1991. S. 555

4 James Joyce: Finnegans Wake (1939). 1975. S. 104, 628

5 Michel Butor: Kreuzfahrten durch die moderne Literatur (1960/64). 1984. S. 205, 195, 198, 199, 211, 223

6 Andrew Hodges: Alan Turing, Enigma (1983). 1994. S. 190, 192, 204

7 James Knowlson: Damned to Fame. The Life of Samuel Beckett. 1997. S. 381, 371f.

8 André Thomkins. In: Eugen Gomringer: Theorie der konkreten Poesie. 1997. S 123

Wörter II, 27–180

a 1	b 2	c 3	d 4	e 5
f 6	g 7	h 8	i 9	j 10
k 11	l 12	m 13	n 14	o 15
p 16	q 17	r 18	s 19	t 20
u 21	v 22	w 23	x 24	y 25
z 26				

27

code
hand
job
ball
dance

28

call
need
man
air
case

29

gang
hat
cabin
lake
page

30

day
bread
peace
map
bible

31

land
meal
cash
safe
bell

32

life
fate
label
file
jail

33

name
bird
seed
gate
fence

34

chance
hate
heat
cold
dark

35

image
goal
eye
bill
chain

36

law
hair
field
oil
child

37

hell
drama
break
sale
being

38

change
balance
boat
club
farm

39

art
belief
angel
team
desk

40

mind
pain
hole
table
food

41

dream
home
key
fun
globe

42

boy
gun
war
gift
lady

43

plan
choice
defect
doll
book

44

space
tear
office
hope
brain

45

match
boom
use
knife
anger

46

girl
body
shame
hero
sir

47

time
force
luck
agent
judge

48

sex
blood
crime
trade
fool

49

sign
speed
year
model
poem

50

fight
drug
joy
animal
circle

51

wave
metal
rise
detail
dirt

52

earth
heart
ship
stage
devil

53

skin
wing
wheel
slang
grave

54

sun
love
health
voice
play

55

sky
heaven
boss
song
cloud

56

light
fever
member
friend
drink

57

moon
sleep
prick
birth
city

58

night
star
cunt
thing
science

59

average
accident
slave
blues
credit

60

word
second
order
desire
police

61

value
news
trend
benefit
church

62

dollar
right
sense
noise
enemy

63

meaning
public
cover
record
jazz

64

American
moral
test
movie
screen

65

music
show
comedy
method
alphabet

66

freedom
family
mankind
event
woman

67

work
challenge
silence
water
soul

68

language
slogan
novel
article
market

69

message
wealth
text
essay
people

70

secret
shadow
duty
suicide
anarchy

71

grammar
desert
spider
target
spleen

72

world
reason
money
origin
talent

73

number
sound
meeting
union
paradise

74

English
melody
beauty
energy
point

75

analogy
distance
commerce
madness
nobody

76

fiction
concept
evening
drawing
example

77

power
glory
crisis
council
research

78

start
decision
insider
believer
mistake

79

nature
mother
flower
wonder
occasion

80

weather
moment
answer
party
policy

81

standard
service
highway
interface
fatalism

82

minute
strip
ecology
innocence
pioneer

83

wisdom
ambition
election
suburb
cowboy

84

profit
lawyer
midnight
scenario
coincidence

85

sentence
violence
presence
library
gossip

86

citizen
republic
fantasy
respect
anybody

87

person
company
democracy
artist
project

88

exercise
factory
expert
policeman
highlight

89

religion
leisure
hardliner
memory
success

90

reality
wording
happening
painting
economy

91

future
theory
spirit
mirror
liberty

92

opinion
education
report
picture
rhythm

93

management
trouble
detective
writer
nihilism

94

pattern
microchip
percentage
relation
harmony

95

result
emergency
process
nightmare
sanction

96

society
employee
background
organism
knowledge

97

leadership
control
lobbyism
product
story

98

mission
trust
station
marketing
independence

99

poetry
physics
fortune
thought
argument

100

culture
attitude
moralism
socialism
liberalism

101

system
platform
behaviour
context
transfer

102

gravity
equation
stranger
slavery
advancement

103

politics
dissonance
intrigue
capitalism
privilege

104

existence
experience
passenger
shopping
insurance

105

liberation
internet
procedure
discount
nonsense

106

prophecy
network
formalism
programme
infinity

107

theology
software
engineering
happiness
movement

108

business
journey
instinct
jealousy
twilight

109

parliament
witness
referendum
wellness
variation

110

interest
tradition
commonplace
Christmas
adventure

111

humanity
calculation
amusement
illusion
computer

112

imagination
prominence
navigation
connection
mathematics

113

universe
mainstream
broadcasting
lifestyle
shareholder

114

history
performance
optimism
importance
masterpiece

115

intelligence
combination
monument
password
exhibition

116

eternity
treatment
confusion
arrangement
credibility

117

progress
pragmatism
newspaper
statement
publicity

118

bureaucracy
separation
screenplay
modification
attention

119

necessity
intimity
absurdity
foundation
confession

120

question
vocabulary
emancipation
materialism
communism

121

unification
consequence
copyright
poverty
perception

122

totality
abstraction
pessimism
invention
cleverness

123

substandard
penthouse
availability
comparison
minority

124

loneliness
virility
technology
survival
passport

125

surprise
monopoly
mystery
solution
idealization

126

compromise
surplus
consistence
unfairness
infantilism

127

integrity
normality
ownership
quantity
sympathy

128

situation
anormality
immigration
brutality
variability

129

enterprise
countdown
explosion
enthusiasm
literature

130

industry
complication
destination
priority
television

131

rationalism
championship
intuition
architecture
development

132

creativity
musicality
journalism
striptease
discussion

133

government
community
simulation
property
accumulation

134

information
pollution
reformation
romanticism
counterbalance

135

production
speculation
terrorism
intensity
surrealism

136

sexuality
satisfaction
equilibrium
exhaustion
profession

137

qualification
permission
authority
coordination
penetration

138

perspective
employment
identification
conformity
prevention

139

competition
controlling
population
statistics
correctness

140

mythology
astronomy
instability
patriotism
nationality

141

investment
transport
neighbourhood
assimilation
underground

142

complexity
fluctuation
segmentation
commonwealth
informality

143

philosophy
fragmentation
sensibility
appointment
translation

144

rationality
corporation
partnership
inspiration
compensation

145

structure
numerology
exchangeability
contexture
psychology

146

enlightenment
individualism
relationship
consideration
sponsoring

147

establishment
intercourse
determination
supermarket
posterity

148

composition
destruction
superlative
opposition
practicability

149

civilization
exploration
corruption
environment
organization

150

understanding
communication
continuity
improvement
urbanization

151

humanization
concentration
revolution
participation
quintessence

152

perfectionism
cocksureness
fundamentalism
miscalculation
subjectivism

153

stimulation
popularity
pornography
moralization
homelessness

154

personality
verbalization
correspondence
hospitality
transparency

155

singularity
possibility
advertisement
simplification
registration

156

generalization
presentation
functionalism
radioactivity
digitalization

157

contemplation
virtuality
dissolution
discrimination
synchronism

158

conservatism
essentiality
entertainment
expansionism
misanthropy

159

sovereignty
consumption
individuality
straightness
economization

160

contribution
particularism
hybridization
provincialism
distribution

161

amortization
prosperity
subordination

162

philanthropy
university
catastrophism

163

mystification
harmonization
diversification

164

voluntarism
investigation
questionary

165

indoctrination
subscription
imprisonment

166

anthropology
administration
computability

167

demonstration
incomparability
extermination

168

promiscuity
sponsorship
simultaneity

169

communicability
parliamentarism
inconsistency

170

transmission
institution
congratulation

171

construction
irrationality
metamorphosis

172

indivisibility
cryptography
indisposition

173

unemployment
democratization
communization

174

misgovernment
multiplication
hypertrophy

175

standardization
superiority
universality

176

protectionism
opportunism
decentralization

177

representative
exclusiveness
authorization

178

virtuosity
cosmopolitism
visualization

179

constitution
understatement
electromagnetism

180

privatization
improvisation
expropriation

181

nonconformity

Für *Die Lesbarkeit der Welt*, wie Hans Blumenberg sie analysiert, war die Auflösung in Einzelteile eine Grundbedingung, die entscheidende gedankliche Vorleistung jeder neuen Synthese. Die Griechen, schreibt er, „haben die Buchstabenschrift nicht erfunden, aber sie haben das darin steckende Prinzip generalisiert. Die Atomistik hatte eine der Anschauung gegebene Einheit aufzulösen in letzte, gedachte Größen, die die Eigenschaften des Gegebenen erklären. Es ist sicher nicht gleichgültig, daß die gedachten Größen genauso anschaulich vorgestellt werden mußten wie Ideen und Formen, nämlich als Gestalten. Darin liegt die Leistungsgrenze der antiken Atomistik, aber zugleich ihre Analogie zur konstitutiven Leistung von Buchstaben." Die Erfindung der Landkarte und der Sternenkarte durch Anaximander, den Lehrer von Pythagoras, war eine wichtige Parallele dazu (Ansätze eines aus der Astronomie abgeleiteten Kartographierens sind um Jahrtausende älter). Im übrigen sei es „mehr als eine geistreiche Metapher, mit dem Ausdruck für ‚Buchstaben' auch die Atome zu benennen; denn die Wirklichkeit auf wenige letzte Elemente zurückzuführen und aus ihnen wieder zusammenzusetzen, sei „ein echtes *Alphabet-Verfahren, ein richtiges Buchstabieren der Welt.* Dies gelte unabhängig davon, ob dabei noch von einem ‚Urtext' der Schöpfung ausgegangen wurde oder, wie in der modernen Biologie, von einer Evolution, die weitgehend auf zufälligen Störungen, auf Übertragungsfehlern, auf der „Selektion aus störenden Geräuschen" (Jaques Monod) basiert.[1] In großer Zahl ergibt auch der Zufall wieder Gesetzmäßigkeiten.

Schrift 83
Schreiben 83
Neuanfang 83
Bedingung 83
buchstabieren 127
Metaphysik 127

„Das griechische *stoicheion*", heißt es bei Blumenberg weiter, „bezeichnet ursprünglich den Laut und den Buchstaben als unselbständige Teile eines Zusammenhangs, als Glieder einer Reihe *(stoichos)*, meta-

Unsicherheit 139
Zeichensprache 140
Elementarlehre 141
Zusammenhang 142

phorisch dann das, wovon man für einen Zusammenhang ausgehen muß, auch die Grundlagen eines Beweisgangs und die letzten allgemeinen Begriffe einer Wissenschaft, deren ‚Elementarlehre'."[2]

Neuanfang 83 Schrift 83
Fragment 84 Bewegung 84
Augenblick 85 Kunst 85
Dichtung 86 Landkarte 86
Weltbild 87 Magnetfeld 87

Die in Europa vor etwa 3 000 Jahren zuerst in Kreta, dann in Mykene von den Phöniziern übernommene Schrift war auf Konsonanten aufgebaut; durch die Einbeziehung von Vokalen und einigen neuen Konsonanten ist dort das erste – in westlichem Sinn – vollständige Alphabet der Welt entstanden. Es gab damit ein schließlich als komplett angesehenes System für die geordnete Aufzeichnung der kleinsten Einheiten der gesprochenen Sprache, der Laute. Diese „Zertrümmerung von Sprache durch das Alphabet, das durch semantische und phonetische Einheiten hindurchstößt, ermöglicht eine Reorganisation von Elementen, die dann dem Duktus gesprochener Sprache näher kommt als alle anderen Notationssysteme".[3] Zugleich war Schrift das erste Medium der Absenz, das Raum und Zeit überwinden konnte. Daß sie von den besten Navigatoren ihrer Zeit verbreitet wurde, ergibt Bezüge zu Orientierungsmethoden. Geschrieben wurden vorerst hauptsächlich kurze Notizen und Inschriften, zuerst in diverse Richtungen, dann von rechts nach links; die Rechtsläufigkeit hat sich erst später durchgesetzt. Jahrhundertelang gab es regionale Schriftvarianten, auch noch nachdem in Athen das klassische griechische Alphabet mit seinen 24 Zeichen per Dekret eingeführt worden war (403 v. u. Z.) und Griechisch zur Sprache der Gebildeten und zur Weltsprache des Handels wurde. Die Vokale und die Verringerung der Zeichenanzahl haben die Erlernbarkeit und damit die weitere Verbreitung begünstigt. Die Reihenfolge blieb wichtig, da die Schriftzeichen auch Zahlzeichen waren; sie wurde im Griechischen kaum verändert.[4] Die Kombination der Buchstaben und Zahlen gilt als griechische Erfindung, „sämtliche phönizischen, hebräischen, syrischen, aramäischen, arabischen usw. Inschriften kennen nur die sogenannten natürlichen Zahlzeichen (I, II, III, IV), allenfalls Zeichen für 5 und 10, die aber keine Buchstaben sind". Ob Buchstaben und Zahlen nicht schon früh auch in solchen Alphabeten gleichgesetzt wurden, führte immer wieder zu Kontroversen. Offensichtlich verdeckt die Frage nach Erfindungen den Blick auf Transferbeziehungen, wie sie insbesondere zwischen Ägypten und Mesopotamien (erste Bilderschriften) sowie Persien, dem Nahen Osten und Zypern (erste Silbenschriften) oder mit Indien bestanden haben.[5] Sicherheit herrscht inzwischen darüber, daß im Griechischen und Hebräischen schon früh jeder Buchstabe einen genau bestimmten Zahlenwert hatte. Als wahrscheinlich gilt, daß sich spätere Übernahmen dieses Systems auf das Griechische zurückführen lassen. Den Phöniziern, die ihre Hauptstützpunkte anfangs an der syrisch-palästinensischen Küste hatten, oder den benachbarten Aramäern war es unbekannt. Die Ähnlichkeiten in der Reihenfolge der Buchstaben belegen jedenfalls, daß diese sehr alt ist, vermutlich so alt wie das erste „lineare" Alphabet aus der Mitte des 2. Jahrtausends vor unserer Zeitrechnung.[6] Weil in Griechenland relativ spät damit begonnen wurde, Theorien auf den Zahlenwerten der Buchstaben aufzubauen, wird angenommen, daß es erst „nach der Berührung mit dem jüdischen Denken" dazu kam. Die ältesten Beispiele für eine gematrische Verwendung von Zahlenbuchstaben stehen auf babylonischen Ziegeln des 8. Jahrhunderts. Vor allem im späten Altertum waren solche Methoden sehr verbreitet; gegen Meinungen, „die die gesamte antike Literatur kabbalaverdächtig finden", sei kaum eine zwingende Beweisführung möglich. Offensichtlich ist die Verwobenheit von griechischem und hebräischem

beweisen 82
schreiben 83
zeichnen 84
prüfen 85
anschauen 86
ausbilden 87
forschen 88
wissen 89
trennen 90
gewinnen 91
vereinen 92
schweigen 93
erzählen 94
begründen 95
stören 96
erinnern 97
spüren 98
dividieren 99
zweifeln 100

ägyptisch 113
buchstäblich 113
wörtlich 113

sumerisch 115
schriftlich 115
rätselhaft 115

griechisch 89
förmlich 89
asiatisch 89

lateinisch 100
effizient 100
freundlich 100

Zahlendenken, auch wenn die erhaltenen Belege für Zahlenbuchstaben in Griechenland älter sind. Im Griechischen sind die verwendeten Ziffern „bis auf die Ausnahme des senkrechten Striches für eins gleichzeitig die Anfangsbuchstaben der griechischen Namen für die entsprechenden Zahlen oder Kombinationen dieser Buchstaben". Im Hebräischen wiederum werden bis heute für die Daten des jüdischen Kalenders, für die Numerierung von Abschnitten des Alten Testaments oder zur Paginierung bestimmter Bücher Buchstaben des Alphabets in ihrer Doppelbedeutung als Ziffern verwendet.[7]

Code 27
Geld 28

Daß im Vorfeld dieser Entwicklungen zu einer als Zahlensystem verwendbaren Alphabetschrift erstmals Metallmünzen als Geld verwendet wurden, ausgehend von Lydien in Kleinasien, aber genormte Maßsysteme oder eine einheitliche internationale Währung „dem hellenischen Denken vollkommen fremd" blieben und schließlich die Pythagoreer von der Musik her „zur aufmerksamen Beschäftigung mit der Buchstabenwissenschaft, der Grammatik", gekommen sind – begeistert davon, daß die Töne sich „als Klang gewordene Zahl" herausgestellt hatten und sich mit der Zahl als „Weltprinzip" ein System bauen ließe –, ergibt jenes Bild einer sich konstituierenden Systematik, auf die europäische Ursprungsmythen immer wieder zurückgreifen.[8] Der jüdische Anteil daran und mediterrane Vermischungen werden weit weniger stark betont. Als Ausbalancierung eines „griechischen" Ordnungsdenkens „blieb im Bilde des Dionysischen", so Karl Kerényi in seiner Analyse dieses Inbegriffs eines unzerstörbaren Lebens, „in allen modernen Darstellungen ein zur Explosion führender, überspannter Zug herrschend", bis hin zu Nietzsches einflußreicher Formel „Dionysos oder Christus". Die Fixierung auf den Tod ist in beiden Alternativen gegeben, denn „die

Notwendigkeit, vom unzerstörbaren Leben zu zeugen, bestand an keinem anderen geographisch und staatlich bestimmten Ort auf solch eine unbedingte und universale Weise wie am Grab: dies galt gleicherweise für die Dionysosreligion und das Christentum."[9] Im Wechselspiel zwischen erfreulicher und nicht aushaltbarer Ordnung hat auch die Sprache ihren mythischen Bezugspunkt bekommen, den Ort des Chaos, der Sprachverwirrung: „Babylon, die Große, die Mutter der Huren und aller Abscheulichkeiten dieser Erde." (*Offenbarung des Johannes,* 17, 5)

Dabei ist eine Verständigung nie auf größere Probleme gestoßen. Im Nahen Osten war das Aramäische lange die wichtigste Verkehrssprache, mit einer eigenen, ebenfalls vom Phönizischen abgeleiteten Schrift. Die althebräische Schrift war unabhängig davon entstanden, die hebräische Quadratschrift ist aus der aramäischen Schrift abgeleitet, so wie später, vermittelt über das Nabatäische, von Petra aus, die arabische Schrift, die ihrerseits im südarabischen Alphabet und der äthiopischen Silbenschrift Vorläufer hatte, die parallel zum phönizischen Alphabet entstanden. Die kyrillische Schrift wiederum hat später, sich in andere geographische Gebiete ausbreitend, viel von der griechischen übernommen.

Verständigung 166
Kommunikation 166

Sprechen kann der Mensch seit mindestens 150 000, vielleicht auch schon seit 500 000 Jahren. Verständigt hat er sich auch davor schon die längste Zeit, nur fehlen für solche Geräusche, Laute, Gesten, Zeichen die einordbaren Begriffe. Zugebilligt wird ihm, daß er seit der paläolithischen Revolution vor 40 000 Jahren differenzierte Werkzeuge herstellen konnte und ein Interesse an bildlichen Darstellungen entwickelte; möglicherweise geschah dies aber schon viel früher. Seit den jüngsten Funden in Oberägypten spricht wieder einiges dafür, daß die Hieroglyphen vor der sumerischen Schrift entwickelt wurden, etwa 3200 vor unserer Zeitrechnung. Daß es eine Vielzahl weit zurückreichender Bild-

Werkzeug 116
Verstehen 116

und Schriftentwicklungen gibt, relativiert solche Suchen nach Vorläufern, nach fiktiv-nationalen Zuordnungen, nach Kulturhierarchien. Das Wahrnehmen bisher ausgegrenzter Einflüsse der um Jahrtausende älteren Sahara-Kulturen mit ihren fulminanten Felsbildern verschiebt langsam den Blick auf solche Zusammenhänge und auf uralte, weltweit aufgetretene Bildkulturen, etwa jene der Aborigines in Australien, mit ihren immer wieder erneuerten Mustern, die hochkomplexe verschlüsselte Mitteilungen enthalten, zu denen der Zugang weitgehend verlorengegangen ist.

Fast 2 000 Jahre älter als die Hieroglyphen sind die Zeichen der altbalkanischen Vinca-Kultur, die nach dem Hauptfundort Vinca in der Nähe von Belgrad benannt ist. Ob sie bereits als Schrift oder bloß als magische Zeichen anzusehen sind, ist umstritten; jedenfalls sind sie wieder von einem schriftlosen Stadium abgelöst worden. Verwendet wurden über zweihundert individuelle, vielfach sehr einfache, abstrakt wirkende Zeichen, die vermutlich auch Symbole für Zahlenwerte und Maßeinheiten einschließen. Sie bilden noch kein Alphabet und sind auch noch nicht Aufzeichnungen gesprochener Sprache. Archäologisch belegt ist eine weiträumige Ausdehnung dieser Kultur entlang der Donau, der Theiß, der Morava mit vergleichsweise dichter, teilweise städtischer Besiedlung. Das deckt sich mit von Mircea Eliade zusammengefaßten Vermutungen darüber, daß die Metallurgie ihren Ursprung im Donaugebiet habe, von wo sie über den Kaukasus, wo in den Bergen Armeniens die ältesten industriellen Zentren entstanden, nach China und weiter nach Mittel- und Südamerika gelangte – wobei es sicher diverse Parallelentwicklungen gab, etwa in der frühen mesopotamischen Goldverarbeitung. Verwendet wurden die Vinca-Zeichen offenbar von einer einflußreichen Priesterschaft, da sich Funde auf Kultstätten beschränken. Aus

magische Zeichen 135
Verbindungen 135

den folgenden zweitausend Jahren sind auf dem europäischen Festland keine schriftlichen Zeugnisse aufgefunden worden.[10]

Daß Erkenntnisse darüber, welche großräumigen Austauschbeziehungen es in prähistorischer Zeit gegeben haben dürfte (so tauchen laufend neue Indizien und Vermutungen über einen weitgespannten prähistorischen Schiffsverkehr auf) und welche Kulturleistungen mangels haltbarer Materialien wieder verschwunden sind, von aufgefundenen Artefakten abhängen, erzeugt zwangsläufig materiell-museal orientierte Rekonstruktionen, in denen sich Spurloses nicht behaupten kann. Geschichte als Interesse zu sehen, mit Bild, Zeichen und Schrift Raum und Zeit zu überwinden, kann auch von den undokumentierten Leerstellen Ahnungen erzeugen. Ein Historiker wie Joseph Ki-Zerbo geht *Die Geschichte Schwarz-Afrikas* von der Entstehung des Menschen über die auf den Nordosten des Kontinents konzentrierte Schriftkultur bis in die jüngste Zeit angesichts der langen Entwicklungslinien mit einer Distanz an, für die Schrift „nur ein Zeichen, ein Symbol des Menschseins" ist. Die kolonialistische Destruktion verfälsche – beidseitig – immer noch den Blick darauf, warum „der wichtigste Kontinent der prähistorischen Entwicklung" mit der bei weitem reichsten prähistorischen Kunst und den erst langsam in einem solchen Kontext neugesehenen Kulturen, wie jener der Nok oder viel später der Benin, nur deswegen als gedankliches Muster für alles Primitive behandelt wird (abgesehen von partieller Bewunderung), weil es lange keine schriftlichen Zeugnisse gab.[11]

Austausch 113
Isolation 114
Wettkampf 115
Klassifikation 156
Destruktion 156
Unterbrechung 156
Bewußtsein 156

Daß die frühen sumerischen Piktogramme, in der ersten Epoche waren es etwa 2 000, die eher Gedächtnisstützen waren für jene, die ohnedies wußten, um was es ging, vergleichsweise schneller stilisiert und abstrakter wurden und ein Wechsel von der Wortschrift zur Silbenschrift statt-

Datenverarbeitung 186
Wahrheitsfindung 186
Buchhaltung 117
Zentrum 117
Sachverhalt 117

fand, ist signifikant im Vergleich zur etwas jüngeren Schrift der Indus-Zivilisation, zu den ägyptischen Hieroglyphen und zur Schriftentwicklung im chinesischen, pazifischen, im präkolumbianischen Raum. Für die Kulturen der Sumerer in Mesopotamien und die der Elamiter im angrenzenden iranischen Hochland wird in der Regel der kommerzielle, nicht-säkulare Charakter der frühen Schriftverwendung betont, den tausende Tontäfelchen mit Listen, Aufstellungen, Inhaltsverzeichnissen dokumentieren, die der Buchführung und „Datenverarbeitung" einer ausgebauten Bürokratie dienten. Die Schrift scheint „ausschließlich aus Gründen der Nützlichkeit erfunden worden zu sein", sie sei „eine Erfindung der Buchhalter", so Pierre Amiet[12]. Dem wird entgegengehalten, daß die Bürokratie der Tempelverwaltung und der Priesterkönige generell in magische, rituell-religiöse soziale Zusammenhänge eingebunden gewesen sei.[13] Ohne den Bezug auf solche kommen manche historische Erklärungen offenbar nicht aus. Daß der Mensch zuerst gläubig und dann berechnend wurde, kehrt als Modell vorgeprägter Vermutungen immer wieder. Die sozialen Strukturen, vor allem jene der Interpreten, haben sicher beides begünstigt. Werden andere Entstehungsmuster für plausibel gehalten, verdreht sich das Bild. Statt für die erwähnte Aufspaltung spricht vieles für eine unmittelbare Lebensnähe.

Kult 64
Schamane 64
Analogie 64

Die Körperbemalung, für die sich in Ockerspuren ausreichend Belege finden, ist ein Ansatz für Zeichensetzungen gewesen. Bei einer großen Gruppe der ältesten Bildzeichen handelt es sich eindeutig um erotische und sexuelle Symbole, „die von anatomisch getreuer Notation bis zur komplexen Abstraktion reichen". Die Idole und Statuetten drücken mehr von einer „Formerfahrung des Tastens" aus als von einer bloß zu vermutenden magischen Verwendung. Eine dritte Gruppe „entzieht sich der Deutung“, sie umfaßt Vorformen von Mustern, die an „die Organisation von Grundrissen späterer Zeiten“ denken lassen. Auch die von Leroi-Gourhan ausgemachte Reihe Speer – Phallus – Hakenzeichen – Pfeil belegt solche Auffassungen, einschließlich des Eindringens in die naheliegend als weiblich aufgefaßten Innenräume der Erde, von dem „die Einheit von Gerät–Gefäß–Gebäude“ abgeleitet werden kann. Die sich darin ausdrückende „anthropopraktische Selbstsetzung des Menschen“ werde bei den Sumerern, deren Bauten dem „‚göttlichen‘ Geschlechtsverkehr“ Form geben, genauso deutlich wie in Ägypten, dessen Orientierung auf den Tod Fiktion sei: „Die Ägypter betrieben nicht Totenkult, sondern lebten und liebten äußerst intensiv, ja drastisch, und das wollten sie auch nach dem Sterben fortsetzen.“ Ihre erotische Literatur werde – so diese wenig rezipierte Version – als todesbezogen durchweg fehlinterpretiert, aber sie „kannten einen überaus phallischen Gott der Kunst, den Ptah, und eine ‚Herrin der Schrift, Herrin des Bauens, Fürstin des Hauses der Bücher‘ namens Sefchet-abwi, die mit dem Pharao gemeinsam die Grundrisse des geplanten Tempels absteckt: Kunst und Wissenschaft in einem.“[14] Ein Abgehen von puritanischen Erklärungsmustern verändert sozusagen die Lichtverhältnisse. Den auf die weniger Glücklichen ausgeübten Zwang bloß als Schatten zu sehen, macht den Beobachter zum Ästheten.

Geschlechtsverkehr 196
Prostitution 196
Kunst und Wissenschaft 270
Informationsgesellschaft 270
Wertschöpfungsfaktor 270

Ohne eine solche Distanz ergeben sich andere Schlußfolgerungen: „Die Schrift entwickelte sich in Mesopotamien“, so Jan Assmann in seiner Studie über *Schrift, Erinnerung und politische Identität in frühen Hochkulturen*, „aus Vorformen im Kontext der Alltags-, nicht der zeremoniellen Kommunikation. Sie wird erst nachträglich in die Funktionsbereiche des kulturellen Gedächtnisses einbezogen.“ Auch die ägypti-

Kalender$_{70}$ Zeichen$_{70}$
Ziffer$_{70}$ Methode$_{70}$
Technik$_{70}$ Sprache$_{70}$

schen Königslisten „sind kein Instrument der Geschichtsschreibung, sondern der Zeitmessung“. „Anders als in Mesopotamien entwickelte sich die Schrift in Ägypten nicht im Rahmen der Wirtschaft, sondern der politischen Organisation und Repräsentation. Hier ging es nicht um ökonomische, sondern um ‚politische‘ Kommunikation: um die Aufzeichnung von Handlungen besonderer politischer Bedeutung. Die ersten Schriftdenkmäler sind Manifeste im Dienste des entstehenden Staates.“ Sie „stiften eine Erinnerung“ und sind Mittel einer „chronologischen Orientierung“. Die hieroglyphische Inschriftenschrift ist „eine Gattung der Kunst“, „‚die Schrift der Gottesworte‘, wie es ägyptisch heißt“. Nur die kursive Handschriftenschrift, die ägyptische Schüler gelernt haben, „ist eine Schrift im normalen Sinn des Wortes“. Mit der einsetzenden „Entpolitisierung des öffentlichen Lebens“ kommt es in Ägypten und Babylon zu einer „‚Klerikalisierung‘ der Kultur“, zum „Übergang vom Schreiber-Beamten zum Schreiber-Priester als dem repräsentativen Kulturträger“; in Israel hingegen zum „Übergang vom Propheten zum Schriftgelehrten“.[15]

Hieroglyphen$_{142}$
Zusammenhang$_{142}$
Systematik$_{142}$
Kunstwerk$_{142}$

Zur ursprünglichen Alltagsgeprägtheit ist das kein Gegensatz. Daß eine Codierung von Schrift eine Fülle erotischer Entsprechungen sichtbar macht, wirkt sogar wie ein Beleg dafür, daß sich elementare, eine sinnliche Intensität auslösende Vorgänge ihre Bezüge nicht nehmen lassen: Person$_{87}$ – Körper$_{88}$, Nähe$_{33}$ – Liebe$_{33}$, Vertrauen$_{124}$ – Freundschaft$_{125}$. *Love*$_{54}$ – *heaven*$_{55}$ oder *orgasm*$_{73}$ – *paradise*$_{73}$ haben in Spalte$_{73}$ – Paradies$_{73}$ – Geburt$_{73}$, *prick*$_{57}$ – *cunt*$_{58}$, Glied$_{37}$ – Loch$_{38}$, Samen$_{52}$ – Scheide$_{53}$ – Vagina$_{54}$ – Dreieck$_{55}$, Vulva$_{78}$ – Erotik$_{78}$ oder in *intensity*$_{135}$ – *sexuality*$_{136}$ – *satisfaction*$_{136}$ – *penetration*$_{137}$ eine Fülle von Entsprechungen. Der Tempel$_{71}$ verweist auf den symbolisch so dominanten Stier$_{71}$, der Turm$_{72}$

auf Sperma $_{72}$. Die Gleichsetzung von Orgasmus $_{113}$ – Sündenfall $_{113}$ – Trennung $_{113}$ kann als zivilisatorische Grundformel gelesen werden. Was daran archaisch erscheint, deckt sich mit Mircea Eliades Vermutungen über prähistorische Weltbilder, in denen die unmittelbare Erfahrung mit dem Körper und der Natur auf religiöse Ideen übertragen wurde: „Die auf den Kosmos projizierte Idee des Lebens ‚sexualisiert‘ diesen." Von diesem Ansatz her blieben Praxis und Ritual bis in die Moderne verbunden.[16]

Orgasmus $_{113}$
Schöpfung $_{114}$
orgasm $_{73}$
paradise $_{73}$

Für das Interesse, schreiben zu können, bilden solche Motive nur einen undeutlichen Hintergrund. Auf das spätere lateinische Alphabet bezogen, hat die verworrene, vielfach weiterhin ungeklärte Geschichte der Schriftentwicklung in den Entstehungsgebieten der monotheistischen Religionen ihren Ausgangspunkt. Aus dem griechischen Alphabet ist durch Mitwirkung der Etrusker, die 22 phönizische und 4 griechische Buchstaben verwendeten, das lateinische hervorgegangen. Vorerst hatte es 21 Buchstaben. Später kamen g und y dazu, das z rückte an die letzte Stelle. Erst im Mittelalter wurden j, u und w hinzugefügt; seit dem 11. Jahrhundert hat damit das lateinische Alphabet 26 Buchstaben; zu einer tatsächlichen Vereinheitlichung ist es aber erst allmählich gekommen. Zugleich haben sich diverse Variationen herausgebildet.[17] Kurz davor war es in Europa üblich geworden, die Töne mit a, b, c, d, e, f, g zu bezeichnen.[18]

Ritual $_{81}$
Kreuz $_{81}$
Ideologie $_{81}$
26
sechsundzwanzig $_{199}$
Sinnestäuschung $_{199}$

An römischen Ziffern wird in direkter Weise sichtbar, wie Schreiben und Zählen zusammenhängen können. Zahlen werden durch Buchstaben ausgedrückt: I, V, X, L, C, D, M. Es könnte aber auch umgekehrt sein. Was gemeint ist, wird erst deutlich, wenn die eine oder andere Leseart Sinn ergibt. Vom zeitlichen Ablauf her gilt als gesichert, daß I, V, X uralte, noch vor jeder Schrift entstandene Zahlzeichen sind. Am Gebrauch des

digit 49
sign 49
model 49
anders 61
digital 62
aktiv 63
Körpersprache 158
Argumentation 158
Freizügigkeit 158

Kerbholzes läßt sich das schlüssig rekonstruieren. Wie in vielen anderen Kulturen sind die Ziffern eins bis vier als Kerben dargestellt und durch eine andere Kerbung oder Zählstriche für fünf und zehn (die zum v und x wurden) Gruppen gebildet worden, analog zu den zum Zählen benutzten Fingern und dem Daumen.[19] Das englische Wort *digit* bezeichnet Ziffer und Finger, das lateinische *calculus* ursprünglich Steinchen. Ansatz war eine Art „Körpersprache der Zahlen", ein Operieren mit Fingern und ein Verweisen auf andere Körperteile sowie das zunehmende Interesse daran, Mengen-Notationen möglichst auf einen Blick erfassen zu können.[20] Aus der Verwendung verschieden großer Kieselsteine, Muscheln, kleiner Knochen, Stäbchen, der Markierung mit Strichen, Punkten, Kreisen oder Knoten ergeben sich neben der Kerbung Urformen der Zahlzeichen. Auch Worttrennungen wurden, ähnlich wie solche Fünfergruppen, zuerst durch senkrechte Striche markiert. Zahlvorstellungen hat es jedenfalls schon in der Jungsteinzeit gegeben.

Für die Herstellung kryptischer Bezüge zwischen Buchstaben und Zahlen finden sich bereits in Mesopotamien zahlreiche Beispiele, das Alte Testament ist voll von solchen Anspielungen und Interpretationsmöglichkeiten. Die Sumerer, für die die Zahl 60 Grundlage des Zahlensystems war, haben diese Anu, dem Gott des Himmels zugeordnet; Sin, dem Mondgott, entsprach die Zahl 30 für die 30 Tage des Monats. Die 360 Grade des Kreises, die Unterteilung in Stunden, Minuten, Sekunden haben dort ihre Wurzeln. Über den assyrischen König Sargon II. aus dem 8. Jahrhundert ist in einer Inschrift festgehalten worden, daß er die Maße seines Palastes nach dem Zahlenwert seines Namens festgelegt hat. Im Spiel mit Namen und Daten sind Beziehungen gesucht und Bedeutungen bekräftigt worden. Der Doppelsinn von Buchstabe und Zahl, übertragen auf Wörter, auf Texte, auf Berechnungen, ist von Juden (als *Gematria*), von Griechen (als *Isopsephie*), von Moslems (als *Hisab al Dschumal,* „Errechnen der Summe der Gesamtheit“) als eigene Methode der Textauslegung kultiviert worden, vielfach mit magisch-esoterischen Intentionen.[21]

Die Grenzen zwischen experimentellem Spiel und dem Interesse an Begründungen verfließen. Über mit Buchstaben und Zahlen erfolgende Operationen wurde primär Einheit gesucht, als Ausdruck einer dem Augenschein nicht trauenden forschenden Haltung, als Zugang zu Geometrie, Arithmetik, Astronomie, als Methode, in Harmonien und Dissonanzen, in Proportionen, Mustern, Schwingungen, in Tönen und Musik Strukturmuster und Bewegungsgesetze zu erkennen. Trotz dieser ausufernden Zeichenverwendung wurde dem Text, als dem heiligen Text, gerade in jüdischer, christlicher, islamischer Tradition stets die zentrale Bedeutung zugeordnet. Zahlen waren ein Hilfsmittel, weitere Sinnschichten aufzuspüren. Phasenweise wurden sie auch für eine besondere Form göttlicher Mitteilung gehalten.

Einheit 70
Sprache 70
Zeichen 70
Gedanke 47
Eins 47
Zahl 47
Uhr 47

Ihre Profanierung setzt im Mittelalter ein, als sie zunehmend als etwas Weltliches betrachtet wurden, wichtig im militärischen, im kaufmännischen Bereich, in den Wissenschaften. Indisch-arabische Ziffern tauchen vor tausend Jahren erstmals in europäischen Handschriften auf; ab dem 12. Jahrhundert hat sich die Null (arabisch *sifr*) verbreitet. Sprachlich wurde daraus zefiro, zero, cifre, Chiffre, Ziffer; das Wort Null kommt aus dem Lateinischen. Mathematisch war es ein Durchbruch, Ziffern einen variablen Wert zuzuordnen, der von ihrer Stellung innerhalb einer Zahlenfiguration abhängt. Dieses Positionssystem auf Buchstaben anzuwenden, also ihren Wert an die Reihenfolge im Alphabet zu binden, muß

Null 59
Einfall 59
Freude 59
Glück 59

Zahlenbuchstaben $_{161}$
Rechtfertigung $_{161}$
Unterhaltung $_{161}$
Unberechenbarkeit $_{161}$
Gesicht $_{71}$
Zwang $_{71}$
Sucht $_{71}$
Summe $_{71}$

also für die Auffindung nicht unmittelbar erkennbarer Bezüge sehr attraktiv erschienen sein, obwohl dies mit Zahlenbuchstaben schon sehr viel früher üblich war. Daß der Aufschwung der Mathematik in den zentralen Phasen des Mittelalters von einer Hochblüte kabbalistischer Textuntersuchungen begleitet war, steht also in einem Zusammenhang mit der sich anbahnenden Modernisierung jedes Berechnens. Entscheidend für den fundamentalen Platz, den die Schrift ab nun im Okzident einnahm, war – so Foucault – „die Druckerkunst, das Eindringen orientalischer Manuskripte nach Europa, das Auftauchen einer Literatur, die nicht mehr für die Stimme oder für die Aufführung geschaffen war, noch von ihnen bestimmt wurde, der der Interpretation der religiösen Texte vor der Tradition der Kirche gegebene Vorzug". „Künftig ist es die Hauptnatur der Sprache, geschrieben zu werden."[22] Ein Berechnen löste sich von Inhalten, konzentrierte sich zunehmend auf die Form.

Schöpfungsgeschichte $_{220}$
Sprachverwirrung $_{220}$
Summe der Einzelteile $_{220}$
Unwahrscheinlichkeit $_{220}$

Zu Mesopotamien, einem der Ausgangspunkte für ein Schreiben und Rechnen, ergeben sich auch in der hier verwendeten Sprache merkwürdige Bezüge, sobald Buchstabenwerte als Ordnungsprinzip akzeptiert werden. Einige wenige, unmittelbar aufeinanderfolgende Wörter komprimieren den Antagonismus von Gesetz und Spiel, mit Babylon als metaphorischem Ort der beginnenden Unübersichtlichkeit, der Verwirrung, der befreienden Komplexität. Sie genügen, um die Bibel einzubeziehen, das Gericht, die Elemente, den Zufall, die Schöpfung, das Paradies, den Fortschritt. Aus ihrer Reihenfolge läßt sich eine Version der Schöpfungsgeschichte $_{220}$ herauslesen, die bei der Unwahrscheinlichkeit $_{220}$ ansetzt, daß aus der *Summe der Einzelteile* $_{220}$ trotz aller Decodierungsverfahren $_{221}$ mehr entsteht als Unübersichtlichkeit $_{222}$ und ein fiktiver, letztlich Beziehungslosigkeit $_{223}$ voraussetzender Fortschrittsglaube $_{223}$.

Ein trotzdem dominierendes Überlegenheitsgefühl$_{219}$ negiert die sich darin ausdrückende Sprachverwirrung$_{220}$, setzt eher auf Börsenspekulation$_{221}$ als auf Seinsvergessenheit$_{222}$ und leitet seinen Eurozentrismus$_{223}$ aus dem Zwischenstromland$_{223}$ her (dem mythisch-realen Ort des Paradieses). Vom rechnerischen Ablauf her hat das alles so seine Ordnung. Unter Beachtung der Zahlenrelationen wird konkret, was völlig künstlich ist, sogar wenn es um so komplexe Wortbeziehungen geht. Bezüge zu Heideggers Auseinandersetzung mit wissenschaftlichem Denken, mit Metaphysik, mit einer nicht begründenden, sondern archaisierenden dichterischen Sprache tauchen auf. Sein Schlüsselwort erzeugt – über Umwege, aber rechnerisch beweisbar – ein auf die Gegenwart bezogenes Bild des Geschehens, denn seine Seinsvergessenheit$_{222}$ verbindet sich nach alphabetgetreuer Bewertung der einzelnen Buchstaben ausgerechnet mit Gemütsverfassung$_{222}$ und Unübersichtlichkeit$_{222}$ (Habermas). Eine Tendenz zu – eher banaler – Dramatik und zur Stilisierung beteiligter Personen scheint somit im System vorgesehen zu sein. Es erzeugt aber auch kritische Töne. Seinsvergessenheit$_{222}$ wird als opportunistisch$_{222}$ charakterisiert, sich mit der Unübersichtlichkeit$_{222}$ abzufinden, gilt als nonkonformistisch$_{222}$. Es könnte aber auch umgekehrt sein. Solche Ableitungen ließen sich als Beleg für immanente, ein ganzheitliches Denken bestätigende Beziehungsschichten werten, gerade weil diese Zusammentreffen völlig absurd sind. Als unberechnete Wortkonstellation wären sie bloß der Versuch einer Parodie. Gegen eine nachprüfbare numerische Entsprechung kann es keine Einwände geben, außer dem der Belanglosigkeit. Aus der Sicht einer frühen Zahlen-Buchstaben-Kombinatorik würde die erzeugte Abfolge als signifikanter Fortschritt und als Beweis einer in jeder Sprache auftretenden Plausibilität gewertet werden.

Decodierungsverfahren$_{221}$
Börsenspekulation$_{221}$

Teufel$_{69}$
Schlange$_{69}$
Strafe$_{69}$

Seinsvergessenheit$_{222}$
Gemütsverfassung$_{222}$
Unübersichtlichkeit$_{222}$
Geschichte und Eigensinn$_{222}$
die verborgene Ordnung$_{222}$
Gegenstandslosigkeit$_{222}$

Fortschrittsglaube$_{223}$
Zwischenstromland$_{223}$
Eurozentrismus$_{223}$
Das Prinzip Hoffnung$_{223}$
Beziehungslosigkeit$_{223}$

1 Hans Blumenberg: Die Lesbarkeit der Welt. 1986.
S. 36f.
Jaques Monod: Zufall und Notwendigkeit (1970). 1983. S. 149
2 Hans Blumenberg: Die Lesbarkeit der Welt. 1986. S. 37
3 Jan Assmann: Das kulturelle Gedächtnis. 1992. S. 260
4 Harald Haarmann: Universalgeschichte der Schrift. 1991. S. 282ff.
5 Frederick Bodmer: Die Sprachen der Welt. 1997. S. 45, 58
6 Georges Ifrah: Universalgeschichte der Zahlen (1981). 1986. S. 303f., 308
7 Ebda., S. 342, 295, 253, 277
Franz Dornseiff: Das Alphabet in Mystik und Magie (1925). 1975. S. 156, 102
8 Georges Ifrah: Universalgeschichte der Zahlen (1981). 1986. S. 256
Franz Dornseiff: Das Alphabet in Mystik und Magie (1925). 1975. S. 11, 13
9 Karl Kerényi: Dionysos. Urbild des unzerstörbaren Lebens (1976). 1994.
S. 97, 7, 236
10 Harald Haarmann: Universalgeschichte der Schrift. 1991. S. 70ff.
Mircea Eliade: Schmiede und Alchemisten. 1980. S. 22, 24
11 Joseph Ki-Zerbo: Die Geschichte Schwarz-Afrikas (1978). 1979. S. 35, 53
Bernard de Grunne: The Birth of Art in Black Africa. Nok Statuary in Nigeria. 1998
12 Pierre Amiet: Les civilisations antiques du Proche-Orient. 1975. In: Georges Ifrah: Universalgeschichte der Zahlen. 1986. S. 186
13 Harald Haarmann: Universalgeschichte der Schrift. 1991. S. 98ff.
14 Otto Antonia Graf: Otto Wagner III. Die Einheit der Kunst. 1990.
S. 22, 41, 39, 36, 18, 22, 31, 23
15 Jan Assmann: Das kulturelle Gedächtnis. 1992. S. 91, 167, 169, 170, 171, 172, 209
16 Mircea Eliade: Schmiede und Alchemisten. 1980. S. 37
17 Harald Haarmann: Universalgeschichte der Schrift. 1991. S. 296f.
18 Franz Dornseiff: Das Alphabet in Mystik und Magie (1925). 1975. S. 12
19 Georges Ifrah: Universalgeschichte der Zahlen. 1986. S. 163ff.
20 Stanislas Dehaene: Der Zahlensinn oder Warum wir rechnen können (1997). 1999. S. 111, 114, 115
21 Georges Ifrah: Universalgeschichte der Zahlen. 1986. S. 319, 335
22 Michel Foucault: Die Ordnung der Dinge (1966). 1974. S. 70

Hebräisch, Arabisch, Persisch

Für Michel Foucault hat die babylonische Sprachverwirrung „jene Ähnlichkeit mit den Dingen ausgelöscht", die erster Daseinsgrund von Sprache gewesen ist. Bis dahin war sie „ein absolut sicheres und wahres Zeichen der Dinge". „Alle Sprachen, die wir kennen, sprechen wir jetzt nur auf dem Hintergrund der verlorenen Ähnlichkeit und in dem Raum, den sie leergelassen hat. Es gibt nur eine Sprache" – das Hebräische –, „die die Erinnerung daran nicht verloren hat, weil sie direkt vom ersten, jetzt vergessenen Wortschatz sich ableitet."[1] Auch wenn dies mangels historischer Relevanz primär auf die Texttradition anspielt, lenkt es den Blick auf jene Sprache, für die, neben Latein und Griechisch, auch unabhängig von religiösen Bindungen über Jahrtausende ein Interesse aufrechtgeblieben ist, als Sprache der alten Texte, die nur noch für die religiöse Praxis gebraucht wurde. Kulturell spürbarer blieb sie, wenn auch eher im verborgenen, als Sprache des Ritus und der Flucht. Newton hat Hebräisch gelernt, Heidegger über rudimentäre Kenntnisse verfügt, Paul Celan hat aus dem Französischen, Rumänischen, Russischen, Portugiesischen, Italienischen, Englischen und Hebräischen ins Deutsche übersetzt. Viele Schachmeister, etwa Akiba Kiwelowicz Rubinstein, kamen aus dem kulturellen Milieu des Thorastudiums; die Durchdeutung der Schrift gilt als komplexe Schulung, denn „die Texte folgen nicht linear aufeinander, sondern halten einander in Schach, so daß der Lesende zum Schachspieler wird, der in ‚heilig ernstem Spiel' die unzähligen Varianten des Textes prüft und sie danach in Streitgesprächen mit anderen erprobt; die Exegese selbst erscheint als kombinatorisches Spiel mit Figuren aus Schriftzeichen." Auch Noam Chomsky beruft sich darauf, daß sein Vater Hebräisch-Experte war, beschäftigt „mit mittelalterlichen Grammatiktexten und mit der Ge-

Wortschatz 153
Schriftzeichen 153
Stellenwert 153

schichte der Sprache". Dieser Einfluß und das Studium von Mathematik und Logik waren Grundlagen für seine eigene „generative Grammatik".[2]

Vereinigung 131
Sternkunde 131
Bauernkalender 131
Gemeinsamkeit 131

Ein in solchen, also auch sprachlichen Zusammenhängen wirksam werdender Mythos fundiert, so Jan Assmann, „keinen Zustand, sondern ein unabschließbares Projekt: die Bändigung des Chaos und die Herstellung von Ordnung durch Vereinigung". Obwohl die Vorstellung von Einheit immer problematisch bleibt, mobilisiere der Mythos „die Energien, derer es bedarf, um die Einheit herzustellen und die Welt in Gang zu halten". Auf Israel bezogen war es der neue Zugang zum Religiösen. „Wenn der Staat die große Errungenschaft Ägyptens, so ist", nach dieser Darstellung, „die Religion die große Errungenschaft Israels. Zwar gibt es Religionen natürlicher- und unausweichlicherweise überall auf der Welt; aber sie sind dort ein Aspekt der Kultur, mit der zusammen sie entstehen und untergehen. In Israel aber wird Religion in einem ganz neuen, emphatischen Sinne geschaffen, der sie von der allgemeineren Kultur unabhängig macht und ihr Überdauern über alle kulturellen Wandlungen, Überfremdungen und Assimilationen hinweg ermöglicht." „Religion wird zum Fundament und Medium eines Widerstands gegen die Umwelt, deren kulturellen und politischen Strukturen sie als eine autonome Sinnsphäre gegenübersteht."[3]

Als Produkt der Missionierung und des Kampfs um die Allgemeinverständlichkeit der Bibel war die Entwicklung der europäischen Sprachen in Richtung Schriftlichkeit und Standardisierung mit deren Originalsprache zumindest indirekt verbunden. Zum Gewicht von Thora und Koran ergeben sich schon daraus funktionelle Parallelen. Die Textauslegung und die Präzision von Bibelübersetzungen sind immer wieder ein Konfliktpunkte gewesen, bis hin zu den für die Moderne konstituierenden

Kriegen. Der Buchstabenbestand wird als absolut gegeben und unveränderlich angesehen, was sich im Hebräischen auch in der Schreibweise ausdrückt. Zahlen spielen, mit vielfältig verflochtenen Symbolismen, eine große Rolle; wichtiger für die Auslegung blieben immer die Buchstaben. Der in Europa zumindest bis ins Mittelalter zurückreichende Brauch eßbarer Buchstaben hat, als Lernmethode und Symbolhandlung, derartige sakrale Bezüge; daß die Einführung in Schriftgeheimnisse Priestersache war und ausgewählten Erwachsenen vorbehalten blieb, ist, abgesehen von einer „hellenistischen Periode des freien Kinderunterrichts" und frühen jüdischen Unterrichtskonzepten, offenbar für alle alten Schriftkulturen charakteristisch.[4]

Buchstabenbestand 160
Zwischenraum 160
Verknüpfung 160
Rechtschreibung 160
Urteilskraft 160

Damit hängt zusammen, daß im Hebräischen und im Arabischen, Persischen oder Türkischen komplexe, tendenziell mystische Interpretationssysteme große Bedeutung erlangt haben. Am Umfeld der arabisch-persischen Geheimlehren der Sufis etwa wird deutlich, wie solche das europäische Mittelalter stark beeinflussende Konzeptionen, für die sich „das Arabische wie ein Geheimcode verwenden" ließ, hätten wirksam werden können, wenn die Kontinuität des Austauschs nicht immer wieder unterbrochen worden wäre. Idries Shah betont, daß die Theorien Sigmund Freuds oder C. G. Jungs Archetypenlehre von Sufi-Meistern wie Scheich Ghasali oder Ibn El-Arabi vorweggenommen worden sind; Sufis „akzeptierten die Atomtheorie und formulierten eine Wissenschaft der Evolution gute sechshundert Jahre, bevor Darwin lebte". Mit der Identität von Zeit und Raum hat sich der Derwisch Hujwiri fast tausend Jahre vor Einstein befaßt. Omar Khayyam entwickelte seine frühen Auffassungen von Absurdität, Rumi ging davon aus, daß „Organe entstehen, wenn die Entwicklung sie notwendig macht". Besonders

die Wissenschaft vom Zustand 319
Addition von Zwischensummen 319
Entschlüsselungsversuch 319
Zustand 105
Ähnlichkeit 105
Mysterium 143
Spekulation 143

wichtig wird „die Wissenschaft vom Zustand" genommen. Eine solche klare Sicht verdeutliche die wissenschaftliche Grundintention. Meditation, Einweihung, aber auch komplizierte Geheimsprachen, in denen mit den Zahlenwerten der Buchstaben operiert wird, sind Vorbereitungen. Sufismus sei „praktisches Handeln. Er leugnet die Möglichkeit, durch den formalen Verstand zur Wahrheit zu gelangen." Durch konstante Zahlenwerte sind numerische Methoden auch im Persischen (in Farsi), in Urdu oder anderen benachbarten Sprachen anwendbar. In der Literatur ist das besonders wirksam geblieben; ein Chiffrieren und Dechiffrieren, den Doppelsinn, den vieldeutigen Sinn zu suchen, den Witz an der Sache, ist beim Lesen und Schreiben vielfach weiterhin „eine Selbstverständlichkeit".[5]

Die Distanz des „Europäischen" zum Arabischen, Persischen oder Türkischen macht solche Traditionen und Informationen schwer zugänglich, sogar wenn sie im Alltagsleben weit verbreitet sind und hochkomplexe Beispiele für ein Verstehen, für eine semantische oder linguistische Erforschung von Codierungen liefern könnten. Primär wird die Statik, das Mysteriöse und Ornamentale gesehen. In Geheimhaltung, so ein kompetent wirkender Kommentar dazu, sei die osmanische Bürokratie zu Spitzenleistungen fähig gewesen, denn „bei den Türken wurde die Kryptographie mit besonderer Vorliebe gepflegt. Die mathematischen, medizinischen und okkultischen Handschriften der Osmanen wimmeln nur so von geheimen Alphabeten und Ziffernsystemen."[6] Der nach Westen gewendete Blick hat so etwas zu Vergangenem erklärt. Es kann sich nur um ein historisches Beispiel handeln, wenn von einem Europäer gesagt wird, er „beherrschte die arabische Sprache vollkommen, kannte die arabischen Dichter, und seine erstaunliche Kenntnis der Philosophie und Logik, der Mathematik und Arzneikunde wie jeder anderen Disziplin wußte er durch seine Schulung in der arabischen Dialektik jederzeit in das bei den Orientalen so sehr geschätzte philosophische Gespräch umzusetzen". Ernst Kantorowicz, von dem diese Einschätzung Friedrichs II. stammt, hält auch fest, daß jener der erste und einzige mittelalterliche Machthaber gewesen sei, „der den Orient ganz unmittelbar aufnahm"; für keinen anderen habe man dort soviel Teilnahme gezeigt. Der Respekt gründete sich auch darin, daß er „mit den Gelehrten von Ägypten und Syrien, Irak, Arabien und Yemen wie mit denen Marokkos und Spaniens in gelehrtem Briefwechsel stand". Unter den neun Sprachen, in denen er sich verständigen konnte, war wahrscheinlich auch Hebräisch. Gesichert ist, daß er mit jüdischer Philosophie, insbesondere der des Maimonides, durch Gelehrte aus Spanien und der Provence gut vertraut war und er bei den Juden in hohem Ansehen stand. Daß er zugleich „der intoleranteste Kaiser" war, völlig fixiert auf die „Ordnung im Staat", scharf gegen Ketzer vorgehend, gegen Andersgläubige, etwa durch die Massendeportation von Sarazenen oder durch Kleidervorschriften für Juden, relativiert verbreitete Idealisierungen. Parallel zu den explizit wissenschaftlichen Interessen sind durch diese weitgefächerten Kontakte auch Geheimwissenschaften, Zahlenmystik und „die ganze mittelmeerische Spukwelt", so Kantorowicz, neu belebt worden.[7]

Bezogen auf die Zahlenwerte von Buchstaben und daran anknüpfende Traditionen der Auslegung ist signifikant, daß es im Griechischen, Hebräischen und Arabischen im Prinzip die gleichen Zählweisen gibt, trotz der unterschiedlichen Zeichen und unterschiedlichen Namen für sie. Von eins bis zehn entsprechen die Zahlen dem Stellenwert jedes

Bild$_{27}$ + Hand$_{27}$ + Code$_{27}$ = Buchstabe$_{81}$

Buchstabens im Alphabet. Anschließend gibt es einen Wechsel zu Zehnersprüngen und ab hundert zu Hundertersprüngen. Grundsätzlich steht jeder Buchstabe für eine Zahl. In einer Gegenüberstellung der drei Systeme werden diese Beziehungen deutlich. Dabei wird Georges Ifrah gefolgt *(Universalgeschichte der Zahlen)* und Friedrich Weinreb *(Buchstaben des Lebens. Das hebräische Alphabet);* die im Griechischen enthaltenen Buchstaben *Diagramma, Koppa* und *San* wurden später ungebräuchlich. Um dazwischenliegende oder höhere Zahlen darzustellen, wurde einfach addiert.[8] Wird ein Buchstabe als Zahl verwendet, so ist dies im Griechischen in der Regel bloß an einem waagrechten Strich und im Hebräischen an einem kleinen Akzent erkennbar. Auf das lateinische Alphabet sind solche Zahlenwerte erst von Mystikern des Mittelalters übertragen worden. Besonders in jüdischen und islamischen Traditionen werden die Zahlenwerte der Buchstaben und Wörter als System göttlicher Regelungen und Hinweise aufgefaßt. Als „kabbalistisch" gelten diverse solcher Methoden; sie zu systematisieren würde tief in esoterische Bereiche hineinführen, die hier nicht das Thema sind. Zu betonen ist, daß im Zuge dieser Neuaufnahme von Wortberechnungen der üblichen Zahlenfolge, entsprechend dem Stellenwert im Alphabet, gefolgt wird. Eine Übernahme traditioneller, besonders im Hebräischen und Arabischen religiös motivierter Zahlenwerte verbietet sich auch aus Achtung zugehöriger Glaubensvorstellungen. Ein kursorischer Einblick in solche Verfahren kann nur methodische Zusammenhänge andeuten; die Symbolwelten sind zu komplex und unterschiedlich, um in knapper Form behandelt werden zu können. In diesem Sinn sind auch die vermerkten, numerisch begründeten Entsprechungen über Sprachgrenzen hinweg bloße Demonstrationen erzeugbarer Assoziationsimpulse.

Zahlenwerte der Buchstaben

Griechisch

α	Alpha	1
β	Beta	2
γ	Gamma	3
δ	Delta	4
ε	Epsilon	5
ς	Diagramma	6
ζ	Zeta	7
η	Eta	8
θ	Theta	9
ι	Iota	10
κ	Kappa	20
λ	Lambda	30
μ	My	40
ν	Ni	50
ξ	Xi	60
ο	Omikron	70
π	Pi	80
ϙ	Koppa	90
ϱ	Rho	100
σ	Sigma	200
τ	Tau	300
υ	Ypsilon	400
φ	Phi	500
χ	Chi	600
ψ	Psi	700
ω	Omega	800
ϡ	San	900

Hebräisch

א	Aleph	Haupt	1
ב	Beth	Haus	2
ג	Gimel	Kamel	3
ד	Daleth	Tür	4
ה	He	Fenster	5
ו	Waw	Haken	6
ז	Sajin	Waffe	7
ח	Chet	Zaun	8
ט	Teth	Doppeltes	9
י	Jod	Hand	10
כ	Kaf	Hand	20
ל	Lamed	Ochsenstachel	30
מ	Mem	Wasser	40
נ	Nun	Fisch	50
ס	Samech	Wasserschlange	60
ע	Ajin	Auge	70
פ	Pe	Mund	80
צ	Zade	Angel	90
ק	Kof	Nadelöhr, Affe	100
ר	Resch	Haupt	200
ש	Schin	Zahn	300
ת	Taw	Zeichen	400

Arabisch

ا	Alif	1
ب	Ba	2
ج	Djim	3
د	Dal	4
ه	Ha	5
و	Wa	6
ز	Za	7
ح	Ha	8
ط	Ta	9
ى	Ja	10
ك	Kaf	20
ل	Lam	30
م	Mim	40
ن	Nun	50
س	Sin	60
ع	Ajin	70
ف	Fa	80
ص	Sad	90
ق	Qaf	100
ر	Ra	200
ش	Schin	300
ت	Ta	400
ث	Tha	500
خ	Cha	600
ذ	Dhal	700
ض	Dad	800
ظ	Za	900
غ	Ghajin	1000

In der Regel wird davon ausgegangen, daß die arabische Schrift über Petra vermittelt wurde, aber auch südarabische Vorläufer hatte, während die althebräische Schrift, in der die ältesten Bibeltexte verfaßt sind, nach der phönizischen, aber im wesentlichen unabhängig von ihr entstanden ist. Nach der Rückkehr aus Babylon ist sie durch die aramäisch geprägte hebräische Quadratschrift abgelöst worden. Unabhängig von solchen Übernahmetheorien wird von islamischer Seite betont, daß die arabische Sprache „philologisch um Jahrtausende älter als das Hebräische“ ist und „die hebräische Grammatik auf einer Analyse des Arabischen“ beruht.[9] Unbestreitbar ist, daß sich im System und in den Auslegungstraditionen viele in anderen Sprachen nicht existierende Parallelen erhalten haben. Daß der Islam als modernste, weil jüngste der monotheistischen Religionen aufgefaßt wird, bildet einen signifikanten Kontrapunkt dazu.

Konsonant 123
Schlüssel 123
Partitur 123
Vokal 61
Figur 61
Spiel 61

Wie die arabischen sind auch die hebräischen Buchstaben primär Konsonanten, also Mitlaute, gebildet durch Lippen, Zunge, Zähne, Gaumen. Friedrich Weinreb erläutert diese von eigenen Gewohnheiten abweichenden Zusammenhänge so: „Die Konsonanten sind das, was in Erscheinung tritt, wie der Körper, wie die Materie; die Vokale betrachtet man als Ausdruck des Geistes, und der Geist kann und soll sich nicht materiell manifestieren.“ Sie repräsentieren das Gesetz. Laut und Sinn ergibt erst die Verbindung mit ungeschrieben bleibenden Vokalen. Ihre bestimmte Reihenfolge und die überlieferte Doppelbedeutung machen sie zu Zahlen. Nach jüdischer Tradition ergeben sich daraus uferlose, von Gelehrtenwissen abhängige Auslegungen. „Die Buchstaben sind im Jenseits Zahlen“, heißt eine solche Version, „dort aber sind die Zahlen, diese kalten irdischen Proportionen, Gefühle, Qualitäten.“ „Weil die Zahlen im Jenseitigen, und allein dort, exakt anwesend sind, weil die

Zahlen durch ihren Qualitätswert die jenseitige Anwesenheit der Buchstaben sind, die diesseits zu Konsonanten werden, quantitativ meßbar und feststellbar, deshalb können wir erzählen. Die exakte Zahl jenseits ermöglicht uns, im Diesseits zu erzählen. (Der Zusammenhang von Zahl und erzählen existiert – wie im Hebräischen – in vielen Sprachen.) Hier, im Zeit-Räumlichen, sind jene Zahlen die Buchstaben. Und diese Buchstaben kommen in jeder Sprache vor. Mit ihnen kann man alle Geschichten der Welt aus allen Zeiten in allen Sprachen erzählen. Ohne Ende." „Man füge die Konsonanten so oder so zusammen, und alle Mitlaute entstehen. Zählen im Exakten – Absoluten – ergibt die Unendlichkeit des Erzählens im Zeit-Räumlichen, im Relativen."[10]

Unendlichkeit 135
Vergangenheit 135

Die Zahlensymbolik selbst folgt vielfach einer eigenen, traditionsbestimmten Logik; so hat der Baum des Lebens den Buchstabenwert 233, der Baum der Erkenntnis, mit dem er ursprünglich eine Wurzel hatte, den Buchstabenwert 932, das Vierfache davon. Das Verhältnis eins zu vier (der Daumen und die vier Finger) kommt häufig vor, oder auch drei (das Männliche) und vier (das Weibliche) oder 40 Tage, 40 Jahre, als Zeichen der Zeit, was nichts anderes heißt, als daß es „jenseits, im Absoluten, im ‚Nichts', Zeit tatsächlich gibt, als Qualität natürlich". Das Zeichen *Mem* (Wasser, 40) zum Beispiel wird auch als Zusammensetzung des *Kaf* (Hand, 20) und des *Waw* (Haken, 6) gesehen und ergibt dadurch 26, „die Jenseits-Zahl", die, wie schon betont wurde, dem Namen Gottes entspricht: *Jod-He-Waw-He* (10 + 5 + 6 + 5 = 26). Im lebensnotwendigen Wasser, auch Sinnbild von Zeit, ist demnach das Zeichen für Verbindung (der Haken), das auch dem Wort „und" entspricht, sowie das Zeichen für Hand, für die Bereitschaft zum Zugreifen und Begreifen enthalten. *Waw*, das sechste Zeichen, steht auch für Herz, für den Menschen, der am 6. Tag der Schöpfung seinen Ort erhält. In dieser Kombination entsteht so „der Mensch in seiner Idealform, als *Waw*, als Verbindung zwischen Himmel und Erde, und die ergreifende, handelnde Hand. Sein Tun! Sein Sich-bewegen durch Zeit und Raum." „Das ist das Geheimnis des Wassers, das Geheimnis der Zeit", sagt einer Absicht 62 der Interpreten dazu, dem „das Leugnen von Beziehungen ohne Ab- Gott 62 sicht" als die Versuchung schlechthin erscheint.[11]

Orakel 62 Im Hebräischen werden unterschiedliche Berechnungen und Zahlenwerte verwendet, für den „äußeren Wert", den „vollen Wert" und den Wert 66 „verborgenen Wert" eines Buchstabens beziehungsweise Wortes. Der Wesen 66 erste Buchstabe eines Buchstabennamens ergibt dessen äußeren Wert. Alle Buchstaben eines Buchstabennamens und die Summe aller Buchstabenwerte eines Wortes ergeben den vollen Wert. Der Unterschied zwischen äußerem und vollem Wert ist der verborgene Wert. Orientiert ist Einheiten 89 dies an einem Erkennen von Einheiten und Einheit. „Im Sehen vereint Vergleich 89 der Mensch die Vielheit des Gesehenen. Er möchte in seiner Sicht alles Wissen 89 zusammenfassen", heißt es dazu, nur läßt sich eben sehr schwer unterscheiden, „ob man das Ganze sieht oder nur das Äußere". Die Zahlen- Einheit 70 werte hebräischer Buchstaben umfassen alle Ziffern von eins bis neun, Zeichen 70 die Zehnersprünge von zehn bis neunzig und die Hundertersprünge von 100 bis 400. Das genügt, denn die Summe von 100, 200, 300 und 400 ist 1000. Für 500 und weiter gibt es keine Zeichen, „dort ist die Welt des Schweigens". Schon die Zahl 500 ist jenseitig, sie bezeichnet die Distanz von der Erde zum Himmel, sie bedeutet das Wiedererreichen des Paradieses, sie ist die Zahl des Himmels. Die 22 Buchstaben selbst werden in drei Ur-Zeichen – *Aleph* (1), *Mem* (40), *Schin* (300) – und in sieben doppelte (mit Bezug zur Woche) und zwölf einfache (mit

Bezug zu den Monaten) unterteilt. „Die Welt und das Leben sind mit diesem Muster der drei Mutter-Buchstaben gebaut. Sie sind ascham: schuldig und auch wieder nicht.“[12]

Ausgangspunkt für alle hebräischen Buchstaben ist die Form des Tropfens; ihr Anfang, die Träne, der Blutstropfen, der Samentropfen. Im *Aleph* werden zwei solcher Tropfen durch ein Und-Zeichen verbunden; dieses erste Zeichen wird gesehen, gelesen, aber nicht gesprochen. „Ist das nicht auch grundlegend für unsere Welt?“ lautet eine Interpretation. „Man kann das Prinzipielle gar nicht aussprechen. Aber man sieht es und muß es dort, wo unser Leben von uns gelesen wird, miteinbeziehen.“ Adam wird hebräisch *a-d-m* geschrieben, wobei a hier der stumme Konsonant *Aleph* ist, nicht der Vokal a, der zwar zu sprechen ist, aber nicht geschrieben wird. Adam ist der Mensch, der „Ich gleiche“ genannt wird, das Zeichen *Aleph* wiederum bedeutet „Haupt“, das Haupt des Stieres, mit dem die Welt anfängt. Adam enthält aber auch den Begriff „Ich schweige, ich bin still“.[13] Das hebräische Wort für „Auge“ steht auch für „nichts“, *'ajin,* und hat dieselben Konsonanten wie *'ani,* „ich“; in mystischer Interpretation wird daraus das „Ich“ Gottes, die höchste Stufe möglicher Offenbarung.[14] Emmanuel Lévinas sagt in diesem Sinn kategorisch: „Alle Künste, auch die akustischen, produzieren Schweigen.“ Die Universalität der Kunst führt er auf den Vorrang des Sehens zurück.[15]

Tropfen 94
Botschaft 94
Adam 19
DNA 19
Gleichung 86
Gleichheit 86
Ordnung 93
schweigen 93

Im hebräischen Text der Thora – dem Gesetz – sind die einzelnen Bücher nach ihren Anfangsworten benannt. Die Bezeichnungen *Genesis, Exodus, Leviticus, Numeri, Deuteronomium* stammen erst aus der griechischen Übersetzung. Der erste Vers der Thora heißt: *Bereschith bara 'Elohim,* „Am Anfang schuf Gott“. Der erste Buchstabe der Thora ist

sehen 51
Licht 52

also *Beth,* er bedeutet „Haus" und „zwei". In Bethlehem ist er enthalten. Das Haus ist auch ein Bild für die Frau. Sein Zahlenwert wird ferner als Ausdruck des doppelten Charakters der Schöpfung verstanden, durch die eine obere und eine untere Welt entstanden ist; in der einen herrscht „die dynamische Einheit Gottes", die andere ist die „Welt der Trennung". Bekräftigung finden solche Bilder, weil *Beth* der erste auszusprechende Buchstabe des hebräischen Alphabets ist.[16] Im Griechischen wiederum wird mit einer der heiligsten Stätten eine andere Symbolik verbunden; *Delphi* ist die Bezeichnung des weiblichen Geschlechtsorgans.[17]

Die im Islam entwickelte Sprach- und Schriftdifferenzierung ist ebenfalls so komplex, daß es unmöglich ist, „alle von den Sufis benutzten Formen der geheimen Sprache aufzuzählen". Auch ihnen geht es im Prinzip um „eine direkte Verbindung zu letzter Erkenntnis", „nicht um eine Kombination einzelner Tatsachen". Die Gleichsetzung von Zahlen und Buchstaben, deren bis zu vier Formen von ihrer Position im Wort abhängen, ist im Alphabetsystem vorgegeben. Idries Shah bringt dafür ein Beispiel: „Das arabische Wort für Mathematiker, Architekt ist muhandis. Es besteht aus den Buchstaben m, h, n, d, s, welche den Ziffern 40, 5, 50, 4, 60 entsprechen. Diese ergeben die Summe 159. In Hunderter, Zehner und Einer aufgesplittert erhalten wir: 100 = q, 50 = n, 9 = t. Die drei Konsonanten in der Reihenfolge 2, 1, 3 angeordnet, ergeben das Radikal NQT." NQT heißt „Punkt", manchmal auch „Abkürzung", und ist bei den Sufis von großer Bedeutung zur Übermittlung der Lehre; es wird als Chiffre für das Wort verwendet, aus dem man es ableiten kann, für den „Ersten Baumeister". QN wiederum heißt auf arabisch „tiefe Meditation", „ein Wort, das für den Sufismus steht". Der verbleibende Buchstabe T steht für „innere Erkenntnis".[18]

Erkenntnis 129
Weltformel 129

Daß im Deutschen trotz völlig anderer Schreib- und Berechnungsweise der von Sufis so wichtig genommene Punkt$_{92}$ mit Vorbild$_{92}$ und Quadrat$_{92}$ korreliert, mit Gesetz$_{92}$ und Verbot$_{92}$, ließe sich glaubwürdig in solche mathematisch bestimmten Bedeutungsfindungen einordnen, noch dazu, wo deutsch$_{80}$ mit Theorie$_{80}$ eine rechnerische Einheit bildet. Auch im Englischen nimmt der *point*$_{74}$ eine Schlüsselstellung ein; als Kreuzungspunkt der vertikalen Wortreihe *grammar*$_{71}$ – *world*$_{72}$ – *number*$_{73}$ – *point*$_{74}$ – *nobody*$_{75}$ – *example*$_{76}$ – *research*$_{77}$ und der mit ihm gleichwertigen horizontalen Wortreihe *melody*$_{74}$ – *beauty*$_{74}$ – *energy*$_{74}$. Daß außerdem *point*$_{74}$ und *English*$_{74}$ gleichwertig sind, oder *number*$_{73}$ und *paradise*$_{73}$, verstärkt die Deutlichkeit solcher Ergebnisse und zeigt zugleich erneut, wie oft Aufgefundenes in solche nach ihrer Herstellungsart absichtslose Ordnungen paßt. Das hebräische Jod übrigens, ein Punkt mit einem Häkchen, „das zehnte, das kleinste, fast unsichtbare Zeichen“, gilt als Anfang jedes Buchstabens, als Ausgangspunkt der Schrift, als Urpunkt.[19]

Anfang$_{43}$
Lachen$_{43}$
Aufgabe$_{43}$
Plan$_{43}$

Vladimir Nabokov wiederum ist auf eine eigene Art von Punkt gestoßen; angeregt von der Arbeit mit dem Mikroskop und mit Diapositiven, kommt er zur Feststellung: „In den Größenverhältnissen der Welt, so scheint es mir, gibt es einen feinen Punkt, wo sich Phantasie und Wissen treffen, einen Punkt, den man erreicht, wenn man Großes verkleinert und Kleines vergrößert, und der seinem Wesen nach künstlerisch ist.“ Außerdem sei die Aussage plausibel, „daß der Wissenschaftler alles, was geschieht, in einem Punkt des Raumes sieht, der Dichter aber alles in einem Punkt der Zeit fühlt“.[20] Veränderte Maßstäbe verändern den Blick. Dem entzieht sich der Punkt als bloß gedachte Größe. Trotzdem kulminieren oder explodieren die Dinge an manchen Punkten.

Punkt$_{82}$
Gesetz$_{82}$
Ausnahme$_{82}$
Dialektik$_{82}$

Sekunde 79

Theorie 80

Buchstabe 81

Vorbild 82 Quadrat 82 **Punkt** 82 Gesetz 82 Verbot 82

Schrift 83

Bewegung 84

Weltall 85

grammar 71

world 72

number 73

melody 74 beauty 74 **point** 74 energy 74 English 74

nobody 75

example 76

research 77

Sogar bei berechneten Wortrelationen machen sie sich bemerkbar, anziehend, abstoßend, als Orte, die sich vom Umfeld unterscheiden, die im Rhythmus von Abfolgen eine spezielle Position bezeichnen.

Arabische und jüdische Sufis, von denen vielfach als loser Einheit die Rede ist, wobei auch die geistige Verwandtschaft mit Dante, Franz von Assisi oder dem Derwisch-Orden, mit Rosenkreuzern und Freimaurern betont wird, könnten an solchen Wortberechnungen höchstens die methodische Übung und das Aufdecken verborgener Beziehungen anerkennen, es sei denn, es würde tatsächlich „eine direkte Verbindung zu letzter Erkenntnis" gesucht.[21]

arabisch $_{61}$ hebräisch $_{78}$
einsam $_{61}$ jüdisch $_{79}$
anders $_{61}$ deutsch $_{80}$
weise $_{61}$

Daß das Alphabet darauf selbst eine Antwort geben kann, indem Erkenntnis$_{129}$ mit Experiment$_{129}$, mit Beharrlichkeit$_{129}$ und Automation$_{129}$ zusammentrifft und von Häßlichkeit$_{129}$ und Beschönigung$_{129}$ bedroht wird, kann auch als Entlastung von solchen absoluten Ansprüchen verstanden werden. Die Buchstaben zeigen, unter Rückgriff auf rechnerische – vielfach als „orientalisch" diskriminierte – Verfahren, was sie selbst sichtbarmachen können.

Erkenntnis $_{129}$ Experiment $_{129}$
Beharrlichkeit $_{129}$ Automation $_{129}$
Häßlichkeit $_{129}$ Beschönigung $_{129}$

Auf den von Europa ausgehenden „Orientalismus" bezogen, der sich „systematisch als Aneignung von orientalischem Material und einer regulierten Verteilung in einer Form von spezialisiertem Wissen" organisiert hat, mit dem Blick auf Fremdes, bewundernd, stilisierend und ausgrenzend, betont Edward W. Said, daß dieser Zugang nur Bedeutung haben könne, wenn zugleich „eine Erinnerung an die verführerische Degradierung des Wissens" dargestellt wird. Denn „der Orient war fast eine europäische Erfindung, und er war seit der Antike ein Ort der Romantik, des exotischen Wesens, der besitzergreifenden Erinnerungen und Landschaften, bemerkenswerten Erfahrungen. Nun verschwand er, irgendwie war seine Zeit vorüber."[22] Anders über solche Zusammenhänge zu denken, ohne Mißbrauch des Fremden zu stilisierter Selbstreflexion, entmystifizierend, also mythen-analytisch, hieße also auch, gegenseitig wirksame Beziehungsnetze entsprechend zu beachten, gedanklich, auf die Gegenwart bezogen und ohne Einheitlichkeit zu unterstellen. Das eben verwendete entsprechend$_{131}$ weist, als Schlüsselwort für Codebeziehungen, in eine mögliche Richtung, denn es ist gleichwertig mit dem Begriff Linguistik$_{131}$.

Im Hebräischen ist der erste Buchstabe der stumme Konsonant *Aleph,* der für das Prinzipielle steht, das sich nicht aussprechen läßt, für
das Nichts$_{97}$ den Anfang der Welt, für das Ich Gottes, für das Nichts. Das arabische
Mystik$_{97}$ oder persische *Alif* ist der „göttliche Buchstabe" schlechthin. Der Zahlenwert 1 steht für Einheit und Einzigkeit, für Transzendenz. Sein aus-
Freiheit$_{80}$ geschriebener Name *Alif* ergibt 111 (a = 1, l = 30, f = 80), was wiederum
Nirwana$_{80}$ komplexe Deutungen ermöglicht. Der zweite Buchstabe im Alphabet, das b, symbolisiert die geschaffene Welt, den Schöpfungsakt. Der Koran beginnt mit ihm, mit der Formel *basmala,* dem „Im Namen Gottes", und er endet mit dem s, das auf Persisch *bas,* „genug", bedeutet, also sonst nichts mehr gesagt werden muß. Auch die Symbole türkischer Kultur, Tulpe *(lale)* und Halbmond *(hilal),* werden auf „buchstäbliche" Bedeutungen zurückgeführt; sie bestehen aus den gleichen Buchstaben wie *Allah* (ein *alif,* zwei *lam* und ein h) und haben daher auch den gleichen Zahlenwert wie der Name Gottes, nämlich 66.[23]

Bei der – nach den Konventionen vermutlich unzulässigen – Übertragung in andere Sprachen ergibt sich im Deutschen für diesen Wert Vater$_{66}$ und im Englischen *woman*$_{66}$.

1 Michel Foucault: Die Ordnung der Dinge (1966). 1974. S. 67f.
2 Margaret Wertheim: Pythagoras' Trousers. God, Physics, and the Gender Wars. 1996. S. 121
John Felstiner: Paul Celan. Eine Biographie (1995). 1997. S. 179, 261
Ernst Strouhal: acht x acht. Zur Kunst des Schachspiels. 1996. S. 1ff., 9
Noam Chomsky: Sprache und Geist (1968). 1996. S. 187
3 Jan Assmann: Das kulturelle Gedächtnis. 1992. S. 168, 196
4 Franz Dornseiff: Das Alphabet in Mystik und Magie (1925). 1975. S. 17, 18
5 Idries Shah: Die Sufis (1964). 1976. S. 23, 53f., 51, 39, 22, 55, 229
6 Georges Ifrah: Universalgeschichte der Zahlen. 1986. S. 326
7 Ernst Kantorowicz: Kaiser Friedrich der Zweite (1927). 1973. S. 170, 181, 317, 247, 244f., 328
8 Georges Ifrah: Universalgeschichte der Zahlen (1981). 1986. S. 289, 311, 349
Friedrich Weinreb: Buchstaben des Lebens. Das hebräische Alphabet. 1990. S. 5ff.
9 Idries Shah: Die Sufis (1964). 1976. S. 156, 297
10 Friedrich Weinreb: Buchstaben des Lebens. Das hebräische Alphabet. 1990. S. 23, 98f.
11 Ebda., S. 103, 108ff., 42, 119
12 Ebda., S. 123, 121, 124, 141, 151, 158, 161
13 Ebda., S. 30, 32, 17, 21
14 Gershom Scholem: Die jüdische Mystik in ihren Hauptströmungen (1941). 1967. S. 237
15 Emmanuel Lévinas: Eigennamen. Meditationen über Sprache und Literatur. 1988. S. 89
16 Gershom Scholem: Die jüdische Mystik in ihren Hauptströmungen (1941). 1967. S. 241, 242
17 Mircea Eliade: Schmiede und Alchemisten. 1980. S. 21
18 Idries Shah: Die Sufis (1964). 1976. S. 155, 9, 302
19 Friedrich Weinreb: Buchstaben des Lebens. Das hebräische Alphabet. 1990. S. 93
20 Vladimir Nabokov: Erinnerung, sprich (1966). 1991. S. 226, 294
21 Idries Shah: Die Sufis (1964). 1976. S. 211
22 Edward W. Said: Orientalismus. 1981. S. 189, 371, 8
23 Annemarie Schimmel: Mystische Dimensionen des Islam. 1979. S. 471ff., 478

In literarischen Entwicklungen „von der ‚Komposition‘ zur ‚Serie‘ und zur ‚Struktur‘“, in denen „das aus dem Zusammenhang gelöste Wort“ neu entdeckt wurde, befreit aus „der einebnenden Syntax“, um ihm und dem einzelnen Buchstaben „Eigengewicht und Individualität“ zu geben, könnte, wenn im Sprachgebrauch die Vorurteile nicht längst gefällt wären, eine Neuaufnahme buchstabenfixierter „orientalischer“ oder auch „kabbalistischer“ Präzisionsbemühungen gesehen werden. Die Ziele sind völlig andere, bei den Methoden gibt es aber Parallelen. Das Absolute bleibt, als profaner Anspruch, auch in der Moderne präsent. Erforscht wird, was Berechnung, Wahrscheinlichkeit und Intuition bewirken können. In Eugen Gomringers Manifest *Vom Vers zur Konstellation*, aus dem die zitierten Forderungen stammen (und dessen durchgehende Kleinschreibung, wie auch bei anderen Quellen, der hier verwendeten Form angepaßt wurde), geht es primär um das Wort: „Es ist eine Größe. Es ist – wo immer es fällt und geschrieben wird. Es ist weder gut noch böse, weder wahr noch falsch. Es besteht aus Lauten, aus Buchstaben, von denen einzelne einen individuellen, markanten Ausdruck besitzen. Es eignet dem Wort die Schönheit des Materials und die Abenteuerlichkeit des Zeichens. Es verliert in gewissen Verbindungen mit anderen Worten seinen absoluten Charakter. Das wollen wir in der Dichtung vermeiden.“ Die *konkrete Poesie*, später die *visuelle Poesie*, beruft sich auf die *Konstellation:* Sie „ist die einfachste Gestaltungsmöglichkeit der auf dem Wort beruhenden Dichtung. Sie umfaßt eine Gruppe von Wörtern – so wie ein Sternbild eine Gruppe von Sternen umfaßt. In ihr ist zwei, drei oder mehreren neben- oder untereinandergesetzten Wörtern – es werden nicht zu viele sein – eine gedanklich-stoffliche Beziehung gegeben. Und das ist alles!“[1]

Struktur 148
Assoziation 148
Metamorphose 148
rationality 144
structure 145
enlightenment 146
absolut 90
rational 90
unendlich 90
Konstellation 167
Symbolhandlung 167
Wahrheitssuche 167
Differenzierung 167
Sternbild 103
Herkunft 103
Wirkung 103

In solchen Konstellationen, „die eine Ordnung und zugleich ein Spielraum mit festen Größen“ sind, unübersetzbar, eine Realität an sich und keine Aussage über etwas, verbinden sich „mechanisches und intuitives Prinzip in reinster Form“. Es geht um Kombinatorik und darum, das Wort zu suchen, zu finden und hinzunehmen. „Ein direkterer Einfluß auf die Dichtung war der Mathematik nie möglich.“ Die Anzahl der Wörter eines Gedichtes ist wichtig, die Einteilung in Gruppen, das Alphabet, die Position der Wörter, ein Vertauschen als Betonung von Mehrdeutigkeit, Aussparungen, eine präzise strukturelle Anordnung, die Typographie, die inhaltliche Eliminierung von Zeit, die Erfahrbarkeit der Zeit im Lesen und Sprechen, der Verzicht auf verbindende Teile, ein begrenztes Vokabular. Das Gedicht wird als Träger konzentrierter ästhetischer Information gesehen. Lesen wird zum ungeregelten Suchvorgang. Sprache und Gegenstand der Sprache zeigen ihre Widersprüche; die Wörter sind Wörter. „Der sinngebende Zusammenhang zweier Wörter wird allein durch die nackte Tatsache ihrer Nebeneinander- oder Untereinanderstellung hervorgerufen. Auf diese Weise wird – beim geschriebenen Gedicht – oft die Möglichkeit geschaffen, sowohl senkrecht als auch horizontal oder diagonal zu lesen. Oder es wird beispielsweise durch die Anwendung aller kombinatorischer Möglichkeiten dreier ausgesuchter Wörter mit kleinstem Wortschatz eine beträchtliche Anzahl von Sachverhalten angetönt und ebensoviel psychologische Spannung erzeugt.“ Wortsprachliches und mathematisches Denken sollen ihre Beziehungen intensivieren. Die automatische „Wortselektion nach bestimmten programmgesteuerten Mustern“ wird als interessante, sich mit zunehmender Computerzugänglichkeit bietende Möglichkeit gesehen, bis hin zur Auffassung vom Dichter als „großer Programmierer“.

ästhetische Information 256
Selbsterhaltungstrieb 256
Wort 76
Stern 76
Meteor 76
Ähnlichkeit 105
Spannung 106
Konzept 107
Paradoxon 108

Fehler allerdings sollten anders behandelt werden als in der Mathematik. „Wir zeigen Strukturen, wir stellen Strukturen her, wir stellen fehlerhafte Strukturen her“, lautet eine solche Forderung, „denn unsere Aufgabe heute ist es unter anderem, auf die kleinen ‚Fehler im System‘ hinzuweisen, um Paul Klee zu zitieren, der das Wesen der Kunst so definierte.“ [2]

Reine Berechnung allein bringe also nichts, weil die ordnende Funktion künstlerischen Gestaltens „bewußt“ ausgeübt werden muß, inspiriert, und weil letztlich nur befriedigt, „was wir selbst geschaffen haben“. Plötzlich tritt das Subjekt wieder auf und erinnert sich, wovon es einmal überzeugt war: „Die Konstellation ist das letztmögliche absolute Gedicht“, es kann auch bloß „aus zwei oder drei Wörtern bestehen“, „es ist der Zwischenraum, der die Worte enger miteinander verbindet als mancher Redefluß“. Da es trotz aller Unvereinbarkeit darum gehe, „die Gegenstände der Welt in Beziehung zueinander zu bringen“ – der Welt der physikalischen Prozesse und der Welt der ästhetischen Prozesse –, „können sich auch die Konkreten der sich einstellenden Mystik der Klarheit, der pythagoreischen, nicht entziehen. Doch wünschen sie sich auf alle Fälle keine Schein-Geheimnisse in ihre Werke hinein.“ [3]

Mit Schein-Geheimnissen haben sich weder die Pythagoräer noch die Kabbalisten zufriedengegeben, eher schon ihre Rezipienten; vage in Richtung *grand unified theory* (GUT), *theory of everything* (TOE) als Weltformel, auf der alles beruht, sind auch sie schon vorgegangen, unbefriedigt von den Teilen, auf „das Ganze“ hin orientiert. In Vorstellungen, „aufs Ganze zu gehen“, bleibt das präsent, selbst wenn nur Insulares gemeint ist. Was sich also fortsetzt, ist die Spaltung zwischen Auffassungen von Ganzheit als Gegensatz zu Fragmentierung, zwischen einem Unterstellen umfassender Gesetze und der Abfindung mit bloß

Programmierung 175
Rechnungswesen 175
Selbstbeobachtung 175
Einfallsreichtum 175
Systemfehler 155
Selbstkritik 155
Verbesserung 155
Begriff 53
Fehler 54
Arbeit 55
Gedicht 56
Additionsprinzip 203
Bedienungsanleitung 203
grand unified theory 203
das Ganze 77
Dynamik 77
Stille 77
Beispiel 77
Fragmentierung 158
Vieldeutigkeit 159

Destruktivität $_{204}$
Fragmentarisierung $_{205}$
Spontaneität $_{159}$
Individualität $_{160}$
Pluralismus $_{161}$

regelhaften Bezügen. Hinter der Akzeptanz von Relativität taucht immer wieder auf, daß sie nicht überall anerkannt wird. Daß Inseln der Ordnung bestehen, vermittelt gewisse Sicherheiten; die Übergänge und Überlagerungen stiften Verwirrung. Wenn Sprache, verstanden als geschlossenes System, das aber in sich unendlich ist, für die Gesamtheit von symbolischen Systemen, also für das, was Kultur genannt wird, das Muster bildet, dann sind die Übergänge, vom Buchstaben zum Buchstaben, vom Wort zum Wort, vom Text zum Text, der sensitive Bereich. Für so verstandene Differenz haben schon die „orientalisch" geprägten Schriftanalytiker, denen ihre Praxis in der Regel ein zentrales Anliegen gewesen ist, stets ein großes Interesse entwickelt.

Realität $_{91}$
Unsinn $_{91}$
Naturwelt $_{134}$
Verwesung $_{134}$
Kunstwelt $_{145}$

Kandinsky spricht in seiner kurz vor dem 2. Weltkrieg formulierten Begründung, warum er sich zur *Konkreten Kunst*, die hier als ein weiterer Ansatz genommen wurde, bekannt hat, von einem „synthetischen" Weg: „Gefühl (‚Intuition') und Kopf (‚Berechnung') arbeiten unter gegenseitiger ‚Kontrolle'." Die abstrakte Kunst stelle „neben die ‚reale' Welt eine neue, die äußerlich nichts mit der ‚Realität' zu tun hat. Innerlich unterliegt sie den allgemeinen Gesetzen der ‚kosmischen Welt'. So wird neben die ‚Naturwelt' eine neue ‚Kunstwelt' gestellt – eine ebenso reale Welt, eine konkrete." Deshalb ziehe er persönlich es vor, „die sogenannte ‚abstrakte' Kunst *Konkrete Kunst* zu nennen".[4]

Laboratorium $_{145}$
Gedicht $_{56}$
Alchemie $_{56}$

Einfache Beispiele zeigen, daß selbst mit simplen Berechnungen das Konkrete bereichert werden kann. Als ob die Ordnung der Buchstaben etwas mitteilen wollte, stellt sie etwa fest, daß das Wort Gedicht$_{56}$ dem Wort Alchemie$_{56}$ entspricht. Damit kann nur die Synthese von Intuition und Berechnung gemeint sein. Indem es auch mit Sinn$_{56}$, mit Kraft$_{56}$, mit Suche$_{56}$ und Serie$_{56}$ gleichwertig ist und mit der Eigenschaft radikal$_{56}$ korreliert, würden solche Gleichungen in jede Beweisführung für einen avancierten, keinerlei Spiel mit Schein-Geheimnissen mitmachenden Umgang mit Wörtern passen. Nur der Symbolismus ist ein Problem. *Das ideale Gedicht*$_{116}$ erweitert die Dimensionen für ein Verstehen$_{116}$, *das absolute Gedicht*$_{175}$ beansprucht dabei uneingeschränkte Souveränität$_{175}$. *Konkrete Poesie*$_{168}$ selbst setzt offenbar auf die Unterscheidung$_{168}$, auf Unbewußtes$_{168}$, auch wenn das alles, zumindest vorerst, wirkungslos$_{168}$ bleibt. Wirklich$_{93}$ steigert sich zu konkret$_{94}$, konkret$_{94}$ verbindet sich mit aufklären$_{94}$; eine konkrete$_{99}$ Bedeutung$_{99}$ ist göttlich$_{99}$, zufällig$_{99}$, langweilig$_{99}$. Wenn darin Angriffe auf Ernstzunehmendes gesehen werden, so läuft das ins Leere, weil nirgends eine Absicht oder gar ein Vorsatz erkennbar wird. Die Zahlen sprechen für sich. Die schon aufgezeigte, hier komprimiert wiederholte Struktur sprachbezogener Ausdrücke bringt deren Selbstbezüge nochmals in Erinnerung, als Korrelation von Text$_{69}$ und Formel$_{69}$, von Zeichen$_{70}$ und Ziffer$_{70}$ oder von Symbol$_{86}$ und Gleichung$_{86}$.

Daß Formel$_{69}$ + Gleichung$_{86}$ oder Text$_{69}$ + Dichtung$_{86}$ Grundelemente jeder ernstzunehmenden Verbesserung$_{155}$ bilden, verweist auf Forschungen, für die inhaltliche Relevanz und Präzision in komplexer Weise von den Methoden abhängen. Ein Beispiel dafür: Oswald Wieners *Die Verbesserung von Mitteleuropa, Roman* mit der Entsprechung von Verbesserung$_{155}$ und Mitteleuropa$_{155}$, konzipiert als exemplarische Gesamtrechnung$_{155}$ (deren Aspekte virtuell$_{119}$ + real$_{36}$ zu verstehen sind). Die in den Titel einbezogene Bezeichnung Roman$_{61}$ wiederum hat einen Direktbezug zu Modell$_{61}$, Archiv$_{61}$, Spiel$_{61}$, Figur$_{61}$. Die Demontage einer solchen klassifizierenden Bedeutungsschwere wird also von den Buchstaben selbst unterlaufen. Sie erzeugen Werte, und Werte erzeugen Vergleich-

Text$_{69}$	Prosa$_{69}$
Poesie$_{69}$	Formel$_{69}$
Zeichen$_{70}$	Methode$_{70}$
Sprache$_{70}$	Ziffer$_{70}$
Symbol$_{86}$	Dichtung$_{86}$
Gleichung$_{86}$	Metapher$_{86}$

Verbesserung$_{155}$
= Formel$_{69}$ + Gleichung$_{86}$
= Text$_{69}$ + Dichtung$_{86}$

Gesamtrechnung$_{155}$
= virtuell$_{119}$ + real$_{36}$

barkeit. Gedanklich-sprachliche Qualitäten bekommen damit eine Paradoxie-Ebene geliefert, die daran erinnern könnte, daß Sprach- und Schriftmaterial schon wegen seiner physikalischen Eigenschaften vorerst uneinsichtige Verbindungen herstellen kann.

Wie wichtig in der zeitgenössischen Literatur, unabhängig von solchen Zugängen und ohne daß Gemeinsamkeiten von konkreter Poesie überstrapaziert werden sollen, ein Zählen und Ersetzen von Zeichen genommen wird, machen Arbeitsweisen von Gerhard Rühm deutlich. Er geht es ganz anders an, indem er statt der Buchstaben 28 Phoneme verwendet; auf v, y und z verzichtet er, dafür kommen ü, ö, ai, au und oö hinzu. In seiner *abhandlung über das weltall* nimmt er einen kurzgefaßten populärwissenschaftlichen Vortrag als Grundtext und baut mit tabellarischen Zählverfahren dessen pragmatische in eine ästhetische Dimension um: „Aus Repräsentation wird Präsentation." Zuerst wird die statistische Häufigkeit der vorkommenden Laute erhoben, „dann saugen die häufigeren sukzessiv die selteneren auf, bis in dem übrigbleibenden ‚e' (dem häufigsten Phonem der deutschen Sprache) die maximale Entropie erreicht ist – die Sprache ist, adäquat der Entwicklung des Weltalls, gleichsam den Wärmetod gestorben".

Im Schriftbild drückt sich das in Arbeitstabellen mit Häufigkeitszahlen und einer zunehmenden Eliminierung von Zeichen aus. Die Leerstellen sind durch Punkte und Ziffern für Pausenangaben markiert. Die Lautstärken sind präzise angegeben. In einem solchen Text sind nicht hergestellte Verbindungen oder deren Unterbrechung relevant, sondern die Verwandlung des Materials durch systematische Eliminierung des weniger Häufigen, als konsequent zu Ende gebrachter Prozeß. Aus der Methode des Zählens und der Auswirkung von Häufigkeiten ergeben sich keine neuen Bedeutungen; sie sind verschwunden.[5]

Enger an Zahlen gebundene Beispiele finden sich bei Konrad Bayer, etwa im Text *der vogel singt. eine dichtungsmaschine in 571 bestandteilen.* Feststehende sprachliche Elemente werden nach einem komplizierten mathematischen Konstruktionsplan wiederholt und gereiht. Aus den erhaltenen Notizen mit Rechenoperationen läßt sich rekonstruieren, daß sich die Zahl 571, zumindest in einer Version, aus der Multiplikation 13 x 4 x 11 ergibt, 13 für die Buchstabenzahl des Titels, 4 für die genannten Elemente Feuer, Erde, Wasser, Luft beziehungsweise als Raumquotient, 11 für die Buchstabenzahl seines Namens. Als Variante dazu gibt es die Lösung 6 x 95. Die Abweichung um 1 tritt mehrmals auf und bleibt unklar. Unklar bleibt auch, warum die vielfach verwendeten Zahlenreihen sowohl als Mittel der Transparenz als auch als „Medium der Verschleierung" eingesetzt werden. Der Titel seiner zweiten Veröffentlichung, *der stein der weisen,* in Notizen verwendete Wörter, wie „Alphabetwerte", „Alphabetdifferenzen", sprachliche „Schlüssel" oder der Hinweis, „daß die Zahl 19 dem Kabbalazeichen für die Sonne entspricht", verweisen auf ein Interesse an solchen Methoden.[6] Daß es im hebräischen Alphabet kein Bild für 19 gibt, diese Zahl eher mit dem Mondzyklus verbunden wird („da nach neunzehn Jahren alle Mondphasen wieder auf dieselben Wochentage des Sonnenjahres fallen") und in Babylon jeder 19. als unglücklicher Tag galt, würde zu solchen eingebauten Verunsicherungen, als Falle für mystische oder mythische Interpretationen, durchaus passen.[7] Mircea Eliades *Schamanismus und archaische Ekstasetechnik*, das damals, 1957, auf deutsch erschienen ist, wurde zwar zur Kenntnis genommen, gegen „schamanische Tendenzen" gab es aber Vorbehalte; Wittgensteins *Untersuchungen* oder die Arbeiten

Der Stein der Weisen 196
Symmetriebildung 196

Fritz Mauthners lieferten stärkere Impulse. Ein Zerteilen und Zusammensetzen, als Denkvorgang, als Brechung des konventionellen Wortgebrauchs, das „Verhalten der Worte in bestimmten Sprachsituationen“ sind viel wichtiger als jede Symbolik, als jede vorgeprägte Verbindung. Angesichts „genormter Zeichensysteme“ sei „die Unabhängigkeit des individuellen Verstehens“ als äußerst fragwürdig gesehen worden, schreibt Oswald Wiener rückblickend dazu, da „die wichtigsten Einsichten in die Natur des Denkens und der Mitteilung fehlten“. Daher ist auch die später so bezeichnete *Konkrete Poesie* für ihn nur in jenem Teil bedeutend, wo sie Experiment war, „sich über die Mechanismen des Verstehens und des ‚Wirkens‘ von Sprache erste Hypothesen zu verschaffen“. Konrad Bayer war daher nie ein „konkreter Dichter“, im Sinne solcher Einordnungen, auch nicht in erster Linie Schriftsteller; sein „Schreiben ist nicht ein Mittel künstlerischer ‚Darstellung‘ gewesen, sondern ein Instrument zur Untersuchung von Denkvorgängen und für den Schreibenden ein natürlicher Hebel zum Hinausschieben seiner im Schreiben ihm merkbar werdenden Vorstellungsschranken“. Offenkundig sei inzwischen, daß „nur auf dem Niveau der Naturwissenschaften Entscheidungen zu erwarten sind und daß sich die Kunst dorthin begeben wird müssen, wenn sie ihr klein gewordenes Feld behaupten will. Experimentelles Schreiben ist Forschung geworden, ein Versuch, Modelle des menschlichen Verstehens zu erlangen, die ohne Isomorphien von Zeichensystemen und inhaltlichen Zusammenhängen auskommen.“ Deshalb galt das Interesse eine Zeitlang sogar der Entwicklung einer neuen „funktionalen“ Schrift, die auf phonetische, ästhetische, magische Prinzipien Rücksicht nehmen sollte, als „eine Kreuzung aus Ideogramm, Blindenschrift und Morsealphabet“.[8]

Verhalten der Worte 213
Sprachstruktur 213
Modelle des menschlichen Verstehens 342
poetische Gesetze der Statistik 342
Ideogramm 85
Augenblick 85
Urteil 85

In Gerhard Rühms *101, eine zahlendichtung* werden keine Buchstaben verwendet. „Handlung erscheint hier reduziert auf eine letzte Formel: der in Zahlen darstellbaren Beziehungen, Distanzen, Proportionen.“[9] Die nur im Titel vorkommende Zahl 101 entspricht den Codes der Wörter Mathematik$_{101}$, System$_{101}$, Programm$_{101}$. In der Diminuierung zu Einmaleins$_{101}$ kommt der Bezug zu Naiv-Spielerischem hinzu. Der Zusammenhang mit binären Zeichen, mit der Digitalisierung, ist offensichtlich. *eine zahlendichtung*$_{185}$ ergibt als bewertete Buchstabenfolge dieselbe Summe wie für Wahrscheinlichkeit$_{185}$. Sofern solche nachträglichen Interpretationen nicht auf retrospektiver Sinngebung beharren, sondern bloß auftauchende Korrelationen betonen, sagen sie über das System mehr aus als über das Objekt. Das bleibt wie es ist, ohne mitzuteilen, ob die Vorgangsweise des Beobachters nicht ein inadäquates Verfolgen ephemerer Spuren von Künstlichkeit ist.

Blindenschrift$_{143}$
Algorithmus$_{143}$
Katalysator$_{143}$

Morsealphabet$_{135}$
Sinnesorgan$_{135}$
Unendlichkeit$_{135}$

In der Verwendung von Palindromen, also Wörtern oder Wortfolgen, die vorwärts und rückwärts gelesen werden können und dabei jeweils den gleichen oder einen anderen Sinn ergeben, ist, ob gewollt oder nicht, der Zahlenwert präsent; gleichbleibende Buchstaben haben gleichbleibende Werte. Bei Konrad Bayer tauchen solche Wörter als „gras“ und „sarg“, als „sag“ und „gas“ auf, bei Reinhard Priessnitz als „lage?/egal!“, als „nebel!/leben?“.[10] In Gertrude Steins berühmtem *A rose is a rose is a rose* gibt es analoge Symmetrien; *a rose*$_{58}$ läßt sich numerisch mit *science*$_{58}$ gleichsetzen. Es gibt Vermutungen, daß Duchamps Pseudonym Rrose Sélavy *(éros c'est la vie)* auf dieses Gedicht und seinen Klang anspielt. Auch sein Filmtitel *anemic-cinema* ist ein Anagramm aus gespiegelten, durcheinandergeratenen Buchstaben.[11]

In Friedrich Achleitners *quadratroman* gibt es eine Seite, auf der nur

„243“ steht, und ihr gegenübergestellt eine Seite mit dem Wort „zweihundertdreiundvierzig“. Nach dem Stellenwertcode entspricht das den Wörtern Gegenwartsliteratur$_{243}$, Systemzusammenhang$_{243}$ und Leistungsgesellschaft$_{243}$. Bezugsfeld dafür ist eine *statistische Realität*$_{243}$, die sprachwissenschaftlich$_{243}$ begründbar ist. Das ergibt zwar einen gewissen Witz, mit den Intentionen des Autors hat eine solche Pathetik aber nichts zu tun. Für ihn war – so die persönliche Auskunft – ausschließlich die Gegenüberstellung einer Zahl und ihrer ausgeschriebenen Form interessant; deren Wert selbst hat für ihn keinerlei Bedeutung.[12] Daß diese Freiheit von Doppeldeutigkeit trotzdem in solcher Weise interpretierbar wird, ist ein ungewollter Nebeneffekt, ist allein Sache des Analytikers.

Die Beispiele von Oswald Wiener, Konrad Bayer, Gerhard Rühm, H.C. Artmann, Friedrich Achleitner[13] sind nicht nur aus Wertschätzung und biographischer Nähe gewählt worden, sondern gerade deswegen, weil keiner von ihnen im Verdacht steht, mit derartigen Symbolismen zu spekulieren. Rechnerische Interpretationen zeigen daher nichts anderes als die strukturelle Präsenz elementarer Wortzusammenhänge.

Für die Analyse solcher minimalistischer Konstellationen, die nur berechnenden Beobachtern auffallen können, könnte bei Thomas Hobbes angesetzt werden („Denken ist rechnen“) oder bei Schopenhauer („Wo das Rechnen anfängt, hört das Verstehen auf“), wie Oswald Wiener es getan hat, oder es wird gleich ihm das Wort überlassen: „Wenn Sprache kein System der Wirklichkeitsabbildung ist (…) so ist sie ein geschlossenes System von Naturerscheinungen“; „die Naturgesetze sind die Oberflächen der Sprache“, „die Organisation der Wirklichkeit durch die Sprache ist unerträglich“, „paradoxer Weise ermöglicht erst die Sprache ohne Wirklichkeitsbezug Objektivität“.[14]

Objektivität$_{149}$
Spurensuche$_{149}$

Die Verbesserung$_{155}$ von Mitteleuropa$_{155}$, Roman

der sechste sinn

101

101, eine zahlendichtung

Fleiß und Industrie

243

Gesamtrechnung	155
Selbständigkeit	162
Mathematik, System	101
Wahrscheinlichkeit	185
Beschäftigungstherapie	228
Gegenwartsliteratur	243

berechnete Interpretation$_{269}$

Sachverhaltsdarstellung$_{269}$

Unter neuerlichem Bezug auf Zahlencodes scheinen sich im Englischen solche systemimmanente Tatsachen, als naturgesetzliche Oberflächen, zu bestätigen. Der fortlaufenden Reihe von *dollar*$_{62}$ – *meaning*$_{63}$ – *American*$_{64}$ zu *music*$_{65}$ oder dann über *language*$_{68}$ – *text*$_{69}$– *secret*$_{70}$ – *grammar*$_{71}$ zu *world*$_{72}$ – *number*$_{73}$ – *English*$_{74}$ – *humor*$_{75}$ – *fiction*$_{76}$ – *power*$_{77}$ eine paradoxe, diese Argumentation stützende Logik abzusprechen, würde mathematische Zusammenhänge ignorieren. Die Gelassenheit des Tonfalls beeindruckt, auch die neutrale Tendenz. Der im Osten vorherrschenden Atmosphäre werden völlig andere Eigenschaften zugesprochen: menschlich$_{94}$ – traurig$_{94}$ – slawisch$_{94}$. Im Deutschen ergeben sich schärfere Konstellationen, die stereotyp diverse Vorurteile festschreiben. Deutsch$_{80}$ ist rechnerisch mit grausam$_{80}$ und bedeutend$_{80}$ gleichgestellt und von Eigenschaften wie groß$_{78}$, stur$_{78}$, allgemein$_{78}$, männlich$_{79}$, wichtig$_{79}$, quälend$_{79}$, barbarisch$_{81}$, berechenbar$_{81}$, perfekt$_{81}$

eingekreist. Regionale Unterschiede im Lokalkolorit behaupten sich, weil wörtlich$_{113}$, buchstäblich$_{113}$ und wienerisch$_{113}$ zusammengehören, begleitet von Zeitwörtern wie montieren$_{113}$, hintergehen$_{113}$, verdrängen$_{113}$. Bestärkt wird das noch durch die unmittelbare, keiner Freiwilligkeit unterliegende Verbindung von künstlerisch$_{164}$, erbarmungslos$_{164}$ und österreichisch$_{164}$.

Daß Vernunft$_{120}$ als europäisch$_{120}$ klassifiziert wird, zeigt, wie vermessen$_{120}$ das System manchmal reagiert. Es liefert aber auch die Kritik daran, indem es solche Vorstellungen als romantisch$_{120}$ abqualifiziert und Eurozentrismus$_{223}$ mit Beziehungslosigkeit$_{223}$ gleichsetzt.

Weltmodell$_{121}$
Dissonanz$_{121}$
Fatalismus$_{121}$
Lebensgefühl$_{121}$

Solche arithmetisch begründeten Wortbezüge, die als sprachlich vorgegebene Weltmodelle (oder eben Ausschnitte davon) verstanden werden könnten, brauchen kein Subjekt; sie sind einfach da. Sie zu finden, auszuwählen, darzustellen ist bloß ein Mitspielen im System. Es läßt sich nicht überlisten. Fehler zu machen ergibt keinen Sinn. Verbesserungen sind so lange möglich, bis sie sich erschöpfen. Es geht nicht um Sprache, sondern um Schrift, um Visualisierung. Für gesprochene numerische Texte würde der Beobachter eine Partitur brauchen.

Genauigkeit$_{109}$
Empfindung$_{109}$
Offenbarung$_{109}$

Wenn ein Dichter wie Franz Josef Czernin davon spricht, daß er an Hermetischem, also absichtlich Verschlossenem, nicht interessiert ist, sondern etwas offenlegen will, so sind das Hinweise auf Parallelen und Differenzen in der Produktionsweise; unterschiedliche Zugänge zu Genauigkeit. Berechnungen legen das „Mechanistische" an der Verkettung von Buchstaben offen. Das macht einen Untergrund sichtbar, der im Sprachgebrauch keinerlei Bedeutung hat, aber trotzdem etwas erzeugt. Tendenziell geht es, so wie bei einem „lyrischen Grundvokabular", um einfache, elementare Wörter, die „stark in der Alltagssprache

dollar 62	meaning 63	American 64	music 65	freedom 66	regionale Differenzierung 253
					Ursprungsmythos 253
work 67	language 68	text 69	secret 70	grammar 71	
world 72	number 73	English 74	humor 75	fiction 76	
power 77	insider 78	occasion 79	moment 80	standard 81	
	groß 78	stur 78	allgemein 78		
	männlich 79	wichtig 79	quälend 79		
	grausam 80	bedeutend 80	deutsch 80		
	barbarisch 81	berechenbar 81	perfekt 81		
wörtlich 113		buchstäblich 113		wienerisch 113	
künstlerisch 164		erbarmungslos 164		österreichisch 164	
	menschlich 94	traurig 94	slawisch 94		

Einheit 70
Sprache 70
Zeichen 70
Verhältnis 133
Intelligenz 133
Sinnlichkeit 133
Ideen 37
Blick 37
Frage 37

verwurzelt sind“. Czernin spricht davon, daß bei seiner forschenden, ohne solche Berechnungen operierenden Vorgangsweise sich die „Bedeutungshöfe“ von Wörtern vereinen können und auf neue Kombinationen verweisen: „Der Gedanke formt sich am Material, und das Material formt sich am Gedanken. Und wenn man eine bestimmte Übung oder einfach auch nur Glück hat, entsteht eine Art Einheit.“ Bei sich rechnerisch ergebender Einheit wird der Gedanke erst im nachhinein gefordert. Das Material wird „automatisch“ zugeliefert, es nimmt Gestalt an, als Wortreihe, als Wortfeld, bevor eine Idee vorhanden ist. Arithmetik erzeugt eine Umkehrung des Prozesses. Das verwendbare Vokabular ist streng begrenzt. Es ist nicht zufällig zusammengewürfelt. Die Konstruktionsregeln sind einfach und unumstößlich. Ob brauchbare Assoziationen oder poetische Qualitäten entstehen, ist von der gedanklichen Weiterverarbeitung abhängig. Das Material repräsentiert Ideenlosigkeit. Auch solche Unterschiede werden sichtbar, etwa anhand der Aussagen Czernins zu seiner Arbeitsweise: „Die Idee muß Gestalt werden“, „alle Teile müssen sich zu etwas zusammenschließen, was in keinem einzigen davon schon einfach da ist“, denn „Mallarmés Diktum, daß ein Gedicht nur aus Worten besteht, ist nur die halbe Wahrheit“, es müsse auch das „Verhältnis von verschiedenen Ideen zur Sprache kommen“.[15]

Buchstabenbesessenheit 225
innerer Zusammenhang 225
Qualitätsanspruch 225
Prüfungssorgfalt 225

Baudelaires „Erkenntnis des Künstlichen als Paradies“ und seine „eine Ästhetik des Häßlichen praktizierende Schreibweise“ ist auch für Ferdinand Schmatz ein weiterreichender Beitrag zur modernen Poetik als Mallarmés „idealistisch reine Buchstabenbesessenheit“. Unter dem Titel *Calcul* stehen diese Feststellungen trotzdem. Andere seiner als bloße Hinweise auf die Thematik aus dem Zusammenhang gerissene

Präzisierungen sind etwa: „Die Teile stehen nicht für ein Ganzes, aber sie können viele Ganze entwerfen.“ „Die Macht der ‚langue‘ (des Systems) wird in den Wörtern der ‚parole‘ (der Rede) aufgehoben, diese verwirklicht dort die Außerkraftsetzung der alten Bedeutungsfelder zugunsten sich selbst erzeugender neuer Sinn-Verzweigungen, die dann als Schrift ihre Rückkehr in den Text zelebrieren.“ „Kennzeichnend für die sprachliche Verzweigung von Gewalt und Macht: der Anspruch auf das Ganze.“ „Die mathematische Sprache ist endlich. Barthes sagt, sie gewinnt ihre Perfektion aus dem Tod. Sie ist fix und fertig.“ Bei Unica Zürn kreise „innerhalb selbstgesetzter Grenzen“ „das Wilde – also her mit dem Anagramm! Es darf gezählt werden, das Wort als eine Bedeutung ist nichts, die Buchstaben bleiben nicht an ihrem Platz, sie werden durcheinandergebeutelt, der ‚Textbeutel‘ (Priessnitz) wird größer und größer, obwohl das Ausgangsmaterial sich nicht verändert.“ „Endlich geht etwas auf, was nicht gesucht werden kann, sondern gefunden werden muß.“[16]

das Wilde $_{77}$
Dynamik $_{77}$
Beispiel $_{77}$
Tatsache $_{77}$

Auf Eigenschaften bezogen, liefert eine „mathematisierte“ Sprache dazu ein Entsprechungs-Statement, das komprimiert, was „das System“ dazu zu sagen hat: literarisch$_{122}$ = künstlich$_{122}$ (und melancholisch$_{122}$).

literarisch $_{122}$ = künstlich $_{122}$

Auch zu holistisch$_{122}$ gibt es einen Direktbezug, wie zur Bekräftigung der Absicht, daß jeder Teil die „codierte“ Beschreibung des (oder eines) Ganzen enthält. Zugehörige Substantive sind Substanz$_{122}$, Problematik$_{122}$, Gedankenmodell$_{122}$, Existenz$_{122}$, Meßwert$_{122}$, Kontrolle$_{122}$, Fremdwort$_{122}$ oder Implosion$_{122}$. Es bildet sich damit zwar die Struktur von Sachverhalten ab, bevor noch ein Satz festgelegt ist, zugleich werden aber Bildketten abgerufen, die woanders gespeichert sind und diese Wortgleichungen bloß zu verifizieren scheinen. Erst die Negation von

ein Wort gibt das andere$_{213}$
= Ordnung der Differenz$_{213}$
= Verhalten der Worte$_{213}$
= Sprachstruktur$_{213}$

Zahlenaussagen würde wieder Freiheiten ermöglichen, so wie sich in einem Gedicht von Elfriede Gerstl bloß die Reihe von fünf Wörtern wiederholt: „Ein Wort gibt das andere/ein Wort gibt das andere …“[17] Diese Symmetrie läßt sich in eine arithmetische Konstellation übersetzen: „Ein Wort gibt das andere“$_{213}$ = Sprachstruktur$_{213}$.

1 Eugen Gomringer: theorie der konkreten poesie. texte und manifeste 1954–1997. 1997. S. 9, 14, 16
2 Ebda., S. 16, 17, 22, 34, 56, 35
3 Ebda., S. 10, 114, 16f., 47, 57, 96, 77, 10
4 Wassily Kandinsky: abstrakt oder konkret? (1938) In: Kandinsky: Essays über Kunst und Künstler. 1973. S. 224f.
5 Gerhard Rühm: abhandlung über das weltall. In: Bernhard Fetz/Klaus Kastberger (Hg.): Der literarische Einfall. Über das Entstehen von Texten. 1998. S. 147ff.
6 Klaus Kastberger: Konrad Bayer: der vogel singt. In: Bernhard Fetz/Klaus Kastberger (Hg.): Der literarische Einfall. 1998. S. 137ff.
7 Franz Carl Endres/Annemarie Schimmel: Das Mysterium der Zahl. 1984. S. 241
8 Oswald Wiener: einiges über konrad bayer./das „literarische cabaret“ der wiener gruppe. In: Peter Weibel (Hg.): die wiener gruppe. 1997. S. 43ff., 309ff.
9 Gerhard Rühm. In: Peter Weibel (Hg.): die wiener gruppe. 1997. S. 488ff.
10 Konrad Bayer. In: Peter Weibel (Hg.): die wiener gruppe. 1997. S. 182
Reinhard Priessnitz: vierundvierzig gedichte. 1978. S. 51
11 Thomas Zaunschirm: Robert Musil und Marcel Duchamp. 1982. S. 162, 105, 130
12 Friedrich Achleitner: quadratroman (1973). 1995. S. 62f.
Friedrich Achleitner: Persönliche Auskunft. Wien, 18. Jänner 1999
13 Oswald Wiener: Die Verbesserung von Mitteleuropa, Roman. 1969
Konrad Bayer: der sechste sinn. 1966
Gerhard Rühm: 101, eine zahlendichtung. 1963
H. C. Artmann: Fleiß und Industrie. 1967
Friedrich Achleitner: quadratroman. 1973. S. 62f.
14 Oswald Wiener: Die Verbesserung von Mitteleuropa, Roman. 1969. S. CXXXVI, CXLVIII , CXXXV, XXXIV, LII, CXXXVI
15 Franz Josef Czernin. Im Gespräch mit Klaus Nüchtern. Falter, Nr. 50/98
16 Ferdinand Schmatz: SPRACHE MACHT GEWALT. 1994. S. 17, 28, 59f., 67, 71, 91, 92
17 Elfriede Gerstl: wiener mischung. 1982. S. 60

Spinoza ist die Ordnung und Verknüpfung der Ideen und der Dinge ein zentrales Thema gewesen. Gott und Natur setzte er gleich, atheistisch, sich auf deren Gesetze konzentrierend. Als er, der vierundzwanzigjährige Häretiker, aus der jüdischen Gemeinde von Amsterdam ausgeschlossen wurde, „nahm er nicht nur Maimonides und die hebräische Bibel, Crescas und die Kabbalisten mit, sondern vor allem und für ihn lebenswichtig eine spezielle, einzigartige Erfahrung", die Erfahrung der aus ihrer spanisch-islamischen Umgebung vertriebenen iberischen Juden. Mit diesem Hintergrund, so bekräftigt sein Biograph Yovel, „wurde er zum ersten bedeutenden Europäer, der die Welt der Offenbarungsreligion überschritt und der zugleich eine ernstzunehmende, systematische Alternative zu ihr entwickelte. Sein Schritt enthielt das Prinzip der Moderne in radikalster Form." Als „Begründer der modernen Philosophie der Immanenz" hat er „jede Spur einer jenseitigen Welt" getilgt, die absichtslose Notwendigkeit betonend.[1] Einstein hat sich ausdrücklich auf ihn berufen oder Louis Althusser, der rückblickend feststellte, er und seine Freunde seien keine Strukturalisten, sondern Spinozisten gewesen. Ernst Bloch hat dafür den Ausdruck „*mathematischer* Pantheismus" geprägt.[2] Für Fritz Mauther ist er logischerweise der „Lieblingsphilosoph unserer Dichter"; seine „heitere Weltanschauung" habe ihm ermöglicht, die Welt als Buch zu sehen. „Auf der ersten Stufe buchstabiert das Kind gedankenlos; auf der zweiten faßt es die einzelnen Sätze, auf der dritten versteht es den Sinn des Ganzen." Sogar hinter seinem großen Irrtum, „Sprache einer mathematischen Anwendung für fähig zu halten", sich auf seine geometrische Methode zu stützen, stehe „eine noch größere Ahnung dessen, was wir in unserer bettlerfrechen Wahrheit Sprache nennen".[3]

Ideen 37 + Dinge 39
= Wort 76

mathematische Anwendung
von Sprache 349
Informationsverarbeitungsmagie 349
Wissensvermittlungsmodell 349

Welt$_{60}$	Himmel$_{60}$	Geist$_{60}$	Zeit$_{60}$	Lächeln$_{60}$
Angst$_{61}$	Gehirn$_{61}$	Archiv$_{61}$	Modell$_{61}$	Spiel$_{61}$
Krise$_{62}$	Mensch$_{62}$	Gott$_{62}$	Fleisch$_{62}$	Kreis$_{62}$
	Element$_{74}$	Natur$_{74}$	Biologie$_{74}$	
	Ursache$_{75}$	Gewicht$_{75}$	Grenze$_{75}$	
Tarnung$_{95}$	Projekt$_{95}$	**Immanenz**$_{95}$	Tagesablauf$_{95}$	Gedächtnis$_{95}$
Gegenstand$_{96}$	Muster$_{96}$	Theologie$_{96}$	Eigensinn$_{96}$	Versuch$_{96}$
Mystik$_{97}$	Melancholie$_{97}$	Berechnung$_{97}$	Reichtum$_{97}$	Geometrie$_{97}$

Diese aus Buchstabenwerten gebildete Wortmontage könnte Spinoza gewidmet sein, als Muster einer Profanierung transzendent aufgeladener Begriffe; Welt$_{60}$ und Himmel$_{60}$ sind dabei gleichwertig, zwischen Mensch$_{62}$ und Gott$_{62}$ besteht, wenn es um die Wortzeichen geht, kein Unterschied. Zur merkwürdigen numerischen Gleichsetzung von Mensch$_{62}$, Gott$_{62}$, Fleisch$_{62}$ gibt es im Alten Testament eine Entsprechung, wo es im *Buch Ijob* (Hiob) 19, 26 heißt: „Ohne mein Fleisch werde ich Gott schauen." Sie ist fixiert auf den Tod als das andere Wort für ewiges Leben. Mit der Vorbereitungsebene Gehirn$_{61}$, Archiv$_{61}$, Modell$_{61}$ werden die Relationen diesseitsbezogen. Daß außerdem Mensch$_{62}$ und Gott$_{62}$ über die bedeutungsvollen Zahlen 12 und 33 mit Natur$_{74}$ und Immanenz$_{95}$ verbunden sind, könnte sogar Zahlenmystikern Spinoza näherbringen. Auch sein Weg von der Theologie$_{96}$ zum Gegenstand$_{96}$, von der Mystik$_{97}$ zur Geometrie$_{97}$ bildet sich ab.

Den Schlüssel zu Kafka, um solche Fragen ganz woanders neu aufzugreifen, hat Walter Benjamin darin gesehen, „der jüdischen Theologie ihre komischen Seiten“ abzugewinnen.[4] In der ständig präsenten Gerichtsthematik gehe es weniger um ein Eingehen auf die traditionelle jüdische Vorstellung vom Gericht als Bilanz und Ende der Geschichte, sondern eher um die kabbalistische Sicht der Dinge, mit dem Gericht als „Motor der Geschichte“, mit himmlischen und irdischen Gerichten, bei denen alles auf die guten Beziehungen ankommt und „weniger auf eine sachlich fundierte Argumentation und den Beweis der Unschuld“. Kafka hat sich gelegentlich dafür interessiert, mit „kabbalistischen“ Buchstabenspielen „innere Sachzusammenhänge und Identifikationen“ zu finden.[5] Auch seine Beschäftigung mit absurden Verwandlungen, mit Trennungen, mit dem Gerichtspersonal kann als Bestätigung von Scholems Auffassung gesehen werden, wonach Kafkas Schriften „die säkularisierte Darstellung des (ihm selber unbekannten) kabbalistischen Weltgefühls“ seien.[6] Günther Anders bestritt solche Bezüge vehement, weil Kafka „nicht an keinen Gott, sondern an einen schlechten“ geglaubt habe.[7] Die Vergeblichkeit scheint dafür zu sprechen. Ob seine Sprache „sich bruchlos in die kabbalistische Lehre von den Gottesnamen und dem Alphabet als den Elementen der göttlichen Schöpfersprache einfügt“, trotz ihrer Modernität, stellt an die Auffassung von Modernität mehr Fragen als an kabbalistische Traditionen.[8]

Gericht 70
Sprache 70
Ironie 70
Geschichte 87
Weltbild 87
Praxis 87

Rund um Kafkas Wort *Prozeß* jedenfalls ergeben die alten Methoden Begriffsfelder, die, weil sich ausufernde Bedeutungen zusammenballen, seinen komplexen Denkwelten näherstehen dürften als einer professionell abgegrenzten, systemanalytischen Betrachtungsweise irgendwelcher Prozesse.

Der Prozeß 145
Selbstzweck 145
Numerierung 145
Montagetechnik 145
Laboratorium 145

		Erlösung$_{116}$		
Gesellschaft$_{117}$	Realismus$_{117}$	Sachverhalt$_{117}$	Geständnis$_{117}$	Aufklärung$_{117}$
Lebensweise$_{118}$	Geheimdienst$_{118}$	**Prozeß**$_{118}$	Disziplin$_{118}$	Faschismus$_{118}$
Gleichgewicht$_{119}$	Verachtung$_{119}$	Störung$_{119}$	Berechtigung$_{119}$	Fingerabdruck$_{119}$
	Vernunft$_{120}$	Absurdität$_{120}$	Kausalität$_{120}$	
		Fatalismus$_{121}$		

Sogar bei Eigenschaften oder bei Zeitwörtern entstehen solche beziehungsvollen Auffächerungen, die zu abrufbaren Vorstellungsbildern passen. Das Wort Prozeß$_{118}$ wird einerseits von irrational$_{117}$, depressiv$_{117}$, vielseitig$_{117}$, von idealistisch$_{118}$, wahnsinnig$_{118}$, von subjektiv$_{119}$, korrupt$_{119}$ oder unbeweisbar$_{119}$ eingekreist, andererseits von beschwören$_{117}$, untergehen$_{117}$, von verwandeln$_{118}$, wiederholen$_{118}$ und kalkulieren$_{119}$. Der Prozeß$_{118}$ wird komprimiert auf ein Verwandeln$_{118}$.

Milan Kundera hat darauf hingewiesen, daß sich in Kafkas Welt fast nichts von dem findet, „was den Kapitalismus ausmacht: weder das Geld und seine Macht, der Handel, der Besitz und die Besitzenden noch der Klassenkampf". Es finde sich „keine wesentliche Spur politischer Interessen"; die Tragweite seiner Werke beruhe gerade darauf, „daß sie ‚nicht-engagiert' sind, beruht auf ihrer völligen Autonomie gegenüber allen politischen Programmen, ideologischen Begriffen und futurologischen Prognosen". Seine Figuren befänden sich „in einer Welt, die weiter nichts ist als eine einzige riesige labyrinthische Institution, der sie sich nicht entziehen und die sie nicht begreifen können". Diese Institution Welt sei „ein Mechanismus, der seinen eigenen, von irgendwem irgendwann programmierten Gesetzen gehorcht, die mit menschlichen Interessen nichts zu tun haben und daher unverständlich sind". Würde die Suche nach dahinter Verborgenem, nach dem Gedicht mit einer im voraus feststehenden Wahrheit verbunden, käme das einem Verzicht „auf die der Poesie eigene Mission" gleich, sich ausschließlich an der „*zu entdeckenden* Wahrheit zu orientieren, (...) die *Blendung* bedeutet".[9]

Institution 170
Gleichgültigkeit 170
Physik und Chemie 170
Labyrinth 109
Dunkelheit 109
Kontext 109
Blendung 79
Sekunde 79

Paul Celan wiederum, der sich intensiv mit kabbalistischer Sprachtheorie beschäftigte, hatte schon sein Pseudonym durch ein Anagramm aus seinem Familiennamen Ancel gebildet, durch Umstellung der Buchstaben. Am Titel des Gedichtbandes *Sprachgitter* war ihm wichtig, daß in ihm „die Schwierigkeit alles (Zueinander-) Sprechens und zugleich dessen Struktur mitspricht". Die häufigsten von ihm verwendeten Substantive sind *Aug(e)* und *Wort.*[10]

Auge 34
Buch 34
Ding 34
Wort 76
Stern 76
Meteor 76

Wenn andererseits Ezra Pound postuliert hat: „Große Literatur ist einfache Sprache, die bis zu den Grenzen des Möglichen mit Sinn geladen ist", so werden Bezüge zu einem kabbalistisch anmutendem Umgang mit Sprache unübersehbar: Es gehe um die Kunst, „Sinn in die Worte zu bekommen"; er glaubt an einen „absoluten Rhythmus" in der Dichtung, an die – aus der Zahl kommende – in Musik gesetzte „Komposition von Wörtern" und hält die Kunst, Literatur, Poesie für eine Wissenschaft „genau wie die Chemie", die minderwertig werde, wenn sie „ungenau" sei, wenn sie nicht „höchste Präzision" erreiche. Er betont das Bildhafte, das *image,* als „das Wort jenseits des Formulierten".[11]

Sinn 56
Suche 56
Kraft 56
Gedicht 56

Seine Begeisterung für das Mittelalter, insbesondere für die provencalische Dichtung, macht dies sogar in zeitlich-räumlicher Sicht plausibel.

Eine solche Berufung auf die Troubadoure, die „Erfinder von Versen“, so die eine sprachliche Wurzel, oder die „Sänger“ (von arabisch *taraba* für „singen“) läßt sich am Beispiel Guihelms (1071–1126) konkretisieren, einem der bedeutendsten unter ihnen und „der erste Dichter in einer modernen europäischen Sprache“, dem heute noch in Südfrankreich von einer Minorität gesprochenen Okzitanischen. Neben den dadaistischen Grundzügen, die den wenigen erhaltenen Texten zugeschrieben wurden, sind es wieder Spuren eines Berechnens, die solche Verzweigungen zweckmäßig erscheinen lassen. Eine der Wurzeln von Poesie, so Raoul Schrott, komme dort zum Vorschein, „ihre Legitimation in der Sprache, aus der ihr innewohnenden Struktur heraus, in der der *vers* erst zur Sprache und schließlich zur Schrift findet. Das Wort, der Buchstabe erhalten ihren Sinn durch ihren gematrischen Zahlenwert, ihre Materialität, die zum Symbol der Emanation Gottes wird. Diese hypogrammatische Struktur gibt einen Raster vor, der mathematisch kalkulierbar ist und erst dann zum Spielfeld der Imagination wird; sie ist handwerklicher Qualitätsmaßstab neben dem des Vortrags und der selbst komponierten Melodie.“ Das Lied wird zum paradoxen Rätselgedicht, „das den Schlüssel zu seiner Lösung im Text selbst birgt“. Von der Symmetrie der Initialen am Beginn jeder Strophe bis zur Zahl der Zeilen, dem eigenen Namen, dem Geburtsdatum spielen Zahlenrelationen und die Zahlenwerte des Alphabets eine entscheidende Rolle. Unmittelbare Bezüge zur andalusischen, jüdischen und islamischen Dichtung sind offensichtlich. Entsprechungen finden sich auch in vielen „klassischen“ griechischen und römischen Gedichten. „Allen ist die gematrische Methode gemeinsam, die wir von der Kabbala kennen, wo es darum geht, einen verborgenen Sinn über den Zahlenwert der Buchstaben zu entdecken. Die offensichtliche Legitimation für diese Poetik ist die Legitimation des Wortes durch Mystik und Magie, durch seinen göttlichen Ursprung, eine sprachphilosophische Position, die zuletzt noch Karl Kraus vertrat. Es ist die Suche nach einer vollkommenen Sprache, um die es dabei geht – nicht nur in diesen extremen Beispielen, sondern im Grunde legt es jedes Gedicht auf das richtige Wort an und steckt die Ränder der Sprache neu ab, in dem Versuch, ihre Grenzen auszudehnen." Versucht wird, „durch die Kombinatorik einiger weniger poetischer Elemente die Gesamtheit einer Welt zu konstruieren", es mittels Perfektion der Sprache den anderen großen Symbolsystemen gleichzutun, „der Musik und der Mathematik."[12]

In diesem Sinn sind die Struktur und das visuelle Bild auch für „Pounds unabdingbar graphische Poetik" (Derrida) essentiell.[13] Erst „als Descartes die Zuständigkeit der Sprache für die exakte Mitteilung in Frage stellte und die mathematische Formel an ihre Stelle setzte, fing das Selbstbewußtsein der Dichter zu kranken an", heißt es dazu in einem Kommentar über ihn.[14] In der Moderne wird darauf auf eigene Weise reagiert; Apollinaire hat in seinen *Caligrammes* schon früh einen Text als Uhr montiert, mit verbalen Entsprechungen für die Zahlen eins bis zwölf. Sonia Delaunay und Blaise Cendrars haben das erste „simultane Buch" als ausfaltbares, fast zwei Meter langes, in Farben und Figurationen integriertes Gedicht realisiert.[15] Das Tabu, in Bildern Buchstaben, Zahlen, Wörter darzustellen, wurde von Picasso, von Braque gebrochen; von den Futuristen, den Konstruktivisten, den Dadaisten

Gesamtheit 107
Identität 107
Symbiose 107
Erdoberfläche 107
Untergang 107

Fragment 84
Bewegung 84
Gelächter 84

sind laufend Zahlen vermischt mit Buchstaben und Wörtern verwendet worden. Die Trennung zwischen Bild und Text und Formel wird aufgehoben. Sehen und Begreifen, Anschauen, Lesen, Rechnen sollen nicht mehr an getrennte künstlerische und wissenschaftliche Sphären gebunden sein.

Als Parallelerscheinung zur Begeisterung für ein Berechnen oder dadurch ausgelöste Irritationen ist die Deutung von Wörtern und ihren Beziehungen mit Hilfe von Zahlenwerten diskreditiert worden. Daß solche Methoden dazu dienen könnten, durch Übereinkünfte abgesicherte Aussagen über Sinnschichten zu erhalten, ist ihnen nur noch in esoterischen Zirkeln zugebilligt worden – trotz der in den Naturwissenschaften oder in der Literatur zunehmend wichtig genommenen Beschäftigung mit dem Zufall, mit statistischen Wahrscheinlichkeiten. Gegenstimmen zu dieser Abwendung sind aber auch in der Moderne schon in prästrukturalistischen Phasen nie völlig verstummt.

Einer der markantesten dieser Verteidiger ist Jorge Luis Borges, der dazu in surrealistischen Zeiten lakonisch Stellung genommen hat: „Über dergleichen Operationen zu spotten ist leicht: ich bemühe mich lieber, sie zu verstehen." Er ging davon aus, daß die Vorbehalte auf Fehleinschätzungen beruhten. Die Kabbalisten seien ja keineswegs am Spiel des Zufalls interessiert gewesen, sondern am „absoluten Text", in dem er keine Rolle spielt. Dessen „unberechenbare Beimischung" wollten auch Schriftsteller wie Paul Valéry so weit wie möglich abweisen und unterbinden.[16] André Breton war völlig gegenteiliger Ansicht: „Alles ist geeignet", fordert er im Ersten Manifest des Surrealismus, „um von bestimmten Assoziationen den gewünschten Überraschungseffekt zu erlangen." Die „Alchimie des Wortes" ist ihm in solchen Prozessen

Zufall 78
mistake 78
Überraschung 142
Relativität 142
Kunstwerk 142

immer wichtig geblieben. „Dieser Ausdruck, den man heute mehr oder weniger zufällig immer wieder aufgreift, will wörtlich verstanden werden.“ Gefordert hat der Theoretiker des Automatismus auch, sich „mit keiner Art von Filtrierung“ abzugeben. Es gehe darum, „zu bescheidenen Registriermaschinen“ zu werden.[17]

Registrierung $_{170}$
Einzigartigkeit $_{170}$
Gleichgültigkeit $_{170}$

Im Zufall ist eine zwar kritische, aber durchaus auch magische, schließlich wieder sinnstiftende Instanz gesehen worden, ein Zeichensystem des Unbewußten. Bei den Dadaisten war diese Kontinuität mit Absicht nicht so ausgeprägt. „Dada stammt aus dem Lexikon“, schreibt Hugo Ball im ersten dadaistischen Manifest, „ein Internationales Wort. Nur ein Wort und das Wort als Bewegung.“[18] Offensichtlich ungewollt verbindet sich Dada$_{10}$ über seinen Codewert mit Gott und der Welt, denn nach mystischer Tradition steht 10 dafür, daß Gott (1) die Welt (2–9) aus dem Nichts (0) geschaffen hat.[19]

positiv $_{110}$ negativ $_{78}$
Tradition $_{110}$ Zufall $_{78}$
Funktion $_{110}$ Kritik $_{78}$

Zur von Argentinien aus erfolgenden offenen *Ehrenrettung der Kabbala* und des Interesses an ihr durch Borges kam es in einer Sprachkultur, von der sich zumindest der Eindruck ergibt, daß von katholisch-anarchistischen Polaritäten geprägte Unterströmungen trotz aller Exzesse gegen Andersgläubige weiterhin ein Aktivieren „kabbalistischer“ Prägungen begünstigen. Nicht die Lehre, sondern „die hermeneutischen oder kryptographischen Verfahren, die zu ihr hinführten“ hat Jorge Luis Borges entschieden verteidigt. „Diese Verfahren sind bekanntlich die vertikale Lesart der heiligen Texte, die sogenannte *Bovestrophedon*-Lesart (von rechts nach links und die folgende Zeile von links nach rechts), der methodische Austausch zwischen bestimmten Buchstaben des Alphabets, die Summe aus den Zahlenwerten der Buchstaben usw.“ Zu zeitgenössischer Dichtung ergeben sich Ver-

Ausschaltung des Zufalls 271
Konstellationsmatrix 271

bindungen nicht wegen eines Spiels mit dem Zufall, sondern – ganz im Gegensatz dazu – aus der Ausschaltung des Zufalls. Anders als später Lévinas sieht er in der minutiösen, jeden Bezug ernstnehmenden Beschäftigung mit dem Alten Testament, also in der Methodik, den konkreten, neue Wirksamkeit entfaltenden historischen Hintergrund, auch wenn es um ganz andere Inhalte geht. In der *Genesis,* dem Stoff der Kabbala, sei für jene, die sich auf sie berufen, eben absolut nichts zufällig. So wie vom Koran geglaubt wird, daß er schon vor der Sprache, vor der Schöpfung existiert hat, gebe es sogar lutherische Theologen, „die sich nicht getrauen, die Heilige Schrift unter die geschaffenen Dinge aufzunehmen und sie als eine Inkarnation des Heiligen Geistes definieren". Auch „die Kabbalisten glauben so wie heute noch viele Christen an die Göttlichkeit dieser Geschichte, an ihre wohlüberlegte Abfassung durch eine unendliche Geisteskraft". Deshalb komme es auf jeden Buchstaben, auf jede Nuance an.[20]

Präzision 132
Wahrnehmung 132
Sparsamkeit 132

Was ursprünglich als absolute, nie völlig ergründbare Präzision des Buches der Bücher vorausgesetzt wurde, formiert sich als individuelles Streben nach maximaler Präzision auch abgelöst davon stets von neuem, wenn die Textbezogenheit als Denkmodell verwendet wird. Die Negation einer solchen Perfektion ist nur eine andere Reaktion darauf. Mit der Auffassung, daß hergestellte Zeichen in ihrer Intensität von den Beziehungen zu anderen Zeichen und von der Art der Beobachtung abhängig sind, löst sich die Bindung an Absolutes nur scheinbar. Der fiktive Autor des Verweisungssystems bleibt präsent. Präsent bleibt auch die materielle Bedingtheit, wenn Schrift und Lautbilder als Material behandelt werden, das seine Möglichkeiten in sich trägt. Wenn Sinn der Notwendigkeit des Klangs unterworfen wird, ergeben sich analoge

Bezüge. Über eingeflochtene Komponenten des Wahrnehmungsprozesses relativiert sich die Autorenschaft. Für Borges ist eine solche Distanzierung keine entscheidende Frage, die Bezüge verschieben sich nur, als Tendenzwechsel zwischen der Konzentration auf die Interpretation und einer Konzentration auf die Produktion. Auf entfernte Art vollziehe der Autor „eine Annäherung an den Herrn, für den der vage Begriff Zufall keinerlei Bedeutung hat". Subjektives objektiviert sich. Der „Text" löst sich vom Urheber. Es klingt durch, daß das Lesen der alten Texte ohne Akzeptanz ihres dogmatischen Gewichts erst wirklichen Respekt begründet. Die Vorstellung, so Borges, „daß Gott Wort für Wort diktiert, was er zu sagen beabsichtigt", „(und sie war es, die die Kabbalisten adoptierten), macht aus der Schrift einen absoluten Text, bei dem die Mitwirkung des Zufalls mit Null zu beziffern ist. Allein die begriffliche Vorstellung dieses Dokuments ist ein größeres Wunderwerk als alle, die auf seinen Seiten verzeichnet werden. Ein Buch, das gegen die Kontingenz undurchdringlich gefeit ist, ein Mechanismus unendlicher Zeichensysteme, unfehlbarer Variationen, auf der Lauer liegender Offenbarungen, Überlagerungen von Licht – wie sollte man es nicht bis zur Sinnlosigkeit, bis zur Unzahl befragen, wie es die Kabbala tat?" Im übrigen sei es eine Tatsache, sagt er anderswo, „daß jeder Schriftsteller seine Vorläufer *erschafft*."[21] Vilém Flusser wiederum betont vor allem das Interpretationspotential: „Die Bibel ist ein Text, der darauf aus ist, von jedem möglichen Leser empfangen und von jedem auf seine eigene Art gedeutet zu werden."[22]

Interpretation 184
Wahrheitsfindung 184
Wahrscheinlichkeit 184
Produktion 143
Spekulation 143
Nebenwirkung 143
Kontingenz 135
Sinnesorgan 135
Alltäglichkeit 135

Um Vorläufer geht es aber auch einem Ökonomen wie John Maynard Keynes, wenn er für konstituierende Momente der Moderne weiträumige Bezüge herstellt. In seiner Würdigung Newtons, der Zeit-

genosse Spinozas war, verbindet er Aufklärerisches mit der Geschichte
der Zauberei. „Seit dem 18. Jahrhundert“, schreibt er, „wird Newton als
der erste und größte Wissenschaftler der Neuzeit angesehen, als ein Ra-
tionalist, als einer, der uns lehrte, das Denken auf eine kalte und unver-
fälschte Vernunft zu gründen. Ich sehe ihn nicht in diesem Licht. Ich
glaube nicht, daß irgend jemand ihn so sehen kann, der den Inhalt der
Kiste 64 Kiste genau studiert hat, die er 1696, als er Cambridge endgültig ver-
Inhalt 64 ließ, packte und die, obwohl zum Teil zerstört, bis in unsere Tage über-
Bilanz 64 kommen ist. Newton war nicht der Vorreiter der Vernunft. Er war der
Gefühl 64 letzte Zauberer, der letzte der Babylonier und Sumerer; der letzte große
Mechanik 64 Geist, der auf unsere sichtbare und geistige Welt mit genau denselben
Analogie 64 Augen blickte wie diejenigen, die vor etwas weniger als 10 000 Jahren
Schamane 64 begannen, unser geistiges Erbe zu entwickeln.“[23] Newtons lange un-
bekannt gebliebenen privaten Studien, die viel mit alchemistisch-
kabbalistischen Fragestellungen zu tun haben, belegen, wie stark ihn
dieses Thema neben der Physik beschäftigte, auch wenn er jede öffent-
liche Äußerung darüber vermied. Aus unwissenschaftlichen, okkulten
Vergleich 89 Interessen haben die Entdeckungen unsichtbarer universeller Kräfte
Wissen 89 dieser Zeit entscheidende Impulse bezogen; bei Newton war es das, was
Religion 89 damals als Alchemie angesehen wurde, bei Kepler die Astrologie.
Geheimnis 89 Newton wollte als Alchemist die Strukturen des Mikrokosmos ver-
stehen und sie in die Mechanik integrieren, und er wollte Wissenschaft
Theologie 96 und Religion nicht getrennt sehen, obwohl gerade er in fundamentaler
Muster 96 Weise dazu beigetragen hat, daß die Autorität von den Theologen auf
die Physiker übergegangen ist. Als Carl von Linné, zeitlich unmittelbar
Physik 88 auf Newton folgend, die Grundlagen der modernen biologischen Syste-
Essenz 88 matik geschaffen hat, auf der Basis binärer lateinischer Bezeichnungen,

hat das auch ihn motiviert, an ein Gegenmodell zur Ordnung nach Herkunft, Gattungen, Arten zu denken, an die Einteilung nach tatsächlichen Ähnlichkeiten. Es ist fragmentarisch geblieben.

Die stattfindende „Trennung von Sachen und Wörtern durch die Zerschlagung der Zusammengehörigkeit von Sprache und Welt“ habe, so Raoul Schrott in seinen Betrachtungen über Physik und Dichtung, auch später immer wieder ein Interesse erzeugt, neuerlich „an einen Punkt vor dieser Revolution zu kommen; das Interesse von Schrödinger an den Vorsokratikern oder das von Pauli an Kopernikus und Kepler läßt sich dadurch erklären. Daß jetzt eine Informationstheorie des Universums postuliert wird, zeigt ebenfalls den Versuch, die Alchemisten des Mittelalters auf moderne Weise zu beerben. Nichts ist ohne Zeichen, schreibt Paracelsus: die Natur läßt nichts entstehen, ohne daß sie nicht bezeichnen würde, was darin steckt. Die Kunstfertigkeit, diese Chiffren zu lesen, besaß die Poesie – im Unterschied zu den Wissenschaften – zu allen Zeiten. So gesehen ist die Wirklichkeit nicht ein physikalisches, sondern ein poetisches Problem.“ Als Bekräftigung dieser Sicht der Dinge wird Erwin Schrödinger zitiert, der ursprünglich Dichter werden wollte: „Aber ich habe schnell begriffen, daß die Dichtung ihren Mann nicht ernähren kann. Die Wissenschaft dagegen hat mir eine Karriere angeboten.“[24] Das deutet wenigstens soziale und mentale Komponenten an, die mit im Spiel sind. Bei Robert Musil war die Konstellation umgekehrt; seine Nähe zur Mathematik hat sich schon in der Dissertation über Ernst Mach gezeigt. Bereits den Zögling Törless läßt er sagen: „Ich habe nie bezweifelt, daß die Mathematik recht hat – schließlich lehrt's doch auch der Erfolg –, mir war vielmehr nur das sonderbar, daß die Sache mitunter so gegen den Verstand geht;

Systematik 142
Organisation 142
Zusammenhang 142
Fruchtbarkeit 142

Ähnlichkeit 105
Zustand 105
Verhalten 105

verschlüsseln 182
Systema Naturae 182
Kritische Theorie 182

System der Ähnlichkeiten 252
Welterklärungsmodell 252

poetisch 95
ironisch 95

Gesetz der großen Zahl 253
Ursprungsmythos 253
Zeichenhaftigkeit der Welt 253

und möglich wäre es immerhin, daß das nur scheinbar ist." In den Tagebüchern geht er ausführlich auf den Zufall ein, der sich „nicht auf Ereignisse, sondern die Verknüpfung von Ereignissen" beziehe; da sie voneinander unabhängig sind, „wie ist also die angenäherte Unveränderlichkeit der Reihe der Verhältniszahlen zu erklären?" Das *Gesetz der großen Zahl* hat ihn beschäftigt, als Tatsache, als Basis des wirtschaftlichen und sozialen Lebens. „Wäre sie nicht, würde in einem Jahr gar nichts geschehen, im nächsten nichts sicher sein, Hungersnöte würden mit Überfluß wechseln, Kinder würden fehlen oder zuviel sein usw." Anderswo sagt er dezidiert: „Kausale Betrachtung gibt niemals Ziele."[25]

Daß inzwischen das *Gesetz der kleinen Zahlen*, wie es der Mathematiker Richard K. Guy formuliert hat („Es gibt nicht genug kleine Zahlen, um alle Anforderungen zu erfüllen, die an sie gestellt werden"), zur kategorischen Negation zufälliger Übereinstimmungen ins Treffen geführt wird, sagt nichts anderes, als daß derartiges so oft zutreffen kann, daß es nichts bedeutet. Das Alphabet gibt dieser Position recht, denn es setzt das *Gesetz der kleinen Zahlen*$_{245}$ mit Zusammenhangsfiktion$_{245}$ gleich.[26]

Gesetz der kleinen Zahlen 245
theory of everything 245
Zusammenhangsfiktion 245

Auf Mallarmé bezogen hat Paul Valéry davon gesprochen, daß ihn seine Forschungen, aufgrund derer Poesie wieder so wirksam wie Musik werden sollte, als Dichter „einem jener modernen Mathematiker ähnlich machten, die die Grundlagen der Naturwissenschaft erneuerten und ihr eine neue Reichweite und Macht verliehen, als Folge einer zunehmend verfeinerten Analyse ihrer Grundbegriffe und ihrer grundlegenden Konventionen". Auch Edgar Allan Poe ist für ihn Mathematiker, Philosoph und großer Schriftsteller gewesen, „der Dämon der Klarheit", „der literarische Ingenieur", der als erster den Gedanken gehabt habe, „den Werken ein theoretisches Fundament zu geben". Sein intensives Interesse für Logik – und damit für Kriminologie, für Kryptographie –, das ihn zu einem anerkannten Experten für Geheimschriften gemacht hat, ergibt komplexe Verbindungen zur Thematik *Schrift*, zum Entziffern, zum Rekonstruieren. E. A. Poe hat seine strenge Lehre, „in der eine Art Mathematik und eine Art Mystik vereinigt sind"[27], in seinem berühmten Aufsatz *Die Methode der Komposition* präzisiert, einer literaturgeschichtlichen Zäsur. Am Beispiel seines bekanntesten Gedichtes *The Raven* legt er exakt die Entstehungsbedingungen dar: „Meine Absicht ist deutlich zu machen, daß sich kein einziger Punkt in seiner Komposition auf Zufall oder Intuition zurückführen läßt: daß das Werk Schritt um Schritt mit der Präzision und strengen Folgerichtigkeit eines mathematischen Problems seiner Vollendung entgegenging."[28]

Der Titel drückt das in codierter Form exakt aus. Auf Basis des alphanumerischen Codes entspricht *The Philosophy of Composition*$_{345}$ genau der inhaltlichen Aussage: *The elimination of occasional accidents*$_{345}$. Auch in der Übertragung wiederholt sich diese Präzision; *Die Methode der Komposition*$_{271}$ hat denselben Eigenwert wie *Ausschaltung des Zufalls*$_{271}$. Ob das Poe bewußt gewesen ist und daß ferner *raven*$_{60}$ und *word*$_{60}$ den gleichen Zahlenwert haben, so wie *The Raven*$_{93}$ und *writer*$_{93}$, bleibt offen. Die professionelle Beschäftigung mit Codierungs- und Decodierungssystemen würde dafür sprechen; erstaunlich wäre nur, daß er eine solche weitere „mathematische" Dimension nicht in seine Theorie aufgenommen hat. Vielleicht wollte er diese Ebene unkommentiert lassen. Daß auch sein voller Name vom Klang her den gleichen Codewert ergibt wie das Schlüsselwort *Nevermore*$_{115}$, wenn das Spiel mit den

theoretisch$_{130}$
glaubwürdig$_{130}$
Schrift$_{83}$
Bedingung$_{83}$
Speicher$_{83}$
Folgerichtigkeit$_{164}$
Regelmäßigkeit$_{165}$
Rechtsordnung$_{166}$
Wahrheitssuche$_{167}$

berechnete Interpretation $_{269}$

Sachverhaltsdarstellung $_{269}$

The Philosophy of Composition $_{345}$

The elimination of occasional accidents $_{345}$

Die Methode der Komposition $_{271}$

Ausschaltung des Zufalls $_{271}$

The Raven

raven $_{60}$	60	word $_{60}$
The Raven $_{93}$	93	writer $_{93}$
Nevermore $_{115}$		Edgar Allan Poe $_{111}$
Nevermore $_{115}$	115	Edgar Allen Poe $_{115}$

Vokalen, von Allan zu Allen, wie das bei ihm ausdrückliche Absicht ist, miteinbezogen wird, macht eine so kompakte mathematische Struktur sichtbar, daß ihre Wahrscheinlichkeit in einem wissenschaftlichen Licht erscheint. Die einzige kleine Abweichung könnte als bewußt eingebauter Fehler aufgefaßt werden, der auf die musikalischen Nuancen zwischen Laut und Buchstabe aufmerksam macht. In gesprochener Form, mit ihren Variationsmöglichkeiten, verschwinden solche Unterschiede.

Proportionsberechnung $_{272}$
mathematische Struktur $_{273}$
Vermessungsfrequenz $_{274}$
mathematische Struktur $_{273}$
Erklärungszusammenhang $_{273}$
Zufall und Notwendigkeit $_{273}$

Die mit *Nevermore*$_{115}$ aufs engste „verwandten“ Wörter sind übrigens *masterpiece*$_{114}$, *combination*$_{115}$, *arrangement*$_{116}$, *pragmatism*$_{117}$. Offenbar ist ihm auch ohne eine solche Kombinatorik die entsprechende Präzision gelungen.

Von ihm selbst wird die Wahl des Wortes *Nevermore* ohne jeden Bezug auf eine allzu geheimnisvolle „Unterströmung an Bedeutung“, wie er das anderswo nennt, begründet: „Aus dem Entschluß zu einem *Refrain* erwuchs als notwendige Folge die Aufteilung des Gedichts in Strophen: der Refrain bildet den Abschluß jeder Strophe. Daß ein solcher Abschluß, um Kraft zu haben, klangvoll sein und eine gedehnte Betonung erlauben mußte, ließ sich nicht bezweifeln; und diese Überlegungen brachten mich unvermeidlich auf das lange *o* als den klangvollsten Vokal, in Verbindung mit dem *r* als den am besten artikulierbaren Konsonanten. Als der Klang des Refrains so festgelegt war, galt es, ein Wort zu wählen, das diesen Klang enthielt und zugleich möglichst nahe an jene Melancholie herankam, die ich als Stimmung des Gedichts festgelegt hatte. Bei einer solchen Suche ist es völlig ausgeschlossen, das Wort ‚Nevermore‘ zu übersehen. Tatsächlich war es das erste, das sich mir anbot.“[29]

Gesetz 82
Verbot 82
Ausnahme 82
Zusammenhang 142
Organisation 142
Relativität 142
Untergrund 142
Kunstwerk 142
Zeitpunkt 142
innerer Zusammenhang 225
Prüfungssorgfalt 225
Qualitätsanspruch 225
formale Symmetrie 197
Beziehungsraster 197

Daß bei dieser so deutlich begründeten zwingenden Entscheidung sogar genaue numerische Entsprechungen, also Symmetrien, zwischen Schlüsselwörtern herausgekommen sind – als Begleiterscheinung, die mit den poetischen Absichten und Wirkungen nichts zu tun hat – scheint über Zahlen zu bestätigen, was er schließlich im Alexander von Humboldt gewidmeten Prosagedicht *Heureka* als seine grundlegende wissenschaftliche Vorstellung formuliert hat: Es gehe um „das GESETZ", denn bei vorurteilsfreiem Denken ergebe sich zwingend die Auffassung, „daß jegliches Naturgesetz in jeglicher Hinsicht mit allen übrigen Gesetzen untrennbar zusammenhängt". Die Wahrheit liege in der Struktur, denn „ein perfekter innerer Zusammenhang" könne „gar nichts anderes sein als eine absolute Wahrheit".[30] Für W. H. Auden ist diese poetische Abhandlung als Entwurf eines Weltmodells „voll von bemerkenswerten intuitiven Vorwegnahmen, die von späteren wissenschaftlichen Entdeckungen bestätigt wurden".[31] Die darin erkennbare Tendenz zu einer allgemeinen Relativität, zum Vorhaben Einsteins, die „Einheit der Natur – die einfachsten aller Gesetze zu finden", die „systematische Einführung des Gedankens des Beobachters – worin ja die Relativität besteht", hat auch Paul Valéry beeindruckt, der darin einen ziemlich genauen Versuch sah, „das Universum durch *innere Eigenschaften* zu bestimmen", indem „symmetrische und wechselseitige Beziehungen zwischen Materie, Zeit, Raum und Licht behauptet werden. Ich habe" – bekräftigt Valéry – „das Wort symmetrisch hervorgehoben: *das wesentliche Merkmal der Darstellung des Weltalls nach Einstein ist in der Tat eine formale Symmetrie.* Sie macht seine Schönheit aus" – gerade weil die Materie „eine Ansammlung von Transformationen ist, die sich im Kleinen, im Allerkleinsten noch fortsetzen und verlieren".[32]

Das Alphabet bestätigt diese Ansicht, indem es Metaphysik$_{127}$ mit Symmetrie$_{127}$ gleichsetzt, Transformation$_{183}$ mit Rechnung$_{90}$ + Grammatik$_{93}$, mit Struktur$_{148}$ + Magie$_{35}$, mit Mythos$_{100}$ + Schrift$_{83}$.

Transformation$_{183}$
= Rechnung$_{90}$ + Grammatik$_{93}$
= Struktur$_{148}$ + Magie$_{35}$
= Schrift$_{83}$ + Mythos$_{100}$

1 Yirmiyahu Yovel: Spinoza. Das Abenteuer der Immanenz (1989). 1994. S. 461f.
2 Denis Brian: Einstein. A Life. 1996. S. 127
Louis Althusser. In: François Dosse: Geschichte des Strukturalismus (1991). 1997. Band II. S. 224
Louis Althusser: Elemente der Selbstkritik. Berlin 1975. S. 70
Ernst Bloch: Das Prinzip Hoffnung (1938–1947). 1974. Band II. S. 999
3 Fritz Mauthner: Wörterbuch der Philosophie (1923/24). Wien 1997. Band I/2. S. 437; Band I/3. S. 227, 228, 232
4 Walter Benjamin/Gershom Sholem: Briefwechsel 1933–1940. 1985. S. 293
5 Karl Erich Grözinger: Kafka und die Kabbala. 1992. S. 76f., 106, 164f.
6 Gershom Sholem: Zehn unhistorische Sätze über die Kabbala. Judaica III. 1973. S. 271
7 Günher Anders: Kafka. Pro und Contra. Die Prozeß-Unterlagen. 1951. S. 87f.
8 Karl Erich Grözinger: Kafka und die Kabbala. 1992. S. 223
9 Milan Kundera: Die Kunst des Romans (1986). 1989. S. 116, 117, 126, 111, 126
10 John Felstiner: Paul Celan. Eine Biographie (1995). 1997. S. 302, 74, 147
11 Ezra Pound: Wort und Weise (1913–1934). 1981. S. 28, 45, 71, 120, 84, 86, 89, 157
12 Raoul Schrott: Die Erfindung der Poesie. 1997. S. 363, 369f.
Raoul Schrott: Fragmente einer Sprache der Dichtung. 1997. S. 38f.
13 Jaques Derrida: Grammatologie (1967). 1996. S. 167
14 Ezra Pound: ABC des Lesens (1934). 1985. (Aus dem Vorwort von Eva Hesse). S. 5
15 Arthur A. Cohen: Sonia Delaunay (1975). 1988. S. 24
16 Jorge Luis Borges: Eine Ehrenrettung der Kabbala (1931). Gesammelte Werke. 1981. Band V/1. S. 57f., 62
17 André Breton: Die Manifeste des Surrealismus (1924/1930). 1986. S. 38, 89, 28
18 Hugo Ball: Der Künstler und die Zeitkrankheit. 1984. S. 39

19 Helmut Werner: Lexikon der Numerologie und Zahlenmystik. 1995. S. 146

20 Jorge Luis Borges: Gesammelte Werke. 1981. Band 5/I, S. 57, 60

21 Ebda., S. 61, 61f.; Band V/2. S. 117

22 Vilém Flusser: Die Schrift (1987). 1993. S. 38

23 John Maynard Keynes: Newton, the Man. In: J. R. Newman (Hg.): The Worlds of Mathematics. 1956. S. 277–285. In: Ian Stewart: Die Zahlen der Natur. 1998. S. 6
Margaret Wertheim: Pythagoras' Trousers. God, Physics and the Gender Wars. 1997, S. 115ff.

24 Raoul Schrott: Fragmente einer Sprache der Dichtung. 1997. S. 72f.
Erwin Schrödinger: Mein Leben, meine Weltansichten (1950). 1985 (Interview 1931)

25 Robert Musil: Gesammelte Werke II. 1978. S. 81
Tagebücher I. 1976. S. 464, 465, 522

26 Underwood Dudley: Die Macht der Zahl. Was die Numerologie uns weismachen will (1997). 1999. S. 87ff.

27 Paul Valéry: Existenz des Symbolismus (1939). Werke. 1989. Band III, S. 335f.
Die Situation Baudelaires (1924), S. 215, 228
Cahiers/Hefte (1973/74). 1993. Band VI. S. 366

28 Edgar Allan Poe: Die Methode der Komposition (1846). Das gesamte Werk. 1980. Band X. S. 533f.

29 Ebda., S. 538f.

30 Edgar Allan Poe: Heureka (1848). Das gesamte Werk. 1980. Band V. S. 985, 1044

31 W. H. Auden: Ein Bewußtsein der Wirklichkeit (1943–1974). 1989. S. 123

32 Paul Valéry: Cahiers/Hefte (1973/74). 1993. Band VI. S. 412, 421
Paul Valéry: Werke. 1989. Band IV. S. 114f.

Die Forschergruppe, so die in diesem Abschnitt wiederaufgenommene Fiktion, von der – viel später einmal, als es keine Erinnerungen an den Gebrauch der hier behandelten Sprache mehr gegeben hat – Beziehungen innerhalb der erhaltenen Literatur untersucht worden sind, ist nach der ihr logisch erscheinenden, rechnerisch-strukturellen Methode vorgegangen und hat bereits bei den ältesten Schriften sonderbare Koinzidenzen festgestellt. Von der Bedeutungsdichte waren alle überrascht. Das *I Ging*$_{46}$ antwortet auf das Chaos$_{46}$. Die *Ilias*$_{50}$ entspricht, mit ihrem Titelbegriff, den Wörtern Fest$_{50}$, Lüge$_{50}$, Krieg$_{50}$, Exil$_{50}$, Mord$_{50}$, Wind$_{50}$, Haut$_{50}$, Jubel$_{50}$, Flamme$_{50}$. Wörter wie Nützlichkeit$_{163}$ oder Zahlenmystik$_{163}$ haben denselben Zahlenwert wie *Das Gilgamesch-Epos*$_{163}$. *Die Bibel*$_{48}$ und *Die Kabbala*$_{48}$ entsprechen einander und den Wörtern Glaube$_{48}$, Lehre$_{48}$, Dialog$_{48}$; verkürzt entsteht die Gleichung Bibel$_{30}$– Kabbala$_{30}$ – Leid$_{30}$ – Erbe$_{30}$ – Abbild$_{30}$.

Diese Wortmagie, die auch in einer ganz anderen als der jeweils ursprünglichen Sprache wieder zutage tritt, schien auf eine der Bildung von Bedeutungen vorausgehende Sprachlichkeit hinzudeuten. Es fanden sich auch historische Quellen von unbezweifelbarem Rang, die Analoges behauptet hatten; etwa Gelehrte wie Emmanuel Lévinas, dem solche Gedanken als Konsequenz seines Textstudiums, seiner lebenslangen Beschäftigung mit dem Alten Testament, der Thora, gekommen sind. Über Zahlenrelationen erkennbar werdende Bezüge wären demnach nur ein anderer Ausdruck gegebener Zusammenhänge; durch jegliche Literatur hindurch spreche „das menschliche Antlitz“, an das er glaube, „trotz des Endes des Eurozentrismus, der durch so viele Schrecklichkeiten disqualifiziert ist“. Die Heilige Schrift ist für ihn „nicht bedeutungsvoll aufgrund der dogmatischen Erzählung ihres übernatürlichen oder heiligen

Wortmagie$_{111}$
Radikalität$_{111}$
Illusion$_{111}$

Antlitz$_{102}$
Kristall$_{102}$
Lesbarkeit$_{102}$

Ursprungs, sondern durch den Ausdruck des Antlitzes des anderen Menschen“. Mit diesem Bezug kommt er zu einer eine Einheit von Literatur unterstellenden merkwürdige Aussage: „Es liegt eine Beteiligung an der Heiligen Schrift in der nationalen Literatur vor, bei Homer und Platon, bei Racine und Victor Hugo, ebenso wie bei Puschkin, Dostojewskij oder Goethe, selbstverständlich genauso bei Tolstoj oder bei Agnon. Aber ich bin der unvergleichlichen prophetischen Vorzüglichkeit des Buches der Bücher sicher, das alle Literatur der Welt erwartet hat oder das sie kommentiert.“[1]

Solche Begründungen mußten den Analytikern fremd bleiben; als ideengeschichtlich relevante Erklärungsmuster sind sie aber miteinbezogen worden. Weitere Berechnungen haben laufend neue Bestätigungen geliefert; bis hin zu Thomas Bernhard, dessen *Heldenplatz*$_{123}$, als Theaterstück und konkreter Schauplatz, seine Beziehungen zu Wörtern wie Totalität$_{123}$, Fanatismus$_{123}$ oder Rassenhaß$_{123}$ nicht los wird. Die Suche nach solchen Entsprechungen mußte schließlich abgebrochen werden, weil es von keiner Seite mehr Unterstützung gegeben hat. Irgendwann schien hinreichend bewiesen, daß sich die Direktheit von buchstabengetreuen, mit Zahlencodes operierenden Schriftanalysen ad absurdum führt.

Einige haben sich damit nicht zufriedengegeben und im stillen trotzdem weitergemacht, weil sie zu den fremden Wörtern eine Liebe entwickelt hatten, oft schon bevor sie ahnten, was sie alles bedeuten konnten. Dabei haben sie festgestellt, daß die Summe der Stellenwerte aller Buchstaben des Alphabets (351) ausgerechnet dem lateinischen Originaltitel von Spinozas erst posthum erschienenem Hauptwerk, *Ethik nach der geometrischen Methode dargestellt*, entspricht: *Ethica Ordine Geometrico demonstrata*$_{351}$. Diese innere Stimmigkeit wurde als Ausdruck

Liebe$_{33}$
Nähe$_{33}$
Name$_{33}$

Gesetzmäßigkeit$_{200}$
Perfektionismus$_{200}$
Innere Stimmigkeit$_{200}$

einer überzeugenden Gesetzmäßigkeit interpretiert. Der dezidiert „geometrische“ Zugang und die numerische Übereinstimmung konnten nur als eindrucksvoller Beweis der mit dieser Methode erzeugbaren Aussagepräzision gewertet werden. Im speziellen Fall schien es vorstellbar, daß der Autor den Titel seines Hauptwerks tatsächlich mit dem Wert der grundlegenden Schriftzeichen abgestimmt hat; als unbeabsichtigte Entsprechung wäre diese Korrelation letztlich noch signifikanter, jeder Spekulation über bewußt symbolische Aspekte enthoben. Eine Interpretation liefe darauf hinaus, daß „alles“ gedacht und ausgedrückt werden sollte, mittels der real, im Diesseits gegebenen Mittel. Im Lehrsatz 7 sagt Spinoza: „Die Ordnung und Verknüpfung der Ideen ist dieselbe wie die Ordnung und Verknüpfung der Dinge.“ Im Lehrsatz 44 wird das weiter bestärkt: „Es liegt in der Natur der Vernunft, die Dinge nicht als zufällig, sondern als notwendig zu betrachten.“[2] In einem späteren Kommentar dazu ist betont worden, daß seine Ethik nichts mit Moral zu tun habe, daß es ihm um einen Plan ging, um einen Plan „im geometrischen Sinn, Schnitt, Überschneidung, Diagramm“, bei dem das Künstliche „ganz und gar Teil der Natur“ sei.[3]

Geometrie $_{97}$
Berechnung $_{97}$
Reichtum $_{97}$
Verknüpfung $_{160}$
Materialismus $_{160}$
Urteilskraft $_{160}$

Daß gerade rund um die Zahl 351, die Alphabetsumme, auch andere gewichtige Beispiele als Bestätigung einer materiell begründeten Semantik verstanden werden konnten, hat sich darin gezeigt, daß dieser Wert von *Auf der Suche nach der verlorenen Zeit*$_{352}$ oder durch Wittgensteins *Philosophische Untersuchungen*$_{352}$ überschritten wird, gefolgt vom *Tractatus logico-philosophicus*$_{354}$ und von Spinozas *Tractatus theologico-politicus*$_{356}$. Das hat die Aufmerksamkeit auf die mysteriöse Struktur des Alphabets gelenkt: 351 + 9 = 360. Das *missing link* der magischen Zahl 9 (3^2) stellt also zwischen Arithmetik, Geometrie und Zeit die Brücke her; vom

missing link $_{136}$
satisfaction $_{136}$

Buchstaben zur Zeit, zum Kreis, zur Kugel, zum Dreieck (180 Grad). Da alle Konsonanten in der Summe 300 ergeben und die Vokale 51, schien offensichtlich, daß die – von den Aufschreibtraditionen her – viel jüngeren Selbstlaute mit ihren Umlautvarianten für diese mysteriöse Abweichung verantwortlich sind.

360

die Konstruktionsprinzipien $_{360}$

Punkte im Raum-Zeit-Kontinuum $_{360}$

die Zahlen- und Buchstabenkombinationen $_{360}$

the essential space and time relations $_{360}$

counterbalance of beauty and mathematics $_{360}$

Die Raum-Zeit-Zahl 360 bezeichnet, vermessungstechnisch verbalisiert, *die Konstruktionsprinzipien*$_{360}$ schlechthin. Es wird ausdrücklich betont, daß *die Zahlen- und Buchstabenkombinationen*$_{360}$, verstanden als *Punkte im Raum-Zeit-Kontinuum*$_{360}$, zur Erhellung solcher kryptischen Zusammenhänge beitragen können. Auch in anderen Sprachen liefert dieser Code analoge kategorische Aussagen, etwa indem auf *the essential space and time relations*$_{360}$ oder eine jeweils zu entdeckende *counterbalance of beauty and mathematics*$_{360}$ verwiesen wird. Die Relationen verschieben sich, die gewiesene Richtung bleibt die gleiche. Nach ihrer Position im Alphabet codierte Buchstaben sind also in einer Weise kombinierbar, daß sie solche fundamentalen, rechnerisch richtigen Aussagen ergeben. So wie jeder einzelne von ihnen damit den Bezug zum übergeordneten System, dem Alphabet, abbildet, lassen sie sich mit erweiterten Bezügen auch als *Punkte im Raum-Zeit-Kontinuum*$_{360}$ verstehen, als unteilbare Einheiten, die den Bezug zum Ganzen in sich tragen (wie die Monaden bei Leibnitz, die Gödelnumerierung oder die Punkte in einem Hologramm). Bei numerischer Betrachtung erschließt die Zeichenhaftigkeit der Buchstaben offensichtlich essentielle zusätzliche Dimensionen.

360

dreihundertsechzig $_{203}$

Kombinationsweise $_{203}$

351, die Alphabetsumme, ist – de facto und in Worte übertragen – *der summierte Buchstaben-Eigenwert*$_{351}$. Die Zeichenwerte stimmen also präzise mit dem Bezeichneten überein. Im weiteren ergibt sich der Hinweis auf *die Schrift als Beobachtungssystem*$_{351}$. Im Englischen ist die Buchstabensumme mit *the alphabet for fiction and non-fiction*$_{351}$ identisch. Die Codewerte aller einzelnen Buchstaben verweisen aber auch darauf, daß diese zur *Erklärung des Ausnahmezustandes*$_{351}$ dienen können; zu Zustand, Ausnahme und Erklärung hat dieses System der Schrift also eine besonders enge Beziehung. Weil Koordinatensystem$_{227}$ und Literatur$_{124}$ zusammen ebenfalls die Alphabetsumme ergeben, entsteht der Eindruck, als ob der Gegensatz zwischen Konstruiertheit$_{212}$ und ungebundener Sinneswahrnehmung$_{212}$ für fiktiv erklärt wird. *Die Selbstbestätigungstendenzen*$_{351}$ sind auch deswegen offensichtlich, weil *der summierte Buchstaben-Eigenwert*$_{351}$ sogar inhaltlich präzisiert, um welche kybernetischen Dimensionen es in Summe geht: um *das notwendige System der Schrift*$_{351}$, um *das politische System der Schrift*$_{351}$, um *das utopische System der Schrift*$_{351}$. *Die Schrift*$_{101}$ wird dabei offensichtlich in einen erweiterten, die Gesamtheit von Zeichen umfassenden Zusammenhang eingeordnet, gleichwertig mit System$_{101}$, mit Register$_{101}$, mit Programm$_{101}$, mit Transfer$_{101}$ (aber auch mit Mathematik$_{101}$). *Das neue Erkenntnisinstrument*$_{351}$, das *alle alphabetischen Aufschreibsysteme*$_{351}$ von Anfang an darstellen, bloß als in den Hintergrund getretene, *normale Zivilisationsgrundlage*$_{351}$ zu sehen, würde, so sagen die Codes, das Potential jedes Alphabets als *Codierungs- und Decodierungsapparat*$_{351}$ unterschätzen.

Diese im *Wörter und Zahlen*$_{209}$ betreffenden Strukturmodell$_{209}$ gespeicherten Selbstbeschreibungen$_{209}$ sind, da rechnerisch überprüfbar, rückblickend als Beweis für eine Konstruiertheit$_{212}$ der Beziehungsmuster$_{212}$ gewertet worden; der Perfektionismus$_{200}$ und die *innere Stimmigkeit*$_{200}$ haben keinen Gedanken an Zufälle zugelassen.

350, die Alphabetsumme minus 1, vereint Funktionalismus$_{204}$ und Formalismus$_{146}$, im Englischen werden daraus *the basic principles of*

351
abcdefghijklmnopqrstuvwxyz$_{351}$
der summierte Buchstaben-Eigenwert$_{351}$
die Schrift als Beobachtungssystem$_{351}$
Erklärung des Ausnahmezustandes$_{351}$
Ethica Ordine Geometrico demonstrata$_{351}$
the alphabet for fiction and non-fiction$_{351}$

das notwendige System der Schrift$_{351}$
das politische System der Schrift$_{351}$
das utopische System der Schrift$_{351}$
Codierungs- und Decodierungsapparat$_{351}$

351
dreihunderteinundfünfzig$_{287}$
Komplexitätsreduktion$_{287}$

Funktionalismus$_{204}$ + Formalismus$_{146}$
= Souveränitätsbewußtsein$_{350}$

Zahlenstruktur des Alphabets

a + b + c + d + e + f + g + h + i + j + k + l + m + n + o + p + q + r + s + t + u + v + w + x + y + z = 351

1+2+3+4+5+6+7+8+9+10+11+12+13+14+15+16+17+18+19+20+21+22+23+24+25+26 = 351

	Summe Stellenwert-Code	Quersumme
Alphabet	$351 = 3^5 + 3^4 + 3^3$	$351 = 3 + 5 + 1 = 3^2$
Vokale	$51 = 3^3 + 3^3 - 3^1$	$51 = 5 + 1 = 3 + 3$
Konsonanten	$300 = 3^5 + 3^3 + 3^3 + 3^1$	$300 = 3 + 0 + 0 = 3$
Das Jahr	$365 = 3^5 + 3^4 + 3^3 + 3^2 + 3^1 + 1 + 1$	$3 + 6 + 5 = 14 = 3 + 2$
	$366 = 3^5 + 3^4 + 3^3 + 3^2 + 3^1 + 3^1$	$3 + 6 + 6 = 15 = 3 + 3$
Der Kreis	$360 = 3^5 + 3^4 + 3^3 + 3^2$	

relativity$_{350}$. Die Alphabetsumme + 1 betont, so als ob diese Grenze derartige Bedeutungsbildungen anziehen würde, daß ihre Überschreitung andere Perspektiven eröffnet, etwa den Blick auf *die wertfreie Vernetzungslogik*$_{352}$ einer *Automatisierung der Wahrnehmung*$_{352}$. Die Raum-Zeit-Zahl 360 minus 1 läßt sich in *Modell eines Koordinatensystems*$_{359}$ und in *die Selbstorganisation der Buchstaben*$_{359}$ übertragen. 360 + 1 ergibt den Hinweis auf eine *logisch-mathematische Beweisführung*$_{361}$ und auf *die latente Polarität: Sinn – Paradoxie*$_{361}$. An solchen minimalen Abweichungen ist die Nähe interessanter erschienen als die Differenz.

Derartige Entdeckungen haben für eine überzeugende methodische Sicherheit beim Weiterarbeiten gesorgt. Bewußt wurde bei solchen Analysen auch, daß das Alphabet komplett als Funktion von 3 darstellbar ist. Der sich darin zeigende Symbolismus von 3 ist uferlos; in einem Kulturvergleich steht 3 am ehesten für „die umfassende Synthese“. Die vorangegangene Entzweiung wird überwunden, die Raumerfahrung ist dreidimensional, Zeit wird als Vergangenheit, Gegenwart und Zukunft erfahren, im Prinzip geht es um „die Entfaltung des Einen in der Vielheit“.[4] Zu einem Schriftsystem schien vieles davon in überzeugender Weise zu passen. Daß die 26 lateinischen Buchstaben sich in solche Zahlen-Symmetrien fügen, obwohl ihre historische Entwicklung keine bewußte Fortschreibung einer solchen Systematik gewesen ist, wurde von den Forschern rückblickend als Beweis für den Automatismus von Strukturbildungen gewertet. Selbst die Quersummen der in Ziffern zerlegten Zahlen ergeben solche Dreier-Relationen. Versuche mit den Quersummen als Codierungssystem wurden aber wieder verworfen, weil damit alle Wörter in Kategorien von 1 bis 9 eingeordnet werden, was die Differenzierung stark einschränkt. Beachtung fand aber, daß sich

Automatismus $_{172}$
Wechselbeziehung $_{172}$
Quantentheorie $_{172}$

jede Zahl und damit auch jede numerische Wortkategorie auf diese Weise auf eine von 3 x 3 Möglichkeiten komprimieren läßt und sich daraus ein kompaktes Netz von Beziehungen entwickeln ließe.

Diese symmetrische innere Struktur des Alphabets hat die Forscher an mikrokosmische Vorgänge, an Quantenbeziehungen erinnert. Um so erstaunter sind sie gewesen, daß eine solche physikalische Sicht auf essentielle Zusammenhänge eine verbalisierbare Bestätigung gefunden hat, indem zum Ursprung aller menschlichen Möglichkeiten, der Sonne, ein unmittelbarer numerischer Bezug aufgetaucht ist. Von der Funktionsweise her betrachtet, haben sie in ihr einen Hochleistungsfusionsreaktor$_{351}$ gesehen, und dieser Begriff hat exakt denselben Codewert wie alle Buchstaben des Alphabets. Gegen ein bloß zufälliges, isoliertes Zusammentreffen hat gesprochen, daß er sich alphanumerisch in Sonnenenergie$_{144}$ + Austauschrelation$_{207}$ oder in Anfang$_{43}$ + Mikrokosmos$_{158}$ + Makrokosmos$_{150}$ aufschlüsseln läßt (351). *Sun*$_{54}$ + *nuclear fusion power plant*$_{298}$ (352) liegt ebenfalls fast punktgenau in diesem statistischen Streubereich.

351

abcdefghijklmnopqrstuvwxyz$_{351}$

Hochleistungsfusionsreaktor$_{351}$

=

Sonnenenergie$_{144}$

+ Austauschrelation$_{207}$

=

Anfang$_{43}$

+ Mikrokosmos$_{158}$

+ Makrokosmos$_{150}$

Einigen sind schließlich die Wortbeziehungen so wichtig geworden, daß sie Wörterbücher mit numerischen Werten und codierten Querverweisen verfaßt haben; Rückhalt haben sie bei Paul Valéry gefunden, der es für richtig gehalten hatte, „nach Wortkategorien vorzugehen, bevor man sich auf die alphabetische Reihenfolge verpflichtete“, denn eines sei klar: „Was ich sagen will und was ich verlauten lasse, schließt nicht die Bedeutung der Wörter ein, die ich gebrauche“; deshalb „ist es geradezu unmöglich, Wörterbücher zu erstellen“. Da die späteren Archäologen vom Gebrauch nichts mehr wußten, ist ihnen die Zusammenstellung von Wörtern, die sich über Code-Relationen „gegenseitig stützen

Code-Entsprechungen in der Literatur

Chaos	46	I Ging
Die Bibel	48	Die Kabbala
Krieg	50	Ilias
Glück	59	Hamlet
Gott	62	Thora
Preis	67	Faust
Tempel	71	Talmud
Pflicht	74	Mahabharata
Zufall	78	Der Fremde
Schrift	83	Bhagavadgita
Nummer	84	Endspiel
Nachwelt	86	Der Koran
Religion	89	Die Dämonen
Wahrheit	92	Odyssee
Ordnung	93	Die Ursache
Eigentum	94	Das Kapital
Beobachtung	98	Was tun?
Computer	111	Der Spieler
Sinngebung	112	Der Augenblick
Erlösung	116	De Civitate Dei
Gesellschaft	117	Das weite Land
Verachtung	119	Das Schloß
Vernunft	120	Ulysses
Existenz	122	Die Wörter
Totalität	123	Heldenplatz
Erkenntnis	129	Was ist Leben?
Sprachgebrauch	130	Das wilde Denken
Schuldgefühl	131	Das Ich und das Es
Philosophie	132	Der Zauberberg
Proletariat	135	Die Reiterarmee
Trennschärfe	136	Entweder – Oder
Menschenrechte	140	Der Untertan
Verwandlung	141	Masse und Macht
Zusammenhang	142	Die Enden der Parabel
Produktion	143	Nemesis Divina
Selbstzweck	145	Der Prozeß
Wissenschaft	146	Sein und Zeit
Grenzübergang	150	Krieg und Frieden
Sprachregelung	154	König der Könige
Kryptogramm	157	Die Form der Zeit
Nützlichkeit	163	Das Gilgamesch-Epos
Transzendenz	166	Die letzte Welt
Nationalismus	167	Der Konformist
Meinungsumfrage	173	Die Blumen des Bösen
Fortpflanzung	176	Väter und Söhne
Rechtssicherheit	177	Die Ordnung der Dinge
Naturzustand	179	Das Alte Testament
Systemtheorie	181	Unter dem Vulkan
Existenzangst	183	Die Traumdeutung
Wahrheitsfindung	186	Das Neue Testament

Sentimentalität	187	Traurige Tropen
Unterernährung	189	Principia Mathematica
Kulturgeschichte	190	Die Gutenberg Galaxis
Geschlechtsverkehr	196	Lehrjahre des Gefühls
Verantwortung	198	Erinnerung, sprich
Sinnestäuschung	199	Die Göttliche Komödie
Gesetzmäßigkeit	200	Die Satanischen Verse
Beziehungsnegation	201	Der Gebrauch des Menschen
Bedienungsanleitung	203	Die Klavierspielerin
Mustererkennung	205	Materie und Gedächtnis
Selbsterkenntnis	206	Ökologie des Geistes
Kausalzusammenhang	207	Die Lesbarkeit der Welt
Überwachungsstaat	208	Verbrechen und Strafe
Erkenntnistheorie	209	Geschichte meines Lebens
Existenzgrundlage	211	Freibeuterschriften
Persönlichkeitsbild	215	Selbstbetrachtungen
Mikroprozessor	217	Herz der Finsternis
Unübersichtlichkeit	222	Geschichte und Eigensinn
Fortschrittsglaube	223	Das Prinzip Hoffnung
Volksverbundenheit	226	Dialektik der Aufklärung
Realitätsverlust	227	Der Mann ohne Eigenschaften
Zufallsinformation	231	Politik und Verbrechen
Untergangsszenario	233	Das Gewissen der Worte
Verhaltensforschung	235	Archäologie des Wissens
Problembewußtsein	237	Der eindimensionale Mensch
Paradiesvorstellung	238	Hundert Jahre Einsamkeit
Relativitätstheorie	241	Philosophie des Abendlandes
Gegenwartsliteratur	243	Der Meister und Margarita
Interessenskonflikt	245	Die Wahlverwandtschaften
Versuchsaufzeichnung	250	Die Analyse der Empfindungen
Wohlstandsgesellschaft	252	Wunschloses Unglück
Engagementverschwendung	254	Das Unbehagen in der Kultur
Selbstverständlichkeit	262	Der Wohlstand der Nationen
Kommunikationstheorie	265	Also sprach Zarathustra
Spezialisierungsdruck	266	Phänomenologie des Geistes
Kursverlustrisiko	267	Erkenntnis und Irrtum
Wissensvermittlung	269	Geschichte der religiösen Ideen
Strukturmechanismus	273	Zufall und Notwendigkeit
Kosten-Nutzen-Relation	278	Die Unfähigkeit zu trauern
Verteilungsgerechtigkeit	279	Die Handschrift von Saragossa
Rationalisierungsformel	280	Die Ästhetik des Widerstands
Entscheidungszusammenhang	290	Kritik der reinen Vernunft
Problemlösungskapazität	303	Die Antiquiertheit des Menschen
Mißerfolgsverschleierung	308	Die offene Gesellschaft und ihre Feinde
Dienstleistungsgesellschaft	314	Die Lage der arbeitenden Klasse in England
Globalisierungskonsequenz	317	Kulturgeschichte der Neuzeit
Krisenbewältigungsalternative	348	Kritik der zynischen Vernunft
Souveränitätsbewußtsein	350	Verfall und Ende des öffentlichen Lebens
abcdefghijklmnopqrstuvwxyz	351	Ethica Ordine Geometrico demonstrata

und ein implizites System bilden“, wie es von Valéry gefordert wurde, als plausibles Verfahren erschienen. Aber auch dessen Auffassung von Zufall haben sie berücksichtigt: „Die Bücher nach ihrer Größe einordnen – oder nach der Farbe oder den Daten – und dann die Titel nacheinander lesen“.[5] Das haben sie getan und Listen von Code-Entsprechungen in der Literatur erstellt, weil ihnen zugleich aufgefallen war, daß der Begriff Buchtitel$_{100}$ mit Gegenwart$_{100}$ und Nutzen$_{100}$ korreliert; Titel mit Eigennamen blieben weitgehend unberücksichtigt, um keine Vermischung mit subjektiv-astrologischen Momenten zu erzeugen. Welche Wörter solchen Titeln entsprechen, haben sie signifikant gefunden, schließlich sind auch in den Texten selbst überall Muster von Verwandtschaftsbeziehungen entdeckt worden. Irritation haben bloß noch die nicht einzuordnenden Ausnahmen erzeugt.

Sprachstruktur$_{213}$ + Rechnen$_{67}$ = Verwandtschaftsbeziehung$_{280}$

Das Ende dieser numerisch geordneten, hier stark komprimierten Liste bildet die Korrelation des Alphabets mit Spinozas *Ethik* und *Geometrie;* im Lehrsatz 28 heißt es dort: „Alles, wovon wir uns vorstellen, daß es zur Lust beiträgt, suchen wir zu fördern, um seine Verwirklichung herbeizuführen.“[6] Am Anfang, auch zeitlich, steht *Das Buch der Wandlungen*, das *I Ging*. Rekonstruiert worden war im Zuge dieser wissensarchäologischen Forschungen, daß es seit seiner Übersetzung auch außerhalb Chinas sehr geschätzt wurde, als Orakel$_{62}$, das zwischen Gott$_{62}$ und Mensch$_{62}$ vermitteln soll oder in einer Krise$_{62}$ befragt werden kann. Ein zufälliges, geworfenes Zahlenergebnis verweist auf eines von 64 kommentierten Bildzeichen. Weder diese noch die Kommentare geben einfache Antworten; das Ja, als einfacher Strich, und das Nein, als gebrochener Strich, erzeugen komplexe Kombinationen, aus 8 Grundzeichen werden 64 Bilder. Die Reihen von

Beharrlichkeit 129
Experiment 129
Erkenntnis 129

8 Figuren und die Gesamtzahl der Felder beim Schachspiel haben eine analoge Systematik. Als Code verweist 64 auf Inhalt$_{64}$. Beharrlichkeit ist ein Schlüsselwort. Die Zeichen sind „nicht Abbildungen der Dinge, sondern Abbildungen ihrer Bewegungstendenzen". Aus der Zahl werden Worte.[7]

Daß sie mit ihren Quantifizierungsbemühungen Vorläufer hatten, dafür fanden sich schließlich jede Menge Beispiele. So war von einem früheren Forscher beim Vergleich der Flutberichte im *Gilgamesch-Epos* und in der *Ilias* herausgefunden worden, daß in der babylonischen Keilschrift 23,3 Prozent der verwendeten Wörter mehrfach vorkommen, in der griechischen Alphabetschrift aber bloß 14 Prozent und es in ihr auch viel weniger Sinnwiederholungen und tautologische, ritualisierte Momente gibt. Da beide Werke Fassungen mündlicher Rede sind, wurde diese Qualität auf das Schriftsystem zurückgeführt, das einen gesprochenen Bericht flüssig wiedergeben konnte; der Homer zugeschriebene Text sei somit viel entscheidender schriftgeprägt und der erste „vollständige, unverkürzte Bericht einer undokumentierten Kultur".[8]

Beim russischen Mystiker Pawel Florenski wiederum, den Dichter unter seinen Zeitgenossen, wie Mandelstam, Gorki oder Bulgakow, sehr geschätzt haben, ist ihnen eine weitere kühne Theorie zur Verbindung von Worten mit Zahlen, mit Koordinaten aufgefallen, in der er Dantes *Göttliche Komödie* als Vorwegnahme der nichteuklidischen Geometrie und des Relativitätsprinzips interpretiert. „Die Fläche, auf der sich Dante bewegt", heißt es dort, „ist so beschaffen, daß eine Gerade auf ihr bei einmaliger Richtungsumkehrung die Rückkehr zum Ausgangspunkt in gleicher Lage ergibt; eine geradlinige Bewegung ohne Umkehrung führt den Leib zum Ursprungsort in umgekehrter Lage zurück. Offensichtlich ist diese Fläche 1. eine *Riemannsche* Fläche, indem sie abgeschlossene Geraden aufweist, und 2. eine *einseitige* Fläche, die bei einer Bewegung auf ihr die Senkrechte umkehrt. Diese beiden Umstände reichen aus, um den *Danteschen* Raum geometrisch *nach dem Typ* der elliptischen Geometrie konstruiert zu charakterisieren."[9] Von der auf russische Literatur angesetzten Spezialistengruppe ist auch entdeckt worden, daß Velimir Chlebnikov, der einige Tage vor Fertigstellung dieses Dante-Textes gestorben war, extensive Berechnungen etwa über *Das Leben der Jahrhunderte im Lichte von* 3^n angestellt hat, als Verbindung der Zahlen, des Alphabets, der Zeit und des Geschehens; im Nachruf auf ihn hat Majakovskij geschrieben: „Für Chlebnikov ist das Wort eine selbständige Kraft, die das Material der Gefühle und Gedanken organisiert." Seine „riesigen phantastisch-historischen Arbeiten", mit denen er rechnerisch feststellbare Symmetrien erforschte, hatten nur eine Grundlage, „reine Poesie".[10] Zur Relativitätstheorie wurden auch noch in anderen frühen Quellen überzeugende Konzepte gefunden, etwa bei Roger Joseph Boscovich aus Dalmatien, der in seinen 1755 veröffentlichten bahnbrechenden Arbeiten behauptet hatte, „daß der Beobachter nie die Welt so, wie sie ist, beobachten kann; er kann lediglich die Schnittstelle (oder Differenz) zwischen ihm und der Welt beschreiben." „Daß der Beobachter die Welt nicht so sieht, wie sie wirklich ist", war eine Verallgemeinerung Einsteinscher Relativität, „die von Einstein selbst übersehen wurde", so Otto E. Rössler in einer späteren Würdigung. Auf besonderes Interesse stieß, daß Boscovich „das Prinzip der symmetrischen Gesamtschau" für grundlegend gehalten hatte.[11]

Differenz 93
Abweichung 93
Grammatik 93

Unterschied 126
Symmetrie 127
Statistik 128

Als in metaphysischem Einfühlen entwöhnt, haben die Forscher, von denen hier die Rede ist, zum Beispiel im Buch mit dem Code 348 Kom-

Gesamtschau 117
Aufklärung 117

Dialektik der Aufklärung 226
Widersprüchlichkeit 226
Aussichtslosigkeit 226
Reflexionslogik 181
Systemtheorie 181
Bezugssystem 181
nonconformity 181
Ausweglosigkeit 183
Interpretation 184
Verhaltensweise 185

mentare gesucht und sind auf eine erhellende, *I Ging*, Dante, Spinoza oder Chlebnikov verbindende Argumentation gestoßen: „Das metaphysische Denken vermacht an die Aufklärung", so dieses Resümee von Peter Sloterdijk, „ein unendlich wertvolles Erbe, die Erinnerung an den Zusammenhang von Reflexion und Emanzipation, der gültig bleibt, auch wo die großen Systeme gestürzt sind. Darum war Aufklärung immer zugleich Logik und mehr als Logik, Reflexionslogik. Selbstaufklärung ist nur demjenigen möglich, der erkennt, von welchem Welt*ganzen* er ein ‚Teil' ist. Darum haben heute, freilich mit der gebotenen intellektuellen Diskretion, die Sozial- und Naturphilosophien das Erbe der Metaphysik angetreten." Irritiert hat die – hypothetischen – späteren Leser solcher Botschaften, daß ihre akribische Faktensammlung bei solchen Zeitgenossen auf keine Gegenliebe gestoßen wäre und derartiges sogar als Ursache gesehen wurde, daß der „Bann der Wiederholungen" nicht gebrochen werden kann: Das aufgeklärte falsche, also „zynische" Bewußtsein „zieht die Summe aus den ‚schlechten Erfahrungen' aller Zeiten und läßt nur noch das aussichtslose Einerlei der harten Fakten gelten."[12] Weil sie mit ihren Zahlen nur Ordnungsmustern nachspürten, haben sie sich letztlich nicht betroffen gefühlt. Bei einem Physiker fanden sie sich bestätigt: „Die Welt, die einer virtuellen Welt ohne Notausgang gleicht", könne zwar nur von innen betrachtet werden, so wie ihre Welt der Buchstaben und Zahlen, aber in jedem Systemzusammenhang gelte: „Die Erkennung der Ausweglosigkeit ist die Voraussetzung für den Ausbruch."[13]

Ordnung 93
Phantasie 93
Ausbruch 93

Die Frage nach den Teilen und dem Ganzen ist dennoch dauernd aufgetaucht. Dazu haben sie auch bei anderen Naturwissenschaftlern Konkreteres zum Wissensstand früherer Zeiten gesucht, etwa bei Heinz von Foerster, der ihnen als Kybernetiker und Kognitionsforscher gedanklich nahzustehen schien. Bei ihm wurden zahlreiche Reflexionen zu ihrer eigenen Situation gefunden, etwa wenn er sagt: „Entweder betrachte ich mich als Bürger eines unabhängigen Universums, dessen Regelmäßigkeiten, Gesetze und Gewohnheiten ich im Lauf der Zeit entdecke, oder ich betrachte mich als Teilnehmer einer Verschwörung, deren Gewohnheiten, Gesetze und Regelmäßigkeiten wir nun erfinden." Nur war ihm aufgefallen, daß sich weder Entdecker noch Erfinder, die also der einen oder anderen Tendenz folgen, diese Frage stellen; denn „das Problem liegt im Verstehen des Verstehens; das Problem besteht darin, Entscheidungen über prinzipiell unentscheidbare Fragen zu treffen." Er hat es das „metaphysische Postulat" genannt, das absurd klingt, aber sogar für eine Mathematisierung von Sprache und daraus abgeleitete Beziehungs- und Bedeutungsüberlegungen eine Erklärung anbietet: „Nur *die* Fragen, die im Prinzip unentscheidbar sind, können *wir* entscheiden." Der Grund dafür sei einfach der, daß „die entscheidbaren Fragen schon entschieden werden durch die Wahl des Rahmens, in dem sie gestellt werden, und durch die Wahl von Regeln, wie das, was wir ‚die Frage' nennen, mit dem, was wir als ‚Antwort' zulassen, verbunden wird. Aber letztendlich erzielen wir nach einer Serie zwingender logischer Schritte unwiederlegbare Antworten: ein definitives Ja oder ein definitives Nein." Keiner stünde aber unter Zwang, „nicht einmal dem der Logik". „Wir haben die Wahl, wer wir werden möchten, wenn wir über prinzipiell unentscheidbare Fragen entschieden haben."[14]

Verschwörung 178
Einverständnis 178
Komplizenschaft 178
Wechselwirkung 178
Mathematisierung von Sprache 304
Herstellen von Verbindungen 304
Entwicklungsperspektive 304
Wahrheitsfindung 186
Sentimentalität 187
Unentscheidbarkeit 188

Aufgefallen war den Analytikern schließlich, daß schon bald nach den Symmetrievisionen der Physiker oder Chlebnikovs überall Codes und Koordinaten bestimmend geworden sind, als dichte Überlagerung

Planquadrat 125
Röntgenbild 125
Ursache und Wirkung 217
Profitmaximierung 218
Überlegenheitsgefühl 219
Schöpfungsgeschichte 220

verschieden codierter Zonen. In Texten von Thomas Pynchon etwa wurden dazu überzeugende Beispiele gefunden, einschließlich bizarr-kabbalistischer Bezüge und einer latenten, kaum noch beachteten Konfusion von Verschwörungen. Da wird zum Beispiel davon berichtet, daß die Einschläge von Raketen, weil deren Steuerung damals noch nicht punktgenau möglich war, mit einer Verteilungsgleichung vorausberechnet werden, obwohl klar ist, daß es nicht die geringste Rolle spielt, „wie viele schon auf einem bestimmten Planquadrat niedergegangen sind, die Wahrscheinlichkeit verändert sich deshalb nicht. Jeder Einschlag ist von allen anderen völlig unabhängig“: „Kein Verbindungsglied. Kein Gedächtnis. Keine Konditionierung.“ Der zuständige Agent ist Statistiker. Ihm geht es um experimentelle Daten, um Zahlen, um Wahrscheinlichkeiten: „Näher wird er der Sache nicht kommen, mehr nie verstehen“, heißt es von ihm. Vorstellungen von Ursache und Wirkung „seien Ablenkungsmanöver“, die kalte Aufrichtigkeit des Zufalls wird respektiert, weil es „keinen Unterschied zwischen dem Verhalten eines Gottes und den Auswirkungen des puren Zufalls“ gibt. Molekularstrukturen werden mit Buchstaben verglichen; beide können zu weltweiten Ketten zusammengefügt werden, „die nur hin und wieder an die Oberfläche des molekularen Schweigens treten, wie die sichtbaren Teile eines geknüpften Teppichs“. Das Benennen, „das den Benenner immer hoffnungsloser vom Benannten trennt“, habe dazu geführt, daß er „zu Spielarten der mathematischen Kombinatorik gelangen mußte“, hin zu den Einzelteilen, „zu dem verwirrten, ruinösen Spiel eines Chemikers, dessen Moleküle Wörter sind …“[15]

Auf Bedeutungen bezogen, ging es also auch um ihr Thema, um die Einzelteile, die Codes, um die Wahl des Rahmens, der Regeln, der Fragen und das Zulassen von Antworten. Weitere Funde lieferten laufend neue Bestätigungen, etwa daß ein Klassiker wie *Tristram Shandy*$_{189}$, ein Inbegriff für Präzision, mit einem späteren, bald überholten Klassiker, der *Principia Mathematica*$_{189}$, schon vom Titel her eine Gleichung bildet. Dennoch: Errechnete Beziehungen konnten als plausible Impulse akzeptiert werden oder nicht, als Mitteilungen des Systems oder als systemerzeugende Statistik. Wenn die Kybernetik – in den Worten Norbert Wieners – gesagt hat, „das Verhalten derartiger Systeme könnte als eine Anweisung zur Erreichung eines Ziels interpretiert werden", oder sie, so Gordon Pask, „die Wissenschaft von vertretbaren Metaphern" sei und am Prinzip der Objektivität primär „aus Angst vor dem Entstehen von Paradoxen" festgehalten werde, so Heinz von Foerster, und er sich ausdrücklich auf die „Magie" der Sprache berufen hat, auf eine Magie, die nicht erklärt, nur praktiziert werden kann und die „dem Nachdenken über eine Theorie des Gehirns" ähnelt, dann schien ein Aufbrechen konventioneller Wortbeziehungen und das Erkunden ihrer eigenen Ordnung auch im Rückblick durchaus Sinn zu ergeben. Seit angenommen wurde, Wörter und Zeichen hätten eine beobachtende Funktion, als Zwischenebene zwischen dem Bezeichneten und dem Bezeichner, und auch dieser primär als Beobachter agiert, paßte das in eine „Kybernetik zweiter Ordnung", die sich nicht mehr mit beobachteten, sondern mit beobachtenden Systemen befaßt; der Beobachter begibt sich ins System, „indem er sein eigenes Ziel festsetzt". Und das Ziel einer *KybernEthik* heiße, „die Anzahl der Möglichkeiten zu *vermehren*".[16]

Kybernetik $_{120}$
Fatalismus $_{121}$
Kontrolle $_{122}$

Kybernetik zweiter Ordnung $_{319}$
die Wissenschaft vom Zustand $_{319}$
Addition von Zwischensummen $_{319}$
Argumentationszusammenhang $_{319}$
Entschlüsselungsversuch $_{319}$

Von den Wissensarchäologen späterer Zeiten ist das als wegweisend zur Kenntnis genommen worden; und zwar auch deswegen, weil diese

351

abcdefghijklmnopqrstuvwxyz$_{351}$

Erklärung des Ausnahmezustandes$_{351}$

die Anzahl der Möglichkeiten vermehren$_{351}$

Koordinatensystem$_{227}$ + Literatur$_{124}$

offene Form aufs Ganze zu gehen vom Alphabet numerisch unterstützt wird. *Die Anzahl der Möglichkeiten vermehren*$_{351}$ deckt sich mit dem codierten Gesamtwert aller 26 Buchstaben. Daher wunderte sich niemand, daß dieser Optimismus stoische Vergleiche gebraucht. Denn am Beispiel der für ihn „im Prinzip unentscheidbaren Frage“ nach der Entstehung des Universums hat sich Heinz von Foerster primär nicht auf bereits vorliegende Theorievarianten berufen, sondern lieber auf den uralten Bericht von Chuang Tsu, in dem es heißt: „Der Himmel tut nichts; dieses Nichts-tun ist Würde/Die Erde tut nichts; dieses Nichtstun ist Ruhe/Aus der Vereinigung dieser beiden Nichts-tun beginnt alles Handeln/Und alle Dinge entstehen.“[17]

Logik$_{54}$ Fehler$_{54}$

Ästhetik$_{98}$ Sorgfalt$_{98}$

Erfahrung$_{98}$ Prophet$_{98}$

Skepsis$_{98}$ Weisheit$_{98}$

In Wortcodierungen fanden sich auch für eine solche kontemplative, auf die Vermehrung der Möglichkeiten gerichtete Orientierung bestätigende Metaphern: Das Nichts$_{73}$ und das Paradies$_{73}$, die Freiheit$_{80}$ und das Nirwana$_{80}$ bilden Gleichungen. Spinozas Ethik$_{53}$ aber stellt die Frage nach dem Begriff$_{53}$, nach dem Ort$_{53}$, nach dem Raum$_{53}$. Form$_{52}$, Ethik$_{53}$, Logik$_{54}$, Arbeit$_{55}$ und Sinn$_{56}$ bilden eine aufsteigende Reihe. Aber die Logik$_{54}$ hat schon als Zeichengruppe gespeichert, daß sie sich hauptsächlich mit dem Fehler$_{54}$ beschäftigen muß. Aufgefallen war auch, daß diese Korrelation von Spinozas *Ethik* mit dem Alphabet einen sonderbaren Kontrast zu Wittgenstein bildet. Im *Tractatus* sagt er dezidiert: „Es ist klar, daß sich die Ethik nicht aussprechen läßt. Die Ethik ist transcedental. (Ethik und Aesthetik sind Eins.)“[18] Das Alphabet antwortet darauf mit der Gleichung Ästhetik$_{98}$– Sorgfalt$_{98}$– Erfahrung$_{98}$– Skepsis$_{98}$– Weisheit$_{98}$.

1 Emmanuel Lévinas: Ethik und Unendliches (1982). 1996. S. 91

2 Benedictus (Baruch) de Spinoza: Die Ethik (Ethica Ordine Geometrica demonstrata/Die Ethik nach der geometrischen Methode dargestellt. 1677). 1977. S. 123, 217

3 Gilles Deleuze: Spinoza. Praktische Philosophie (1981). 1988. S. 162, 159, 161

4 Franz Carl Endres/Annemarie Schimmel: Das Mysterium der Zahl. Zahlensymbolik im Kulturvergleich. 1984. S. 72ff.

5 Paul Valéry: Cahiers/Hefte (Paris 1973/74). 1987. Band I. S. 534, 554, 488; Band II. S. 66

6 Benedictus (Baruch) de Spinoza: Die Ethik (1677). 1977. S. 317

7 I Ging. Das Buch der Wandlungen. 1967. S. 11

8 Jan Assmann: Das kulturelle Gedächtnis. München 1992. S. 260f.
E. A. Havelock: Schriftlichkeit. Das griechische Alphabet als kulturelle Revolution. 1990
E. A. Havelock/Hershbell (Hg.): Communication Arts in the Ancient World. 1978

9 Pawel Florenski: Die Göttliche Komödie und das Relativitätsprinzip (1922). 1994

10 Velimir Chlebnikov: Werke (1972). 1985. S. 341ff., 9ff.

11 Otto E. Rössler: Endophysik. Die Welt des inneren Beobachters. 1992. S. 119ff., 121, 122, 119

12 Peter Sloterdijk: Kritik der zynischen Vernunft. 1983. Band I. S. 86; Band II. S. 953, 950f.

13 Otto E. Rössler: Endophysik. Die Welt des inneren Beobachters. 1992. S. 117, 86

14 Heinz von Foerster: KybernEthik. 1993. S. 75, 77, 73

15 Thomas Pynchon: Die Enden der Parabel (1973). 1989. S. 93, 67, 269, 506, 556, 610

16 Heinz von Foerster: KybernEthik. 1993. S. 61, 62, 64, 79, 89, 78

17 Ebda., S. 72

18 Ludwig Wittgenstein: Tractatus logico-philosophicus (1921). 1973. S. 112

Die in den Vordergrund getretene Beschäftigung mit Hauptwörtern, die sich aus deren Häufigkeit und begrifflicher Dominanz ergeben hat, führt zur Frage, wie andere Wortarten offensiver einbezogen werden können. Versuche mit einer Vermischung ergeben sehr heterogene Wortfelder, in denen die Substantive andere verdrängen, zur Minorität machen. Da teilweise sogar Fragmentsätze entstehen, wird die Absicht, Wörter für sich sprechen zu lassen, untergraben. Deshalb ist eine Trennung vorgenommen worden, um in jeder der primären Wortkategorien eine entsprechende Auswahl zur Verfügung zu haben und um rechnerische Zusammenhänge übersichtlich erkennbar zu machen.

Der Kommentar Fritz Mauthners zu „Denkmaschinen" und ihrem Nutzen für das Denken, für die Poesie hat, lange bevor derartiges realisierbar erschien, einiges der Problematik auf den Punkt gebracht. „Der Wert einer Denkmaschine", schreibt er, und rechnerisch geordnete Wörter könnten als Rohmaterial für eine solche aufgefaßt werden, „steht noch tief unter dem eines Reimlexikons; aber beider Bedeutung für die Psychologie des Schaffens ist sehr ähnlich. Wer mathematisch veranlagt ist, der kann wirklich die Entstehung eines Gedichtes, wie die Entstehung einer neuen wissenschaftlichen Wahrheit, als eine unter den unzähligen Kombinationen von Worten einer Sprache auffassen." „Dem Denker und Forscher" kann vieles „durch scharfsinnige Beobachtung eines zufälligen Ereignisses" geboten werden. „Der Zufall dichtet mit; selbst ein Reimlexikon kann einmal dem Zufall nachhelfen. *Denken* aber heißt: aus der Unzahl der möglichen Assoziationen oder Wortkombinationen die *richtige* auswählen, die einzige, die sachlich gegeben ist." Da „die Wahrscheinlichkeitsrechnung lehrt, daß bei der Unzahl der Kombinationen die richtige Kombination ein fast unmöglicher Einzelfall unter

Denkmaschine 106
Mengenlehre 106
Mobilität 106
Spannung 106

unendlich vielen anderen wäre“, gehe es darum, „diejenigen Assoziationen zu finden, die sachgemäß vom Ausgangsbegriff zum Endbegriff führen“.[1] Das leistet das Alphabet vielfach selbst.

Mit dem angesprochenen Begriff „sachlich“$_{63}$ zum Beispiel, der in der Moderne so eine dominierende Rolle spielt, verbinden sich rechnerisch Eigenschaften wie ruhig$_{63}$, aktiv$_{63}$, ehrlich$_{63}$, vor allem aber die letzten noch programmatisch gültigen Hauptworte: Markt$_{63}$ und Erfolg$_{63}$, von denen die Brücke zum englischen *meaning*$_{63}$ geschlagen wird. Solche Zusammenhänge werden bekräftigt, weil Sachlichkeit$_{108}$ mit Prinzip$_{108}$, Spielregel$_{108}$ und Intellekt$_{108}$ eine gleichwertige Wortreihe bildet. Diese Wörter treten hier in von einer Maschine produzierten Kombinationen auf und wirken trotzdem sachlich richtig. In den zugeordneten Eigenschaften schwingen liberal-konservative Wertvorstellungen mit. Ein zugehöriger Ausdruck wie *political correct*$_{179}$ wirkt als zusätzliche Bestätigung; er entspricht dem Codewert von *constitution*$_{179}$.

Solche Übereinstimmungen werfen Fragen nach der Qualität errechneter und berechnender Eigenschaften auf. Die Ansätze sind vielversprechend. Für Fritz Mauthner ist die „adjektivische Welt die einzige Welt, von der wir unmittelbar durch unsere Sinne erfahren; alle unsere Empfindungen, alle unsere Sinnesdaten sind adjektivisch; adjektivisch sind übrigens auch alle unsere seelischen Empfindungen, unsere Werturteile, alles was wir recht, gut, schön usw. nennen.“ Abgesehen von der Emphase des „wir“ paßt dieses Plädoyer gegen Hauptwörter gut zum hier einsetzenden Schwerpunktwechsel. Denn „die substantivische Welt, die Welt der Dinge und der Kräfte, die Welt der Götter und der Geister“ sei eine Welt, „von der das Gedächtnis der Menschheit nichts wußte, bevor es sich das Wort angeschafft hatte“, sie ist die unwirkliche, „die mystische Welt". „Was ein Ding ist, das sagen mir seine Eigenschaften; was es außer seinen Eigenschaften noch sei, das ist eine metaphysische Frage."[2] In diesem Sinn sagt auch, Jahrzehnte später, Michel Serres dezidiert: „Ja, meine Philosophie ist adjektivistisch, sie ist verwundert."[3]

Attribute$_{116}$
Eigenschaften$_{116}$
Beziehungen$_{116}$

Solche Wörter als „das Hinzugeworfene, Beigefügte" zu diminuieren, wie es die Herkunft aus dem Lateinischen vorschreibt, obwohl sie dafür zuständig sind, Eigenschaften oder Merkmale zu bezeichnen, kommt von der Überbewertung der Substantive her. Inwieweit sie wirklicher oder brauchbarer sind als die Vertreter der großgeschriebenen Mehrheit, die sie zu begleiten haben, dazu können berechnete Reihen systematische Hinweise liefern, und sei es nur dadurch, daß Rhythmus, Gleichklang, Bedeutungsüberschneidungen erkennbarer werden.

Eine Betrachtung der Relationen zwischen „automatisch" geordneten Bezeichnungen für Eigenschaften zeigt bereits auf den ersten Blick, daß sich eine Dramatik, wie sie von Substantiven repräsentiert wird, tendenziell auflöst. Attribute sind vielschichtig kombinierbar. Das macht manches sogar deutlicher. Wortfolgen wie wild$_{48}$ – nackt$_{49}$ – heilig$_{50}$ oder irrational$_{117}$ – idealistisch$_{118}$ – subjektiv$_{119}$ ließen sich zwar in dionysische oder romantische Vorstellungswelten einordnen, wegen der Abwesenheit handelnder Personen und da es nicht um irgendwelche Sachen geht, bleiben die ausgelösten Vorstellungswerte aber sehr offen. Sich andeutende weitere Verzweigungen machen deutlich, daß es in alle Richtungen weitergeht. Es wird demonstriert, daß das abwesende Subjekt wie eine Sache über Eigenschaften bestimmt wird, als Schnittstelle komplexer Strukturen, von Strukturen, die letztlich unbeschreibbar bleiben.

automatisch$_{130}$
theoretisch$_{130}$
glaubwürdig$_{130}$

Daß generell zuerst Paarungen auffallen, aus denen sich dann manchmal beziehungsreiche Reihen und Querverbindungen ergeben, scheint

ewig $_{44}$	kalt $_{44}$	gleich $_{44}$
wild $_{48}$	genial $_{48}$	gut $_{48}$
heilig $_{50}$	leise $_{50}$	wahr $_{50}$
schön $_{64}$	elegant $_{64}$	gebildet $_{64}$
göttlich $_{99}$	zufällig $_{99}$	langweilig $_{99}$
idealistisch $_{118}$	andersdenkend $_{118}$	wahnsinnig $_{118}$
unsterblich $_{131}$	charismatisch $_{131}$	kinderfeindlich $_{131}$
philosophisch $_{157}$	kapitalistisch $_{157}$	kunstsinnig $_{157}$

einem strukturalistischen Denken auch auf der Ebene künstlich in Beziehung gesetzter Eigenschaften recht zu geben. Wenn Strukturen erkennbar werden, schauen sie wie Verwandtschaftsbeziehungen aus. Es ergeben sich graduell engere oder weniger enge Verhältnisse, obwohl sie nach einem Gesetz angeordnet sind, das, so wie in anderen Systemen auch, auf sinnhafte Korrelationen keinerlei Rücksicht nimmt. Nicht dazu Passendes wird zum Fremden.

Ein drittes Element relativiert das Zufällige. Bei Superlativen werden die Gleichstellungen manchmal kontraproduktiv. Das Körnchen Wahrheit ist aber auch ihnen nicht abzusprechen. Falsch $_{49}$ und wahr $_{50}$ unterscheiden sich nur durch eine Zähleinheit. Die Vorstellung von schön $_{64}$ verbindet sich mit elegant $_{64}$ und gebildet $_{64}$. Philosophisch $_{157}$, kapitalistisch $_{157}$ und kunstsinnig $_{157}$ werden als gleichwertig ausgewiesen, ein anderes Klischee ergibt sich aus der Reihe hoffnungslos $_{156}$, philosophisch $_{157}$, intellektuell$_{158}$, die durch medienbewußt$_{159}$, wortgewaltig$_{160}$, ästhetisierend$_{161}$ fortgesetzt wird. Ästhetisierend$_{161}$ wiederum ist numerisch synonym mit autopoietisch$_{161}$ (also selbsterzeugend), mit systematisch$_{161}$ und praxisbezogen$_{161}$. Offenbar gelingt es den alphanumerischen Codes sogar, gewisse Entwicklungszyklen vorauszusehen.

Die Felder für weiblich$_{71}$ und männlich$_{79}$ verdichten ebenfalls Bilder zugeschriebener Eigenschaften. Sie folgen, nur durch das neutrale Wort weiß$_{75}$ getrennt, unmittelbar aufeinander. Weiblich$_{71}$ und männlich$_{79}$ unterscheiden sich numerisch durch eine Differenz von 8 – ein Symbol für Unendlichkeit. Ein geflügeltes Wort wie *Der Mann ohne Eigenschaften*$_{227}$ ist numerisch charakterisiert durch Realitätsverlust$_{227}$. Weiblich$_{71}$ und männlich$_{79}$ summieren sich zu geheimnisvoll$_{150}$. Vom Ursprung$_{134}$ her, so sagen die Zahlen, sind alle diese Eigenschaften austauschbar$_{134}$. Eigenschaft$_{97}$ ist gleichwertig mit Reichtum$_{97}$.

Geschlechtsspezifisch$_{229}$ wird vom Rechensystem als zukunftsträchtig$_{229}$ eingeschätzt, grundsatzorientiert$_{263}$ aber als verantwortungslos$_{263}$. Dafür ist feministisch$_{134}$ gleichwertig mit zeitbezogen$_{134}$ und weltgewandt$_{134}$. Daß patriarchalisch$_{146}$ mit metaphysisch$_{146}$ korreliert, verweist auf die grundlegende Divergenz zum Begriffspaar Matriarchat$_{112}$ und Humanität$_{112}$.

Indem eine Ordnung, die im eigentlichen Wortsinn und nicht nur auf Anfangsbuchstaben bezogen alphabetisch$_{104}$ ist, dieses System mit wertfrei$_{104}$, kompatibel$_{104}$ aber zynisch$_{104}$ gleichsetzt, scheint sie eine Warnung vor ihren automatisch erzeugten Sinnrelationen auszudrükken. Zugleich hat sie Freiräume für Konfusionen zu bieten. Wirklich$_{93}$ verweist auf verliebt$_{93}$, rebellisch$_{93}$ und bildet mit komplex verwobenen emotionellen und intellektuellen Bezeichnungen Bedeutungsreihen,

schlank 68

modern 69

feminin 70

blühend 71 **weiblich** 71 modisch 71

lässig 72

logisch 73

richtig 74

weiß 75

gescheit 76

kindisch 77

groß 78

wichtig 79 **männlich** 79 quälend 79

grausam 80

barbarisch 81

gelassen 82

von rational$_{90}$ und glücklich$_{91}$ bis poetisch$_{95}$ und erotisch$_{97}$. Eine Bevorzugung der adjektivischen Welt, wie sie von Mauther oder Serres betont wird, erfährt dadurch eine symbolische Unterstützung.

Was daran zeitbezogen$_{134}$ oder als antiquiert$_{134}$ zu sehen ist, läßt das Programm offen. Da es selbst auf Variationen aufmerksam macht, erweckt es den Eindruck, als ob es bei richtiger Abfrage durchaus mitdenkt. Die Wörter sind als Sprachmaterial weitgehend vorgegeben (Wortschöpfungen und Rechtschreibreformen verschieben gewisse Proportionen). Sich neu zu orientieren$_{132}$ ist daher mit einem Austauschen$_{132}$ gleichzusetzen. Das Programm liefert Angebote dafür. In gewissem Sinn ist es anarchistisch$_{132}$, von keiner anderen Macht abhängig, nur von den errechneten Zahlenwerten. Sie bestätigen sogar diesen Zusammenhang. Manchmal werden kryptische Konstellationen, wie in einem Orakel, zu Rätseln. So ergeben drei Wörter, die kontroversielle, kategorische Ansprüche zusammenfassen, absolut$_{90}$, rational$_{90}$ und unendlich$_{90}$, in Summe den Hinweis, daß relativitätsbewußt$_{270}$ mit transzendenzbestärkend$_{270}$ gleichwertig ist. Das entspricht rechnerisch absolut$_{90}$ x 3, rückbezogen auf 3er-Symmetrien des Alphabets. Solche ästhetischen Strukturen scheinen also herausfordernde Qualitäten zu haben.

absolut$_{90}$ + rational$_{90}$ + unendlich$_{90}$

= relativitätsbewußt$_{270}$

= transzendenzbestärkend$_{270}$

„Die Automatentheorie", sagt Oswald Wiener, bilde „heute eine der wichtigsten Grundlagen des Nachdenkens über das menschliche Denken". „Und zwar nicht deshalb, weil der Mensch eine Maschine ist, sondern weil er alles, was er versteht, wie eine Maschine versteht." Ein rechnerisch produziertes Angebot, Wörter auszutauschen und in Beziehung zu setzen, ohne dabei von vornherein eingeübten Sinnvorstellungen zu folgen, könnte als rudimentärer Beitrag dazu verstanden werden. Die das Denken beherrschende Austauschbarkeit wird auf die Probe gestellt.

Automatentheorie$_{190}$

Kulturgeschichte$_{190}$

rational	absolut	90
glücklich	trivial	91
berühmt	eingebildet	92
wirklich	verliebt	93
menschlich	traurig	94
poetisch	ironisch	95
komplex	sonderbar	96
erotisch	kritisch	97

Seine nichtsprachlichen und vorsprachlichen Aspekte und die Gesetze des Satzbaus werden über Abwesenheit präsent. Daß sich Bezeichnungen aus Buchstaben (und Zahlen) zusammensetzen, ist deutlicher als beim gewohnten Umgang mit Sprache auf die Einzelteile zurückgeführt. „Hätte ich nun wirklich eine intelligente Maschine", so Wiener weiter, „die mir sehr weit überlegen wäre, und dürfte ich außerdem noch voraussetzen, daß diese Maschine mir wohlwollend gegenübersteht, dann würde ich ganz ohne Zweifel eine große Entwicklung meiner eigenen Intelligenz erfahren, weil diese Maschine mich auf eine Weise lehren würde, wie das kein Mensch kann. Besser als jeder Mensch würde die Maschine erkennen, wo meine Schwächen liegen und wie sie mir das servieren muß, damit ich es auch begreife."[4]

Die Art der hier vorgenommenen Datenerfassung $_{154}$ und das zugehörige Rechenprogramm $_{154}$ bestätigen solche Hoffnungen; sie weisen das

Wort Maschine$_{72}$ als gleichwertig mit jenen für Quelle$_{72}$, Gewinn$_{72}$, Geschenk$_{72}$, Lust$_{72}$ aus. Außerdem spricht die numerische Gleichrangigkeit von Intelligenz$_{133}$, Simulation$_{133}$ und Sinnlichkeit$_{133}$ für solche Perspektiven. Der Fortschritt$_{156}$, als Naturgesetz$_{156}$, hängt von der Trefferquote$_{156}$ ab; er kann nur stattfinden, wenn er auf das, was unter Bewußtsein$_{156}$ verstanden wird, konzentriert ist.

Fortschritt$_{156}$
Naturgesetz$_{156}$
Bewußtsein$_{156}$
Trefferquote$_{156}$

1 Fritz Mauthner: Wörterbuch der Philosophie (1923/24). Wien 1997. Band I/1. S. 284f.

2 Ebda., S. 18, 19, 17

3 Michel Serres. Der Parasit (1980). 1987. S. 76

4 Oswald Wiener. Interview mit Klaus Kastberger. Falter. Stadtzeitung Wien, Nr. 49. 1998

Wörter III, 27–270

a 1	b 2	c 3	d 4	e 5
f 6	g 7	h 8	i 9	j 10
k 11	l 12	m 13	n 14	o 15
p 16	q 17	r 18	s 19	t 20
u 21	v 22	w 23	x 24	y 25
z 26				

27

feig
dick
fahl

28

nahe
anal
lieb

29

agil
derb
öde

30

flach
keck
banal

31

ideal
hin
leck

32

arm
debil
kahl

33

alt
herb
geil

34

hoch
lang
fein

35

wach
eckig
rege

36

oben
fähig
echt

37

begabt
hell
legal

38

frei
mild
blöd

39

bleich
lind
hager

40

neu
leer
gerade

41

oft
roh
blind

42

lebend
klar
eilig

43

reich
brav
bieder

44

ewig
kalt
gleich

45

irr
cool
radial

46

fremd
einfach
böse

47

hart
froh
blond

48

wild
genial
gut

49

nackt
eisig
falsch

50

heilig
leise
wahr

51

klein
billig
dumm

52

jung
flink
reell

53

rot
leidend
allein

54

laut
grell
abhängig

55

fragend
krank
tot

56

radikal
fiebrig
braun

57

bunt
leicht
rund

58

lebendig
illegal
giftig

59

liberal
nett
linear

60

heiß
satt
sanft

61

einsam
anders
weise

62

digital
sicher
belesen

63

ruhig
aktiv
ehrlich

64

schön
elegant
gebildet

65

fromm
links
grün

66

gerecht
mächtig
höflich

67

dunkel
langsam
angenehm

68

total
schlank
wachsam

69

modern
teuer
stark

70

feminin
mutig
archaisch

71

weiblich
blühend
modisch

72

lässig
fügsam
still

73

logisch
rechts
normal

74

richtig
brutal
unten

75

abseits
selten
weiß

76

gescheit
schwer
tödlich

77

kindisch
schlimm
homogen

78

groß
stur
allgemein

79

männlich
wichtig
quälend

80

grausam
bedeutend
deutsch

81

barbarisch
berechenbar
perfekt

82

anonym
gelassen
sozial

83

geldgierig
kleinlich
asozial

84

häßlich
lächerlich
fröhlich

85

ratlos
sensibel
tragisch

86

privat
fleißig
stumm

87

spannend
launisch
relativ

88

sinnlich
lustig
schlampig

89

förmlich
asiatisch
griechisch

90

absolut
rational
unendlich

91

glücklich
trivial
vergeblich

92

riskant
berühmt
eingebildet

93

verliebt
rebellisch
wirklich

94

menschlich
traurig
slawisch

95

ironisch
neugierig
poetisch

96

sonderbar
komplex
dramatisch

97

kritisch
unsicher
erotisch

98

schwarz
moralisch
präsent

99

göttlich
zufällig
langweilig

100

freundlich
effizient
lautlos

101

ungerecht
bankrott
verboten

102

umfassend
zärtlich
aufrichtig

103

öffentlich
ohnmächtig
lohnabhängig

104

zynisch
wertfrei
alphabetisch

105

praktisch
gemäßigt
lebensmüde

106

weltfremd
zeitlos
lebensbejahend

107

gedankenlos
verwandt
aggressiv

108

parasitär
prosaisch
bürgerlich

109

bewußt
hochmütig
pathetisch

110

positiv
indifferent
mehrdeutig

111

politisch
utopisch
notwendig

112

eigensinnig
paradiesisch
visionär

113

wörtlich
buchstäblich
wienerisch

114

egoistisch
konstant
türkisch

115

schriftlich
unsichtbar
rätselhaft

116

unberechenbar
planmäßig
russisch

117

irrational
vielseitig
depressiv

118

idealistisch
wahnsinnig
andersdenkend

119

subjektiv
korrupt
unbeweisbar

120

spurlos
romantisch
arbeitslos

121

impulsiv
stilvoll
individuell

122

künstlich
melancholisch
literarisch

123

selbstlos
überraschend
abenteuerlich

124

persönlich
prominent
faschistisch

125

symbolisch
gleichgültig
einzigartig

126

demokratisch
verwaltet
unglücklich

127

intelligent
ökonomisch
gefühlskalt

128

authentisch
unwissend
leidgeprüft

129

zweideutig
unobjektiv
diplomatisch

130

theoretisch
glaubwürdig
sprunghaft

131

unsterblich
charismatisch
kinderfeindlich

132

kulturell
anarchistisch
unterwegs

133

verläßlich
preiswert
fensterlos

134

feministisch
zeitbezogen
weltgewandt

135

organisiert
eifersüchtig
fremdenfeindlich

136

spekulativ
humorvoll
produktiv

137

diktatorisch
menschenscheu
schwachsinnig

138

leidenschaftlich
sehnsüchtig
unbeschreiblich

139

phantasielos
kommerziell
lebensgefährlich

140

verständlich
wahrscheinlich
physikalisch

141

vernünftig
konsequent
unentschieden

142

fragmentarisch
puristisch
übergewichtig

143

ausgezeichnet
unüberbietbar
stereotyp

144

interessant
ungewöhnlich
luxuriös

145

lebenslustig
rivalisierend
arbeitsunfähig

146

metaphysisch
unnatürlich
masochistisch

147

gastfreundlich
instinktiv
gewissenlos

148

progressiv
unzugänglich
gutverdienend

149

gesellschaftlich
kulturlos
überflüssig

150

bürokratisch
byzantinisch
geheimnisvoll

151

exzentrisch
schwermütig
zwangsläufig

152

mittelmäßig
meinungsbildend
international

153

großzügig
menschenmöglich
außerirdisch

154

kompliziert
phantasievoll
unorthodox

155

respektvoll
gemeinnützig
ungleichzeitig

156

hoffnungslos
bedeutungsfrei
unverfroren

157

philosophisch
kapitalistisch
kunstsinnig

158

intellektuell
experimentell
unrealistisch

159

wirtschaftlich
psychologisch
medienbewußt

160

optimistisch
wortgewaltig
interesselos

161

praxisbezogen
systematisch
ästhetisierend

162

unvergeßlich
beziehungslos
überschwenglich

163

zeichensetzend
willensstark
unreformierbar

164

künstlerisch
erbarmungslos
österreichisch

165

professionell
funktionierend
systemgläubig

166

materialistisch
umweltschädlich
überbevölkert

167

pluralistisch
breitenwirksam
pornographisch

168

spezialisiert
pessimistisch
wirkungslos

169

sozialistisch
kontrolliert
maßgeschneidert

170

volkstümlich
antidemokratisch
steuerschonend

171

aristokratisch
spannungslos
buchstabengetreu

172

antiautoritär
wutentbrannt
extremistisch

173

futuristisch
rekordverdächtig
schwindelerregend

174

kommunistisch
unkritisierbar
konfliktbetont

175

revolutionär
avantgardistisch
unwahrscheinlich

176

illusionslos
unverwechselbar
preisbewußt

177

gottverlassen
unübersichtlich
abwechslungsreich

178

wissenschaftlich
journalistisch
machtorientiert

179

uninteressant
naturverbunden
zahlungsunfähig

180

parteipolitisch
unternehmerisch

181

menschenverachtend
menschenfreundlich

182

kapitalintensiv
rücksichtslos

183

zentralistisch
vertragsbrüchig

184

zukunftslos
kosmopolitisch

185

reaktionsschnell
vielversprechend

186

selbstbewußt
geschäftstüchtig

187

begeisterungsfähig
protestantisch

188

zusammenhanglos
verantwortlich

189

unkompliziert
lokalpatriotisch

190

problembewußt
erinnerungslos

191

selbstvergessen
vollautomatisch

192

aggressionsbereit
außergewöhnlich

193

unintellektuell
subventioniert

194

bewilligungsabhängig
publikumsfeindlich

195

leistungsstark
selbstquälerisch

196

marktorientiert
verständnislos

197

positivistisch
körperbewußt

198

fundamentalistisch
illusionistisch

199

extrovertiert
zweckentsprechend

200

kulturkritisch
unterfinanziert

201

traditionsgebunden
isolationistisch

202

überreglementiert
unterversorgt

203

unveröffentlicht
menschenunwürdig

204

unkontrolliert
rhythmusgebunden

205

wahrnehmungsabhängig
geistesgegenwärtig

206

selbstreferentiell
selbstmordgefährdet

207

beziehungsfixiert
kompromißbereit

208

interdisziplinär
sozialdemokratisch

209

schichtenspezifisch
aufkommensneutral

210

mutterseelenallein
lebensüberdrüssig

211

verständnisvoll
benutzerfreundlich

212

spiritualistisch
computergeneriert

213

entscheidungsschwach
sinnesverwirrt

214

multifunktionell
serviceorientiert

215

verfassungstreu
reparaturbedürftig

216

produktionsabhängig
militärstrategisch

217

profitorientiert
schonungsbedürftig

218

unterschriftsreif
entscheidungsfreudig

219

psychopathologisch
realitätsgestört

220

orientierungslos
größenwahnsinnig

221

stromlinienförmig
regenerationsunfähig

222

opportunistisch
nonkonformistisch

223

unverantwortlich
erinnerungsgeprägt

224

weisungsungebunden
komplexitätsabhängig

225

querschnittgelähmt
existentialistisch

226

sprachinteressiert
grenzüberschreitend

227

unzurechnungsfähig
vitalitätsfördernd

228

unsubventioniert
erklärungsbedürftig

229

geschlechtsspezifisch
zukunftsträchtig

230

interessensgeleitet
nachfrageintensivierend

231

expressionistisch
depressionsgeschädigt

232

entzündungshemmend
quantenphysikalisch

233

gesellschaftskritisch
verhaltensgestört

234

protektionsgebunden
begründungsbedürftig

235

leistungsbewußt
wartungsintensiv

236

betriebskostensenkend
zweckpessimistisch

237

linksextremistisch
gesetzesverletzend

238

prozeßgesteuert
interventionsabhängig

239

fortschrittsgläubig
psychotherapeutisch

240

anerkennungsbedürftig
autoritätsfixiert

241

unverhältnismäßig
konkurrenzgeschädigt

242

wettbewerbsfreundlich
forschungsintensiv

243

sprachwissenschaftlich
realitätsorientiert

244

sensationsbewußt
untersuchungsabhängig

245

vergangenheitsfixiert
rechtsextremistisch

246

kunstinteressiert
mitteilungsbedürftig

247

gesellschaftspolitisch
illusionsverdrängend

248

strukturalistisch
finanzwissenschaftlich

249

kreativitätsfördernd
simulationsbedürftig

250

durchsetzungsschwach
ressentimentfördernd

251

konsumentenfreundlich
spekulationsfördernd

252

gegenwartsorientiert
situationsverhaftet

253

vernunftorientiert
übersetzungsunfähig

254

durchsetzungsstark
ausrottungsgefährdet

255

herkunftsorientiert
nationalsozialistisch

256

sicherheitsorientiert
regierungsorientiert

257

differenzierungsunfähig
unterdurchschnittlich

258

pseudowissenschaftlich
journalistenfreundlich

259

leistungsorientiert
rehabilitationsbedürftig

260

strukturanalytisch
sozialwissenschaftlich

261

aufmerksamkeitsfördernd
motivationsbestärkend

262

wissenschaftskritisch
konzentrationsbedingt

263

verantwortungslos
grundsatzorientiert

264

gesundheitsorientiert
beschäftigungsaktivierend

265

rationalisierungsabhängig
selbstzerstörerisch

266

schweißüberströmt
gesellschaftstheoretisch

267

entscheidungskompetent
unternehmungslustig

268

institutionsgeprägt
überzeugungsbedürftig

269

zielgruppenspezifisch
entwicklungsnotwendig

270

relativitätsbewußt
transzendenzbestärkend

Für ein Nachvollziehen der gedanklichen Schritte von der Sprachanalyse über verschiedene Phasen des Strukturalismus zu Auffassungen von vernetzter Komplexität vielfältigster Beziehungen haben berechnete Wortfelder bestenfalls eine erinnernde, vielfach bloß persiflierende Aussagekraft. Als Begleitebene erzeugen sie künstliche Vereinfachungen, die nichts anderes ausdrücken als strukturelle Tatbestände. Sofern Wirkungen entstehen, machen sie darauf aufmerksam, wie durchschaubar deren Ursachen sind und wie logisch sich irgendein Output von Systemen rechtfertigen läßt.

Sprachanalyse 142
Systematik 142
Organisation 142
Relativität 142

Strukturalismus 242
Übertragungsvorgang 242

Für eine auf soziale Verhältnisse übertragbare Naturauffassung mit der Paarung als Knotenpunkt und vom Inzestverbot ausgehenden Austauschregeln der Geschlechterbeziehungen, für Produktion und Handel, für Kommunikation, so wie Lévi-Strauss es aus der Linguistik abgeleitet hat, lassen sich in solchen Wortmustern häufig Bestätigungen auffinden. Die Ordnungsmacht dahinter ist das Alphabet mit seinen statistischen Wahrscheinlichkeiten. Sobald sich daraus ergebende sprachliche Strukturen bewußt oder unbewußt als aussagefähig erkannt werden, wird die Bereitschaft, Kalkulationen zu akzeptieren, für den Prozeß der Wahrnehmung bestimmend. Der Antagonismus, ob das letzte Wort doch der Sinn hat oder ob das letzte Wort das Wort hat, wie es von Lacan vertreten wird, bekommt damit Studienmaterial. Einzelwörter repräsentieren keine Gedanken, trotzdem lösen sie Reaktionen aus.

Strukturalismus 242
=
Zustandsbegründung 242
durch
Gesetze der Statistik 242

Die Absurdität des Berechnens ist kein Ausgrenzungsgrund; für die Soziologie, so Lévi-Strauss, stellt sich auch im Zusammenhang mit der Definition von Verwandtschaftssystemen als Sprache immer zuerst die Frage: „Ist das System systematisch? Eine solche zunächst absurde Frage wäre in Wirklichkeit nur in bezug auf die Sprache absurd, denn die

Bezeichnungssystem 234
Unterbewußtsein 234

Sprache ist das Bezeichnungssystem par excellence; es ist nicht möglich, daß sie nicht bezeichnet, das Ganze ihrer Existenz liegt in der Bezeichnung." Wörter verlieren die ihnen zugeordneten Eigenschaften in ungewohnter Anordnung nicht. Jede Form eines Zusammenhangs, einer Schichtenbildung, ist beachtenswert. Im Rahmen einer „Wissenschaft vom Austausch", wie sie Lévi-Strauss vorgeschwebt ist, ergeben sich aus der vom Austausch zwischen Wörtern provozierten Bildung von Bezeichnungskonglomeraten durchaus Analysefelder dafür, was ungewohnte Ordnungen bewirken und wie gewohnte Ordnungen latent bleiben.[1] Homogenität, irgendwie Zusammenhängendes, drängt sich stärker in die Wahrnehmung als Heterogenes, selbst wenn alles einen fragmentierten Eindruck macht.

Wissenschaft vom Austausch 309
Zustandswahrscheinlichkeit 309
Vergangenheitsorientierung 309

Julia Kristeva komprimiert Überlegungen zum *Text als Praxis im Unterschied zum Übertragungsdiskurs* so: „Der Text erforscht den Mechanismus des Verwerfens in der Heterogenität. Er ist eine Praxis, die die Einheit aufreibt und in einen Prozeß überführt, in dem Thesen gesetzt und verschoben werden." Als Frage stelle sich also: „Ist es denkbar, das für das Subjekt unerträgliche heterogene Widerspruchsmoment im Innern des Textes offenzuhalten? Wahrscheinlich geht es darum, den Kampf um Sinngebung, deren Prozeß, nicht länger nur im Innern der ‚individuellen Erfahrung' festzumachen, wo er ohnehin stattfindet und ihre Vernichtung bewirkt, sondern ihn auch in die Wissenschaft, die Technik und die gesellschaftlichen Verhältnisse einzulassen."[2] Berechnete Wortfelder machen – wie eine Analogie dazu – den „Mechanismus des Verwerfens", mit dem das Zeichensystem selbst Homogenität und Heterogenität herstellt, übergeordnete Einheit und fragmentarische Einheiten bildet, sichtbar. Geschriebene Sprache stellt sich in ihren Wortelementen dar, als Oberfläche, mit Verwerfungen, Zusammenballungen, mit Inseln mechanischer Sinnbildung. Das Innere solcher Texte bleibt offen, ohne Zentren, aber um den Preis, bloß ein Muster zu sein, mit Punkten und Linien, denen ein horizontales, diagonales, vertikales oder sprunghaftes Zirkulieren des Blicks folgen kann.

Im Moment zumindest ist keine Verbindung zwischen Beobachter und beobachtetem Gegenstand gegeben, als Substantiv fehlen die Attribute, als Attribut die Substantive; die strukturalistische Absicht, soziale Tatsachen zuerst wie Dinge und schließlich wie Wörter zu behandeln, reduziert sich auf die Betrachtung von Wörtern. Wenn Lévi-Strauss die elementaren Verwandtschaftsstrukturen mathematisch definiert, so tun das in diesem Fall die Wörter selbst, indem ihr Doppelleben als Schrift- und Zahlzeichen zum Ordnungsprinzip wird. Dabei tritt ein, daß sich „selbständige“ Bedeutungen und Bedeutungsketten bilden, ganz in seinem Sinn, denn er postuliert, daß der strukturbildende Code der Mitteilung vorangeht und es keine anderen als konstruierte Tatsachen gibt: „Wie die Phoneme sind die Verwandtschaftsbezeichnungen Bedeutungselemente, wie sie bekommen sie ihre Bedeutung nur unter der Bedingung, daß sie sich in Systeme eingliedern.“[3] Was das einzelne Zeichen bedeutet, sei nicht entscheidend; wichtig sei primär, daß es, im Sinn Ferdinand de Saussures, der bekanntlich davon ausgegangen ist, daß ein sprachliches Zeichen nicht ein Ding mit einem Namen, sondern einen Begriff (Signifikat) und ein Lautbild (Signifikant) verbinde, einen Bedeutungsunterschied zwischen sich selbst und anderen ausdrückt, also auch die Sprache nicht von Inhalten oder Erlebnissen, sondern durch Unterschiede konstituiert sei. Sinn weise nur in eine metaphysische Vergangenheit. Daß Saussure, der auch Experte für Sanskrit gewesen ist, im

Verwandtschaftsstrukturen 350
Programmierungsfortschritt 350
Souveränitätsbewußtsein 350

Bedeutungsunterschied 244
Erscheinen 100 + Verschwinden 144
Grenzüberschreitung 245

geheimen zugleich „die Idee einer Sprache unter der Sprache, einer bewußten oder unbewußten Codierung der Wörter unter den Wörtern, eine Suche nach den latenten Strukturen“ verfolgt hat, ist lange unbekannt geblieben – dann aber, insbesondere durch Julia Kristeva, sofort als wichtiger, kritisch veränderter Ansatz für neue Lesarten aufgenommen worden. Insgesamt hat er „zweihundert Hefte über Anagramme vollgeschrieben und eine regelrechte kabbalistische Untersuchung angestellt, um herauszufinden, ob es nicht einen in diesen Texten ausgestreuten Eigennamen gäbe, der zugleich der Adressat und der letztgültige Sinn der Mitteilung wäre“.[4] Offensichtlich war er am Regelsystem *(la langue)* stärker interessiert als am Sprechakt *(la parole).*

Typus 101
System 101
Programm 101
Mythos 100
Nutzen 100
Gegenwart 100

Für Michel Serres, der als erster ein strukturalistisches Gesamtprogramm im Feld der Philosophie konzipiert hat, zeigt sich, „daß man mit Sinnproblemen am besten zu Rande kommt, wenn man die Form von ihrem Sinn entleert“. Denn „die Sprache des Sinnes hat als Ausdrücke ausschließlich Archetypen, die Sprache des Sinnes spricht allein in Ideogrammen; man kann sie nicht mit Buchstaben ausdrücken“. Der Titel dieses Textes weist die Richtung: *Von der Mathematik zu den Mythen,* wobei auch Mythen als das Chaos strukturierende, also codierte Kommunikationsräume verstanden werden. „In formalen Systemen befaßt man sich niemals mit Sinn, man verweist weder explizit noch implizit auf irgendwelche Bedeutungsinhalte. Man untersucht lediglich das wechselseitige Verhältnis zwischen korrekt gebildeten (undefinierten) Objekten, wobei zunächst einmal die Regeln für die korrekte Bildung von Objekten festgelegt werden müssen.“ „Doch die *wahre* Ordnung“, so setzt er fort, „auf der die gesamte Analyse beruht, ist und bleibt die Ordnung des Sinnes. Die symbolische Ordnung sagt nichts Neues darüber aus, sie ermöglicht lediglich deren Lektüre. Im Gegenteil, ein Komplex formaler Begriffe besitzt keine zugrundeliegende Struktur; die wirkliche Ordnung ist die Ordnung dieser Begriffe selbst. Die symbolische Analyse besteht darin, Sinngehalte in Zeichen zu *übersetzen*, eine Sprache zu codieren und zu decodieren. Eine formale Analyse besteht darin, eine Sprache zu schaffen, die aus ihren eigenen Regeln hervorgeht; erst danach eröffnet sich die Möglichkeit, sie in Inhalte oder Modelle zu übersetzen. Entweder geht man vom Sinn aus, oder man findet ihn (bzw. man erzeugt ihn)."[5]

Begriff 53
Raum 53
Ort 53
Sinnproduktion 199
Sinnestäuschung 199
Selbstkontrolle 199
Wahrheit 92 + Sinn 56 = Struktur 148

Codierte Wortfelder machen derartiges operabel, als Testgelände für andere Strukturen. Sie von vornherein in mehr oder weniger sinnvolle zu unterscheiden, wäre angesichts der sinnskeptischen Argumentation fragwürdig. Fragwürdig wäre es auch, sie zwecks Beweisführung für oder gegen komplexe strukturelle Verfahren mit Bedeutung zu beladen. Als Parallelebene dazu leisten Wortberechnungen das, was sie leisten können; das „unsinnige" Erzeugen von Relationen, ein Decodieren als Auflösung von Geheimnissen, das Stellen von Fragen. Bezüge ergeben sich dennoch, gerade weil die Vernunft provoziert wird. Denn weil „die Vernunft auch in den Tiefenschichten solcher Gebilde anzutreffen ist, die nicht unmittelbar von ihr hervorgebracht worden sind", ist es das Ziel der *Logoanalyse*, wie Michel Serres seinen ursprünglichen Ansatz nennt, „in einem scheinbar ungeordneten Gebilde eine strenge Struktur aufzuzeigen, Schemata herauszuarbeiten, die der reinen Vernunft zugänglich sind und jenen Mythologien zugrundeliegen, die bisher selbst als Grundlagen der Kultur angesehen wurden. Die symbolische Methode hat die Psychoanalyse hervorgebracht; der kritische Formalismus bringt die Logoanalyse hervor. Die Logoanalyse sucht nach rationalen (struk-

Problembewußtsein 237
Wirtschaftsrealität 237
Bewußtseinskrise 237
Interferenz 140
Zeichensprache 140
Die Form der Zeit 157
Kryptogramm 157
Theorie der Beziehungen 223
Buchstabenstatistik 223
Theorie der Relationen 220
Summe der Einzelteile 220
Quantenstatistik 220
die Stunde der Wahrheit 220
offene Suchstrategien 220
Topologie 114
Arithmetik 114
Raumbezug 114
decodieren 82
Gesetz 82
Ausnahme 82
Punkt 82

turellen) Schemata, wobei sie davon ausgeht, daß solche Schemata unterhalb jener mythischen Komplexe liegen, die ihrerseits die symbolische Analyse trugen, indem sie ihr die Archetypen lieferten." Durch ein Vordringen in solche Tiefen scheinen sich „Wahrheit und Sinn miteinander versöhnen zu können".[6]

Michel Serres will dem Politischen einen Nachrang hinter dem Kulturellen zuweisen, mit einer die Wissenschaften verbindenden „Philosophie der Passagen und der Meditation", unter Aufrechterhaltung von Komplexität und der gemeinsamen Schnittstelle „Problembewußtsein". Er spricht von Interferenz statt von Interdisziplinarität. Die Welt ist für ihn ein überdimensioniertes Kryptogramm.[7] Es fehle eine „Theorie der Beziehungen", eine „Theorie der Relationen".[8] Mathematik ist für ihn, wie schon betont wurde, weiterhin „ein Kanon, ein mustergültiges System von Regeln und auch ein Ideal für das philosophische Schreiben selbst".[9] Daß er eine Zeitlang Marineoffizier war, ließe sich als Einstimmung in ein kartographisches Denken interpretieren, wie es im Zuge von Entdeckungen, für Utopien, für die Surrealisten oder für Autoren wie Arno Schmidt (der auch ein explizites Interesse an „Berechnungen" hatte) bezeichnend ist. Was er anstrebt, ist eine Art Alphabet der Formen im Raum, eine Topologie.[10] Das geht weit über eine „Transtextualität" hinaus, die typologisch festhalten will, was einen Text „in eine manifeste oder geheime Beziehung zu anderen Texten bringt". Denn die Irritation bleibt aufrecht, „daß Verständigung sich selbst nie vollständig transparent ist". Die Decodierung ist eine endlose Aufgabe.[11]

Inwieweit das geleistet werden kann, generell für Systeme oder für „Systeme" des Schreibens, des Visualisierens, ist vom Geschehen im Zwischenraum abhängig, in dem sich die Eigenart des „Textes", die von ihm ausgehenden, ihn selbst befragenden Blicke mit den Blicken des Beobachters kreuzen. Die Moderne hat, so ein primär auf Literatur bezogenes Resümee von Marlene Streeruwitz, „einen radikal anderen Blick entworfen. Einzig die Moderne hat den Blick im konsequenten Auf-sich-selbst-gerichtet-Sein in die Vereinzelung geführt und damit Freiheit ermöglicht. In logischer Konsequenz konnte die Moderne nur jeweils adäquate personale Sprachen entwickeln, die bei jedem Lesen neu dechiffriert werden müssen." Die hier in ihrer Paradoxie verfolgten Spuren autopoietischer Wortrelationen ergeben, gerade durch die Menge, das fiktive, fragmentarische Bild von durch Schrift zusammengehaltenen Bedeutungskonstellationen. Das Zwanghafte ihrer Grundstruktur erzeugt für Momente eine befreiende Balance zwischen Sinnbildung und Sinnferne. Dabei werden die Wörter nur von einer Zelle in eine andere verlegt. Eine alphabetische und eine numerische Ordnung treiben ihr Spiel mit ihnen. Welche Gruppen sich bilden, ergibt sich aus statistischen Prozeduren. Daß Sätze zustande kommen, ist noch gar nicht die Frage. Dazu heißt es bei Marlene Streeruwitz knapp: „Im Entfremdeten kann nur Zerbrochenes der Versuch eines Ausdrucks sein." „Sprache wird zerstückelt in ihre endgültige Säkularisierung."[12]

Subjektivität 174
Problemlösung 174
Schriftsteller 174
Wortfetzen 152
Umgangssprache 152

Daß relativ oft der Eindruck entsteht, bloß nach ihren Nummern geordnete Wörter könnten etwas mitteilen, als Output des Erstaunens oder Erschreckens über die Produktivität von Strukturen, verwandelt sie von Zeichen in ominöse Dinge, die scheinbar mehr zu sagen haben als das, was sie eigentlich bezeichnen. Die Kausalität dabei ist nur ein Beispiel für vieles. Kombinationen können durch Berechnung stabilisiert oder entwertet werden. Auftauchende Entsprechungen geben Richtungen an. Wenn die „unbeobachtbare Welt", wie Niklas Luhman sie trotz ihrer

Fragment 84 Nummer 84
Fusion 84 Erlebnis 84
Relation 94 Botschaft 94
Berechnung 97 Beziehung 97
Struktur 148 Durchdringung 148

Unbeschreibbarkeit beschreibt, längst nicht mehr „als Gesamtheit des Sichtbaren und Unsichtbaren, als Ab-Teilung der Dinge, die dann an den Plätzen, an die sie ihrer Natur nach gehören", verstanden werden kann, sondern „sachlich" gesehen „zu einem endlosen Netzwerk von empirischen Kausalitäten" wird, „das als ein Schema benutzt wird, mit dem erst noch festzustellen (heute würde man sagen: zuzurechnen) ist, was womit zusammenhängt", dann gibt das auch den gedanklichen Rahmen für jeden Umgang mit Codes.[13]

Welche statistisch begründeten Relationen und Strukturen Wörter bilden, wenn sie wie in einem physikalischen Prozeß nach ihrem Eigenwert geordnet werden, macht Übergänge von der Wahllosigkeit zu Strukturbildungen beobachtbar, gerade weil es sich bloß um Wörter handelt. Da sie für etwas anderes stehen, als sie sind, gerät auch die Vorstellungswelt in Turbulenzen. Ihre Ordnung stellt sich als ersetzbar heraus.

Hintergrundrauschen $_{227}$
Koordinatensystem $_{227}$
Gitterstruktur $_{227}$
alles mit allem verbinden $_{227}$

Tohuwabohu $_{134}$
Ursprung $_{134}$

Generelle Ausgangspunkte für Michel Serres sind die Unordnung, das Unwahrscheinliche: „Am Anfang war das Tohuwabohu. Wir sagen heute: das Rauschen, das Hintergrundrauschen." „Unsere Ahnen sagten: das Chaos."[14] Das Alphabet bestätigt, zumindest in der hier gewählten Sprache, diese Auffassung. Tohuwabohu$_{134}$, dieses biblische Wort, ist gleichwertig mit Ursprung$_{134}$, Rauschen$_{89}$ mit Ewigkeit$_{89}$, Hintergrundrauschen$_{227}$ mit Koordinatensystem$_{227}$, Chaos$_{46}$ mit Nacht$_{46}$. Chaos$_{46}$ plus Zahl$_{47}$ ergibt wieder Ordnung$_{93}$.

Rauschen $_{89}$
Ewigkeit $_{89}$

Chaos $_{46}$ + Zahl $_{47}$ = Ordnung $_{93}$

Das Wahrzeichen des Strukturalismus, der Kristall$_{102}$[15], bildet mit Lesbarkeit$_{102}$ eine Gleichung. Relation$_{94}$ verweist auf Botschaft$_{94}$, Berechnung$_{97}$ auf Beziehung$_{97}$, Struktur$_{148}$ auf Öffentlichkeit$_{148}$ und Opposition$_{148}$, aber auch auf Durchdringung$_{148}$.

1 Claude Lévi-Strauss: Strukturale Anthropologie (1958). 1967. S. 63, 324
2 Julia Kristeva: Die Revolution der poetischen Sprache (1974). 1978. S. 204, 209
3 Claude Lévi-Strauss: Strukturale Anthropologie (1958). 1967. S. 46
4 François Dosse: Geschichte des Strukturalismus (1991). 1996. Band I. S. 87f.
5 Michel Serres: Hermes I. Kommunikation (1968). 1991. S. 33, 32, 25, 39
6 Ebda., S. 42, 43
7 Richard Jochum: Komplexitätsbewältigungsstrategien in der neueren Philosophie: Michel Serres. 1998. S. 96, 94, 111, 141
8 Michel Serres: Der Parasit (1980). 1987. S. 333, 196
9 Michel Serres. In: Michael Jakob: Aussichten des Denkens. 1994. S. 186f.
10 Richard Jochum: Komplexitätsbewältigungsstrategien in der neueren Philosophie: Michel Serres. 1998. S. 249
11 François Dosse: Geschichte des Strukturalismus (1991). 1997. Band II. S. 446, 552
12 Marlene Streeruwitz: Sein. Und Schein. Und Erscheinen. Tübinger Poetikvorlesungen. 1997. S. 20, 76
13 Niklas Luhmann. In: Niklas Luhmann/Frederick D. Bunsen/Dirk Baecker: Unbeobachtbare Welt. Über Kunst und Architektur. 1990. S. 7f.
14 Michel Serres: Hermes IV. Verteilung (1977). 1993. S. 7
15 François Dosse: Geschichte des Strukturalismus (1991). 1997. Band II. S. 239

Erfindung$_{98}$
Skepsis$_{98}$
Warnung$_{98}$
Beobachtung$_{98}$
Konflikt$_{98}$

Sein Buch *Die Erfindung des Politischen* beginnt Ulrich Beck, indem er sich auf einen Künstlertext beruft, auf den Aufsatz Kandinskys mit dem Titel *und*. Darin fragt dieser „nach dem Wort, das das 20. Jahrhundert im Vergleich zum 19. Jahrhundert kennzeichnet". Seine Antwort läßt schon vom Tonfall her viele Varianten zu: „Während das 19. Jahrhundert vom *Entweder-Oder* regiert wurde, sollte das 20. Jahrhundert der Arbeit am *und* gelten. Dort: Trennung, Spezialisierung, das Bemühen um Eindeutigkeit, Berechenbarkeit der Welt – hier: Nebeneinander, Vielheit, Ungewißheit, die Frage nach dem Zusammenhang, Zusammenhalt, das Experiment des Austausches, des eingeschlossenen Dritten, Synthese, Ambivalenz."[1] Auch Mondrian war sich einer solchen Entwicklung sicher und stellte programmatisch fest: „Die Kultur der Einzelform ist vorbei, jetzt beginnt die Kultur der Beziehungen."[2]

Von den Codewerten her verbinden sich die Wörter *entweder-oder*$_{136}$ mit Rentabilität$_{136}$, was bereits wie ein Ausdruck des vorherrschenden Programms wirkt, ergänzt um die Andeutung, daß noch Alternativen gesucht wurden. Die mit der allgemeinen Modernisierung einhergehende Verschärfung von Gegensätzen bildet sich ab. Das Wort *und*$_{39}$ hingegen deutet einfach auf gehen$_{39}$ hin (aber auch auf Atem$_{39}$ und Tod$_{39}$); ob etwas geht oder nicht, ergibt sich einfach. Die Schärfe des einen verwandelt sich in eine indifferente Unschärfe. Es fiele leicht, aus solchen Konstellationen Prophezeiungen abzuleiten; evident wird allerdings bloß das dafür verfügbare Potential und wie Berechnungen zu weit hergeholten Interpretationen verführen können. Das angeblich Verbindende, bis hin zum Totalitären, bildet sich ab; Buddhas letzte Worte an seine Schüler haben wenigstens vieles offengelassen. Angeblich hat er einfach gesagt: „Geht weiter!"[3]

Netz $_{65}$
Medium $_{65}$
Alphabet $_{65}$
Impuls $_{90}$
Rechnung $_{90}$
Würfel $_{90}$

Bezogen auf die komplexen Bedingungen moderner Gesellschaften führt die Frage nach dem *und* zum Thema *Netz*. Netz$_{65}$ ist als Wort gleichwertig mit Medium$_{65}$ und mit Alphabet$_{65}$. Ein Verschwinden von Sprache und Schrift drückt sich darin nicht aus; im Gegenteil, es scheint programmiert zu sein, wie sehr mathematisierte Zeichen, reduziert auf Impulse, jedes Netz, jedes Medium beherrschen. An ihnen ist vor allem interessant, daß sie verfügbar sind. Wie vorherbestimmt wirkt es, daß sich ein Alphabet nicht auf Buchstaben eingrenzen läßt. Daß das Wort Impuls$_{90}$ mit Lebewesen$_{90}$ und Rechnung$_{90}$ eine Gleichung bildet, könnte als Verweis auf das allgegenwärtige Zirkulieren unsichtbarer Partikel und Wellen und auf Vorstellungen von in Formeln darstellbarer statistischer Einheit interpretiert werden.

Wirklichkeit $_{138}$
Tüchtigkeit $_{138}$
Lebensstandard $_{138}$
herstellen $_{118}$
verwandeln $_{118}$

Wenn Ulrich Beck, als Soziologe, wesentlich handlungsbezogener als Niklas Luhmann, von einer Welt spricht, deren Zustand durch eine „überquellende Chaotik", „verstiegene Einheitshoffnung" oder „Hilflosigkeit im Additiven" charakterisiert ist, so ergibt das zwar eine exemplarische Erfahrungsunsicherheit, nur sei die „nicht der Untergang der Wirklichkeit, sondern der Beginn eines Wirklichkeitsreichtums, Wirklichkeitsüberflusses". „Die Ein-Sicht wird zur Viel-Sicht. Damit aber wieder *direkt* zugänglich – durch Sprache, Lust, Blick, Kritik, Denken, Fragen, also Kopf und Kopfhaltung." Sein Glaube an die Sprache ist ungebrochen: „Aussprechen heißt *herstellen*. Räume werden geöffnet, geschaffen, die, einmal in der Sprache präsent, von allen durchlebt, durchwandert und in Besitz genommen werden können."[4]

Wandern$_{79}$ entspricht dem Zahlenwert von Neugier$_{79}$, gehen$_{39}$ dem hier als Ansatz verwendeten *und*$_{39}$. Letzteres ist wahrscheinlich in jeder Sprache eines der häufigsten Wörter; im Englischen ist *and* das zweithäufigste (nach: *the*), im Deutschen ist *und* das dritthäufigste Wort (nach: der, die).[5] Es verbindet, es trennt, es verweist. Sadie Plant spricht in bezug auf die Kultur der neuen Technologien vom Grundvorgang des Webens. „Ähnlich wie die individuellen Texte zu Fäden in unendlich verwickelten Geweben geworden sind" – und Hypertextprogramme und ein Netz einander überlagernder „Gewebe von Fußnoten ohne Mittelpunkt" –, „weben die digitalen Maschinen des späten 20. Jahrhunderts neue Netze ausgehend von dem, was einst isolierte Wörter, Zahlen, Töne, Formen, Gerüche, taktile Texturen, Architekturen und zahllose bisher namenlose Kanäle waren." Daß der Webstuhl durch Verwendung von Lochstreifen und Lochkarten zur ersten automatischen Maschine wurde, sei mehr als eine Analogie: „Text ist immer noch eine Kurzform von Textil", als Ausdruck von Web- und Flechtvorgängen, die bis zur Kybernetik, zum Rhizom, dem von Deleuze/Guattari als Denkmodell importierten Fasernetz von Pflanzen, das sich seitlich ausbreitet, an jeder Stelle unterbrochen werden kann und sich, anders als bei Wurzeln, „der Kategorisierung als einzelne Wesen" widersetzt, bis zur Daseinsform von Flechten und Bakterien, zu heterogen-hybriden Potentialen oder eben zum Computer, dem „elektronischen Webstuhl", die Denkweisen prägen werden.[6]

Das vom angesprochenen Entweder-Oder abgeleitete Ein-Aus-, Ja-Nein-Prinzip elektronischer Systeme mit den trotz aller Verknüpfungsleistungen schwerfälligen Impulsen und Informationsbits ist als Anfangsphase zu sehen; künftig „werden die subatomaren Maßstäbe von Quantencomputern allen Stufen, Ebenen und Formen der Kommunikation ermöglichen, mit den Stufen, Ebenen und Formen von subatomaren Teilchen zu konvergieren". Dies mache konventionelle Verarbei-

Null 59
Einfall 59
Freude 59
Glück 59
Anarchie 59
Eins 47
Zahl 47
Uhr 47
Gedanke 47
Gewebe 47

tungs- und Vernetzungsvorstellungen obsolet. Denn was die digitalen Computer derzeit auch tun, „sie übersetzen dabei immer Information in die Nullen und Einsen des Maschinencodes. Diese Binärzahlen sind bekannt als *Bits* und ergeben zu acht aneinandergereiht die *Bytes*. Die Nullen und Einsen des Maschinencodes scheinen sich als perfekte Symbole für die Ordnungen der westlichen Wirklichkeit anzubieten, für die alten logischen Codes, die den Unterschied festlegen zwischen ein- und ausgeschaltet, zwischen rechts und links, hell und dunkel, Form und Materie, Geist und Körper, weiß und schwarz, gut und böse, richtig und falsch, Leben und Tod, etwas und nichts, dies und das, hier und dort, drinnen und draußen, aktiv und passiv, wahr und falsch, ja und nein, Vernunft und Wahnsinn, Gesundheit und Krankheit, oben und unten, Sinn und Unsinn, Westen und Osten, Norden und Süden …“[7]

Gegenwart 100 Unschärfe 100
Alphabet 65 Schärfe 65

Auch Michel Serres Interesse gilt solchen Unschärfen: „Wir werden niemals mehr mit Ja oder Nein auf Fragen der Zugehörigkeit antworten. Drinnen oder draußen? Zwischen Ja und Nein, zwischen Null und Eins erscheinen unendlich viele Werte und damit unendlich viele Antworten. Die Mathematiker nennen diese neue Strenge *unscharf*, unscharfe Untermengen, unscharfe Topologie. Den Mathematikern sei Dank: wir hatten dieses *unscharf* schon seit Jahrtausenden nötig.“[8] Diese Unschärfe[100] entspricht der Gegenwart[100], und zwar generell; dem Alphabet[65] selbst bleibt der Umgang mit Schärfe[65] überlassen.

Vom eingangs bereits erwähnten Physiker Richard P. Feynmann stammt das Computermodell, „bei dem die Unschärfe während der Berechnung fokussiert bleibt und nicht die Korrektheit des Ergebnisses berührt. Derartige Berechnungen könnten mit Quantencomputern durchgeführt werden, die eine Verbindung zwischen der Mikrophysik und den Computerwissenschaften herstellen. Quantencomputer könnten wesentlich schneller Daten verarbeiten als das menschliche Gehirn und möglicherweise Bewußtsein erzeugen. Quantencomputer basieren theoretisch auf dem Prinzip der Interferenz einer Vielfalt paralleler Universen." Die Konzepte für ihren Bau basieren auf dem Einsatz von Lasern oder auf der Kernspin-Resonanz *(Nuclear Magnetic Resonance).* „Das besondere am Quantencomputer ist, daß er die heutige Kryptographie vor neue Herausforderungen stellt, da die notwendigen Berechnungen zur Ver- und Entschlüsselung von Codes nahezu in Echtzeit durchgeführt werden können. Quantencomputer werden deshalb zu einem äußerst wichtigen Faktor für die Datensicherheit in der Wissensgesellschaft werden."[9]

magisch 60
anders 61
digital 62
Quantencomputer 203
Additionsprinzip 203
Bedienungsanleitung 203

Die Perspektive „totaler" Verknüpfungsmöglichkeiten, bis hin zu den kleinsten „Partikeln", radikalisiert die „Hilflosigkeit im Additiven". In der Sprache, als Mitteilungsform, sind kleinere Einheiten als Laute, Buchstaben, Blicke, Geräusche, Gesten vorerst nicht vorstellbar; aber auch nicht eine Eliminierung von Unschärfen. Medial werden jene jetzt schon mathematisiert, in Impulse verwandelt und wieder rekonstruiert. Das Bewerten von Buchstaben ist ein analoges Verfahren – nur jenseits verbindlicher Regelwerke; antiquiert, aber wenigstens durchschaubar, nützlich, um ein Freilegen künstlicher Beziehungen zu testen. Entstehende Plausibilität – und gelegentlich Irritation – reflektiert gleichsam in automatisierter Weise, wie Bedeutungen und Denkanstöße zustandekommen können.

Quanten 92
Kosmos 92
Wahrheit 92

Mit der noch manuell beherrschbaren Buchstabenbewertungstechnik, die semantisch komplexer als die 1-0-Codierung ist, aber leicht

Punkt$_{82}$
Ausnahme$_{82}$
Mittelpunkt$_{161}$
Kontrapunkt$_{161}$
Unberechenbarkeit$_{161}$

über Computer abgewickelt werden kann, ergeben sich etwa für den angesprochenen Quantencomputer$_{203}$ als rechnerisch zugehörige Begriffe das (hier angewandte) Additionsprinzip$_{203}$ als Bedienungsanleitung$_{203}$. Quanten$_{92}$ verweisen auf Kosmos$_{92}$ und Wahrheit$_{92}$. Der Gedanke$_{47}$ entspricht dem Gewebe$_{47}$, dem Sein$_{47}$ und der Zahl$_{47}$. Die Unterbrechung$_{156}$, als Notwenigkeit$_{156}$, ist durch den Punkt$_{82}$ symbolisiert. Numerisch entspricht er der Ausnahme$_{82}$, als Kontrapunkt$_{161}$ erinnert er an Unberechenbarkeit$_{161}$.

1 Ulrich Beck: Die Erfindung des Politischen. 1993. S. 9
Wassily Kandinsky: und (1927). In: Kandinsky: Essays über Kunst und Künstler. 1973. S. 97ff.
2 Piet Mondrian. In: Eugen Gomringer: theorie der konkreten poesie. 1997. S. 52
3 Buddha. In: Bruce Chatwin: Der Traum des Ruhelosen (1996). 1996. S. 144
4 Ulrich Beck: Die Erfindung des Politischen. 1993. S. 9, 259f.
5 David Christal: Die Cambridge Enzyklopädie der Sprache (1987). 1995. S. 86
6 Sadie Plant: nullen + einsen (1997). 1998. S. 19, 17, 77, 131, 195
Gilles Deleuze/Félix Guattari: Rhizom (1976). 1977
7 Sadie Plant: nullen + einsen (1997). 1998. S. 259f., 42
8 Michel Serres: Der Parasit (1980). 1987. S. 89
9 Artur P. Schmidt: Der Wissensnavigator. Das Lexikon der Zukunft. 1999. S. 176

Licht$_{52}$ = Maß$_{52}$ = Form$_{52}$ = Dasein$_{52}$. Das sagen die Buchstaben, wenn sie zugleich als Zahlen akzeptiert werden. In Aktivität umgesetzt, gehört finden$_{52}$ zu dieser Reihe; finden$_{52}$ steht zwischen sehen$_{51}$ und denken$_{53}$. Sehen$_{51}$ entspricht fragen$_{51}$.

Im Englischen taucht die Bezeichnung *light* (für Licht und für leicht) in einem numerisch direkt anschließenden Wortfeld auf, das über seinen unmittelbaren Naturbezug ebenfalls wie vorherbestimmt wirkt: *sun*$_{54}$– *sky*$_{55}$– *heaven*$_{55}$– *light*$_{56}$ – *moon*$_{57}$ – *night*$_{58}$ – *star*$_{58}$.

Das Interesse von Brigitte Kowanz, deren Arbeit (*Licht ist was man sieht/Light is what we see*, 1999) diesem Band vorangestellt ist, in ihren Bildern und Rauminstallationen Zahlen und Buchstaben zu verarbeiten, nach derselben „normalen" Methode, streng nach der Stellung im Alphabet, wie sie hier eingesetzt wird, ist von der Lichtgeschwindigkeit ausgegangen, diesem quasi absoluten Wert, der vorstellbar ist, nicht vorstellbar ist und als Meßgröße mit rational-irrationaler Zahlenfolge, mit zufällig wirkendem Ablauf, auftritt. Das Raum-Zeit-Kontinuum wirkt mit. Daraus haben sich Additionen von in Zahlen codierter Schrift entwickelt, aus denen sich wieder Wörter ergeben. Das Morsealphabet wird einbezogen. Der Kontext: die Beschäftigung mit Codes. Solche eingeschriebenen Gesetzmäßigkeiten in ihrem Anderssein, in ihrer Unmerklichkeit wahrzunehmen, wird zur Forschung, die Überraschung über unglaubliche Wahrscheinlichkeiten wird zur Befragung von Gesetzmäßigkeit. Zahlen faszinieren, weil sie durch hohen Abstraktionsgrad Komplexität ausdrücken können. Daß die Geburtsdaten so wichtig sein können wie der Name und bestimmte Zahlen für viele Menschen Bedeutung haben, verbindet mit Alltäglichem. Die selbstreferentiellen Qualitäten sind wichtig. Daher ist ihr Bildtitel *Licht ist was man sieht* als

	sehen 51		fragen 51	
		finden 52		
		denken 53		
Licht 52	Maß 52		Form 52	Dasein 52
Raum 53	Ort 53		Begriff 53	Ethik 53
		sun 54		
	sky 55		heaven 55	
		light 56		
		moon 57		
	night 58		star 58	
		blues 59		

Schlüsseltext zu sehen.[1] Decodiert basiert *Licht ist was man sieht*$_{232}$ unmittelbar auf Wahrnehmungstheorie$_{231}$ (und Zufallsinformation$_{231}$). Diese Stimmigkeit war unbeabsichtigt; trotzdem ist sie vorhanden. Die minimale Differenz kann als Hinweis auf eine verbleibende Unschärfe gelesen werden, als Ausdruck, daß es keine verbalisierbare Identität zwischen dem einen und dem anderen geben kann oder einfach als Faktor +1, der Kunst von Theorie unterscheidet.

Licht ist was man sieht $_{232}$
Wahrnehmungstheorie $_{231}$
Zufallsinformation $_{231}$

Das knüpft daran an, daß in der Architektur, in der Musik, in der Malerei ein Berechnen von Beziehungen, ein an Raumkoordinaten orientiertes Denken nie von vornherein als esoterisch abgewertet wurde. Geometrisch oder über Zahlen chiffrierte Grund- und Aufrisse sind ein völlig integrierter Teil der Baugeschichte. Zahlen – oder eine Magie – haben jeweils ihren eigenen Kontext. Metaphysisches aus der Kunst zu verbannen, hat auch mit *bannen* zu tun, gerade wenn sie als komplexe Erkenntnisarbeit, als Theoriekonzept verstanden, wenn Form und Inhalt gleichgesetzt werden. Daß für Kandinsky, Mondrian oder Malewitsch esoterische, insbesondere theosophische Gedankenwelten wichtig waren, ist eher eine Hintergrundfrage; Zahlenkonstellationen werden auch unabhängig davon wirksam. Musik gilt vielfach als hörbare Mathematik. Mondrians Intention, daß sich „Wahrheit am reinsten in der Mathematik zeigen läßt, weil diese zweckfrei ist", entspricht derjenigen Spinozas. Seine Ablehnung von Symmetrie gründet sich darauf, daß es nicht um die Visualisierung von Gleichgewichten gehe, „sondern um die Darstellung von gleichwertigen, äquivalenten, sowohl Qualitäten wie auch Quantitäten berücksichtigenden Beziehungen". Seine Malerei zeige „die Grundgesetze für die Umgestaltung der Umwelt"; zu Architektur hat er die gesamte nicht-natürliche Umgebung gerechnet.[2]

Raumkoordinaten $_{179}$
Zufallsbegegnung $_{179}$
Sinneswahrnehmung $_{212}$
materiell $_{95}$ + immateriell $_{117}$
Symmetriebrechung $_{205}$
Mustererkennung $_{205}$

die Künste 113 | fine arts 92
Autonomie 113 | picture 92
Austausch 113 | rhythm 92
Beschreibung 113 | education 92
Einzelheit 113 | opinion 92

Architektur 134 | architecture 131
Ursprung 134 | intuition 131
Sachverstand 134 | rationalism 131
Intoleranz 134 | championship 131

Für Le Corbusier, der sich selbst als Maler, Architekt und Bildhauer gesehen hat, ist Architektur „das kunstvolle, korrekte und großartige Spiel der unter dem Licht versammelten Baukörper" (besser übersetzt: „Das wissende, großartige und ordnende Spiel der unter dem Licht versammelten Körper").[3] Sein Nachdenken über Proportionen, seine extensiven Berechnungen, sein Interesse an einer „Humanisierung des Maßes in der Architektur" war darauf gerichtet, „künstlerisch und wissenschaftlich die Grundlagen jeder bildnerischen Gestaltung" zu verbessern. In seinem Proportionenbuch hat er das präzisiert: „Die Fachleute haben erkannt, daß es sich dabei keineswegs um eine Geheimlehre, sondern um ein vorhandenes Werkzeug handelt, das man den Formgestaltern in die Hand geben kann mit dem einzigen Ziel – wie es Professor Einstein so richtig ausgedrückt hat – : ‚das Schlechte schwer und das Gute leicht zu machen'. Der MODULOR ist eine Tonleiter. Die Musiker besitzen eine Tonleiter; nach Gutdünken machen sie damit mittelmäßige oder gute Musik." Die mathematischen Wissenschaften sind für ihn „der Meisterbau, den der Mensch für sein Verständnis des Weltalls erdacht hat"; er bezieht sich auch ausdrücklich auf Leibnitz („Die Musik ist eine Übung in geheimnisvoller Mathematik, und wer sich ihr hingibt, weiß nicht, daß er Zahlen handhabt").[4] Die Einheit, die Verdoppelung, die beiden Goldenen Schnitte liefern ihm die logischen Variationsmöglichkeiten; die Systeme dazu werden graphisch und als Zahlentabellen ausgearbeitet. Seine „blauen" und „roten" Modulor-Reihen sind im Prinzip Fibonacci-Zahlen. Um eine Typisierung der menschlichen Gestalt ist er dabei nicht herumgekommen; sie ist bei ihm 183 Zentimeter (6 englische Fuß) groß. Das war international handhabbarer als die realitätsnaheren, in Europa der tatsächlichen Durchschnittsgröße entsprechenden 175 cm, von denen er ursprünglich ausgehen wollte.[5] Le Corbusier selbst hat seine Zahlenreihen, die nicht mehr, wie bis zum Mittelalter, Ausdruck metaphysischer Bezüge, sondern, wie seit der Renaissance, menschliche Maßverhältnisse repräsentieren, als flexibles Regelsystem für Gebäudeproportionen und für die industrielle Serienfertigung konzipiert. In orientalischen Ländern, wo rechnerische Zusammenhänge bis hin zu Wörtern von jeher einen hohen Stellenwert haben, hat er sehr genaue Studien unternommen, etwa in den alten Wüstenstädten Nordafrikas. Im für seine Entwicklung entscheidenden Jahr war er den Sommer über in Istanbul und ist erst von dort nach Griechenland und Italien gereist.[6] In der eingeschlagenen Richtung spiegelt sich eine komprimierte Kulturgeschichte wider, von orientalischen Rechenkünsten über die pythagoräische Entdeckung der Harmonien, der wechselseitigen Entsprechung von Tönen und Zahlen, zur Zahlensymbolik bei Dante, der Erfindung der Perspektive, der romantischen Vorstellungen von Architektur als „gefrorener Musik“ bis zu den Montagetechniken in der Literatur, im Film, in der Musik – zur Moderne, mit ihrem Interesse an mathematischen Verfahren, ihrem Mißtrauen gegenüber Verbalität, ihrem Blick auf Strukturen, auf Räume, ihrem gewandelten Streben nach dem Absoluten, ihrer Akzeptanz des Dissonanten und Fragmentarischen. Bei Transfers zwischen vielfach kaum noch in Kontakt stehenden Spezialgebieten wird die Zahl selbst der Vermittler, manchmal.

Montagetechnik 145
Numerierung 145
Laboratorium 145

John Cages *Vortrag über nichts* wäre dafür ein Beispiel, beginnend mit der Feststellung „Ich bin hier – , – und es gibt nichts zu sagen“, im Textbild typographisch exakt gegliedert und präzise kommentiert: „Es gibt vier Takte in jeder Zeile und zwölf Zeilen in jeder Einheit der rhythmischen Struktur. Es gibt achtundvierzig solche Einheiten, jede zu

masterpiece 114
performance 114

achtundvierzig Takten. Das Ganze ist in fünf große Teile im Verhältnis 7, 6, 14, 14, 7 gegliedert. Die achtundvierzig Takte jeder Einheit sind ebenfalls so gegliedert. Der Text ist in vier Kolonnen gedruckt, um ein rhythmisches Lesen zu erleichtern." Poesie ist für ihn „nicht Poesie aufgrund ihres Inhalts oder ihrer Mehrdeutigkeit, sondern weil sie erlaubt, in die Welt des Wortes musikalische Elemente (Zeit, Klang) hineinzunehmen."[7] Die Bedeutung der Zahl ist bei ihm offensichtlich, allerdings losgelöst von jeder weiteren sprachlichen Bedeutung. Daß seine
48 dabei verwendete Schlüsselzahl 48 verbale Bezüge zu *sex*$_{48}$, ***blood***$_{48}$,
forty-eight$_{133}$ *crime*$_{48}$ herstellt, hätte er wahrscheinlich lächelnd zur Kenntnis genom-
simulation$_{133}$ men. Bei den teils in Kooperation mit Pierre Boulez ausgeführten Kompositionen in Tabellenform sind exakte numerische Zeitangaben ein entscheidendes Element. Seine *Number Pieces* verweisen durch ihre Titel auf die Zahl der beteiligten Musiker. Cages Interesse „aus dem Wahrscheinlichen das Unwahrscheinliche zu gewinnen" traf sich teilweise mit Duchamp, ohne daß es einen Widerspruch gegeben hätte zur „Idee einer Überantwortung herkömmlicher musikalischer Logik an übergreifendere Wahrscheinlichkeiten". Cages Konflikthaltung gegenüber der traditionellen Notenschrift oder die Einbeziehung des Zufalls war auch eine Abgrenzung von der seriellen Musik, in der möglichst alle Strukturelemente „durch die vorweg festgelegte Ordnung von Zahlen- und Proportionsreihen bestimmt" sind. Das Ausschließen hat ihn gestört; der Zufall, so sagt er, „liefert uns sehr schnell und effizient eine völlig unerwartete Kombination der Dinge"; im übrigen habe er fast
Frage$_{37}$ seine gesamte künstlerische Produktion dahingehend ausgerichtet,
Blick$_{37}$ „Fragen zu stellen, statt eine subjektive Wahl zu treffen".[8]

Daß Johann Sebastian Bachs Proportionen und Symmetrien in den

1920er Jahren neu bewertet worden sind, hat solche Konzeptionen beeinflußt. Alban Bergs intensives Verhältnis zu Zahlen – vor allem zu 23 – und zu Symmetrien ist bekannt. Aus den 479 001 600 Möglichkeiten der Abfolge von 12 Tönen hat Josef Matthias Hauer seine Ordnung mit 44 Tropen entwickelt, als Gesetzmäßigkeit einer bereits vorhandenen Musik, für die der Komponist letztlich überflüssig ist. Diese numerische Perspektive hat ihm übrigens Heinz von Foerster als Mittelschüler errechnet, der auch eine seiner Begründungen für die Zwölftonmusik überlieferte: „Die ganze Notenschrift mit den 5 Linien ist eine Lüge."[9] Die Opposition gegen solche Auffassungen, insbesondere auch gegen Schönberg, hat sich darauf berufen, daß diese Musik zu konstruiert wirkt. Dem eingeforderten *Gefühl* wird unterstellt, daß es unberechenbar sein muß. Unberührt von solchen Aversionen werden für Kompositionen der Goldene Schnitt und die Fibonacci-Reihe verwendet; Ligeti hat sich daran orientiert oder Iannis Xenakis. Olivier Messiaen hat *Die leichte Zahl (Le nombre leger),* so der Titel einer seiner Préludes, und Primzahlen wichtiggenommen. Imre Kertész stellt für seinen *Roman eines Schicksallosen* selbst einen Bezug zur Zwölftonmusik her, mit ihren zwölf nur aufeinander bezogenen Tönen; der Titel hat im Ungarischen zwölf Buchstaben *(Sorstalansàg),* so wie das Wort *schicksallos* im Deutschen, und das verweise auf die atonale Konzeption, auf den Grundzug, daß „keine gültigen ethischen Gesetze" dargestellt werden.[10]

Ein Physiker, Astronom und Musikkritiker wie Erich Jantsch betont schon länger die Aspekte einer „Selbstorganisations-Dynamik" in vielen künstlerischen Verfahren, etwa in denen des Nouveau Roman; ein Satz „zieht sofort weitere Sätze nach sich, die ihn in Frage stellen", „der Autor fühlt sich ohne sein eigenes Zutun über viele solcher Instabilitäts-

Musik 73	music 65
Traum 73	alphabet 65
Paradies 73	method 65
sound 73	space 44
number 73	brain 44
meeting 73	hope 44
paradise 73	tear 44
Malerei 63	painting 90
Energie 63	economy 90
Beweis 63	reality 90
Tanz 61	dance 27
Figur 61	ball 27
Modell 61	care 27
Spiel 61	code 27
Theater 77	theater 77
Dynamik 77	research 77
Analyse 77	council 77
Beispiel 77	crisis 77
Film 40	art 39
Fläche 40	film 40 / mind 40
Idol 40	dream 41

schwellen weitergetrieben, ohne je Beständigkeit zu erreichen". „Die serielle Musik (Zwölftontechnik), die einem deterministischen Prinzip entspricht, verbindet sich mit der Aleatorik (von *alea*, Spielwürfel), das heißt mit der Freiheit der Interpretation durch Zufallskombinationen fixer Moduln. Damit wird jene Komplementarität von deterministischen und stochastischen Elementen – von Bestätigung und Erstmaligkeit – eingebracht, die zur Selbstorganisation gehört."[11]

wie etwas gemacht ist 210
Verschlüsselung 210
Selbstdarstellung 210
Konfliktpotential 210

was etwas bewirkt 199
Selbstkontrolle 199
Sinnproduktion 199
Sinnestäuschung 199

Für die Frage „wie es gemacht ist", die Poietik eines Werks, und die Bewertung durch den Hörer, die Aesthesis (Paul Valéry), werden von der *Mathematischen Musiktheorie*, die sich die „Vermittlung zwischen musikalischer Form und ihrer Bedeutung" zur Aufgabe macht, die verschiedensten Gebiete behandelt. Sie reichen von den Bestandteilen der Musik, den Klängen – die physikalisch gesehen mehr oder weniger regelmäßige Luftdruckschwankungen sind –, über „physikalische, mathematisch-geistige und psychologische, auf den Verstehensprozeß ausgerichtete Räume", die Physiologie und Psychologie des Musikhörens, musikalische Strukturen, Module, Symmetrien, Skalen, Akkorde, Rhythmen, Motive bis zur Konsonanz-Dissonanz-Dichotomie, zu Kontrapunkt oder Harmonielehre. Musik wird dabei als Mitteilung verstanden, die „Bedeutung hat und physisch zwischen ihren psychischen und geistigen Ebenen vermittelt". Sie wird als „das im Vieldeutigen Bestimmte", als ein System von Zeichen betrachtet, im Sinn von Roland Barthes, differenziert als Struktur und Prozeß, als Klangsprache und Klangrede. „Zwischen Spielen und Denken besteht in der Musik eine essentielle Spannung", heißt es dazu, „es ist nicht leichter, das Gespielte zu denken als das Gedachte zu spielen, denn das Handhaben eines musikalischen Gedankens im Spiel ist so ‚unnatürlich' wie das mentale Begreifen eines raumzeitlichen Klanggestus." Um diese schwierige Thematik zugänglicher zu machen, verlangt es „nach einer schnellen, präzisen und graphisch-aktiven Präsentation der Verarbeitung von komplexen Datenstrukturen, wie sie im Rahmen der Theorie globaler Komposition anfallen". Das Denkmodell dafür heißt *Geometrie der Töne.*[12] Es liefern aber auch statistische Untersuchungen Erkenntnisse über „irgend etwas Einmaliges an der Anordnung der Töne", etwa wenn „die Häufigkeit der Intervalle zwischen aufeinanderfolgenden Noten in einem Musikstück" ausgewertet wird. So läßt sich ein Komponist „fast sicher" über statistische Evidenz identifizieren.[13]

Geometrie der Töne $_{183}$
Beziehung der Töne $_{183}$
Reichtum der Töne $_{183}$
Mystik der Töne $_{183}$
Berechnung der Töne $_{183}$

Das hier verwendete – durch Mathematisierung neu geordnete – Lexikon eines „Systems des Sagbaren" (im Sinne Saussures) antwortet auf solche Konzepte lakonisch: Komposition $_{156}$ = Proportion $_{156}$ = Notwendigkeit $_{156}$. Das abweichende Denkmodell Dissonanz $_{121}$ wird mit individuell $_{121}$, mit Lebensgefühl $_{121}$, mit Atmosphäre $_{121}$ gleichgesetzt (aber zugleich als Schwachsinn $_{121}$ diskriminiert). Zur ersten, grundlegenden Gleichung gehören in weiterer Folge auch Bewußtsein $_{156}$, Naturgesetz $_{156}$ (also Physik) und Fortschritt $_{156}$.

Die Konsistenz dieser horizontalen Verbindung ergibt sich im Englischen aus einer vertikalen, das Wort *composition* enthaltenden Folge, die von *philosophy*$_{143}$ über *rationality*$_{144}$ und *structure*$_{145}$ zu *enlightenment*$_{146}$, *determination*$_{147}$ und *composition*$_{148}$ reicht und sich über *civilization*$_{149}$, *understanding*$_{150}$ bis zu *perfectionism*$_{152}$ oder *personality*$_{154}$ fortsetzt. *Harmony*$_{94}$ steht demgegenüber mit ausgesprochen nüchternen Begriffen in gleichwertiger Verbindung, mit *pattern*$_{94}$, *relation*$_{94}$, *percentage*$_{94}$ oder *microchip*$_{94}$. *Dissonance*$_{103}$ bezieht sich auf *capitalism*$_{103}$ und *politics*$_{103}$.

In einem pythagoreisch geprägten *Lehrbuch der Harmonik* ist davon

Komposition 156		Proportion 156		Notwendigkeit 156
	Naturgesetz 156	Bewußtsein 156	Fortschritt 156	
Harmonie 83		Schrift 83		Bedingung 83
	Haltung 83	Nahrung 83	Trauer 83	
Harmonik 89		Wissen 89		Religion 89
	Geheimnis 89	Gleichklang 89	Ewigkeit 89	
Dissonanz 121		Lebensgefühl 121		Atmosphäre 121
	Jahreszeit 121	Fatalismus 121	Apokalypse 121	

harmony 94		pattern 94		relation 94
	contract 94	percentage 94	microchip 94	
dissonance 103		capitalism 103		politics 103
	intrigue 103	privilege 103	satellite 103	
philosophy 143	rationality 144	structure 145	enlightenment 146	determination 147
composition 148	civilization 149	understanding 150	humanization 151	perfectionism 152
	stimulation 153		personality 154	

die Rede, daß „die in unserem Inneren zweifellos unbewußt vorhandenen Zahlen und Zahlenverhältnisse“, aufgrund derer „sich bestimmte Zahlen durch Jahrtausende hindurch so hartnäckig mit bestimmten Bildern und Vorstellungen verbanden“, die Auslöser sind, daß zwar Töne gehört werden, sich aber genauso sagen ließe, „wir hören demzufolge spontan Zahlen“. Ohne diese Speicherungen wäre niemand in der Lage, „Töne und Intervalle richtig und ‚rein‘ zu hören“, wobei unter „Ton“ nicht ein beliebiges Geräusch, sondern ein vom Ohr als rein und auf gleicher Höhe vernehmbarer Klang gemeint ist. Mit dem absoluten Gehör ist er sofort bestimmbar. Trotzdem sei es sinnlos, mit Zahlen und Proportionen zu operieren, wenn sie nicht an etwas orientiert sind.[14] Die Tonleiter c d e f g a h ergibt über ihre Buchstabenwerte – also „buchstäblich“ – bloß den Bezug zu Ding$_{34}$. Im übrigen wird Harmonik als Verbindung von Wissenschaft, Entsprechungslehre, Symbolik und Philosophie gesehen. Das scheint selbst die deutsche Sprache zu bekräftigen, da sie – als Zahlenbezug – Harmonik$_{89}$ mit Wissen$_{89}$, Religion$_{89}$, Geheimnis$_{89}$, Gleichklang$_{89}$ und Ewigkeit$_{89}$ gleichsetzt. Daß der Schönheitsbegriff$_{178}$ ausgerechnet mit Zigeunermusik$_{178}$ korreliert, wirkt wie eine romantische Verirrung, verweist aber auf einen verbürgten historischen und inhaltlichen Zusammenhang. Die Roma und Sinti, als Inbegriff von Musikalität, sind, so Mircea Eliade, schon in Sanskrittexten als Unberührbare, „als Schmiede und Musiker“ bekannt. Auch Yehudi Menuhin betont ihren essentiellen Einfluß, speziell auf das Violinspiel.[15]

Klang$_{45}$
Tiefe$_{45}$
Macht$_{45}$

Konträr zu geläufigen Harmonievorstellungen hat etwa Igor Strawinsky seine Arbeitsweise betont lakonisch gesehen: „Komponieren bedeutet für mich, eine gewisse Zahl von Tönen nach gewissen Intervallbeziehungen zu ordnen.“ Das zwinge dazu, „den Mittelpunkt zu suchen, an dem die Tonreihe zusammenläuft"; er sei immer davon ausgegangen, daß es zweckmäßiger sei, „mit Analogien als mit Kontrasten zu arbeiten". „Die Analogie ist verborgen, man muß sie entdecken, und ich entdecke sie nur mit äußerster Anstrengung", sagt er dazu in seiner *Musikalischen Poetik,* wobei klar sei, daß ein Vergleich „kein Vernunftgrund" sei, daß jede Kunst „eine auswählende Tätigkeit" voraussetze. In der Musik, als Zeitkunst, löse das Metrum „die Frage, in wieviel gleiche Teile die musikalische Einheit zerfällt, die wir Takt nennen, und der Rhythmus löst die Frage, wie diese gleichen Teile in einem gegebenen Takt gruppiert werden". Es gehe auch darum: „Je mehr die Kunst kontrolliert, begrenzt und gearbeitet ist, um so freier ist sie"; denn „man kann einen Zufall nicht schaffen: man bemerkt ihn, um sich daran zu inspirieren" – und um damit „die Rechtmäßigkeit des Zufälligen zu bestätigen".[16] Die Auffassung von Miles Davis entspricht durchaus solchen Denkrichtungen. „Große Musiker" haben für ihn „ein anderes, höheres Theoriebewußtsein, genauso wie afrikanische Musiker", und er beruft sich dabei ausdrücklich auf John Coltrane, Jimi Hendrix oder Strawinsky.[17] Steve Reich, der die „seriellen" Methoden und Phasenverschiebungen afrikanischer Trommler oder indonesischer Gamelan-Musiker genau studiert hat, kommt zu ähnlichen Aussagen; „die Kenntnis von nicht-westlichen Strukturprinzipien" manifestiere sich „im kompositorischen Denken und nicht im Klang".[18]

Literatur 124 literature 129
Entfernung 124 enthusiasm 129
Fachkenntnis 124 circumstance 129
Besonderheit 124 explosion 129
Gewißheit 124 enterprise 129

Rhythmische, „rechnende", ordnende Betrachtungsweisen sind, mit differenzierten Ausfächerungen, in der Musik etwas Selbstverständliches, auch in den Beziehungen zwischen Musik und Farbe und den diversen Farbsystemen sind sie präsent, in der Dichtung, in experimenteller Literatur. Seit Pythagoras Farben Töne zugeordnet, Aristoteles Farbmischungen untersucht oder Platon sich mit dem vom Auge ausgesandten Sehstrahl beschäftigt hat, sind numerisch festlegbare Beziehungen auf Interesse gestoßen. Leibnitz hat sich in seiner *Ars combinatoria* damit beschäftigt. Der Zusammenhang zwischen Buchstaben, den zehn sogenannten Urzahlen und bestimmten Farben spielt in kabbalistischen Diagrammen eine wichtige Rolle. In Isaac Newtons Farbtheorie werden die sieben Farben des durch ein Prisma zerlegten Tageslichts als Kreis dargestellt, dessen Felder mit Buchstaben bezeichnet sind. In einer aktuellen Übersicht über solche Modelle werden 72 Farbsysteme behandelt, bis hin zum italienischen Farbsystem CMN-86, das über Tetraeder räumlich darstellt, wie „Farben erscheinen, sich zeigen, wandeln und verschwinden". Mit direkten Entsprechungen und ohne mehrdimensionale Visualisierungen kann bei der vorliegenden Komplexheit nicht mehr operiert werden.[19]

Vorbild 82

Leinwand 82

Der Sachverhalt des Erscheinens, sich Zeigens, Wandelns und Verschwindens könnte, als Vorstellung, von Marcel Duchamp übernommen sein. Wegen solcher Bezüge ist es vielfach für plausibel gehalten worden, ihn durch „Beziehungen zum Werk Kafkas und zur alchemistischen Terminologie" zu interpretieren, wie es in Surrealistenkreisen eine Zeitlang propagiert wurde.[20] Bretons großes Interesse für Esoterik, seine schon erwähnte Rede von der *Alchemie des Wortes*, ist offenbar als Zugang zur Hieroglyphik von Kunst, zu ihrer vielfach einander fremde Elemente benutzenden Kombinatorik, zu ihren Codierungsformen phasenweise von vielen geteilt worden, als rational-irrationales Erklärungsmuster, das Ursachen und Wirkungen verknüpfen will. In der Moderne wurden seit dem 18. Jahrhundert ins Okkulte abgedrängte Symbolismen reaktiviert, Denkformen des Mittelalters, prähistorische

modern 69
archaisch 70
ironisch 95
komplex 96
kritisch 97
irrational 117
reaktionär 117
dogmatisch 99
göttlich 99
interessant 144
ungewöhnlich 144
luxuriös 144

und außereuropäische Kulturen offensiv miteinbezogen, Dekadenz gegen freiwillige „Primitivität" ausgespielt. Trennungen sollten durch Simultaneität überwunden werden. Ein „Anti-Modernismus" ist trotz aller Brüche mit der Vergangenheit latent geblieben; auch als „parawissenschaftliches" Forschen, das nur phasenweise Aktualität gewinnen kann. Kalkül steht gegen Obsession, Analyse gegen Emotion, Rationales gegen Schamanisches. Können sich Vertreter des einen Flügels mehr Gehör verschaffen, werden weite Teile der modernen Kunst unter eine esoterische Weltsicht subsumiert, „die in allem und jedem eine alchemistische Symbolik erblickt"[21], so wie es etwa noch gegen Ende des 20. Jahrhunderts die Biennale-Ausstellung *Arte e Alchemia* (konzipiert von Arturo Schwarz) in Venedig vorgeführt hat. Dort ist die Ausgrenzung alchemistischer Traditionen beklagt und für weite Teile der bildenden Kunst zumindest eine partielle derartige Orientierung behauptet worden. Ausdrücklich einbezogen sind etwa Jan van Eyck, Hieronymus Bosch, Giorgione, Dürer (die *Melancholia* mit ihrem magischen Quadrat), Cranach, Bruegel oder Rembrandt. In der Moderne werden Picasso, Brancusi, Giacometti, Duchamp, Kandinsky, Malewitsch, Max Ernst, Picabia, Klee, De Chirico, Dali, Magritte, Miró, Breton oder Dubuffet, Jasper Johns, Mario Merz, Pistoletto oder Rebecca Horn in einem derartigen Zusammenhang gesehen.[22]

Solche umfassenden Erklärungsmodelle für künstlerische Prozesse dürften sich inzwischen erübrigt haben; die Idee, in diesem Fall von Alchemie, nicht die Werke erzeugen einen solchen Zusammenhang. Gerade auf Duchamp bezogen hält etwa Pontus Hulten das für einen „ziemlich sterilen Versuch". Die Faszination seiner Werke gehe eher von ihrer Präzision und Eleganz, von ihrer „Indifferenz", einem „Sowohlals-auch", von den eingeschlagenen Richtungen aus[23]; zwanzig Jahre früher hatte auch dieser Interpret noch den Ursprung vieler Ideen „im System des alchemistischen Mystizismus" gesehen. Daß sich Duchamps Freund und Sammler Walter Arensberg intensiv mit Kryptographie beschäftigt hat, verweist eher auf wissenschaftliche Interessen im unmittelbaren Umfeld. Duchamp selbst hat sich dazu nur indirekt geäußert: „Wenn ich Alchemie betrieben habe, dann auf die einzige Art, die heute zulässig ist, das heißt, ohne es zu wissen."[24] Sein Fahrrad-Rad von 1913 hat 36 Speichen, was als 3 x 3 x 4 auch sonst häufig wiederkehrt, so viele wie das Roulette-Spiel Zahlen hat, Zahlen, „die alle gegen die sich ihnen entziehende runde Null chancenlos sind".[25] Beim *Flaschentrockner (Egouttoir)* zum Beispiel scheint das Wortspiel mitgedacht zu sein; wörtlich geht es um einen „Ent-Tropfer", das enthaltene *goût* heißt Geschmack, es könnte also „die Beseitigung des Geschmacks", des guten oder des schlechten, aus der Kunst gemeint sein.[26] Solche Hinweise auf eine wissenschaftliche Methodik, unter ironischem Beharren auf Differenzen, komprimieren sich zu vielzitierten Aussprüchen wie: „Kunst ist das einzige, was Leuten übrigbleibt, die der Wissenschaft nicht das letzte Wort überlassen wollen."[27] Wichtiger war aber, daß Duchamp den Versuch unternommen hat, „den Zufall vom Odium eines mystischen Anti-Rationalismus zu befreien, um ihn in ein *reformiertes* Konzept von Wissenschaft einzubinden". Die Grammatik ist für ihn der Hauptfeind des Denkens: „Ich glaube ganz und gar nicht an die Sprache", heißt ein weiteres solches Statement, „aber um das zu erklären, müßte ich wiederum diese verachteten Instrumente benutzen: Subjekt, Verb, Objekt usw."[28]

Komplexität 151
exzentrisch 151

Grammatik 93
Schweigen 93
Abrechnung 93

In einem bleibt er sich treu: „Sprache als Schrift wird zum Bild", zum „Diagramm einer Idee", zu Kartographie, zur Beschreibung und

Gesetz $_{82}$
Verbot $_{82}$
Ausnahme $_{82}$

Konstruktion. Sichtbares und Lesbares vernetzen sich. Denn „am Anfang des *Großen Glases* stand das Wort!" „Duchamps Antilogik, seine in der Tradition eines Alfred Jarry stehende Pataphysik" – sie „soll die Gesetze untersuchen, durch die die Ausnahmen bestimmt werden" –, „mischt unvereinbare Kategorien zu ständig wechselnden Metamorphosen." Dabei spielt, so eine weitere Interpretation, der Zufall eine entscheidende Rolle, er „erzeugt die Wirklichkeit und ist persönlichkeitsbezogen. Die große Zahl dagegen führt in die Wahrheit, in die statistische Nivellierung, wie sie Gesetzen entspricht. Auch in diesem Sinn hat der Zufall seine Grenzen."[29] Daß der Titel von Duchamps „definitiv" unvollendetem Hauptwerk *The Large Glass*$_{134}$ decodiert Wörtern wie *information*$_{134}$, *reformation*$_{134}$ oder *counterbalance*$_{134}$ entspricht, ist nicht allzu auffällig; beim Zusatztitel *Die Braut von ihren Junggesellen nackt entblößt, sogar* ist das anders. Im französischen Original deckt sich der Buchstabenwert exakt mit dem des gesamten Alphabets (ohne den Klammerausdruck, der sich so erklären läßt und der mit dem Wert 13 die Mitte des Alphabets markiert): *Mariée mise à nu par ses célibataires, même (La)*$_{351 + (13)}$. Wie bei Spinoza macht sich ein Anspruch auf die Einbeziehung von allem bemerkbar. Das Subjekt verschwindet hinter den dafür zuständigen Regeln und Zeichen. Singularität bleibt mit diversen Ordnungen in Kontakt.

die große Zahl $_{148}$
Struktur $_{148}$
Assoziation $_{148}$
Metamorphose $_{148}$
Bildauflösung $_{148}$

The Large Glass $_{134}$
information $_{134}$
reformation $_{134}$
counterbalance $_{134}$

351
abcdefghijklmnopqrstuvwxyz $_{351}$
Mariée mise à nu par ses célibataires,
même (La) $_{351 + (13)}$

Analog dazu sieht Julia Kristeva in der Konzeption des Subjekts, und zwar nicht bloß in bezug auf das Wort, den kritischen Punkt: „Das europäische Kleinbürgertum hat das Christentum verworfen, dessen Riten jahrhundertelang die Widerspruchssehnsucht des westlichen, *einen* Subjekts in sich aufgenommen hatten; im 19. Jahrhundert verschreibt es sich Sekten, frönt es einem wiedererstarkenden Okkultismus, in dem auch poetische ,Erfahrungen' Unterschlupf finden – so die Symbolisten, Wagnerianer, Parnassiens, die Anhänger Mallarmés bis hin zu den Surrealisten und deren zeitgenössischen Vertretern."[30] Weil auf die „Entzauberung der Welt" in unvorhersehbarer Weise reagiert wird, bleibt manches davon latent, auch die Spannung zwischen Rationalem und dem, was davon ausgegrenzt wird. Im Umgang mit Zahlen, dem Inbegriff von Wissenschaftlichkeit und Präzision – aber auch von esoterischer Relationenbildung –, wird das besonders deutlich.

Selbst mit der hier skizzierten Eingrenzung auf Zahlenbezüge, auf Kombinatorik, lassen sich also weithin vernetzte Bezüge zu künstlerischen Denkweisen herstellen; zu den russischen und italienischen Futuristen, zu Dada, zu Schwitters, zu Picabia, zu Kandisky, Mondrian, Klee, Miró. Marinettis Manifest von 1914 heißt *Sensibilitá numerica;* „das Universum wird unser Vokabular sein:", verkündet er.[31] „KONSTRUKTION *ist* MODERNE WELTANSCHAUUNG. KUNST ist wie jegliche *Wissenschaft* einer der Zweige der MATHEMATIK." „KONSTRUKTION, Technik und Mathematik sind die BRÜDER der modernen KUNST", heißen die Losungen bei Rodtschenko.[32] Malewitschs *Suprematismus* zielt auf „reine Erkenntnis" und „die gegenstandslose Welt".[33]

Konstruktion 187
Sentimentalität 187

Solche Wendungen vom Text, vom Satz, zum Signal, zum Wort, zum Material, erneuern und verwandeln sich später. Eine Selbstbezüglichkeit durch Semantisierung bekommt Gewicht. Zahlen bleiben ein wichtiges Strukturelement und Zufallskriterium, etwa bei Tapiès, im Fluxus-Interesse an Zahlenkonstellationen und Zufallsmustern, bei den Situationisten. Dieter Rot war in die Anfänge der *Konkreten Poesie* involviert. Gerhard Rühm hat die Kritik an der Repräsentation von Zeichen als Arbeit am Sichtbaren, am Unsichtbaren, am Hörbaren zu einer seiner

Arbeitslinien gemacht. Oswald Oberhuber sagt zu seinen frühen Zahlen- und Schriftbildern rückblickend: „Die Zahlen, die ich meistens in Zusammenhang mit Rechnungen verwendet habe, habe ich ja auch wie Zeichen eingesetzt; denn die Rechnungen sind oft falsch berechnet, die Wahrheit wurde bewußt negiert. Außerdem ist der Umgang mit Zahlen für mich wie eine Gedichtkonstellation. Es könnte ja sein, daß beim unbewußten Spiel mit Zahlen eine Formel von Bedeutung entsteht. Vielleicht habe ich eine Formel erreicht, die man nicht kennt." Jasper Johns und Robert Indianas Zahlenbilder, Warhols frühe Diagramme und Dollar-Bilder, Rauschenbergs, Lichtensteins, Oldenburgs Operieren mit Zahlen verweisen auf solche Analogien. Dan Graham, Art & Language mit ihren Tabellen, Codierungen, Index-Systemen, On Kawara, Lawrence Weiner, Franz Erhard Walter, Hanne Darboven, Marcel Broodthaers, Bruce Nauman wären weitere Beispiele. Jannis Kounellis mit seinen frühen Buchstaben-Zahlen-Aktionen und Zahlenbildern ist zu nennen. Mario Merz hat mit den Fibonacci-Zahlen gearbeitet. Bei Beuys tauchen solche Bezüge dauernd auf. In Joseph Kosuths Arbeit *The World as I found it* ist zu einem Augustinus-Zitat der deutschsprachige Satz montiert: „Es erscheint gleichsam als Zufall, wenn dem Ding, das allein für sich bestehen könnte, nachträglich eine Sachlage passen würde."[34]

forschen 88
wissen 89
trennen 90
gewinnen 91
zusammenrechnen 179
versinnbildlichen 179

Für Bruce Nauman ist Kunst ein Instrument, „mit dem man sich eine Aktivität des Forschens aneignen kann", nur ist das eine andere Form des Forschens; er sei kein Wissenschaftler: „Ich fing ein Studium als Mathematiker an, bin aber dann keiner geworden. Dennoch gab es eine bestimmte Denkweise in der Mathematik, die sich bei mir auf die Kunst übertrug."[35]

Die Ausstellung *Magie der Zahl in der Kunst des 20. Jahrhunderts* (Stuttgart, 1997) hat wesentliche Aspekte solcher Beziehungen aufgearbeitet. Im Katalog heißt es, ausgehend von Musik, schließlich resümierend: „Mathematisch formalisierbare Strukturen haben in diesem Jahrhundert viel dazu beigetragen, die Unterschiede zwischen den Kunstgattungen zu verwischen. Durch die zunehmende Perfektionierung bei der Digitalisierung von akustischen und visuellen Ereignissen steigen auch die Möglichkeiten zur Übersetzung der verschiedenen Medien.“[36]

Niklas Luhmann hatte bei seinen Überlegungen zur *Weltkunst* vor allem strukturelle Bedingungen im Sinn, als Bestimmungsfaktoren für Produktion und Wahrnehmung. In gewisser Hinsicht ist für ihn „der Künstler eine Maschine zur Erzeugung von Zufällen“. Das Kunstwerk entstehe „als Umarbeitung von Zufall in zufallsabhängige Notwendigkeit“, und „die Funktion der Kunst ist das, was sie als Eigenes zur gesellschaftlichen Kommunikation beisteuert“. Formal gibt es sogar einen gemeinsamen Nenner: „Jede Form realisiert die Paradoxie der Lösung eines unlösbaren Problems.“ Die vielleicht wichtigste Einsicht ist für ihn dabei, „daß die moderne Kunst eine auf eigenes Unterscheiden gegründete Welt konstruiert. Sie ist genau in diesem Sinne Weltkunst.“[37] Vilém Flusser bezieht eine seiner diesbezüglichen Definitionen stärker auf den Vorgang: „Der alphabetische Dichter manipuliert Worte und Sprachregeln mittels Buchstaben, um daraus ein Erlebnismodell für andere herzustellen“; mit dem Computer werde er zum „Sprachtechniker“, „der weiß, daß er sein Erlebnis zu kalkulieren hat, in Erlebnisatome zu zerlegen, um es digital programmieren zu können“. „Er stützt sich auf Theorien und dichtet nicht mehr empirisch.“ Nach seiner Vorstellung überlassen kalkulierende Dichter und Dichterinnen

Zufall und Notwendigkeit 273
Interaktionsprozeß 273
mathematische Struktur 273
Erklärungszusammenhang 273

Moment 80
Freiheit 80
Niederlage 80
Rätsel 80

„die Sprachregeln und das Sprachrepertoire dem Zufallsspiel der Permutationen“, um „aus diesen zufällig emportauchenden Komputationen die geeignetsten zu wählen“.[38] In einer solchen Destruktions-Perspektive wird übersehen, welche gedanklichen Räume, bestimmt von durchdachter kompositorischer Technik, von Materialfestlegungen und dem Zufall, der nicht mehr Überhöhung von Verborgenem ist, entstehen. Kunst – so Burghart Schmidt – betreibt als Gegenzug zu diversen definitorischen Aspektwechseln „ein Symbolisieren des Umsymbolisierens“, „während Religion und Wissenschaft dem ebenso ständig zu entrinnen suchten und suchen.“[39]

symbolisch $_{125}$
gleichgültig $_{125}$
einzigartig $_{125}$

produktiv $_{136}$
unerklärlich $_{137}$
subversiv $_{137}$
leidenschaftlich $_{138}$

intelligent $_{127}$
ökonomisch $_{127}$
gefühlskalt $_{127}$

kalkulieren $_{119}$
vermessen $_{120}$
finanzieren $_{121}$

Die von Harald Szeemann koordinierte letzte Venedig-Biennale des 20. Jahrhunderts hatte das Motto *dAPERTutto* (überall, offen; wobei das italienische *dappertutto* mit Doppel-p zu schreiben wäre).[40] Der Anspruch *dAPERTutto*$_{140}$ läßt sich zu Zeichensprache$_{140}$, Standpunkt$_{140}$, Diskussion$_{140}$ dechiffrieren oder zu *instability*$_{140}$, *observation*$_{140}$, *mythology*$_{140}$. Sogar die beabsichtigte Zurückdrängung von Nationalem ist mit dem Bezug auf *nationality*$_{140}$ inkludiert. In italienischer Schreibweise als *dappertutto*$_{156}$ würden sich Hinweise auf das Bewußtsein$_{156}$, auf Parallelwelten$_{156}$, auf die Trefferquote$_{156}$ oder schlicht auf *generalization*$_{156}$, *presentation*$_{156}$ und *digitalization*$_{156}$ ableiten lassen. Für die ausgestellte Kunst ist das belanglos; die Interpretation scheint sich aber unwillkürlich an solche Muster zu halten.

Ein anderer Zugang, jener der Documenta X von Catherine David, hat mit dem Titel *Politics – Poetics* in fünfzehn Buchstaben manifestiert, daß ein Lettern-Minimalismus wichtiggenommen wird und einiges transportieren kann. Transportiert werden sollte, so sagt sie im Katalog, „eine ganz neue Auslegung von Autorenschaft“ als „Transaktion zwischen Subjektivitäten"; dazu gehöre, sich Gedanken zu machen „über die virtuellen Praktiken und das, was sie in der Phantasie auslösen, was sie für die Projektion, für die Sehgewohnheiten und die Lebensart der Menschen bedeuten".[41] Kunst als sozialer Prozeß der Bedeutungsbildung in bestimmten Zeichensphären, Kunst als Organisationsform für offene Handlungsfelder …

Numerisch ausgedrückt differenziert sich die Documenta-Gleichung zur Lage der Kunst am Ende des 20. Jahrhunderts, *Politics – Poetics*, zu *politics*$_{103}$ – *capitalism*$_{103}$ – *dissonance*$_{103}$ und zu *poetics*$_{87}$ – *artist*$_{87}$ – *democracy*$_{87}$ – *justice*$_{87}$ – *person*$_{87}$ – *project*$_{87}$.

politics $_{103}$
capitalism $_{103}$
dissonance $_{103}$

poetics $_{87}$
artist $_{87}$
democracy $_{87}$
justice $_{87}$
person $_{87}$
project $_{87}$

1 Brigitte Kowanz: Die Zwischenzeit vom Schattensprung belichten. Ausstellungskatalog. 1998
Brigitte Kowanz. Gespräch mit dem Autor. Wien, 29. 11. 1998
2 Beat Wismer: Mondrians ästhetische Utopie. 1985. S. 42, 47, 67
3 Le Corbusier: 1922. Ausblick auf eine Architektur. 1969. S. 38 (Neuübersetzung des Zitats: Walter Zschokke)
4 Le Corbusier: Der Modulor (2. Auflage 1956). 1995, S. 7, 5, 73, 76
5 Paul v. Naredi-Rainer: Architektur und Harmonie. 1982. S. 103
6 Giuliano Gresleri: Le Corbusier. Reise nach dem Orient. 1991
7 John Cage: Silence (1961). 1995. S. 6, 159
8 Dorit Lecke: „It ends by being melodic." Der Zufall als Kompositionsmethode bei John Cage.
John Cage im Gespräch mit Harald Lüders. In: Hilmes /Dietrich Mathy (Hg.): Spielzüge des Zufalls. 1994. S. 189, 201f.
9 Heinz von Foerster: KybernEthik. 1993. S. 43f.
10 Imre Kertész: Roman eines Schicksallosen (1975). 1996.
In: Radio-Gesprächsreihe Ö1. Wien, Februar 1999
11 Erich Jantsch: Die Selbstorganisation des Universums (1979). 1992. S. 386, 389
12 Guerino Mazzola: Geometrie der Töne. Elemente der Mathematischen Musiktheorie. 1990. S. 5f., xiii, 15, 1, xiii, 10, 283, 284
13 David Ruelle: Zufall und Chaos (1991). 1994. S. 161
14 Hans Kayser: Lehrbuch der Harmonik. 1950. S. 243, IX
15 Mircea Eliade: Schmiede und Alchemisten. 1980. S. 105
Yehudi Menuhin. In: TV-Portrait, ARD, 14. 3. 1999 (Hessischer Rundfunk 1994)
16 Igor Strawinsky: Schriften und Gespräche I (Musikalische Poetik, 1939/40). 1983. S. 196, 193, 187, 214, 190, 212, 206, 216
17 Miles Davis/Quincy Truope: Die Autobiographie (1989). 1990. S. 433
18 Steve Reich. In: Ulrich Dibelius. Moderne Musik. Band II. 1988. S. 180f.
19 Narciso Silvestrini: IdeeFarbe. Farbsysteme in Kunst und Wissenschaft. 2 Bände. 1994. Band I. S. 128
Ferdinand Schmatz/Heimo Zobernig: Farbenlehre. Wien 1995
20 Pontus Hulten. In: Marcel Duchamp. Katalog Venedig. 1993. S. 19
21 Dieter Daniels: Duchamp und die anderen. 1992. S. 254
22 Arturo Schwarz: Arte e Alchemia. Katalog 42. Biennale Venedig. 1986. S. 77ff.
23 Pontus Hulten. In: Marcel Duchamp. Katalog Venedig. 1993. S. 19
24 Pontus Hulten/Marcel Duchamp. In: Dieter Daniels: Duchamp und die anderen. 1992. S. 246, 245

25 Thomas Zaunschirm: Robert Musil und Marcel Duchamp. 1982. S. 152

26 Pontus Hulten. In: Marcel Duchamp. Ausstellungskatalog Venedig. 1993. S. 16

27 Marcel Duchamp. In: Dieter Daniels: Duchamp und die anderen. 1992. S. 258

28 Gerd Held: Flugzeugverschlingende Gärten. Duchamp, der Zufall und das Labyrinth. In: Carola Hilmes/Dietrich Mathy (Hg.): Spielzüge des Zufalls. 1994. S. 134, 141 (Marcel Duchamp – Opera, 8. 3. 1956)

29 Thomas Zaunschirm: Robert Musil und Marcel Duchamp. 1982. S. 122, 208.

30 Julia Kristeva: Die Revolution der poetischen Sprache (1974). 1978. S. 207f.

31 Marinetti. In: Eva Hesse: Die Achse Avantgarde–Faschismus. o. J., S. 51

32 Rodtschenko. In: Wolfgang Asholt/Walter Fähnders (Hg.): Manifeste und Proklamationen der europäischen Avantgarde (1909–1938). 1995. S. 229

33 Kasimir Malewitsch: Suprematismus – Die gegenstandslose Welt. 1989. S. 35

34 Karin v. Maur (Hg.): Magie der Zahl in der Kunst des 20. Jahrhunderts. 1997. S. 223
Oswald Oberhuber: Geschriebene Bilder. Bis heute. Ausstellungskatalog. 1999. S. 81

35 Bruce Nauman: Interviews 1967–1988. 1996. S. 107

36 Helga de la Motte-Haber: Die Bedeutung von Zahlen als Grundlage musikalischer Poetik im 20. Jahrhundert. In: Karin v. Maur (Hg.): Magie der Zahl in der Kunst des 20. Jahrhunderts. 1997. S. 304ff., 310

37 Niklas Luhmann: Weltkunst. In: Niklas Luhmann/Frederick D. Bunsen/Dirk Baecker: Unbeobachtbare Welt. 1990. S. 11, 39, 14

38 Vilém Flusser: Die Schrift (1987). 1993. S. 68, 69

39 Burghart Schmidt: Der Streit ums Symbol in der Logik der Kunst. Wespennest Nr. 114/1999. S. 104

40 Jürgen Hohmeyer: Fähre aus dem Orient. Biennale Venedig 1999. Der Spiegel Nr. 24/1999. S. 226

41 Catherine David. Politics – Poetics. Das Buch zur documenta X. 1997. S. 643, 639

Wörter, die Angaben zur Zeit machen und ein Sein, ein Handeln oder Geschehen kennzeichnen, sind, wie bereits erwähnt, bei manchen Analytikern nicht gerade beliebt. Fritz Mauthner oder Ezra Pound gaben den Eigenschaften den Vorzug, hatten auch Reserven gegen das Hauptwort; Marinetti hat das Zeitwort explizit abgelehnt.[1] Im Deutschen werden, wie kaum sonst wo, Substantive groß geschrieben, damit derartige Unterschiede auch visuell erkennbar bleiben. Warum das so ist, läßt sich nicht schlüssig nachvollziehen. Daß auch solche Wörter und Wortgruppen, sobald sie irgendwie gereiht werden, sich untereinander oft „höchst solidarisch“ verhalten, wie das schon, in surrealem Sinn, André Breton betont hat, demonstriert die nachfolgende Zusammenstellung *(Wörter IV)*.[2] Weil dies auch zutrifft, wenn keine Freiheit herrscht, sondern ein strikter Berechnungsmodus, liegt für die Erforschung von Zwanghaftem und von Automatismen weiteres Basismaterial vor.

Zeitwort $_{136}$
Trennschärfe $_{136}$
Grenzwert $_{136}$
Intensität $_{136}$

Berechnen$_{74}$ entspricht dabei arbeiten$_{74}$ und fügt sich in sonderbar lustfeindliche Aktivitätsmuster ein, die einen unmittelbaren Bezug zu sparen$_{73}$ haben, zu beobachten$_{75}$, messen$_{75}$, quälen$_{75}$. Wenn die Entdeckung und Aufwertung des Beobachters als konstituierend für die Moderne gesehen wird, dann skizzieren solche Relationen ein Gegenbild zu behaupteten hedonistischen Tendenzen.

berechnen $_{74}$
Pflicht $_{74}$
Spur $_{74}$
Trauma $_{74}$

Für schreiben$_{83}$ ergibt sich eine weit weniger wertend konditionierte Wortreihe, die von beobachten$_{75}$, sammeln$_{77}$ über können$_{78}$, wollen$_{81}$, sprechen$_{88}$, wissen$_{89}$, schweigen$_{93}$, erzählen$_{94}$, begründen$_{95}$ bis zweifeln$_{100}$ oder erzeugen$_{101}$ (und darüber hinaus) fortlaufende, nach allen Seiten ausufernde, einander überlagernde Bezugsfelder liefert. Auch diagonal oder vertikal gelesen läßt sich gleichsam auf eine gedankliche Kooperationsbereitschaft solcher Wörter schließen.

schreiben $_{83}$
Schrift $_{83}$
Haltung $_{83}$
Trauer $_{83}$

sparen $_{73}$	wachsen $_{73}$	fälschen $_{73}$
arbeiten $_{74}$	berechnen $_{74}$	jammern $_{74}$
beobachten $_{75}$	messen $_{75}$	quälen $_{75}$

beobachten $_{75}$	sichern $_{76}$	sammeln $_{77}$	können $_{78}$	wandern $_{79}$
spielen $_{80}$	wollen $_{81}$	reagieren $_{82}$	schreiben $_{83}$	zeichnen $_{84}$
prüfen $_{85}$	erkennen $_{86}$	bereichern $_{87}$	sprechen $_{88}$	wissen $_{89}$
trennen $_{90}$	gewinnen $_{91}$	vereinen $_{92}$	schweigen $_{93}$	erzählen $_{94}$
begründen $_{95}$	stören $_{96}$	erinnern $_{97}$	spüren $_{98}$	zerfallen $_{99}$
zweifeln $_{100}$	erzeugen $_{101}$			

Daß schreiben$_{83}$ und Schrift$_{83}$ einander numerisch entsprechen, wirkt wie ein logischer struktureller Zusammenhang; daß hören$_{65}$ mit dem Alphabet$_{65}$ gleichwertig ist, scheint an dessen Charakter als System von Lautzeichen zu erinnern. Das Alphabet$_{65}$ verbindet sich auch mit öffnen$_{65}$. In ein Wortfeld mit Aktivitäten gestellt, ist es von glauben$_{62}$, dichten$_{63}$, lügen$_{64}$, von hören$_{65}$, zeigen$_{66}$, rechnen$_{67}$ oder lernen$_{68}$ umgeben. Verstehen$_{116}$ kann rechnerisch von sinnieren$_{107}$, riskieren$_{108}$, wahrnehmen$_{109}$, von dechiffrieren$_{110}$, buchführen$_{111}$, evaluieren$_{112}$, von verdrängen$_{113}$, vergessen$_{114}$, kombinieren$_{115}$ und wiederfinden$_{116}$ abgeleitet werden. Entscheiden$_{106}$ setzt ein Teilnehmen$_{105}$ und Urteilen$_{104}$ voraus und ist tendenziell mit einem Verneinen$_{106}$, einem Isolieren$_{106}$ und mit Geheimhalten$_{107}$ verbunden. Ein strenges Objektivieren$_{145}$ macht arbeitsunfähig$_{145}$ und läuft auf ein Unterscheiden$_{145}$ und Zerstören$_{145}$ hinaus. Aber der Schritt zurück zum Buchstabieren$_{127}$ kann, so ergibt sich aus alphanumerischen Ordnungsmustern, ein Versachlichen$_{127}$ und Verbessern$_{127}$ bewirken.

Sein$_{47}$ und sein$_{47}$ – als Substantiv und Verb – haben denselben Codewert wie Zahl$_{47}$. Wird das Wort entziffern$_{123}$ entziffert, ergibt sich ein Direktbezug zu funktional$_{123}$, zu analysieren$_{123}$ und sortieren$_{123}$. Zeit$_{60}$ steht mit seinem Koordinatenwert im Schnittpunkt von Glück$_{59}$ und Angst$_{61}$, von Geist$_{60}$ und Welt$_{60}$. Zu Null$_{59}$ und zum Datum$_{59}$ gibt es ein Nahverhältnis. *Sein und Zeit*$_{146}$ verweist auf Wissenschaft$_{146}$ und Perspektive$_{146}$.

Es sind aber auch Warnungen eingebaut: Philosophieren$_{169}$ ist gleichwertig mit rationalisieren$_{169}$, interpretieren$_{176}$ mit entschlüsseln$_{176}$ und mißverstehen$_{176}$.

interpretieren$_{176}$
entschlüsseln$_{176}$
mißverstehen$_{176}$

1 Fritz Mauthner: Wörterbuch der Philosophie. (1923/24). 1997. Band I/1. S. 17
Eva Hesse: Die Achse Avantgarde–Faschismus. Zürich o. J. S. 76
2 André Breton: Die Manifeste des Surrealismus. 1986. S. 32

Wörter IV, 27–210

Wörter mit den Codes 27, 28, 29, 30, 31, 32, 33, 34, 35 sind hier nicht berücksichtigt. Im Infinitiv ist die Zahl plausibler Zeitwörter mit niedrigem Zahlenwert begrenzt (zum Beispiel beben $_{28}$, haben $_{30}$, geben $_{33}$, heben $_{34}$).

a $_{1}$	b $_{2}$	c $_{3}$	d $_{4}$	e $_{5}$
f $_{6}$	g $_{7}$	h $_{8}$	i $_{9}$	j $_{10}$
k $_{11}$	l $_{12}$	m $_{13}$	n $_{14}$	o $_{15}$
p $_{16}$	q $_{17}$	r $_{18}$	s $_{19}$	t $_{20}$
u $_{21}$	v $_{22}$	w $_{23}$	x $_{24}$	y $_{25}$
z $_{26}$				

36

laden
adeln
backen

37

jagen
fegen
abheben

38

leben
babbeln
eggen

39

gehen
gaffen
hegen

40

ebnen
fabeln
begeben

41

dealen
balgen
nagen

42

ahnen
enden
biegen

43

lachen
bauen
legen

44

machen
säen
erben

45

malen
beleben
eilen

46

reden
sagen
beten

47

lieben
üben
sein

48

loben
binden
angeben

49

bleiben
leiden
danken

50

wagen
fallen
helfen

51

sehen
fragen
achten

52

fahren
liegen
finden

53

denken
atmen
heilen

54

hoffen
schaden
haften

55

lesen
tun
mahnen

56

blicken
blenden
kochen

57

feiern
rasen
gebären

58

fliegen
kaufen
handeln

59

nehmen
siegen
fliehen

60

lächeln
locken
halten

61

regeln
bewegen
senden

62

glauben
planen
lehren

63

dichten
kennen
gelten

64

lügen
begehren
befreien

65

hören
sehnen
öffnen

66

zahlen
hassen
zeigen

67

rechnen
werben
blühen

68

wählen
schlafen
lernen

69

fluchen
morden
schlagen

70

bitten
ordnen
suchen

71

fühlen
kämpfen
zählen

72

brauchen
klingen
brennen

73

sparen
wachsen
fälschen

74

arbeiten
berechnen
jammern

75

beobachten
messen
quälen

76

bewaffnen
bekriegen
sichern

77

führen
sammeln
erobern

78

können
zeugen
leugnen

79

töten
wohnen
wandern

80

spielen
tanzen
heiraten

81

regieren
warten
wollen

82

reagieren
retten
beweisen

83

schreiben
gestehen
sterben

84

zeichnen
kosten
andeuten

85

prüfen
werten
büßen

86

anschauen
empfinden
erkennen

87

hungern
ausbilden
bereichern

88

sprechen
leuchten
forschen

89

wissen
rauschen
fließen

90

trennen
bestrafen
foltern

91

gewinnen
trinken
tauschen

92

verlieben
vereinen
vergraben

93

schweigen
sitzen
kopieren

94

erzählen
aufklären
fernsehen

95

begründen
diktieren
verehren

96

müssen
verdienen
stören

97

genießen
erinnern
träumen

98

spüren
zwingen
herrschen

99

dividieren
zerfallen
schmeicheln

100

zweifeln
fürchten
erneuern

101

erzeugen
vergeuden
scheitern

102

probieren
schmücken
befruchten

103

verkaufen
demütigen
verraten

104

urteilen
begeistern
zerbrechen

105

teilnehmen
rebellieren
umkommen

106

entscheiden
verneinen
isolieren

107

sinnieren
geheimhalten
schwimmen

108

riskieren
verlieren
grüßen

109

wahrnehmen
spotten
fertigmachen

110

entwerfen
idealisieren
dechiffrieren

111

buchführen
aussuchen
glitzern

112

modellieren
evaluieren
deformieren

113

verdrängen
montieren
hintergehen

114

ermöglichen
aktivieren
vergessen

115

studieren
kombinieren
realisieren

116

entwickeln
wiederfinden
verstehen

117

verbrauchen
beschwören
untergehen

118

herstellen
verwandeln
weiterleben

119

kalkulieren
entfesseln
therapieren

120

vermessen
abstrahieren
verwalten

121

finanzieren
schützen
versichern

122

applaudieren
auferstehen
desertieren

123

analysieren
entziffern
sortieren

124

optimieren
integrieren
vermissen

125

exponieren
irritieren
simulieren

126

informieren
entzaubern
reformieren

127

buchstabieren
versachlichen
verbessern

128

intrigieren
telefonieren
ausstellen

129

korrigieren
vernetzen
überzeugen

130

antworten
phantasieren
überlisten

131

kennenlernen
überfordern
kaltstellen

132

orientieren
austauschen
verzaubern

133

unterbrechen
kaputtmachen
überreagieren

134

verursachen
neuüberlegen
organisieren

135

diskutieren
radikalisieren
profitieren

136

humanisieren
dramatisieren
persiflieren

137

unternehmen
prophezeien
manipulieren

138

unterhalten
inszenieren
moralisieren

139

manövrieren
mißtrauen
demobilisieren

140

investieren
übersetzen
typisieren

141

signalisieren
entschuldigen
generalisieren

142

rechtsprechen
traumdeuten
mitbestimmen

143

artikulieren
überbewerten
durchsetzen

144

distanzieren
alphabetisieren
differenzieren

145

objektivieren
unterscheiden
zerstören

146

verschönern
verdeutlichen
widerspiegeln

147

registrieren
unterschlagen
versteuern

148

modernisieren
untersuchen
schematisieren

149

vergöttern
kapitalisieren
verurteilen

150

argumentieren
verstummen
untertauchen

151

politisieren
destabilisieren
amerikanisieren

152

normalisieren
programmieren
transferieren

153

identifizieren
bewußtmachen
unterweisen

154

dokumentieren
zensurieren
ausschließen

155

unterrichten
konservieren
wiedergewinnen

156

verinnerlichen
herumlungern
motorradfahren

157

theaterspielen
zwischenlanden
verwirklichen

158

klavierspielen
intervenieren
materialisieren

159

zusammensein
herunterfallen
unterdrücken

160

interessieren
standardisieren
mathematisieren

161

militarisieren
unterschreiben
funktionieren

162

verunglimpfen
illustrieren
querschießen

163

intensivieren
klassifizieren
visualisieren

164

porträtieren
charakterisieren
weiterempfehlen

165

privatisieren
indoktrinieren
wunderwirken

166

demokratisieren
kartographieren
vereinheitlichen

167

spezialisieren
überentwickeln
veröffentlichen

168

historisieren
kontrollieren
positionieren

169

philosophieren
rationalisieren
konstruieren

170

theoretisieren
auseinandernehmen
psychiatrieren

171

übervorteilen
zusammennehmen
verunmöglichen

172

improvisieren
wiedervereinigen
repräsentieren

173

konkretisieren
kommunizieren
terrorisieren

174

konzentrieren
verschmutzen
wiederverwenden

175

diagnostizieren
transformieren
verantworten

176

entschlüsseln
interpretieren
mißverstehen

177

durchanalysieren
herausklettern
neufeststellen

178

schlußfolgern
popularisieren
zufriedenlassen

179

zusammenrechnen
unterschätzen
versinnbildlichen

180

experimentieren
verspekulieren

181

problematisieren
zusammenbringen

182

verschlüsseln
zusammensuchen

183

zusammenzählen
emotionalisieren

184

individualisieren
proletarisieren

185

vergegenwärtigen
entideologisieren

186

zusammenarbeiten
korrespondieren

187

zurücktreten
neuregistrieren

188

personifizieren
durchorganisieren

189

multiplizieren
zusammengehören

190

entpolitisieren
bürokratisieren

191

vervollkommnen
verwirtschaften

192

weiterverrechnen
zusammenspielen

193

durcheinanderbringen
zusammenschneiden

194

wiederverwerten
mythologisieren

195

zufriedenstellen
zusammenschreiben

196

entsolidarisieren
zusammenkrampfen

197

vergegenständlichen
entmaterialisieren

198

verkomplizieren
substantivieren

199

strukturieren
psychologisieren

200

entmilitarisieren
entanonymisieren

201

systematisieren
zusammensetzen

202

exkommunizieren
entkorrumpieren

203

zurückverlangen
zusammenstauchen

204

wegrationalisieren
entnationalisieren

205

zusammenstimmen
entkriminalisieren

206

entsäkularisieren
neukartographieren

207

durcheinanderwirbeln
entkolonialisieren

208

unterstützen
neupositionieren

209

zurückverfolgen
entsubjektivieren

210

vorwärtsbringen
auseinanderdividieren

Es gibt nur zwei Wörter, die über ihre Buchstabencodes tatsächlich und 205
exakt ausdrücken, was gemeint ist, das Wort zweihundertfünf$_{205}$ für die zweihundertfünf$_{205}$
Zahl 205 und das Wort zweihundertsieben$_{207}$ für die Zahl 207. Anson-
sten stimmt im Deutschen kein anderes Zahlwort genau mit der bezeich- 207
neten Zahl überein. Vom Alphabet selbst werden diese beiden Fälle also zweihundertsieben$_{207}$
zur extremen Ausnahme gemacht, was weiter nichts sagt, als daß ein
höherer Grad von Übereinstimmung eben unwahrscheinlich ist. Ande-
rerseits gibt es diese Übereinstimmung nur zweimal; als Zahlen fallen
205 und 207 nicht weiter auf, sie sind weder Fibonacci-Zahlen noch
Primzahlen. Im Englischen gibt es nur eine Übereinstimmung, *two* 251
hundred and fifty-one für 251. two hundred and fifty-one$_{251}$

Die nachfolgenden Graphiken liefern ein Bild davon, wie sich das Code-System des Alphabets bei Zahlwörtern ausdrückt, wenn die Zahlen von Null an in fortlaufender Reihenfolge als Wörter geschrieben und mit ihrem Codewert dargestellt werden: null$_{59}$, eins$_{47}$, zwei$_{63}$, drei$_{36}$, vier$_{54}$, fünf$_{52}$, sechs$_{54}$, sieben$_{54}$, acht$_{32}$, neun$_{54}$, zehn$_{53}$, elf$_{23}$, zwölf$_{87}$, dreizehn$_{89}$ usw. Nur im Bereich der Werte bis etwa 400 ergibt sich eine Nähe zur in Ziffern geschriebenen Zahlenreihe, wie die diese repräsentierenden Geraden demonstrieren. Die in Phasen verlaufende, annähernde Regelmäßigkeit solcher Strukturen gibt in beiden Sprachen jeweils ein anderes Bild. Die Genauigkeit dessen, was ausgedrückt werden soll, führt in der sprachlichen Form zu Kurven und Rhythmen, bei Zahlzeichen reduziert es sich auf eine Gerade. Daß auf ihr nur zwei Punkte liegen, in denen sich Zahl und Wort treffen, sehr knapp nebeneinander, bestätigt vielleicht auch, wie nebensächlich Einmaligkeit sein kann. Bei höheren Zahlen laufen die Werte so weit auseinander, daß ein Zusammentreffen unmöglich ist.

Der graphisch ausgedrückte Rhythmus geschriebener Zahlwörter erzeugt Abbildungen, die zumindest entfernt an solche für das gesprochene Wort erinnern, an aufgezeichnete Sprechwellen, an Spektrogramme. Dabei sind es bloß die Zehner- oder Hunderterpotenzen, die, als jeweilige Tiefpunkte einer Phase, für die Höhe der anschließenden Folge ausschlaggebend sind. Die unregelmäßigen Werte bis zur Zahl 12 sind die Ursache aller weiteren Sequenzen. Im Deutschen ist die Varianzbreite stärker vom Dezimalsystem geprägt und innerhalb solcher Abschnitte weniger gestreut als im Englischen.

Da bei einer Konzentration auf geschriebene Sprache das gesprochene Wort zwangsläufig vernachlässigt wird, liefert der numerische, schließlich graphisch ausgedrückte Vergleich von Zahlwörtern und Zahlzeichen einen Einblick in solche Strukturen, so als ob es sich um eine Annäherung an Musik, um Partituren handeln würde, die ihrerseits – ohne Nebenbedeutungen – angeben, um was es geht. Um jedoch einen direkten Bezug zwischen dem gesprochenen Wort und der gewählten Berechnungsmethode herzustellen, ist es naheliegend, Zahlen in ihrer Buchstabenform, die der ausgesprochenen Zahl noch am nächsten kommt, zu untersuchen.

In den Darstellungen sind die Zahlenhöhen vertikal und die ansteigenden Zahlenfolgen horizontal eingetragen. Die Kurven repräsentieren die geschriebenen Zahlwörter von null$_{59}$ bis vierhundert$_{144}$, die Geraden die Zahlen von 0 bis 400. Daß es trotz anfänglicher Annäherung nur zwei Übereinstimmungen – eine im Englischen – gibt und es in weiterer Folge keine mehr geben kann, läßt sich so schlüssig aufzeigen. Eine merkwürdige systemtechnische Übereinstimmung ergibt sich daraus, daß die Zahlenbuchstaben des hebräischen Alphabets nur

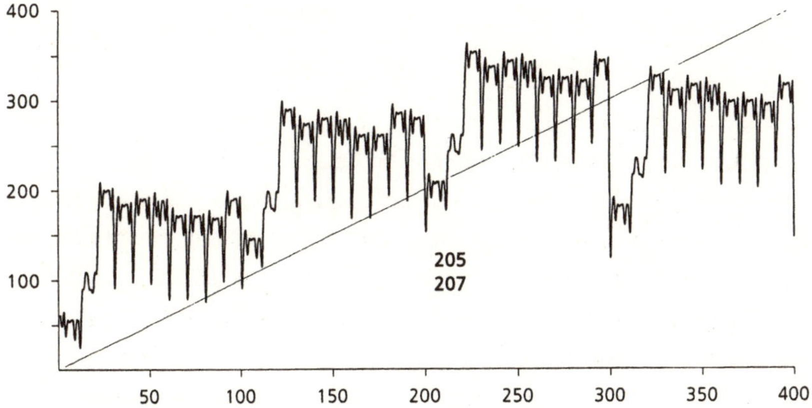

Code-Werte der Zahlwörter
von 0 bis 400

deutsch

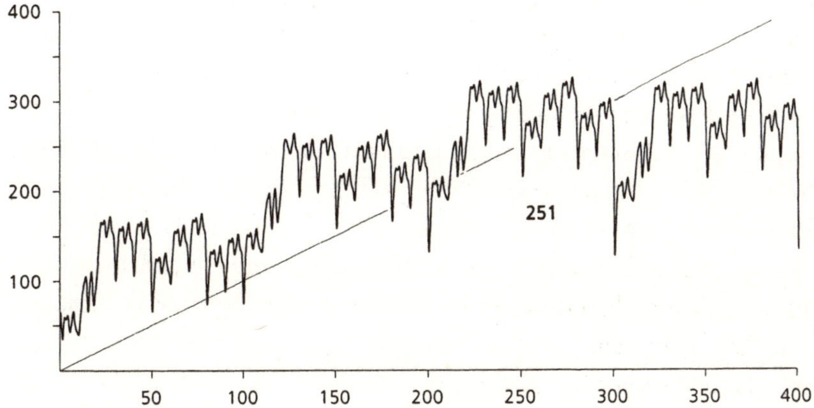

englisch

neunzig $_{96}$
hundertelf $_{113}$
hundertsiebzig $_{167}$
zweihunderteins $_{200}$
zweihundertsechs $_{207}$
zweihundertfünfzig $_{247}$
dreihundertvierundzwanzig $_{325}$
dreihundertsechsundzwanzig $_{325}$

ninety $_{87}$
two hundred and fifteen $_{216}$
two hundred and eighty-two $_{283}$
two hundred and eighty-four $_{285}$
two hundred and ninety-three $_{294}$

Spur $_{74}$
Ursache $_{75}$
Nebensache $_{76}$
Tatsache $_{77}$

205
wahrnehmungsabhängig $_{205}$
geistesgegenwärtig $_{205}$

207
informationsabhängig $_{207}$
beziehungsfixiert $_{207}$

eine Zählung bis 400 vorsehen, also in jenem Bereich, wo Zahlwörter und Zahlen noch eine Nähe zueinander haben.

Die aufsteigenden Geraden für die fortlaufenden Zahlen und die „lebendigen" Kurven ausgeschriebener Zahlwörter zeigen optisch die Eigengesetzlichkeiten des Buchstaben- und Zahlensystems. Nur in unteren Positionen sind sie sich nahe, wenn solche Koordinaten als Maßstab genommen werden. Oft liegen Zahlwörter und Zahlencodes nur ganz knapp auseinander; etwa bei neunzig$_{96}$, bei hundertelf$_{113}$, zweihunderteins$_{200}$, bei *ninety*$_{87}$ oder *two hundred and fifteen*$_{216}$.

Daß die „Identität" eines Zahlwortes – zweihundertfünf$_{205}$ und zweihundertsieben$_{207}$ – mit dem Zahlzeichen, das es bezeichnet, 205, 207, nichts anderes bedeuten kann als die Existenz sinnloser Seltenheit, dafür spricht schon die Künstlichkeit des Verfahrens. Außer Bildern scheint das keine weiterführenden Aussagen zu ermöglichen. Als Singularitäten passen diese Ergebnisse letztlich nicht in die Ordnung, von der sie erzeugt werden; der Sachverhalt bleibt unverständlich und verweist nur darauf, daß der Umgang mit Besonderheiten methodische Probleme aufwirft. Trotzdem wirken 205 und 207, nur durch eine Position voneinander getrennt, wie ein Omen, eine Spur, deren Verfolgung sich lohnt.

Schon die analogen Positionen davor liefern eine Bestätigung dafür. Über die Codes 203 und 205 wird ausdrücklich mitgeteilt, daß das Additionsprinzip$_{203}$ als Berechnungsgrundlage$_{205}$ zu solchen Aussagen führt und sogar ein Zusammenhang mit der Lichtgeschwindigkeit$_{205}$, der absoluten Konstante für Messungen, hergestellt. Wieder einen Schritt in der Begründungskette zurück, zur Position 201, findet sich der Hinweis auf Erkenntnisgewinn$_{201}$. Auch in der aufsteigenden Folge tauchen Wörter auf, die jede Zufälligkeit auszuschließen scheinen.

Somit läßt sich, abgeleitet von den beiden singulären Identitätszahlen, folgende Argumentation bilden: Es verspricht Erkenntnisgewinn$_{201}$ und damit auch Selbstvertrauen$_{201}$, wenn mit dem Additionsprinzip$_{203}$ als Berechnungsgrundlage$_{205}$ für einen Gesamtzusammenhang$_{207}$ *der alphanumerische Code*$_{207}$ *Wörter und Zahlen*$_{209}$ verbindet, weil dabei ausschließlich dem *System der Schrift*$_{211}$ gefolgt und unmittelbar auf dessen eigentliche Existenzgrundlage$_{211}$ und deren Architekturelemente$_{213}$ zurückgegriffen wird. Auch nach einer zweiten, in Gegenrichtung aufgebauten Wortfolge sind die Schlußfolgerungen die gleichen: Ein solches Strukturmodell$_{209}$ für Erkenntnistheorie$_{209}$ nutzbar zu machen, ist zweckmäßig, weil die Austauschrelation$_{207}$ von Bedeutungsschichten$_{207}$ von ihrer eigentlichen Existenzbedingung$_{205}$ ausgeht.

Diese ungeraden, „linken" Codes scheinen also zusammenzuwirken. Kritik an ihren Aussagen läßt sich merkwürdigerweise aus den geradzahligen, „rechten" Positionen herauslesen: Ein Verbindungsnetz$_{200}$ von Zeichenformationen$_{200}$, und seien es *Zahlen- und Buchstaben*$_{200}$, als Gesetzmäßigkeit$_{200}$ und Transferprogramm$_{202}$ aufzufassen, die eine Symmetrieanalyse$_{204}$ und Entschlüsselung$_{204}$ erlauben, unterstellt einen Präzisionseffekt$_{204}$, der das Qualitätsproblem$_{206}$ negiert, so als ob die Zufallsforschung$_{208}$, ein Rentabilitätsdenken$_{208}$ oder Quantenbeziehungen$_{208}$ tatsächlich etwas aussagen könnten, das von einer Verschlüsselung$_{210}$, die in der Herstellungsform$_{212}$ begründet ist, verborgen wird. Eine solche Verschlüsselung$_{210}$ sei bloße kryptische Selbstdarstellung$_{210}$. Von anderer, gerade und ungerade vermischender Seite tritt der Begriff Nullsummenspiel$_{205}$ hinzu, der offenbar meint, das letztlich gültige Regelungsverfahren$_{205}$ zu sein und es daher bei keinem derartigen Beziehungsmuster$_{212}$ eine Paradoxieauflösung$_{214}$ geben könne, da die

200
Gesetzmäßigkeit$_{200}$
Verbindungsnetz$_{200}$
Zeichenformationen$_{200}$
Zahlen- und Buchstaben$_{200}$

201
Erkenntnisgewinn$_{201}$
Selbstvertrauen$_{201}$
symbolische Formen$_{201}$

202
Transferprogramm$_{202}$

203
Additionsprinzip$_{203}$

204
Entschlüsselung$_{204}$
Symmetrieanalyse$_{204}$
Präzisionseffekt$_{204}$

206
Qualitätsproblem$_{206}$
Schlußfolgerung$_{206}$

Code 205 und 207

Berechnungsgrundlage $_{205}$

Existenzbedingung $_{205}$

Regelungsverfahren $_{205}$

Mustererkennung $_{205}$

Lichtgeschwindigkeit $_{205}$

Symmetriebrechung $_{205}$

Nullsummenspiel $_{205}$

die Lesbarkeit der Welt $_{207}$

der alphanumerische Code $_{207}$

die Elemente der Schrift $_{207}$

Gesamtzusammenhang $_{207}$

Bedeutungsschichten $_{207}$

Wissensarchäologie $_{207}$

Möglichkeitsformen $_{207}$

Austauschrelation $_{207}$

Selbstbestätigung $_{207}$

Neuropsychologie $_{207}$

Kausalzusammenhang $_{207}$

Wirtschaftsmodell $_{207}$

Wachstumstheorie $_{207}$

Erfolgsmechanismus $_{207}$

Sozialkompetenz $_{207}$

Dezentralisierung $_{207}$

Rohstoffmonopol $_{207}$

Wirtschaftsembargo $_{207}$

Reformphilosophie $_{207}$

Austauschrelation$_{207}$ jeweils gleichwertig ist mit der sie bestimmenden Gleichung$_{86}$ und deren Auflösung$_{121}$.

Schnittstellen dieser Wortfelder sind die Codes 205 und 207. Von ihnen wird, wahrnehmungstechnisch verbalisierbar, die Berechnungsgrundlage$_{205}$ betont, von der in diesen Texten generell ausgegangen wird. Nach den sich ergebenden Werten ist die Schlußfolgerung$_{206}$ völlig plausibel – und rechnerisch exakt belegbar –, wenn für *die Lesbarkeit der Welt*$_{207}$ *der alphanumerische Code*$_{207}$ herangezogen wird.

Dieser innere Zusammenhang der sich ergebenden Argumentation lenkt das Interesse auf austauschbare, gleichwertige Begriffe, auf eine numerisch begründete „Ähnlichkeit". Dabei ist die Häufigkeit auffallend, mit der ausgerechnet Wörter, die zu einem bestimmten Typus von Realitätsbeschreibung tendieren, ebenfalls diese Codewerte haben. Es tauchen fast durchweg Standardausdrücke einer Politik- und Mediensprache und populärwissenschaftliche Vereinfachungen auf. In Eigenschaften wie geistesgegenwärtig$_{205}$ und beziehungsfixiert$_{207}$ oder durch gleichwertige Zeitwörter wie zusammenstimmen$_{205}$ und durcheinanderwirbeln$_{207}$ bilden sich verbleibende Spannungsmomente ab, inklusive einer Andeutung sprachlich möglicher Subversion. Allzuviel kann sie nicht bewirken, wenn alle Dinge – und als Ausdruck dessen auch die Wörter – einen bestimmten Wert haben.

Selbst wenn der Spur gefolgt wird, die das Alphabet mit dem Code von Negation$_{85}$ legt, zeigt sich, daß jedes Urteil$_{85}$, jedes Werten$_{85}$, jedes Prüfen$_{85}$ von dessen inneren Bezügen$_{85}$ abhängig bleibt, wenn die Begriffe buchstäblich$_{113}$ und wörtlich$_{113}$ betrachtet werden. Die sich alphanumerisch$_{148}$ ergebende Struktur$_{148}$ bildet eine Ordnung$_{93}$ der Differenz$_{93}$. Die *Ordnung der Differenz*$_{213}$ hat einen Direktbezug zu Sprach-

Austauschrelation$_{207}$

=

Gleichung$_{86}$ + Auflösung$_{121}$

208

Zufallsforschung$_{208}$

Rentabilitätsdenken$_{208}$

Quantenbeziehungen$_{208}$

Methode der Eröffnung$_{208}$

209

Wörter und Zahlen$_{209}$

Strukturmodell$_{209}$

Erkenntnistheorie$_{209}$

210

Verschlüsselung$_{210}$

Selbstdarstellung$_{210}$

211

System der Schrift$_{211}$

Existenzgrundlage$_{211}$

212

Herstellungsform$_{212}$

Beziehungsmuster$_{212}$

213 Architekturelemente$_{213}$

struktur$_{213}$. Ähnlich$_{80}$ und anders$_{81}$ unterscheiden sich als codierte Wörter minimal. Ein numerisch geordnetes Ideogramm$_{85}$ integriert die eigene Negation$_{85}$.

214 Paradoxieauflösung$_{214}$ Gesamtzusammenhang$_{207}$ Mustererkennung$_{205}$ Berechnungsgrundlage$_{205}$

Da ein Gesamtzusammenhang$_{207}$ – als Mustererkennung$_{205}$ – ausdrücklich auf die Berechnungsgrundlage$_{205}$ zurückgeführt wird und die Codes dafür aus der gesprochenen Sprache abgeleitet sind, aus singulären Fällen, in denen Wörter numerisch exakt deklarieren, was sie bezeichnen, bekommen die ausgewiesenen inhaltlichen Beziehungen ein dramatisches Gewicht. Das Wirtschaftsmodell$_{207}$, sein Erfolgsmechanismus$_{207}$ und der Kausalzusammenhang$_{207}$ zu allem anderen sind von zentraler Bedeutung.

Welterklärungsmodell$_{252}$ Wohlstandsgesellschaft$_{252}$ eine Addition von Elementen$_{253}$ als Kalkulationsprinzip$_{254}$

Insgesamt bildet sich das pragmatische, auf Prolongation ausgerichtete Welterklärungsmodell$_{252}$ einer Wohlstandsgesellschaft$_{252}$ ab, das nur eine *Addition von Elementen*$_{253}$ als Kalkulationsprinzip$_{254}$ anerkennt. Aus der Struktur des Alphabets läßt sich aber auch herauslesen, daß sich ein solches Welterklärungsmodell$_{252}$ zu einem *System der Ähnlichkeiten*$_{252}$ weiterentwickeln ließe.

Betont wird damit „die unendliche, notwendig unvollendete Aufgabe, das Ähnliche zu erkennen", von der Foucault in bezug auf die Erkenntnis der Dinge, die Erfahrung der Sprache, in bezug auf Zeichen, die selbst nur Ähnlichkeiten sein können, gesprochen hat.[1]

Im Englischen lassen sich aus dem „Identitäts"-Code 251 analoge Konstellationen wie *ambition*$_{83}$ + *meaning*$_{63}$ + *nonsense*$_{105}$ oder *human being*$_{94}$ + *market*$_{68}$ + *happy end*$_{89}$ bilden. Würde dieser Anhaltspunkt für eine deutschsprachige Aussage verwendet, ließe sich an *die großen Erzählungen*$_{251}$ erinnern; im Spanischen bliebe die Sache offener: *La vida, una cosa misteriosa*$_{251}$.

Um Werten wie 205 oder 207 zu entsprechen, müssen Wörter annähernd zwanzig Buchstaben haben. Das rund um sie ausgewiesene Wortfeld würde auch jeder Computer errechnen, dem im Rahmen der hier festgelegten Regeln die Aufgabe gestellt wird, Buchstabenkombinationen mit einem solchen Gesamtwert zu finden. Für 207 zum Beispiel würden in unzähligen „sinnlosen“ Folgen zwischen aneinandergereihten $a_1 + a_1 + a_1 \ldots$ und der kürzesten Version, $y_{25} + z_{26} + z_{26} + z_{26} + z_{26} + z_{26} + z_{26} + z_{26}$, solche wiedererkennbaren Zeichenmengen auftauchen. Sie könnten zur Sammlung aller mit Buchstaben erzeugbaren Textfolgen gehören, wie Jorge Luis Borges sie in *Die Bibliothek von Babel* beschrieben hat.[2] Daß sich damit ergebende Wortzusammenhänge gleichzeitig Hinweise auf den nur zweimal vorkommenden Fall sind, in dem, wenn den Regeln des Alphabets gefolgt wird, Wort und Zahl tatsächlich ident werden, weil sich Aussage und Wert völlig decken, repräsentiert als Ergebnis nur das, was es ist: eine systemanalytische Bizarrheit; das ist bei vielem, was mit in eine solche Umgebung geratenen Wörtern gemeint ist, auch nicht anders.

logisch 73
bizarr 74
selten 75

Für Sprechen, Schreiben und Zählen sind es demnach *archimedische* Punkte, in Erinnerung daran, daß Archimedes als erster von der Position innerhalb eines Systems aus gedacht hat. Ihre Bedeutung beschränkt sich auf die Übereinstimmung der Aussage mit der Zeichenstruktur.

Zu diesem Thema hat Vilém Flusser ein sich in alle Richtungen ausdehnendes Szenario skizziert: „Die Verquickung von Denken und Sprechen, die unter der Vorherrschaft des Alphabets bestand, wird aufgehoben werden“; „beim Überholen des Alphabets wird sich das Denken vom Sprechen emanzipieren, andere nicht-sprachliche Denkarten (mathematische und bildnerische, vermutlich auch völlig neue) werden zu noch ungeahnter Entfaltung kommen."[3]

Daß die Identität$_{107}$ von Zeichen mit dem, was sie bezeichnen, auf Symbiose$_{107}$, Befriedigung$_{107}$ und Leistung$_{107}$ verweist, wirkt in einem solchen Zusammenhang bloß wie eine Erinnerung daran, wie intensiv die Beschäftigung mit solchen Fragen gewesen ist und wie selten so etwas stattfindet. Daß den gefundenen Zahlen 205, 207 und 251 kein hervorstechender Symbolwert entspricht, befreit von mythischen Bezügen. Auch Annäherungen ergeben wenig Konkretes; 200 gilt in christlicher Tradition als Zahl der „Repräsentanten der vollkommenen Menschen, von denen je 100 aus dem Alten Testament und dem Neuen Testament genommen werden", 216 wird mit Buddha in Zusammenhang gebracht, auf dessen Fußabdruck sich 216 (8 x 27) Glückszeichen befinden. Nach pythagoräischer Ansicht dauert die Seelenwanderung 216 Jahre.[4] In Darren Aronofskys Film π steht Max Cohen nach jahrelanger Arbeit am Computer unmittelbar davor, den hinter dem Chaos stehenden Code, das grundlegende numerische Muster zu knacken; die Maschine druckt plötzlich eine mysteriöse Zahlenkolonne aus; auf dieser Basis vorausberechnete Börsenkurse stimmen exakt. Das macht ihn zum Objekt der Begierde skrupelloser Wall-Street-Interessen und eines Kabbalisten-Zirkels, der in den 216 Stellen des Codes den verlorenen Schlüssel zum in der Thora verborgenen Gottesnamen sieht.[5] In der hier verwendeten Sprache verweist der Code 216 auf Versuchsprogramm$_{116}$. Einer anderen Auslegung zufolge steht die Zahl 200 als Klasse für *hesitation*$_{120}$, *fear*$_{30}$, *uncertainty*$_{150}$, was übersetzt eine eintönige Folge von Begriffen wie Zögern, Unschlüssigkeit, Schwanken, Bedenken, Stammeln, Stottern, von Furcht, Angst, Befürchtung, Besorgnis, Ängstlichkeit, Furchtsamkeit bis Unsicherheit, Ungewißheit, Unbestimmtheit, Zweifelhaftigkeit, Unbeständigkeit, Unzuverlässigkeit ergibt, so als ob es sich um eine konzentrierte Sprachkritik handeln würde.[6]

Über Schrift lassen sich solche Bezüge in uferloser Weise verfolgen; Sprechen ist etwas anderes, es ist die aktuelle Bildung einer Folge von Lauten. Sprechen$_{88}$ verbindet sich mit forschen$_{88}$. Beides zusammen wirkt mit, ein Subjekt$_{88}$ zu bilden. Durch schreiben$_{83}$ und Schrift$_{83}$ wird manches davon erkennbar. Sprachlosigkeit$_{172}$ kann auch ein Zeichen von Einbildungskraft$_{172}$ sein.

Zeitwende$_{111}$
Computer$_{111}$
Forschung$_{111}$
Urbanität$_{111}$
Radikalität$_{111}$
Emigration$_{111}$
Abwesenheit$_{111}$
Toleranz$_{111}$
humanity$_{111}$
illusion$_{111}$
amusement$_{111}$
calculation$_{111}$

Sprachlosigkeit$_{172}$
Einbildungskraft$_{172}$
Gastfreundschaft$_{172}$
Jahrtausendwende$_{172}$

1 Michel Foucault: Die Ordnung der Dinge (1966). 1974. S. 74
2 Jorge Luis Borges: Die Bibliothek von Babel (1941). In: Gesammelte Werke (1974). Band III/1. 1981. S. 145 ff.
3 Vilém Flusser: Die Schrift (1987). 1993. S. 58
4 Helmut Werner: Lexikon der Numerologie und Zahlenmystik. 1995. S. 188
5 Darren Aronofsky: π. Film von Darren Aronovsky. Mit Sean Gullette. USA 1997
6 Sepharial: The Kabbala of Numbers (1928). 1974. S. 87

In seinen Überlegungen zu *Zählen und Messen, erkenntnistheoretisch betrachtet* hat Hermann von Helmholtz das Bedürfnis, Relationen herzustellen, besonders betont: „Ich betrachte die Arithmetik, oder die Lehre von den reinen Zahlen, als eine auf rein psychologischen Tatsachen aufgebaute Methode, durch die die folgerichtige Anwendung eines Zeichensystems (nämlich der Zahlen) von unbegrenzter Ausdehnung und unbegrenzter Möglichkeit der Verfeinerung gelehrt wird. Die Arithmetik untersucht namentlich, welche verschiedenen Verbindungsweisen dieser Zeichen (Rechnungsoperationen) zu demselben Endergebnis führen." Wenn er fragt, was der „objektive Sinn" davon ist, „daß wir zwei Objekte in gewisser Beziehung für *gleich* erklären", dann verbindet sich das für ihn mit der Frage nach dem Charakter, den „die physische Verknüpfung zweier Objekte" haben muß, damit „vergleichbare Attribute derselben als *additiv* verbunden und diese Attribute demzufolge als *Größen*, die durch benannte Zahlen ausgedrückt werden können", angesehen werden dürfen. Um dieses *dürfen* dreht es sich bei der rechnerischen Verbindung von Wörtern. Solange keine Schlußfolgerungen daran geknüpft werden, entsteht bloß eine Ordnung, eine Reihenfolge. „Das Zählen" ist laut Helmholtz „ein Verfahren, welches darauf beruht, daß wir uns imstande finden, die Reihenfolge, in der Bewußtseinsakte zeitlich nacheinander eingetreten sind, im Gedächtnis zu behalten. Die Zahlen dürfen wir zunächst als eine Reihe willkürlich gewählter Zeichen betrachten, für welche nur eine bestimmte Art des Aufeinanderfolgens als die gesetzmäßige oder nach gewöhnlicher Ausdrucksweise ‚natürliche' von uns festgehalten wird." Daraus folgt, „daß jede Zahl nur durch ihre Stellung in der gesetzmäßigen Reihe bestimmt" ist. Das begründet ihre hier betonte Beziehung zur Reihenfolge der Buchstaben im

Arithmetik 114
Linearität 114
Zyklus 114
Raumbezug 114
Vieldeutigkeit 159
Verknüpfung 160
Unberechenbarkeit 161
Verknüpfung 160
Zwischenraum 160
Prophezeiung 160
Reihenfolge 104
Entdeckung 104
Sicherheit 104
Präsenz 104
Gegensatz 104

Alphabet. Abgesehen von sich aufdrängenden Fragen nach dem „objektiven Sinn“, gewisse Objekte für gleich zu erklären oder sie einer Klasse zuzuordnen, ist der methodische Zusammenhang evident; auch die Mathematik, in diesem Fall vetreten durch Helmholtz, spricht von „Buchstabenrechnung“, nach der Buchstaben „jede beliebige Zahl bezeichnen können, aber innerhalb jedes einzelnen Theorems oder jeder einzelnen Rechnung immer dieselbe“.[1]

Buchstabenrechnung 185
Wahrscheinlichkeit 185

Solche Ansätze für ein zählendes Ordnen erweitern sich zur Thematik mathematisierter Weltbilder mit ihrer Berufung auf objektive Zahlen und der Divergenz zwischen Fakten und Argumenten. Kriterien, die Interesse oder Interesselosigkeit ausdrücken sollen, Entpersönlichung oder persönliches Engagement, verweisen von einer Ordnung auf die nächste, auf jene Codes, aus denen sich jeweils Legitimität ableitet. An Ökonomischem wird dies besonders deutlich, denn die Ökonomik, als dessen theoretisches Hinterland, gründet ihren Anspruch, „die ‚härteste‘ aller Sozialwissenschaften zu sein, in erster Linie auf die Verwendung mathematischer Modelle“.[2]

mathematische Modelle 191
Produktivität 191

Daß Bedeutungsproduktion 261, die meistens eher langsam vor sich geht, und eine eher spontan auftretende, Kalkulationen nicht anerkennende Wirtschaftsfeindlichkeit 261 denselben Zahlencode haben, läßt sich entweder als krasse Spaltung der symbolischen Welten verstehen, oder es drückt aus, daß wirtschaftsferne Haltungen nicht als bedeutungsbildend wahrgenommen werden. Die Statik solcher Konstellationen ließe sich – auf Wörter bezogen – nur über neue Wörter aufbrechen. Die dabei auftretenden Idealisierungen haben einen mythischen Bezugspunkt, *Das Buch der Weisheit* (11, 20), wo es unter dem Titel *Gottes Art zu strafen* heißt: „Du aber hast alles nach Maß, Zahl und Gewicht geordnet.“

Bedeutungsproduktion 261
der kategorische Imperativ 261
Aufklärung der Aufklärung 261

In *Überwachen und Strafen* knüpft Michel Foucault unmittelbar daran an, indem er eine Geschichte des Bezeichnens mit einer Geschichte des Vermessens, des Klassifizierens, des Ein- und Ausgrenzens, des Überwachens in Beziehung setzt: „Neben der großen Technologie der Fernrohre, der Linsen, der Lichtkegel, die mit der Gründung der neuen Physik und Kosmologie Hand in Hand ging, entstanden die kleinen Techniken der vielfältigen und überkreuzten Überwachung, der Blicke, die sehen, ohne gesehen zu werden; eine lichtscheue Kunst des Lichtes und der Sichtbarkeit hat unbemerkt in den Unterwerfungstechniken und Ausnutzungsverfahren ein neues Wissen über den Menschen angebahnt."[3] Sogar das Licht bekommt dabei eine andere Bedeutung. Ein Zählen, Sammeln, Ordnen ist Voraussetzung für Bedeutung, von Theorie und von Kontrolle, bis hin zur Technologie der Spurensicherung und des Erkennungswesens. Die Anwendung von Präzision demonstriert Wertigkeiten.

Für Pierre Bourdieu sind ebenfalls die Ordnungssysteme entscheidend, er „faßt den Klassenkampf neu als Kampf um die Klassifizierung" auf; damit wird die soziale Hierarchisierung der Kulturgüter sichtbar, „der Wettbewerb um die Erlangung seltener Güter".[4] Dies weist in Richtung Singularitäten, in Richtung Bedeutung, in Richtung Sammeln. Für Boris Groys „ist das Museum die charakteristischste Institution der Moderne". Das verwundert, in seinem scheinbar antimodernistischen Aspekt, nur im ersten Moment, denn die Begründung ist schlüssig: „Mit der fortschreitenden Aufklärung und Säkularisierung wurde es zunehmend schwieriger, sich auf das ewige Gedächtnis Gottes oder auf die ewigen Gesetze der Vernunft und der Natur zu verlassen, um Identität, inklusive kultureller Identität, dauerhaft zu sichern. Das ist der Grund, warum gerade in der Moderne ein künstliches Gedächtnis, ein kultu-

Klassifizierung 186
Wahrheitsfindung 186
Unverbindlichkeit 186

Singularität 156
Bewußtsein 156
Notwendigkeit 156

Museum 92
Rarität 92
Wahrheit 92

sammeln 77
Tatsache 77
Beispiel 77
Stille 77

relles Archiv oder ein Museum geschaffen wurde, um Erinnerungen in körperlicher Form als Bücher, Bilder oder Artefakte zu erhalten. Die moderne Subjektivität kann sich nur noch durch das Sammeln definieren."[5] Solche Ordnungen erzeugen sich weitgehend selbst, da sich ihre Elemente aufeinander beziehen. Die Sammlung, das Archiv, ein kartographisches Denken, Standardisierung und Programmierung, die Abrufbarkeit aus dem Netz sind konstituierende Momente der Moderne. Auch dafür und für „die Automatisierung der Wahrnehmung", von der Paul Virilio spricht, ist die hier thematisierte Codierung des Alphabets eine Metapher.

Enzyklopädie 148
Struktur 148
Assoziation 148
Klassifikation 156 — world 72
Notwendigkeit 156 — number 73
Bewußtsein 156 — ranking 74
Proportion 156 — humor 75
Vergänglichkeit 156 — example 76
Fortschritt 156 — glory 77

In seinen Überlegungen zur *Encyklopädie* als der für die Aufklärung (und die Aufklärung über die Aufklärung) signifikanten Art zu Sammeln ist auch Fritz Mauthner von der Künstlichkeit ausgegangen: „Ordnung ist ein Menschenbegriff. In der wirklichen Natur gibt es weder Ordnung noch den Wunsch nach Ordnung."[6] Schärfer ist der Ton bei Horkheimer/Adorno, gerichtet gegen ein Regime der Zahl: „Klassifikation ist Bedingung von Erkenntnis, nicht sie selbst, und Erkenntnis löst die Klassifikation wiederum auf."[7]

das Neue 69 — news 61
Text 69 — value 61
Formel 69 — trend 61

Diese Konfusion im Umgang mit einem Ordnen löst sich auch über Codes nicht auf. Argumente nützen meistens wenig. Im Schreiben, als Ordnen von Zeichen, speziell aber im Schreiben über Kommendes, so Vilém Flusser, zeige sich das Dilemma in voller Deutlichkeit: „Gerade daß es unbeschreiblich ist, ist das Neue am Neuen, und das heißt, daß das Neue am Neuen gerade die Sinnlosigkeit ist, es erklären zu wollen. Die Aufklärung hat sich ausgelaufen, und es ist nichts mehr am Neuen zu erklären. Es gibt nichts Dunkles an ihm, es ist durchsichtig wie ein Netz. Nichts steckt dahinter. Die Aufklärung hat im Neuen einen

Purzelbaum geschlagen. Sie muß beginnen, sich selbst aufzuklären. Das Alphabet ist der Code der Aufklärung. Wenn also noch weitergeschrieben wird, dann nur, um das Alphabet aufzuklären, die Schrift zu beschreiben.“[8]

Das Sammeln und Verwenden codierter Wörter ist ein solches – zwangsläufig retrospektives – Unternehmen, als Versuch, „ein aktives Knüpfen von Querverbindungen zwischen den verfügbaren Informationselementen“ umzusetzen, wie Flusser in Analogie zu von digitalen Codes erzeugten Bildern fordert, damit „das lineare, historische, alphabetische Denken“, das er als inkompetent erklärt, sich auf diese Weise der Möglichkeiten von Buchstaben vergewissern kann. Die entstehenden codierten „Bilder“ zu kritisieren, hieße in seinen Worten „demnach nicht, zu enthüllen, was sie verhüllen, sondern es heißt zu zeigen, welche Möglichkeiten in ihnen verwirklicht und welche nicht verwirklicht wurden“.[9]

Querverbindungen 196
Symmetriebildung 196
verinnerlichen 156
verwirklichen 157
materialisieren 158

Das ergibt Zusammenhänge mit jedem Sammeln, ob elektronisch oder konventionell. Den Weg von der Enzyklopädie zum Museum, als Plattform eines transformierten „Wissens“, beschreibt Boris Groys in geläufiger Weise als Reduktion, als Eliminierung des darin enthaltenen Veränderungspotentials: „Da in der Moderne an keine metaphysische, vorgegebene Ordnung der Dinge mehr geglaubt wird, sind wir dazu gezwungen, diese Ordnung durch das Sammeln künstlich herzustellen. Susan Sontag hat einmal geschrieben, daß Karl Marx nur zum Teil recht behalten hat: Die Welt kann tatsächlich nicht mehr verstanden werden, aber die Welt kann auch nicht mehr verändert werden. Das einzige, was man tun kann, ist die Welt zu sammeln. Die metaphysische, religiöse oder ideologische Grundfrage von damals, nämlich die Frage ‚Was

das Bleibende 82
Vorbild 82
Ausnahme 82

bleibt?', ist zu einem technischen Problem des musealen Sammelns und Aufbewahrens geworden. Wir sind, was wir sammeln."[10]

Dieses Sammeln ist zwangsläufig auch ein Verknüpfen. Schon daß die ältesten „Bilder" textile Netze, Gewebe waren – neben der, da teilweise erhalten, viel stärker beachteten Höhlenmalerei, neben Felsritzungen oder Verzierungen –, ergibt für ein „Verknüpfen", „Verweben" kultur- und geistesgeschichtlich weiträumig verfolgbare Felder, die weit weniger präsent sind als diverse auf Zentren bezogenen Eingrenzungen. Sadie Plant macht auf diese wenig beachteten, sich je nach sozialen Umständen transformierenden Strukturkomponenten tendenziell weiblicher Arbeit aufmerksam: Das „Hineinweben von Magie", „das sichtbare Muster ist nicht zu trennen von dem Prozeß, in dem es produziert wurde. Programm und Muster gehen ineinander über." „Solche Prozesse sprechen allen Versuchen hohn, mit großen Namen herumzuwerfen und die großen Momente der Erfindungen und Entdeckungen herauszustellen"[11], denn es gehe, wie Fernand Braudel deutlich gemacht hat, um „einförmige und geduldige Anstrengung", um „die langsame Vervollkommnung der Verfahren, Werkzeuge und unzähligen Handgriffe".[12] Das Programm für eine *civil society* würde nicht viel anders lauten, nur lassen die Berechnungen vieles nicht zu. Gewinn, der sich nicht in Zahlen ausdrücken läßt, bleibt unbemerkt. In Prozessen wird jede Intervention zur Dissonanz, zur Regelverletzung.

Programm 101
erzeugen 101
vergeuden 101
scheitern 101
Muster 96
komplex 96
sonderbar 96
dramatisch 96

Im Schachspiel ist das anders. Die Regeln sind eindeutig. Ein Sammeln, Ordnen, Abwägen von Varianten ist von vornherein handlungsbezogen. Angesichts der astronomischen Zahl von Möglichkeiten gehe es, so Ernst Strouhal in seinem Standardwerk zum Schachspiel, ständig um „die Subtilität des reinen Verfahrens"; trotzdem gebe es keine „Geschichte der Vervollkommnung“, sondern „eine Geschichte der Anpassung an soziale Verhältnisse und des Verwerfens von untauglichen Varianten“. „Der Zug, den der Spieler aus einer Reihe von Möglichkeiten selektiert, ist im Spiel richtig oder falsch, nicht mehr aber wahr oder unwahr. Als Zeichen verweist er auf keinen Referenten außerhalb des Spiels.“ Dynamik und ein ästhetischer Rätselcharakter erlaube, daß Schach „als Modell einer dynamischen, rätselhaften, sich plötzlich verändernden Welt“ fungieren könne. Es ist auch als Modell der Sprache gesehen worden, für Marcel Duchamp war es Vorbild für die Arbeit des Künstlers, als „Ort der Reinheit und Privatheit“. Da Schach im Gegensatz zu Kartenspielen ein Spiel mit vollständiger Information sei und auf Vernunft und Verstand beruhe, sei es demokratisch. Für Alan Turing war Schach ein wichtiges Modell „zur Erprobung des elektronischen Gehirns“. „Die Geschlossenheit des abzubildenden Systems ist für die Turingmaschine wie für alle numerischen Modelle essentiell.“ Das Dokumentieren codierter Spielabläufe, die im Prinzip einfachen Rechnungen bezogen auf 64 Felder, die bildhaften Montagen von Konstellationen im Vorstellungsvermögen oder die Material- und Positionswerte liefern gedankliche Verbindungen zu Buchstabencodes. Da es nicht immer richtig sein muß, den unmittelbar „für den Gegner am wenigsten vorteilhaften Zug zu machen“, ergeben sich Ähnlichkeiten zum gegnerlosen Kombinieren von Wörtern.[13]

Im hier verwendeten codierten Wörterbuch bildet sich eine andere Form von Spielzügen ab, als Sammlung von Aktionen, als ausbaufähige experimentelle Benutzeroberfläche. Die Informationen über das Verfahren sind transparent; nur die Wirkungen von Zügen oder Varianten sind interpretierbar und vergleichbar. Entstehende Ordnungen sind nur

Benutzeroberfläche 191
Produktivität 191

eine Reaktion auf die Regeln. Ob es zutrifft, was für das Schachspiel gilt, daß der Spieler nicht gewinnen kann, „sobald er nur so spielt, wie alle anderen es tun, nur jene Varianten berechnet, die alle aufgrund der herrschenden Konvention berechnen“[14], bleibt schon deswegen offen, weil sich bloß Konstellationen, aber keine Mattstellungen ergeben.

In gewissem Sinn entsprechen die entstehenden Bezugsfelder dem, was Boris Groys unter *Logik der Sammlung* subsumiert, denn ob es sich nun um Artefakte oder Wörter handelt, über sie „bietet sich die kosmische, soziale und politische Welt dem museal geschulten Betrachter als Nebeneinander gleichwertiger Formen, die miteinander verglichen, beschrieben und archiviert werden können, aber kein hierarchisches oder organisches Verhältnis untereinander bilden und einen neutralen, homogenen Raum der Betrachtung voraussetzen“.[15]

In einem solchen geordneten *Museum der Wörter* können die gesammelten Zeichengruppen zum „Objekt der Kontemplation“ werden[16], weil sie vorerst isoliert und klassifiziert wurden, sie verlieren aber auch nicht ihre polemischen Komponenten: Ordnen$_{70}$ steigert sich zu zählen$_{71}$, sammeln$_{77}$ zu können$_{78}$ und zeugen$_{78}$.

Schachspiel$_{103}$
Kultur$_{103}$ Bedürfnis$_{103}$
Relevanz$_{103}$ Vokabular$_{103}$
Versteck$_{103}$ Verstand$_{103}$

Schachspiel$_{103}$, als Ordnen unzähliger Möglichkeiten, verbindet sich codiert mit Verstand$_{103}$, Kultur$_{103}$, Relevanz$_{103}$, Vokabular$_{103}$, Bedürfnis$_{103}$, aber auch mit Versteck$_{103}$. Das Museum$_{92}$ beansprucht, buchstäblich verstanden, Verbindungen zum Kosmos$_{92}$, zu Wahrheit$_{92}$, zur Rarität$_{92}$, zu Semantik$_{92}$, zu Politik$_{92}$.

Die zwangsläufige Unvollständigkeit$_{220}$ verweist über den Codewert dieses Wortes zurück auf die Schöpfungsgeschichte$_{220}$, generell und im Einzelfall, auf die *Summe der Einzelteile*$_{220}$, aber auch auf Kurt Gödels grundlegende Festlegung dessen, was bewiesen und was nicht bewiesen werden kann, auf seinen Unvollständigkeitssatz über unentscheidbare Aussagen, seinen Beweis der Unvollständigkeit eines „von innen" betrachteten formalen Systems, sei es die Mathematik, ein Computer oder das Gehirn: „Jeder widerspruchsfreie Kalkül ‚S', der es erlaubt, von den natürlichen Zahlen zu sprechen, der also die elementare Arithmetik umfaßt, enthält unendlich viele Aussagen ‚A', die in ‚S' weder bewiesen noch widerlegt werden können."[17]

Die darin enthaltenen Schlüsselwörter Kalkül$_{73}$ und Aussage$_{73}$ bilden mit normal$_{73}$ und logisch$_{73}$ eine über Zahlen beweisbare Gleichung. Jede *Zahlen- und Buchstabenkombination*$_{323}$ hat zum Unvollständigkeitstheorem$_{323}$ einen direkten Bezug.

Kalkül$_{73}$ Aussage$_{73}$

normal$_{73}$ logisch$_{73}$

Unvollständigkeitstheorem$_{323}$

Zahlen- und Buchstabenkombination$_{323}$

1 Hermann von Helmholtz: Schriften zur Erkenntnistheorie (1921). 1998. S. 101, 102, 103, 104

2 Daniel Eckert/Leonhard Bauer: Die „soziale" Frage more geometrico beantwortet. In: Formalisierung der Welt. Österr. Zeitschrift für Geschichtswissenschaft. Heft 2/1996. S. 249

3 Michel Foucault. Überwachen und Strafen. Die Geburt des Gefängnisses (1975). 1977. S. 221

4 Pierre Bourdieu. In: François Dosse: Geschichte des Strukturalismus (1991). 1997. Band II. S. 372

5 Boris Groys: Logik der Sammlung. 1997. S. 47f.

6 Fritz Mauthner: Wörterbuch der Philosophie (1923/24). 1997. Band I/1. S. 379

7 Max Horkheimer/Theodor W. Adorno: Dialektik der Aufklärung (1944/47). 1971. S. 196

8 Vilém Flusser: Die Schrift (1987). 1993. S. 133

9 Ebda., S. 135, 132

10 Boris Groys: Logik der Sammlung. 1997. S. 48

11 Sadie Plant: nullen + einsen (1997). 1998. S. 74, 73, 85

12 Fernand Braudel: Sozialgeschichte des 15.–18. Jahrhunderts. Der Alltag (1979). 1985. S. 359

13 Ernst Strouhal: acht x acht. Zur Kunst des Schachspiels. 1996. S. 118, 124, 122, 126, 119, 154, 120, 152, 155, 154

14 Ebda., S. 157

15 Boris Groys: Logik der Sammlung. 1997. S. 14

16 Ebda., S. 24

17 Kurt Gödel. In: Hans-Christian Reichel/Enrique Prat de la Riba (Hg.): Naturwissenschaft und Weltbild. 1992. S. 16

Daß in zufälligen oder systematisch geordneten Wortkonstellationen, aus denen keine Sätze oder Satzteile gebildet sind, zuerst Paare hervorstechen, also die Verbindung eines einzelnen Wortes mit einem zweiten auffällt, ergibt Ansätze für ein spontanes Kombinieren, das vorerst keine Grammatik braucht. Zusammengehöriges oder Divergierendes bekommt stärkeres Gewicht als Indifferentes. Im Aufnehmen über solche Paarungen hinausgehender Strukturen ergeben sich Zusammenhänge, die wie Verwandtschaftsbeziehungen zu funktionieren scheinen, auch wenn es etymologisch keine gemeinsamen Wurzeln oder Verbindungen gibt. Zeit spielt, in einem strukturalistischen Sinn, kaum eine Rolle. Nicht dazu Passendes wird zum Fremden, wie schon betont worden ist.

Erotik 78
Paarung 78
Adrenalin 78
Witz 78
Zufall 78
Serie 56
Kugel 56

Wittgenstein hebt in seinen *Bemerkungen zur Philosophie* ästhetische Kriterien hervor und hält fest: „Die Rechnung als Ornament zu betrachten, das ist auch Formalismus, aber einer guten Art.“ Er stellt nach der hier verwendeten, aus dem Alphabet abgeleiteten Methode Buchstabenrechnungen an, zu denen er notiert: „Diese Form des Beweises ist gut, weil sie deutlich zeigt, daß das Ergebnis wirklich errechnet ist, und weil man aus ihr doch auch wieder den allgemeinen Beweis herauslesen kann.“ Dabei fällt auf, daß er es bei Buchstabenkombinationen beläßt und keine Wörter bildet. Offenbar hat ihn die auf solche Weise auftauchende Verführung, Sinn wahrzunehmen, nicht interessiert. Er sagt zwar: „Das Denken ist eine fortlaufende Kalkulation“ und: „Das Wort ‚Satz‘ und das Wort ‚Erfahrung‘ haben schon eine bestimmte Grammatik. Das heißt ihre Grammatik muß im vorhinein bestimmt sein und hängt nicht von irgendeinem künftigen Ereignis ab“ oder: „Der algebraische Satz war ja nach dieser Auffassung nur eine andere Schreibweise dieses Satzes (der Wortsprache)“, sucht aber nicht nach verborgenen Bedeutungen oder Beziehungen. Dazu hält er ausdrücklich fest: „Meine Auffassung war falsch: teils weil ich mir über den Sinn der Worte ‚In einem Satz ist ein logisches Produkt versteckt' (und ähnlicher) nicht klar war, zweitens weil auch ich dachte, die logische Analyse müsse verborgene Dinge an den Tag bringen (wie es die chemische oder physikalische tut)."[1]

Die *Cambridge Enzyklopädie der Sprache* hat diese Skepsis übernommen und verstärkt; Wortberechnungen gehören ihr zufolge zur Zahlenmagie, weil durch sie „alle möglichen seltsamen und (wie manche noch heute glauben) bedeutungsvollen Zusammenhänge zutage gefördert werden". Als „mystische Summen" werden daher eher unverfängliche Beispiele angeführt, wie Mitteilung_{130} = Äußerung_{130}, oder Additionen wie warm_{55} + Tag_{28} = Sommer_{83}.[2] Spielen mit Namen und Datum wird, so wie hier, bloß ein privat-astrologischer Aspekt zugebilligt. Additionen und komplexere Rechnungen deuten Erweiterungsmöglichkeiten an. Daß insgesamt ein Glauben an bedeutungsvolle Zusammenhänge unterstellt wird, wenn solche Methoden angewandt werden, kettet Glauben an Bedeutung und beides an das Wort.

Gerade dem will die Umkehrung des Verfahrens begegnen. Dabei geht es um eine Darstellung dessen, wie „automatisch" vom Alphabet Bedeutungen und Bedeutungsketten gebildet werden, wenn Wörter ihre „Zahlengrammatik" als Strukturen offenlegen. Die Unterscheidung von Noam Chomsky in Oberflächen- und Tiefenstruktur – bei ihm auf Sätze und eine generative Grammatik bezogen, die Regeln formuliert, nach denen sämtliche grammatischen Sätze einer Sprache erzeugt werden, nur keine ungrammatischen – wird für auf Zahlencodes basierende Wortstrukturen durchgespielt, um die Wirkungen solcher paradoxen Unterströmungen überprüfbar zu machen. In Betonung der schlichten Anordnungsautomatik des Alphabets wird aus der Komplexheit von Sprache und Schrift nur ein Systemelement herausgehoben, als handhabbare Erkundung von Zeichenrelationen. Betont wird die Oberfläche. Auch für Noam Chomsky hat sich der Ausdruck „Tiefenstruktur" „als sehr irreführend erwiesen. Er führte eine Reihe von Leuten zu der Annahme, daß eben nur die Tiefenstrukturen und deren Eigenschaften wirklich ‚tief' (im nichttechnischen Sinne des Wortes) sind und daß der Rest oberflächlich, unwichtig, in jeder Sprache anders sei usw." Dasselbe gelte „für die Theorie der Oberflächenstrukturen und andere Elemente der Grammatik."[3] Bei Wörtern Anleihen zu nehmen, zieht einen übersichtlichen Sachverhalt also unter Umständen in Theoriefelder hinein, die einen gewonnenen Überblick wieder destruieren.

Oberfläche 80
Freiheit 80
Moment 80
Rätsel 80
Theorie 80

Die Blickrichtung ist hier eine andere, sie ist, im Sinn einer Denkübung, auf Paradoxien gerichtet, die gleichsam von selbst entstehen. Die dabei erzeugte Wortmagie, hinter der bloß Berechnung steht, provoziert ein Interesse an Wörtern und an den Projektionen, die ihre mathematische Behandlung hervorruft. Dabei stellt sich fortwährend die Frage nach dem Zufall. Daß eine Beschäftigung mit Zahlenrelationen den Zufall ausschließen oder eng limitieren will, sofern sie nicht in esoterische Symbolismen ausweicht, hat, wie skizziert worden ist, lange zurückreichende Traditionen. Nicht dem Zufall, sondern den Regeln, den Gesetzen, den Mustern, der Präzision galt und gilt das Interesse. Welche Bedeutungen solche Konstellationen erhalten, hängt von den Begrenzungen, der Akzeptanz der Ergebnisse, von einer Bindung an übergeordnete Modelle ab.

Intuitive Vorstellungen davon, was Zufall ist, verbergen, daß die Sache bei näherem Hinsehen kompliziert wird. Wittgenstein hat das Thema

Dynamik 77
Zufall 78
Ergebnis 79

seines berühmten ersten Satzes, „Die Welt ist alles, was der Fall ist“, ein Leben lang weiterverfolgt; er schreibt aber auch gleich zu Anfang: „In der Logik ist nichts zufällig: Wenn das Ding im Sachverhalt vorkommen kann, so muß die Möglichkeit des Sachverhaltes im Ding bereits präjudiziert sein.“[4]

Ursache 75
Nebensache 76
Tatsache 77

Fritz Mauther widmet diesem Begriff in seinem *Wörterbuch der Philosophie* siebzehn Seiten. Auch er sagt bereits: „Geschichte ist, was geschieht.“ Fest stehe, daß „alle klaren Denker“ schon „seit Jahrtausenden“ ausgesprochen hätten, „daß es einen Zufall in der Wirklichkeit nicht gebe, daß der Zufall ein relativer, ein menschlicher Begriff sei, gebildet, unsere Unwissenheit zu verschleiern“. Offensichtlich sei doch, „daß Zufall die (relative) Abwesenheit einer Ursache bedeutet, daß also Zufall nicht selbst Ursache sein kann“; und auf Wahrscheinlichkeiten bezogen interessiere die Erklärung des Treffers, als Koinzidenz zweier Tatsachen, mehr als die Abweichung.[5]

Spontaneität 159
Maßlosigkeit 159
Gedankenspielerei 159

Für Mathematiker ist Zufall vielfach gleichbedeutend mit Unordnung, der Gegensatz zu Kausalität, das Fehlen von Regelmäßigkeit, die Unberechenbarkeit, ein Anlaß für Chaostheorien. In einer konzisen Darstellung des Zufalls in der naturwissenschaftlichen Naturbeschreibung heißt es dazu: „Nur ein Ereignis, das durch absolute Spontaneität hervorgerufen worden ist, kann man im vollen Sinne *zufällig* nennen. Es hat definitionsgemäß keine natürliche Ursache. In einer ersten Annäherung kann man absoluten Zufall so charakterisieren: *Ein gegebenes Ereignis ist dann absolut zufällig eingetreten, wenn es auf beliebige Ereignisse hätte folgen können.*“ Diese Schlußfolgerung läßt sich umkehren: *„Absoluter Zufall herrscht dann, wenn ein gegebenes Ereignis beliebige Folgen haben kann.“*[6]

Eine Zahlenfolge wiederum ist nach der Kolmogorov-Chaitin-Formulierung, welche die Programmierbarkeit einer Turing-Maschine zum Kriterium macht, dann zufällig, „wenn sich kein Algorithmus finden läßt, der zur Erzeugung der Folge geeignet ist und gleichzeitig weniger Information enthält als die zu erzeugende Folge". Der Zusammenhang von Zufall, Kausalität und Determinismus läßt sich als Feld darstellen, das von absolutem Zufall und absolutem Determinismus begrenzt ist, die „entweder gelten oder nicht gelten", während dazwischen Raum für graduelle Abstufungen ist, „d. h. es lassen sich Systeme oder Welten mit stärkeren oder schwächeren Anteilen von Zufälligkeit und Gesetzlichkeit denken, während absoluter Zufall oder Determinismus entweder gelten oder nicht gelten".[7]

Kausalität 120
Vernunft 120
Absurdität 120

Auf die Wort-Codierungen bezogen gibt es, da die Ursache bekannt ist, also strenggenommen keinen Zufall. Sie erfolgen, wie bei einem Glücksspiel, auf der Basis eines streng geregelten Systems, das „den Herrschaftsbereich des Zufalls auf ein kleines Gebiet beschränkt".[8]

Welche Wörter in einen numerischen Zusammenhang zueinander geraten, ist zwar nicht vorhersehbar – es sei denn, der Beobachter, die Beobachterin könnte Buchstaben unmittelbar als Zahlen wahrnehmen und summieren –, als zufällig erfahren werden aber erst die sich bildenden Relationen. Beim einzelnen Wort liefert der Zahlencode nur einen statistischen Wert; erst über Relationen entsteht eine (vermeintliche) Bedeutung.

Da sich kausale Zusammenhänge auch statistisch aufbauen lassen, stellen sich Fragen nach der Häufung von Ereignissen, nach Trefferquoten, nach Wortbeziehungen, die als solche qualifiziert werden, nach Wahrscheinlichkeiten. Aus naturwissenschaftlicher Sicht heißt es dazu:

„Nur durch Regularitäten können wir überhaupt Wunder (oder Zufall) von verursachten Ereignissen unterscheiden.“[9]

Das Interesse gilt also dem im *Gesetz der großen Zahl* „aufgehobenen“ Zufall. Offensichtlich ist, daß sich in numerischen Wortfeldern andere Relationsverdichtungen ergeben als in Reihen. Das demonstrieren die Tabellen *Wörter I–IV*. Welche Paarbeziehungen eine Ergänzung der Substantive in *Wörter I* bilden und wie sich deren Felder und Selbstbezüge zu einem solchen Rhythmus erweitern, zeigt die abschließende Tabelle *Wörter V*. Indem sie bis zur Summe des Codewertes des gesamten Alphabets – 351 – fortgeführt wird, schließt sie einen Kreis. Fast geschieht dies auch auf numerischer Ebene, da zur Kreiszahl 360 nur die magische Zahl 9 fehlt, die als Code auf *die Konstruktionsprinzipien*$_{360}$ schlechthin verweist, *eine Erforschung der Zeichenhaftigkeit*$_{360}$ einfordert und in der Regel als „Nähe zur Vollkommenheit“ interpretiert wird.[10]

360

die Konstruktionsprinzipien$_{360}$

eine Erforschung der Zeichenhaftigkeit$_{360}$

counterbalance of beauty and mathematics$_{360}$

Auf der letzten Stufe vor der Alphabetsumme, dem Code 350, steht ein stolzes Wort wie Souveränitätsbewußtsein$_{350}$. Auch das Wort für einen offenbar sehr weit gefaßten Programmierungsfortschritt$_{350}$ hat diesen Wert. Ihnen läßt sich etwa die Rede vom *Verfall und Ende des öffentlichen Lebens*$_{350}$ (Richard Sennett) entgegensetzen, als Hinweis auf ins Private, in *communities*, ins Geheime, noch Unerforschte abgedrängte Codebeziehungen.

350

Souveränitätsbewußtsein$_{350}$

Programmierungsfortschritt$_{350}$

Der Code 351, die Alphabetsumme, betont ausdrücklich, daß *die gleiche Wellenlänge von Wörtern*$_{351}$ beachtet werden sollte, weil *der summierte Buchstaben-Eigenwert*$_{351}$ interessante Relationen herstellt und damit *die Schrift als Beobachtungssystem*$_{351}$ in zusätzlichen Dimensionen wirksam wird. Die dafür entscheidenden Meßgrößen, die Buchstaben (als Notation von Lauten), sind – beabsichtigt oder unbeabsichtigt – als

Faktoren für die Bildung unsichtbarer Strukturen präsent. Sie bilden in Summe *the alphabet for fiction and non-fiction*$_{351}$, analoge Beziehungen sind also in allen Sprachen aufspürbar. Spinozas Hauptwerk, *Die Ethik*, mit ihrem Originaltitel *Ethica Ordine Geometrico demonstrata*$_{351}$, entspricht ihrem Gesamtwert; auch beim Hauptwerk Marcel Duchamps, dem *Großen Glas*, ist das so (*Mariée mise à nu par ses célibataires, même* (*Là*)$_{351 + (13)}$). Als ein vager – inhaltlich nichts präjudizierender – gemeinsamer Nenner läßt sich aus dem summierten Eigenwert der 26 Buchstaben sogar eine allgemein brauchbare Formel bilden: *die Anzahl der Möglichkeiten vermehren*$_{351}$.

Das solche Aussagen liefernde *System für Buchstaben und Zahlen*$_{351}$ sagt also über sich, stellvertretend für *alle alphabetischen Aufschreibsysteme*$_{351}$, daß es – uneingrenzbar – als *Codierungs- und Decodierungsapparat*$_{351}$ zu verstehen ist. Da eine *kartographische Projektionsfläche*$_{351}$ erzeugt wird, der *Zeichenraster für eine Gesamtschau*$_{351}$, bleibt *eine alphanumerische Musterbildung*$_{351}$, selbst wenn sie unverständlich ist, über diese *Technik des logischen Zusammenhangs*$_{351}$ in nachvollziehbarer Weise mit dem *System für Buchstaben und Zahlen*$_{351}$ verbunden. In gewisser Weise spricht es immer in seiner Gesamtheit. Diese universelle Komponente wird im schon betonten Bezug des Alphabets zur Sonne, diesem Symbol für Energie und Orientierung, besonders deutlich, wenn diese in physikalisch-technischem Sinn als Hochleistungsfusionsreaktor$_{351}$ betrachtet wird.

Der summierte Buchstaben-Eigenwert$_{351}$ demonstriert, wie leistungsfähig dieses Programm ist und welche Möglichkeiten es trotz aller Determiniertheit eröffnet. Manchmal entsteht sogar der Eindruck, daß das Programm mit der Produktion von Übereinstimmungen bloß dazu

351
abcdefghijklmnopqrstuvwxyz $_{351}$
the alphabet for fiction and non-fiction $_{351}$
die gleiche Wellenlänge von Wörtern $_{351}$
der summierte Buchstaben-Eigenwert $_{351}$
die Schrift als Beobachtungssystem $_{351}$
die Anzahl der Möglichkeiten vermehren $_{351}$
System für Buchstaben und Zahlen $_{351}$
kartographische Projektionsfläche $_{351}$
Codierungs- und Decodierungsapparat $_{351}$

Anfang $_{43}$ + Mikrokosmos $_{158}$ + Makrokosmos $_{150}$ = Hochleistungsfusionsreaktor $_{351}$

Erklärung des Ausnahmezustandes $_{351}$
die Anzahl der Möglichkeiten vermehren $_{351}$
Koordinatensystem $_{227}$ + Literatur $_{124}$

ermuntern will, solchen automatisch erzeugten Konstellationen etwas entgegenzusetzen. Denn über seine Codes macht es darauf aufmerksam, daß jede solche Konstellation$_{167}$ vom einbezogenen Grundvokabular$_{167}$ abhängig ist, es also darauf ankommt, inwieweit dieses als beziehungsbildende Struktur akzeptiert oder mit distanzierter Skepsis behandelt wird. Alternativen werden, so als ob es um getarnte Botschaften ginge, über Decodierungen sichtbar; eine solche Linie scheint durch die numerische Verbindung Zeichen$_{70}$ – Sprache$_{70}$ – Ironie$_{70}$ vorgegeben zu sein, eine andere durch den Zusammenhang von buchstabieren$_{127}$ und Metaphysik$_{127}$.

Für Auffassungen, wie sie etwa Richard Rorty vertritt, liefert das strukturell abgesicherte Bestätigungen, da er, wie eingangs erwähnt, selbst bei liberalen Metaphysikern den Wunsch für charakteristisch hält, über „ein abschließendes Vokabular" zu verfügen, „mit einer inneren organischen Struktur", damit Ironie überflüssig wird – während für ihre Kontrahenten, die Ironiker, zur „Kritik an einem abschließenden Vokabular nur ein anderes solches Vokabular" dienen könne.[11] Jedenfalls: Für das Alphabet sind berechenbar$_{81}$ und perfekt$_{81}$ Synonyme. Zufällig$_{99}$ ist nur, was tatsächlich völlig spontan$_{99}$ erfolgt. Zugleich wird die Abhängigkeit$_{99}$ jeder Bedeutung$_{99}$ vom Argument$_{99}$ konstatiert. Weitere Spuren einer im System der Schrift enthaltenen Dialektik macht die Gegenüberstellung (oder Gleichsetzung) von Konstruktion$_{187}$ und Sentimentalität$_{187}$ sichtbar.

berecherbar$_{81}$
perfekt$_{81}$
zufällig$_{99}$
spontan$_{99}$

1 Ludwig Wittgenstein: Wiener Ausgabe. Band IV. 1995. S. 84, 83, 61, 87, 159, 237

2 David Crystal: Die Cambridge Enzyklopädie der Sprache (1987). 1995. S. 59

3 Noam Chomsky: Reflexionen über die Sprache (1975). 1977. S. 102f.

4 Ludwig Wittgenstein: Tractatus logico-philosophicus (1921). 1973. S. 11f.

5 Fritz Mauthner: Wörterbuch der Philosophie (1923/24). 1997. Band I/3. S. 504, 505, 507

6 Günter Koch: Kausalität, Determinismus und Zufall in der wissenschaftlichen Naturbeschreibung. 1994. S. 116f.

7 Ebda., S. 113f.

8 Ebda., S. 110

9 Ebda., S. 43

10 Franz Carl Endres/Annemarie Schimmel: Das Mysterium der Zahl. 1984. S. 180

11 Richard Rorty: Kontingenz, Ironie und Solidarität (1989). 1993. S. 127, 157, 138

Wörter V, 27–351

a 1	b 2	c 3	d 4	e 5
f 6	g 7	h 8	i 9	j 10
k 11	l 12	m 13	n 14	o 15
p 16	q 17	r 18	s 19	t 20
u 21	v 22	w 23	x 24	y 25
z 26				

27

Gas
Laie

28

Leib
Ader

29

Jod
Feme

30

Clan
Mafia

31

Enge
Damm

32

Öl
Hebel

33

Hase
Igel

34

Fahne
Bahre

35

Arche
Kalk

36

Paar
Achse

37

Waage
Rand

38

Lehm
Nebel

39

Nagel
Knie

40

Film
Idol

41

Ohr
Plage

42

Seide
Dolch

43

Chemie
Engel

44

Falte
Scham

45

Gras
Sarg

46

Aktie
Los

47

Firma
Ware

48

Sex
Dialog

49

Lärm
Ton

50

Jubel
Flamme

51

Beginn
Anklage

52

Altar
Beichte

53

Küche
Ethik

54

Woche
Sieben

55

Blatt
Chiffre

56

Kugel
Alchemie

57

Zeile
Eingang

58

Seite
Nische

59

Datum
Insel

60

Löwe
Hirte

61

Felsen
Figur

62

Dialekt
Geruch

63

Flöte
Träne

64

Mechanik
Analogie

65

Garten
Blüte

66

Ansehen
Benehmen

67

Preis
Orchidee

68

Schnecke
Planet

69

Palast
Barrikade

70

Ziffer
Fetisch

71

Stufe
Optik

72

Turm
Sperma

73

Spiegel
Spalte

74

Alkohol
Opium

75

Parfum
Amazone

76

Meteor
Strand

77

Neujahr
Schatz

78

Kabarett
Ehrgeiz

79

Material
Schablone

80

Niederlage
Oberfläche

81

Problem
Aufschub

82

Vorbild
Leinwand

83

Biomasse
Speicher

84

Münze
Nummer

85

Original
Genuß

86

Gleichung
Metapher

87

Drohung
Gefängnis

88

Essenz
Größe

89

Patrone
Schuß

90

Biographie
Lexikon

91

Monolog
Emotion

92

Rarität
Regenbogen

93

Experte
Management

94

Kompaß
Nordpol

95

Markenname
Erhabenheit

96

Theologie
Weihrauch

97

Melancholie
Neurose

98

Beobachtung
Erfindung

99

Mangelware
Maultier

100

Anspruch
Trinkgeld

101

Einmaleins
Zeugnis

102

Lesbarkeit
Hauptsache

103

Herkunft
Vokabular

104

Uterus
Lotterie

105

Wurzel
Reichweite

106

Mobilität
Mengenlehre

107

Erdoberfläche
Grauzone

108

Ozonloch
Reflexion

109

Evangelium
Sterbehilfe

110

Weihnachten
Weltkrieg

111

Emigration
Abwesenheit

112

Frequenz
Rückzug

113

Weltraum
Mutation

114

Vorsicht
Gewohnheit

115

Stichprobe
Krebszelle

116

Lebensfreude
Bescheidenheit

117

Sachverhalt
Selbsthilfe

118

Kontrast
Tonleiter

119

Berechtigung
Stacheldraht

120

Selbstaufgabe
Hakenkreuz

121

Gefangenenlager
Massenmord

122

Viehzucht
Namensgebung

123

Partitur
Totenmaske

124

Diskretion
Marktanteil

125

Befruchtung
Röntgenbild

126

Ethnographie
Germanistik

127

Entfremdung
Alternative

128

Einzelgänger
Unordnung

129

Häßlichkeit
Beschönigung

130

Sprachgebrauch
Geheimschrift

131

Sternkunde
Bauernkalender

132

Zahlenwert
Sonnenwende

133

Rangordnung
Hausnummer

134

Verwesung
Gänseblümchen

135

Realeinkommen
Feindseligkeit

136

Trennschärfe
Grenzwert

137

Sachkenntnis
Anonymität

138

Tüchtigkeit
Rassismus

139

Entwicklung
Mißtrauen

140

Morsezeichen
Menschenrechte

141

Bösartigkeit
Perversion

142

Lebenskunst
Pornographie

143

Katalysator
Algorithmus

144

Zwischenfrage
Verdächtigung

145

Schwächezeichen
Freundlichkeit

146

Perspektive
Zahlentheorie

147

Seitenwechsel
Parallelaktion

148

Assoziation
Metamorphose

149

Partnerschaft
Sprichwort

150

Umfrageergebnis
Grenzübergang

151

Stellungnahme
Zeugenaussage

152

Transparenz
Gedächtnislücke

153

Firmenleitung
Schweigepflicht

154

Schulversagen
Tellerwäscher

155

Orientierung
Kostenfaktor

156

Spinnennetz
Rasterfahndung

157

Kryptogramm
Uferlosigkeit

158

Hirngespinst
Beschwichtigung

159

Gedankenspielerei
Zickzackkurs

160

Beliebtheitsskala
Maßnahmenpaket

161

Strafverfahren
Unterschrift

162

Atomkraftwerk
Regionalismus

163

Willensbildung
Schuldkomplex

164

Schaltzentrale
Verwandtschaft

165

Radioaktivität
Stimmengewinn

166

Rechtsordnung
Schnittstelle

167

Nationalismus
Gebietsanspruch

168

Synthesizer
Folgeerscheinung

169

Sprachvermögen
Determinismus

170

Teilnahmebedingung
Wertsicherung

171

Zeichensystem
Dezimalsystem

172

Gehirnforschung
Vergeßlichkeit

173

Einzelschritte
Betrugsverdacht

174

Wünschelrute
Nachrichtendienst

175

Wertpapierhandel
Millionengewinn

176

Kostenwahrheit
Parlamentsdebatte

177

Wahlversprechen
Rechtssicherheit

178

Komplizenschaft
Wechselwirkung

179

Zufallsbegegnung
Ansteckungsgefahr

180

Korrespondenz
Selbstzensur

181

Arbeitslosigkeit
Systemtheorie

182

Meinungsfreiheit
Operationsbasis

183

Milieugebundenheit
Existenzangst

184

Militarisierung
Fitneßtraining

185

Wahrscheinlichkeit
Verhaltensweise

186

Wahrheitsfindung
Unverbindlichkeit

187

Sentimentalität
Weltwirtschaft

188

Massengesellschaft
Identitätskrise

189

Unterernährung
Sturmwarnung

190

Kulturgeschichte
Marktwirtschaft

191

Sisyphusarbeit
Produktivität

192

Rationalisierung
Projektionsfläche

193

Automatisierung
Rechtschreibreform

194

Glaubensbekenntnis
Kurssteigerung

195

Völkerwanderung
Zentrifugalkraft

196

Prostitution
Geschlechtsverkehr

197

Geschichtsfälschung
Beziehungsproblem

198

Verantwortung
Entwicklungshilfe

199

Selbstkontrolle
Sinnestäuschung

200

Gesetzmäßigkeit
Ungleichzeitigkeit

201

Erlebnisverlust
Beziehungsnegation

202

Bücherverbrennung
Schädlingsbekämpfung

203

Bedienungsanleitung
Additionsprinzip

204

Teilchenbeschleuniger
Kulturoffensive

205

Mustererkennung
Lichtgeschwindigkeit

206

Situationskomik
Selbsterkenntnis

207

Wirtschaftsmodell
Sozialkompetenz

208

Wirtschaftskrise
Zufallsforschung

209

Wissenstransfer
Erkenntnistheorie

210

Selbstdarstellung
Verschlüsselung

211

Existenzgrundlage
Rechtsstaatlichkeit

212

Sinneswahrnehmung
Gedächtnisverlust

213

Sprachstruktur
Meinungsforschung

214

Grundlagenforschung
Existenzminimum

215

Bedeutungsreichtum
Ordnungsbedürfnis

216

Versuchsprogramm
Opportunismus

217

Mikroprozessor
Schattenwirtschaft

218

Gerichtsentscheidung
Selbstverteidigung

219

Entsolidarisierung
Überlegenheitsgefühl

220

Schöpfungsgeschichte
Sprachverwirrung

221

Börsenspekulation
Decodierungsverfahren

222

Unübersichtlichkeit
Unübersetzbarkeit

223

Fortschrittsglaube
Zwischenstromland

224

Weltraumforschung
Regierungsprogramm

225

Prüfungssorgfalt
Qualitätsanspruch

226

Volksverbundenheit
Massentourismus

227

Realitätsverlust
Koordinatensystem

228

Beschäftigungstherapie
Sanierungsprogramm

229

Volksvertretung
Unsicherheitsfaktor

230

Behandlungsprozedur
Polizeiverordnung

231

Wahrnehmungstheorie
Zufallsinformation

232

Aufstiegsmechanismus
Fingerspitzengefühl

233

Informationstheorie
Untergangsszenario

234

Unterbewußtsein
Währungsstabilität

235

Verhaltensforschung
Entzugserscheinung

236

Unabhängigkeitsstreben
Schwarzweißmalerei

237

Problembewußtsein
Krankheitssymptom

238

Paradiesvorstellung
Sensationsbedürfnis

239

Bewußtseinsinhalt
Naturwissenschaften

240

Überzeugungstäter
Schlüsselposition

241

Relativitätstheorie
Karrierebewußtsein

242

Strukturalismus
Qualitätsverlust

243

Leistungsgesellschaft
Gegenwartsliteratur

244

Konzentrationslager
Rechtsmittelbelehrung

245

Grenzüberschreitung
Interessenskonflikt

246

Arbeitnehmerinteressen
Multikulturalität

247

Sozialwissenschaften
Optimierungsproblem

248

Prozeßsteuerung
Programmierungsfehler

249

Geisteswissenschaften
Kooperationsvertrag

250

Komplexitätsspirale
Versuchsaufzeichnung

251

Rechtfertigungszwang
Rücktrittsdrohung

252

Wohlstandsgesellschaft
Welterklärungsmodell

253

Ursprungsmythos
Schadenersatzansprüche

254

Intelligenzquotient
Engagementverschwendung

255

Zwangsvorstellung
Kreditzinsenbelastung

256

Meinungsverschiedenheit
Selbsterhaltungstrieb

257

Selbstverwirklichung
Geschichtsbewußtsein

258

Protestversammlung
Unterlassungssünde

259

Sendungsbewußtsein
Stadtplanungsdesaster

260

Bewußtseinsstrom
Bedeutungszusammenhang

261

Wirtschaftsfeindlichkeit
Bedeutungsproduktion

262

Autoritätsmißbrauch
Selbstverständlichkeit

263

Verfahrensbeschleunigung
Gliederungssystematik

264

Technologierevolution
Instandhaltungsproblem

265

Kommunikationstheorie
Reaktionsgeschwindigkeit

266

Spezialisierungsdruck
Erfahrungsauswertung

267

Kursverlustrisiko
Verblödungserscheinung

268

Instrumentalisierung
Begeisterungsmöglichkeit

269

Sachverhaltsdarstellung
Wissensvermittlung

270

Informationsgesellschaft
Wertschöpfungsfaktor

271

Polarisierungstendenz
Konstellationsmatrix

272

Proportionsberechnung
Entfremdungsunterschied

273

Beschäftigungsalternative
Strukturmechanismus

274

Automatisierungskrise
Vermessungsfrequenz

275

Verhinderungsautomatik
Parkraumbewirtschaftung

276

Verteidigungsbereitschaft
Vermittlungsbemühung

277

Weltwährungssystem
Verschwörungstheorie

278

Telekommunikationsbranche
Entschlüsselungsarbeit

279

Verteilungsgerechtigkeit
Steuerbefreiungsansuchen

280

Vergangenheitsbewältigung
Verzweiflungsausbruch

281

Orientierungslosigkeit
Enttäuschungsmechanismen

282

Wasserverschmutzung
Tourismuswirtschaft

283

Betriebsratsversammlung
Repräsentationskosten

284

Navigationsinstrument
Unbedenklichkeitserklärung

285

Institutionalisierung
Traditionsbewußtsein

286

Untergangsprophezeiung
Handlungsfolgenabschätzung

287

Komplexitätsreduktion
Hochgeschwindigkeitsstrecke

288

Unternehmensphilosophie
Wirtschaftskriminalität

289

Kriminalitätsstatistik
Vorurteilsbestätigung

290

Arbeitsplatzvernichtung
Entscheidungszusammenhang

291

Lebenserwartungszunahme
Fahrlässigkeitsproblematik

292

Wirtschaftsperspektive
Querschnittsbetrachtung

293

Artenschutzverordnung
Durchschnittskalkulation

294

Wahrscheinlichkeitsrechnung
Bewußtseinsstörung

295

Neutralitätsgrundsatz
Konjunkturschwankungen

296

Falschmeldungsvernetzung
Vereinheitlichungstendenz

297

Selbstbedienungsmentalität
Honoratiorenversammlung

298

Fußballweltmeisterschaft
Produktivitätszunahme

299

Unterhaltungsindustrie
Interpretationsversuch

300

Urheberrechtsverletzung
Frühpensionierungswelle

301

Flexibilisierungsvorteil
Bedeutungstransformation

302

Weltuntergangsstimmung
Stabilitätsvorstellung

303

Problemlösungskapazität
Standardisierungsprogramm

304

Entwicklungsperspektive
Ungerechtigkeitsvorwurf

305

Minderwertigkeitskomplex
Integrationsverweigerung

306

Zweckmäßigkeitserwägung
Veränderungsgeschwindigkeit

307

Informationsverweigerung
Persönlichkeitsstörung

308

Mißerfolgsverschleierung
Planungsprofessionalität

309

Vergangenheitsorientierung
Zustandswahrscheinlichkeit

310

Selbstzufriedenheitsgefühl
Argumentationsvereinfachung

311

Wirtschaftswissenschaften
Glaubwürdigkeitsverlust

312

Rückkoppelungsprozeß
Disziplinierungssystem

313

Spitzenleistungsehrgeiz
Korruptionsermöglichung

314

Straßenverkehrsordnung
Dienstleistungsgesellschaft

315

Revitalisierungskonzept
Testamentsvollstreckung

316

Widerspruchskonkurrenz
Entwicklungsturbulenzen

317

Datenerfassungssensibilität
Globalisierungskonsequenz

318

Meinungsbildungsstatistik
Wohlstandsverwahrlosung

319

Entschlüsselungsversuch
Argumentations-
zusammenhang

320

Transformationsprozeß
Bewußtseinserweiterung

321

Inszenierungskreativität
Landwirtschaftsfinanzierung

322

Transzendenzbewußtsein
Ressentimentverstärkung

323

Unvollständigkeitstheorem
Zahlen- und
Buchstabenkombination

324

Verantwortungslosigkeit
Weiterbildungsnotwendigkeit

325

Verfassungsgerichtsurteil
Wunscherfüllungsneurose

326

Konstruktionsplananalyse
Unterdrückungsmechanismus

327

Herzrhythmusstörungen
Klassifizierungsproblematik

328

Unsterblichkeitsversprechen
Glaubwürdigkeitsbeurteilung

329

Materialermüdungserscheinung
Verantwortungsabwälzung

330

Insektenvertilgungsmittel
Überschwemmungs-
katastrophe

331

Verständigungsschwierigkeit
Finanzverhandlungsresultat

332

Forschungsförderungs-
ausgaben
Verschwiegenheits-
versprechen

333

Bewährungshilfeinstitution
Umweltschutzbestimmungen

334

Weltverbesserungsanspruch
Selbstbestrafungs-
mechanismus

335

Unentscheidbarkeitssituation
Oppositionszerstörung

336

Kommunikationskomplexität
Müllverwertungssystem

337

Optimierungszwischenbilanz
Kommunikations-
unmöglichkeit

338

Auseinandersetzungsversuch
Mitbestimmungs-
verweigerung

339

Profiterwartungsprognose
Sentimentalitätsidealisierung

340

Unzuständigkeitsbehauptung
Untersuchungsverständnis

341

Diskriminierungssystematik
Stromzufuhrunterbrechung

342

Produktivitätsrhythmus
Kapitalakkumulationslotterie

343

Selbstversorgungsprogramm
Unterscheidungs-
notwendigkeit

344

Klassifizierungsunsicherheit
Sozialindikatorensystematik

345

Zielvorstellungsgenauigkeit
Durchuntersuchungs-
programm

346

Börsenzulassungskriterien
Fragmentarisierungs-
problematik

347

Verlustabschreibungslogistik
Frequenzabstimmungs-
verfahren

348

Untervermietungsmöglichkeit
Krisenbewältigungs-
alternative

349

Wissensvermittlungsmodell
Informationsverarbeitungs-
magie

350

Souveränitätsbewußtsein
Programmierungsfortschritt

351

Hochleistungsfusionsreaktor
abcdefghijklmnopqrstuvwxyz

Wörter anders als in der gewohnten Art wahrzunehmen, in typographischen Varianten, als Zeichengruppe mit strukturiertem Aufbau, als Darstellung von Lautfolgen, als Aufzeichnung von Stimmen, zu einer Geheimschrift codiert, als Blindenschrift (mit sechs möglichen Positionen für ihre geprägten Punkte), als Morsezeichen oder als Visualisierung einer digitalisierten Form, macht Bandbreiten ihres Zeichencharakters sichtbar und Variationen der Differenz zum Bezeichneten. Transformierungen erzeugen zwar manchmal völlig andere „Bilder", das, was gemeint ist, soll aber unveränderte Aussagemöglichkeit bleiben.

Als – auf der folgenden Doppelseite dargestellte – graphische Umsetzung der hier verwendeten Codierung wird, je nach gewähltem System, ein „musikalischer" Wellencharakter präsent, der erst nach eingehenden Analysen als „Geheimschrift" decodierbar wäre; dabei haben bloß alle Buchstaben laut ihrer Stellung im Alphabet einen Koordinatenwert erhalten. Deren Verbindungslinien zeigen jedes Wort als Kurve. Obwohl für diese Formen Zahlen die Ursache sind, wird der Titel *Wörter und Zahlen* optisch zu einem Buchstaben-Signet: W | W. Als Diagrammkurven sind sich die Begriffe *Wörter* und *Zahlen* sehr ähnlich. Das Wort scheint sich also manchmal durchzusetzen.

Auf die hier enthaltenen Texte bezogen, ist systemtechnisch irritierend, daß ihrem Entstehen die ausführliche Beschäftigung mit Wortcodierungen vorausgegangen ist, sich erst langsam die Vorstellung von einer Publikation konkretisiert hat und somit auch der Titel erst spät, im Zuge abschließender Arbeiten feststand. Die sich für ihn ergebenen Wortentsprechungen wirken wiederum so, als ob ein Programm dahinterstünde.

Der Untertitel *Wörter und Zahlen*$_{209}$ bildet decodiert mit Wissenstransfer$_{209}$ – Erkenntnistheorie$_{209}$ – Wunscherfüllung$_{209}$ eine numerisch gleichwertige Reihe. Der Haupttitel, *Das Alphabet als Code*$_{148}$, verweist dezidiert auf Struktur$_{148}$, auf den Begriff *Struktur* generell und auf die Struktur des Alphabets selbst. Es ergibt sich also aus jeder Richtung ein unmittelbarer, wie konstruiert wirkender Zusammenhang mit dem Thema.

Daraus ableitbare, in ihren Substantiven rechnerisch begründete Gleichungen werden zum Kommentar dazu: Wortqualitäten$_{201}$, ein Zahlenspürsinn$_{201}$ und ein erweiterter Strukturbegriff$_{201}$ versprechen Erkenntnisgewinn$_{201}$. Grundlegend dafür ist ein Untersuchen$_{148}$ der Struktur$_{148}$. Transfer$_{101}$ (= Logik$_{54}$ + Zahl$_{47}$) wiederum verbindet Mathematik$_{101}$ mit dem System$_{101}$, mit dem Programm$_{101}$.

Wissenstransfer$_{209}$ und Strukturen$_{167}$ (im Plural gleichwertig mit der Konstellation$_{167}$) sind, bezogen auf Projekte und Methoden, das zentrale persönliche Arbeitsgebiet der letzten Jahre, zu dessen Paradoxien mit diesen Analysen im System der Schrift selbst, im täglich verwendeten Material, Entsprechungen erforscht werden, als Auseinandersetzung mit einer derartigen Konstellation$_{167}$ von Künstlichkeit$_{167}$.

Erkenntnistheorie$_{209}$ steht für den grundlegenden Anspruch, auftauchende Bestätigungen und Irritationen von Denkmustern wahrzunehmen, ohne Rücksicht auf deren Herkunft.

Wunscherfüllung$_{209}$ ist ein mysteriöser Zusatz, der vielleicht auf die Absicht anspielt, mit Methoden zu experimentieren, deren Auswirkungen dazu beitragen, „eine Korrektur der unbefriedigenden Wirklichkeit" nicht aus den Augen zu verlieren. Derartige Interpretationsmöglichkeiten haben sich allerdings erst Schritt für Schritt ergeben. In Wahrheit war *Wörter und Zahlen*$_{209}$ – *Das Alphabet als Code*$_{148}$ schlicht

Wörter und Zahlen

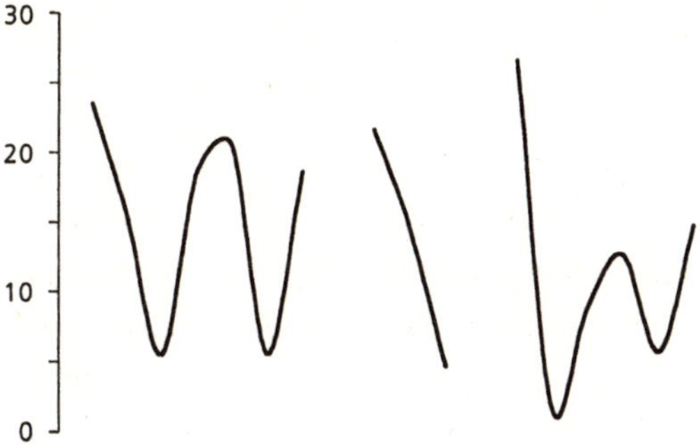

Das Alphabet als Code

Wörter und Zahlen 209

Wissenstransfer 209

Erkenntnistheorie 209

Wunscherfüllung 209

Das Alphabet als Code 148

Struktur 148

Metamorphose 148

die große Zahl 148

der einfachste Ausdruck für das, um was es hier geht.

Daß sich auch noch die schon kommentierte ominöse Reihe 201–203–205–207 mit 209 und 211 fortsetzt und damit die Codewerte für Erkenntnisgewinn$_{201}$, das Additionsprinzip$_{203}$ als Berechnungsgrundlage$_{205}$ für *die Lesbarkeit der Welt*$_{207}$, für einen Gesamtzusammenhang$_{207}$, die *der alphanumerische Code*$_{207}$ zugänglicher macht, zu jenem für den Kommentar dazu (*Wörter und Zahlen*$_{209}$) überleiten und damit das *System der Schrift*$_{211}$ interpretiert wird, erzeugt eine kategorische, wie programmiert erscheinende Abfolge. Auf engstem, vom Alphabet selbst bestimmtem Raum tauchen Bezüge auf, die auch ein davon unbeeinflußtes Denken erzeugen könnte. Für die Fähigkeit der Wörter, aus ihrer Existenzform$_{174}$ und der sich daraus ergebenden Selbstreferenz$_{174}$ signifikante Beziehungen herzustellen, ergibt das eine Fülle von Bestätigungen, die, weil rechnerisch beweisbar, letztlich unkritisierbar$_{174}$ sind.

Auch das Verbum zurückverfolgen$_{209}$, das mit vorwärtsbringen$_{210}$ ein Paar bildet, ordnet sich in diese Konstellationen ein, so als ob damit eine Schnittstelle bezeichnet würde, ein *Interface* (wörtlich: „zwischen den Gesichtern"), das Abläufe und Perspektiven verbindet.

interface$_{81}$

service$_{81}$

standard$_{81}$

Das sich daraus ergebende Muster ließe sich durch Auffinden unpassender Wörter konterkarieren; an den Rechnungsergebnissen könnte das aber nichts ändern. Subjektiv hat es noch eine weitere Erfahrung an einer Schnittstelle gegeben, die extensivere Nutzung des Computers. Aus eher meditativ-rituellen Gründen sind die Codes im Kopf gerechnet worden, um Elemente und Relationen von Wörtern neu zu sehen, meistens irgendwo unterwegs, als Konzentrationstherapie und um auf andere Gedanken zu kommen; erst zur Schlußkontrolle wurde ein Computerprogramm eingesetzt. So gesehen waren diese Arbeiten ein Rückversetzen in die Grenzen untechnisierter Verfahrensweisen und ein Überprüfen von Erfahrungen mit veränderbaren und unveränderbaren Strukturen, ergänzt um die Selbstbeobachtung, wie vorgefundene Konstellationen aufgenommen werden. Über das „eigenhändige" Zerlegen von Wörtern hat sich schließlich der Blick für potentielle Übereinstimmungen so geschärft, daß auch für komplizierte Kombinationen meistens relativ rasch brauchbare Lösungen gefunden werden konnten, deren Signifikanz in der Menge der von einem Rechenprogramm gelieferten Varianten vermutlich oft unbeachtet geblieben wäre. Zugleich haben sich Veränderungen im Denken über Beziehungen bemerkbar gemacht. Rechnen aktiviert die Aufmerksamkeit, persifliert aber auch selbstgewählte Begrenzungen.

Universität$_{163}$

unreformierbar$_{163}$

Selbstdarstellung$_{210}$

Verschlüsselung$_{210}$

Konfliktpotential$_{210}$

Im Code 209, der die genannten, das Thema charakterisierenden Wörter verbindet, reflektiert sich sogar dieser Sachverhalt. Der Ansatz, Codierungen und Geheimschriften zu behandeln, bevor andere Gebiete einbezogen werden, machte die amerikanische Codierungsmaschine M-209 zu einem Objekt der Argumentation. Sie repräsentiert die mechanische Datenverarbeitung und zugleich eine Etappe der beginnenden Computerentwicklung. Daß dieser Apparat das Gegenstück zur berühmten „Enigma" des Feindes war und als „US-Enigma" bezeichnet wurde, ergibt weitere Korrelationen: Enigma heißt im Griechischen und im Englischen „Rätsel", US-Enigma$_{89}$ verbindet sich über den Codewert mit Geheimnis$_{89}$, Religion$_{89}$, Wissen$_{89}$.

Aus solchen Untersuchungsergebnissen zum Thema *Wörter und Zahlen*$_{209}$ eine Beweisführung für theoriegeleitete Erkenntnisleistungen abzuleiten, würde der Absicht, Netze von Relationen in ihrer Geschlossenheit und Offenheit darzustellen, zuwiderlaufen. Die Dominanz ungerader Zahlen der mit dem Titel zusammenhängenden Serie ist auffällig. Auffällig sind auch die Intervalle, der regelmäßige Rhythmus. Beklemmende Übereinstimmungen suggerieren, daß Dissonanz stören würde. Das thematisiert ein Aufbrechen von Codes. Nur geben sie sogar dafür Hinweise. Die Nummer$_{84}$ verweist auf Bewegung$_{84}$, auf Nachricht$_{84}$, auf Fragment$_{84}$. Jedes *ranking*$_{74}$ braucht die *number*$_{73}$ und erzeugt damit *distance*$_{75}$. Ein *countdown*$_{129}$ führt zur *explosion*$_{129}$ (und damit unter Umständen sogar zu *literature*$_{129}$). Solche skurrilen Arten von Begründungen sind Fragen nach der Stichhaltigkeit anderer und eine Parabel dafür, wie musterbildend, wie „ideologisch" sich Systemzusammenhänge auswirken, selbst solche zwischen Buchstaben und Zahlen.

Nummer$_{84}$
Bewegung$_{84}$
Nachricht$_{84}$
number$_{73}$
ranking$_{74}$
distance$_{75}$

„Eine Ideologie", sagt Boris Groys mit Blick auf inhärente totalitäre Tendenzen, „schließt nämlich die Möglichkeit eines Außenraums aus: Sie ist im wesentlichen der Anspruch auf einen alles aufklärenden Überblick, auf eine vollständige Übersichtlichkeit."[1] Offensives Entideologisieren ist bloß ein anderer Ausdruck für analoge Sachverhalte. Der Außenraum der Schrift ist jener, den sie mit ihren Bezeichnungen nicht erreichen kann; ihr Innenraum ist trotz der Starrheit des Alphabets nichts Festgefügtes, sondern eher als Überlagerung von Schichten, als Netz, als offene Struktur vorstellbar, als Ansammlung von Zeichen, die auf Zeichen verweisen, als eine Spur von Versuchen, etwas in festhaltbarer Weise auszudrücken, etwas zu verstehen.

Subtext$_{111}$
Wortmagie$_{111}$
Abwesenheit$_{111}$
Zahlenreihe$_{111}$
Forschung$_{111}$
Computer$_{111}$
buchführen$_{111}$
Toleranz$_{111}$
Radikalität$_{111}$

Jedes Verstehen ergibt sich aus Vernetzungen. Das „Konzept der stammesgeschichtlichen Gehirnentwicklung ist heutzutage ebenso überholt wie die Theorie des rechts- und linkshemisphärischen Gehirns", heißt es dazu in einer aktuellen Zusammenfassung, denn „je nach Problemstellung verkoppeln sich Hirnregionen über das Vernetzungsgefüge ihrer Ein- und Ausgangsfasern mit dem umgebenden Cortex. Die funktionale Konnektivität des Cortex, von dem die meisten Bereiche nur schwach vernetzt sind, hat fluiden Charakter, d. h. es finden ständig Ver- und Entschaltungen statt."[2] Antonio R. Damasio geht weiter und widerlegt, auf Basis seiner Forschungen zur Neuropsychologie von Sehen, Gedächtnis und Sprache, die auf Descartes zurückgehende Auffassung von der Gehirnbezogenheit des Denkens, des Empfindens, der Vernunft, indem er an den Funktionsweisen darlegt, „daß zum umfassenden Verständnis des menschlichen Geistes eine organische Perspektive erforderlich ist, daß der Geist nicht nur aus einem körperlosen Cogitum in das Reich von Körpergeweben verlegt, sondern auch zu einem ganzen Organismus in Beziehung gesetzt werden muß, der aus den vielfältig miteinander verflochtenen Teilen des Körpers im engeren Sinn und des Gehirns besteht und der mit einer physischen und sozialen Umwelt interagiert." Das Gehirn ist also Transferstelle für Impulsbeziehungen. Aufgefallen ist Damasio auch, daß Descartes sich für seinen Grabstein einen lateinischen Text überlegt hat, der in der Übersetzung heißt: „Wer sich gut verborgen hat, hat gut gelebt." Darin sieht er eine Parallele zu einem Ausspruch des von Zahlen faszinierten Augustinus: „Ich werde getäuscht, also bin ich."[3] Das *Cogito ergo sum* bekommt damit ein Umfeld, das ihm zum Verständnis des Verstehens, zur Überwindung der bloß behaupteten Dualität von Körper und Geist essentiell erscheint, gleichsam als mitgedachter Widerruf dieser verhängnisvollen Auffassung von einer strikten Trennung. Der seinem Autor unwiderlegbar erschienene Satz „Ich denke, also bin ich" könnte also auch bei ihm selbst von Zweifeln begleitet gewesen sein. Die Zahlencodes unterstützen eine solche Ansicht. *Cogito ergo sum*$_{167}$, das zum Beispiel Erwin

Schrödinger als Motto seines eingangs einbezogenen Buches *Was ist Leben?* verwendet hat, verbindet sich rechnerisch mit Wahrheitssuche$_{167}$, Lernprozeß$_{167}$, mit Symbolhandlung$_{167}$, Muttersprache$_{167}$ oder Konstellation$_{167}$. Heinz von Foerster fand es plausibler, „Ich denke, also sind *wir*“ zu sagen.[4] Wir$_{50}$ entspricht helfen$_{50}$ (aber auch der Lüge$_{50}$).

Da vieles von den neurologischen Funktionsweisen und den Zusammenhängen von Sehen, Empfinden, Denken nicht bekannt ist, sind auch die Vorgänge beim Schreiben nicht wirklich aufgeklärt. Die Enzyklopädie aus Cambridge sagt dazu: „Das Schreiben ist keine mechanische Fixierung gesprochener Sprache, sondern ein Eindringen in die graphischen Möglichkeiten einer Sprache, ein Schöpfungsakt, eine Entdeckungsreise.“ Über dabei ablaufende Prozesse des Planens, über die Einbeziehung von Wirkungen, die Berücksichtigung von Konventionen, die Unterschiede verwendeter Medien oder die Überarbeitungsphasen gebe es vielfach noch keine hinreichend gesicherten Erkenntnisse. Auch „die wissenschaftliche Untersuchung der bei der visuellen Erfassung und Verarbeitung von Sprache zu beobachtenden Vorgänge steht noch am Anfang“, vor allem, was die neuroanatomischen Zusammenhänge betrifft, heißt es dort zum Stand des Wissens. Die Nervenzellen der Netzhaut verwandeln Lichtabstufungen in elektrische Impulse; beim Lesen, wie bei der Suche nach einem Gegenstand, bewegen sich die Augen ruckartig, in einem Rhythmus von Fortschreiten und Fixation, bei der sie in der Regel „nicht mehr als zwei oder drei kurze Wörter (ungefähr zehn Buchstaben) wahrnehmen“. Die abweichenden Konzepte darüber, inwieweit verstehbare Einheiten seriell, Buchstabe für Buchstabe aufgebaut oder sie als Ganzes, als direkter Zusammenhang von Zeichen und Bedeutung wahrgenommen werden und wie

Buchstabe$_{81}$
Punkt$_{82}$
Schrift$_{83}$
Bewegung$_{84}$

Varianten bei der Umwandlung graphischer und akustischer Codes tatsächlich funktionieren, machen eine Beschäftigung mit der Zeichenstruktur selbst, auch ohne enge Referenz zu Semiotik, Semantik oder Psychologie, zu einer offenen Sphäre für fragmentarische Präzisierungen.[5] Paul Virilio macht darauf aufmerksam, „daß es niemals einen ‚feststehenden Blick' gibt"; „auch der instinktivste, unkontrollierteste Blick ist eine Art von ‚Sichtung', die das Wahrnehmungsfeld gleichsam vollständig durchkämmt und in der Auswahl des Blickobjektes endet." Zwischen elektronischen und organischen Vorgängen des Sehens gebe es aber Parallelen. „Das elektrisch-optische Bild stellt für den Computer lediglich eine Reihe von verschlüsselten Impulsen dar. Wir hingegen vermögen uns selbst deren Konfigurationen nicht mehr vorzustellen, da gerade der Bildrücklauf in dieser ‚Automatisierung der Wahrnehmung' nicht mehr gesichert ist. Dennoch ist darauf hinzuweisen, daß der Sehvorgang unserer Augen selbst nichts anderes als eine Reihe von Licht- und Nervenimpulsen darstellt, die unser Gehirn in kürzester Zeit (20 Millisekunden pro Bild) entziffert."[6]

Codierungs- und Decodierungsapparat $_{351}$

Automatisierung der Wahrnehmung $_{352}$

Die *gleiche Wellenlänge*$_{164}$ von Wörtern, auf die das Code-System des Alphabets aufmerksam macht, basiert auf der meßbaren Bewertung ihrer Einzelzeichen, auf ihrem Eigenwert$_{106}$, der numerisch auf Qualität$_{106}$ und Schönheit$_{106}$ verweist. Das ersetzt – zumindest in der ersten Phase solcher Beobachtungen – jede andere Art von Verwandtschaft$_{164}$. Herkunft oder eine nicht in strengem Sinn materiell begründbare Bedeutung wird negiert. Auf Dinge, auf Personen, auf Vorstellungen oder Vorgänge übertragen, also auf das, was mit Wörtern bezeichnet wird, deuten sich damit strukturell bedingte Sinnbildungen an, die mit der additiven Wahrnehmung von Realem und dem Umgang mit ihm er-

Eigenwert $_{106}$
Qualität $_{106}$
Schönheit $_{106}$

gleiche Wellenlänge $_{164}$
Verwandtschaft $_{164}$
urban $_{56}$ + prosaisch $_{108}$

Netzhaut $_{115}$
Wellenlänge $_{115}$
Antimaterie $_{115}$

staunlich oft korrelieren. Sie sind sogar imstande, Fragen aufzuwerfen und Antworten zu konzipieren. Das Muster dafür: Was geschieht, ergibt sich aus auftauchenden Ad-hoc-Beziehungen, die als Ursache bloß ein numerisches Muster haben. Sind sie ausgeschöpft, wird die Konstellation verändert. Es lassen sich auch verschiedene Frequenzen zusammenschalten. Rhythmen finden zueinander. Der Eigenwert$_{106}$ ist nur eine statistische Qualität$_{106}$. Das Code-System hat dagegen keine Einwände; die *gleiche Wellenlänge*$_{164}$ gilt ihm tendenziell als urban$_{56}$ + prosaisch$_{108}$. Solche auf gesellschaftliche Realitäten verweisende Szenarien weiter fortzuspinnen, erübrigt sich aber vorerst, weil die anders konditionierte Netzhaut$_{115}$ diese Art von Wellenlänge$_{115}$ nicht wahrnimmt, so als ob es sich um Antimaterie$_{115}$ handeln würde. Sie bleibt unsichtbar$_{115}$ und rätselhaft$_{115}$, obwohl sie für alles, was schriftlich$_{115}$ vorliegt, erfaßt werden kann.

Wenn sich dabei Paradoxes in den Aufmerksamkeitsraum hineindrängt, so erinnert das an Ansätze wie Freuds Nachdenken über Fehlleistungen, über ein Versprechen, den Witz und diverse Formen von Übertragungen. Es thematisiert aber auch den Begriff selbst. Paradox ist ein Synomym für „der gewöhnlichen Meinung entgegen", unerwartet, verwunderlich, widersinnig. Als Wort geht es auf die Stoiker zurück. Als Bezeichnung von Eigenschaften, die als Beweis verborgener höherer Wahrheiten zu dienen haben, als Mittel der Verfremdung, als Widerspruch im Sinn der formalen Logik, hat es sich zunehmend mit Eigensinn aufgeladen. Zur Überwindung eines mit Gegensätzen operierenden binären Modells erfährt es eine Aufwertung: „An seine Stelle tritt das Denken in Paradoxien, da es der zunehmenden Komplexheit besser gerecht werden will, ‚denn es ist in der Lage, die Gegensätze auf verschiedenen Ebenen zu halten'."[7] Codiert verbindet sich jedes Paradoxon$_{108}$ mit der Frage nach der Spielregel$_{108}$ und der Frage, was jeweils unter Sachlichkeit$_{108}$ verstanden wird.

Paradoxon$_{108}$
Spielregel$_{108}$
Sachlichkeit$_{108}$

Reflexierbar wird auch, wie die Leistungen sich selbst organisierender Systeme aufgenommen werden. Sobald in plausiblen oder unsinnigen Zusammenstellungen Ordnung wahrgenommen wird, entsteht eine Relation zwischen Subjekt und Objekt. Dieser subjektive Faktor, nach dem eine Menge als geordnet erscheint, wenn das Individuum in der Lage ist, darin Ordnungen zu erkennen, es also nicht bloß um ein Entdecken von Vorhandenem geht, stellt Ähnlichkeiten in der Wahrnehmungsstruktur und Auffassungen von Objektivität in Frage.

Wenn in der Sinnlosigkeit „automatisch" gebildeter Wortkonstellationen etwas auftaucht, das sich abhebt, entsteht ein „falscher" Eindruck von Homogenität, weil ja offensichtlich ist, daß es sich um eine absichtslos-künstliche Struktur handelt, um Material. Die „profane Erleuchtung", von der Walter Benjamin gesprochen hat[8], bezeichnet den Moment, in der Menge geht es aber um Beispiele für eine *Theorie der Beziehungen*, rationalisierter und nicht als rationalisiert behandelter Beziehungen. Da „statistisch" bestimmte Wortrelationen nichts aussagen, also bedeutungslos sind, aktivieren sie bloß vorgeprägte Ordnungsvorstellungen. Das Bedürfnis danach spiegelt sich im Unsinnigen.

Was Wittgenstein über das Sprachspiel gesagt hat, das für ihn mit dem Begriff des Wissens gekoppelt ist, läßt sich auch, trotz der mathematisierten Regeln, auf solche „Wortspiele" übertragen, aus analytischem Interesse an Paradoxem: „Du mußt bedenken, daß das Sprachspiel sozusagen etwas Unvorhersehbares ist. Ich meine: Es ist nicht begründet.

die Befindlichkeit im Alltag$_{210}$
Verschlüsselung$_{210}$
Selbstdarstellung$_{210}$
wie etwas gemacht ist$_{210}$
Konfliktpotential$_{210}$

Nicht vernünftig (oder unvernünftig). Es steht da – wie unser Leben.“[9] Aus der Sicht der Verhaltensphysiologie und Hirnforschung heißt es zum Leben inzwischen resümierend: „Lebewesen kann man als *selbstherstellende* und *selbsterhaltende* Systeme definieren“, „Leben ist der erfolgreichste und beständigste Prozeß auf unserer Erde“ und „Wahrnehmung ist stets selektiv, erfaßt nie die ‚ganze Wahrheit‘ im philosophischen Sinn, weil so etwas für ein Überleben völlig irrelevant ist.“[10]

Daß derartiges wie eine Kette von Zufällen erscheint, jeweils aber nur ein relativer, auf die Relationen bezogener Zufall ist, drückt sich in einer stoisch wirkenden Gleichung aus: Zufall$_{78}$ – Witz$_{78}$ – Kritik$_{78}$ – Erotik$_{78}$. Daß die Methode Bedeutung erzeugen kann, wird als Anspruch manifest: Zahlenwert$_{132}$ – Wahrnehmung$_{132}$ – Rhythmus$_{132}$ – Philosophie$_{132}$. Das System der Schrift sagt auch unkritisierbar$_{174}$, weil rechnerisch belegt, daß jede Problemlösung$_{174}$ zwar theoretisch auf verstehen$_{116}$ und handeln$_{58}$ beruhen müßte und die Frage der Willensfreiheit$_{174}$ miteinbezogen gehört, aber letztlich die Wahrscheinlichkeit$_{185}$ der Verhaltensweise$_{185}$ ausschlaggebend ist. Offenbar hängt es von ihr ab, wie *die Teile und das Ganze*$_{185}$ sich jeweils aufeinander einstellen.

Problemlösung$_{174}$
= verstehen$_{116}$ + handeln$_{58}$

kommunikatives Handeln$_{241}$
= Kommunikation$_{166}$ + Reform$_{75}$
= beobachten$_{75}$ + demokratisieren$_{166}$

Unwahrscheinliches$_{199}$ wird als Sinnestäuschung$_{199}$ hingestellt. Verständlich$_{140}$ wird, so die sich ergebende Symmetrie, was wahrscheinlich$_{140}$ ist.

die Teile und das Ganze$_{185}$
Wahrscheinlichkeit$_{185}$
Verhaltensweise$_{185}$

verständlich$_{140}$
wahrscheinlich$_{140}$

In der Systemtheorie von Niklas Luhmann heißt die entsprechende, schon erwähnte Passage: „Über Zukünftiges kann unter modernen Bedingungen praktisch nur noch im Modus des Wahrscheinlichen bzw. Unwahrscheinlichen gesprochen werden, also im Modus einer fiktiv gesicherten (durch Fiktionen duplizierten) Realität.“ Auch Paul Virilio geht davon aus, daß „die philosophischen Fragen nach dem ‚Wahren‘

oder ‚Falschen' durch die Wahrscheinlichkeit bzw. Unwahrscheinlichkeit verdrängt" würden.[11]

Aus solchen Wortbeziehungen ließen sich durchaus weitere sinnvolle Sätze bilden; die Codierung wäre ein Hilfsmittel beim Finden von Wörtern und könnte danach wieder negiert werden. Paul Valéry etwa hat im Zuge seiner Konzentration auf ein Bewußtmachen die magisch erscheinenden Hintergründe einer Beschäftigung mit Worten durchaus einbezogen. Da es keine Beziehung zwischen dem Sinn und dem Klang eines Wortes gebe, gehe es darum, wie „Bedeutungen, ihre Beziehungen und die Art und Weise, wie sie sich wandeln und einander ablösen", zu etwas anderem werden. Mitzudenken sei, „daß die dichterische Form jahrhundertelang im Dienste der Zauberei gestanden hat. Diejenigen, die sich mit diesem seltsamen Verfahren abgaben, mußten notwendigerweise an die Macht der Worte glauben, und weit mehr an die Wirksamkeit des Klanges dieser Worte als an ihre Bedeutung. Die magischen Formeln sind oft ohne jeden Sinn; man glaubte eben nicht, daß ihre Macht von ihrem verstandesmäßigen Gehalt abhinge." Wörter, Sätze, die verstanden wurden, verschwinden. „Sie sind durch einen Gegenwert ersetzt worden, durch Bilder, Beziehungen, Impulse." „Verstehen ist ein mehr oder weniger schnelles Ersetzen eines Systems von Lauten, Längen und Zeichen durch etwas ganz anderes, durch etwas, das letzten Endes eine innere Veränderung oder eine Umgestaltung der angesprochenen Person ist." „Poesie und Prosa unterscheiden sich also durch die Verschiedenheit gewisser Verbindungen und Assoziationen, die sich in unserem seelischen und nervlichen Organismus bilden und wieder auflösen, wenn auch die Elemente dieser verschiedenen Funktionsweisen identisch sind. Deshalb muß man sich davor hüten, die Poesie nach den gleichen

Haltung 83
schreiben 83
Schrift 83

Wert 66
Wesen 66
Geflecht 66
Diagramm 66

Definitionsmacht 169
Sprachvermögen 169
Weltanschauung 169

Stellungnahme 151
Komplexität 151
Globalisierung 151
Kapitalismus 151
civil society 151

Wirkung 103
Relevanz 103
Volabular 103

Prinzipien zu beurteilen wie die Prosa. Was in der einen wahr ist, hat in sehr vielen Fällen keinen Sinn mehr, wenn man es in der anderen sucht.“ Entscheidend sei aber das Ergebnis: „Die Wirkung verschlingt die Ursache, das Ziel hat das Mittel aufgesaugt, und wie auch die Handlung beschaffen sein mochte, übrig bleibt nur noch das Ergebnis.“[12]

Ergebnis 79
Material 79
Stimme 79

Vladimir Nabokov wiederum hat über seine Suche nach Wörtern einfach festgestellt, daß es ihm darum gehe, „mit Hilfe aller verfügbaren lexikalischen, assoziativen und rhythmischen Mittel die besten Wörter zusammenzubringen, um dem, was man ausdrücken will, im Ausdruck so nahe wie möglich zu kommen“.[13]

Dissonanz 121
Lebensgefühl 121
Atmosphäre 121

Bei Gilles Deleuze und Félix Guattari finden sich andere Zugänge; es passiert dies und jenes noch so Nebensächliches, und die beiden sagen: „Es ist nicht wichtig, was das alles zu bedeuten hat, aber es ist trotzdem signifikant.“[14] Auf die Frage, wer zu einem spricht, antwortet Michel Serres: „Das Objekt; besser: die Gesamtheit der Objekte, das Gewebe ihrer Interferenzen.“[15] In seiner Vorgangsweise spielt Mathematisierung eine zentrale Rolle. „Der Topologe vermißt die Position in einem nichtmetrischen Sinne: Er *berechnet* sie. So wandelt sich die Frage nach der Orientierung zu einem quasi-mathematischen Problem der Berechnung.“ Wissen heiße, „sich langsam die unzähligen Codes aneignen, in denen das Verhalten der Objekte zum Ausdruck kommt, es heißt versuchen, die Vielzahl der objektiven Sprachen zu sprechen“.[16]

Mustererkennung 205
Symmetriebrechung 205

Mit Sprache, mit Sprechen haben numerische Wortcodierungen vorerst nichts zu tun. Sie sind ein Ordnungssystem für Schrift. Daß dieses Unsichtbares sichtbar macht, bekommt erst über ein Wahrnehmen reale Bedeutung. Für ein Verstehen sind sie eher eine Provokation. Relationen können ins Blickfeld rücken, als Vorstufe zur Absicht, „die Magie der

Dinge – daß sie sind, wie sie sind", zu irritieren, wie Niklas Luhmann es als Möglichkeit von Kunst angedeutet hat. Ob jede Form, wie er sagt, „die Paradoxie der Lösung eines unlösbaren Problems" realisiert, wird anhand automatisch produzierter Konstellationen mit Fragen nach Unterscheidbarkeit verknüpft.[17] Das ziellos Quantitative dabei ist eine künstliche Negation, um den Kopf für Gegenteiliges freizumachen.

„Die Absichten", so Burghart Schmidts plausible philosophische Perspektive, „unter denen wir uns mit den Dingen praktisch-handelnd auseinandersetzen, hängen auf vielfältige Weise an den Reichtümern der Qualitäten, die sich nicht reduzieren lassen auf *eine* Eigenschaft des Quantums"; eine einseitige Eliminierung der latenten Bezüge zwischen mythischem Denken und sogenannter neuzeitlicher Rationalität, als behauptete einzig strenge Form von Präzision, mache den „Rationalitätsbegriff so arm", daß er nur noch für „eine dressierte scientific community" nützlich sei.[18]

Als unendlich erweiterbares Archiv$_{61}$ verweisen die codierten Wörter zurück auf das Gehirn$_{61}$ und das Modell$_{61}$; als Speicher$_{83}$ auf die Schrift$_{83}$ und ihre Bedingung$_{83}$. Wahrnehmen$_{109}$ und verstehen$_{116}$ summieren sich zu Prüfungssorgfalt$_{225}$, Qualitätsanspruch$_{225}$ und Wissensgesellschaft$_{225}$.

Verstehen$_{116}$ entspricht der Verbindung$_{116}$ von Beziehungen$_{116}$; *understanding*$_{150}$ entspricht *communication*$_{150}$.

Diese Gleichungen lassen sich weiter aufschlüsseln in eine Matrix plausibler, rechnerisch abgesicherter Relationen. Verstehen$_{116}$ wird zur Verbindung$_{116}$ von Code$_{27}$ und Wissen$_{89}$, von Frage$_{37}$ und Ergebnis$_{79}$, von rechnen$_{67}$ und leiden$_{49}$. Auf einer sinnlicheren Ebene geht es um hören$_{65}$ und sehen$_{51}$, um den Blick$_{37}$ und die Neugier$_{79}$, um das Bild$_{27}$ und das Geheimnis$_{89}$. Es verbinden sich Sinn$_{56}$ und Lächeln$_{60}$, Leben$_{38}$

Qualität$_{106}$ Mitgefühl$_{106}$
Leidenschaft$_{106}$ Spannung$_{106}$
entscheiden$_{106}$ verneinen$_{106}$

Gehirn$_{61}$ Modell$_{61}$

wahrnehmen$_{109}$ + verstehen$_{116}$
= Prüfungssorgfalt$_{225}$
= Qualitätsanspruch$_{225}$
= Wissensgesellschaft$_{225}$

verstehen$_{116}$ = Verbindung$_{116}$
= Code$_{27}$ + Wissen$_{89}$
= Frage$_{37}$ + Ergebnis$_{79}$
= rechnen$_{67}$ + leiden$_{49}$
= hören$_{65}$ + sehen$_{51}$
= Blick$_{37}$ + Neugier$_{79}$
= Bild$_{27}$ + Geheimnis$_{89}$
= Sinn$_{56}$ + Lächeln$_{60}$
= Leben$_{38}$ + Zufall$_{78}$
= Arbeit$_{55}$ + Spiel$_{61}$
= Buch$_{34}$ + Gesetz$_{82}$
= Chaos$_{46}$ + Sprache$_{70}$
= Gedanke$_{47}$ + Text$_{69}$
= Form$_{52}$ + Inhalt$_{64}$

understanding$_{150}$ = communication$_{150}$
= system$_{101}$ + model$_{49}$
= education$_{92}$ + science$_{58}$
= calculation$_{111}$ + belief$_{39}$
= nature$_{79}$ + grammar$_{71}$
= reality$_{90}$ + desire$_{60}$
= feeling$_{58}$ + opinion$_{92}$
= memory$_{89}$ + value$_{61}$
= vocabulary$_{120}$ + mind$_{40}$
= freedom$_{66}$ + profit$_{84}$
= beauty$_{74}$ + fiction$_{76}$
= art$_{39}$ + illusion$_{111}$
= pattern$_{94}$ + light$_{56}$
= sign$_{49}$ + context$_{101}$

und Zufall$_{78}$, Arbeit$_{55}$ und Spiel$_{61}$. Die Berufung auf das Buch$_{34}$ und das Gesetz$_{82}$ ist als Möglichkeit festgeschrieben, ebenso die Verbindung von Chaos$_{46}$ und Sprache$_{70}$, von Gedanke$_{47}$ und Text$_{69}$. Solche Variationen deuten an, wie vielschichtig und uneingrenzbar Verstehen funktionieren könnte.

Eine zentrale Aussage des Systems scheint darauf gerichtet zu sein, einen gewissen Halt zu bieten: Verstehen$_{116}$ ist die Verbindung$_{116}$ von Code$_{27}$ und Wissen$_{89}$, von Form$_{52}$ und Inhalt$_{64}$.

In anderen Sprachen ergeben sich eigenständige Parallelebenen solcher Vernetzungen. Die Bezugsräume erweitern sich. *Understanding*$_{150}$ ist gleichwertig mit *communication*$_{150}$. Mit *understanding*$_{150}$ ist rechnerisch vor allem die *communication*$_{150}$ zwischen – zu deren Code-Wert summierbaren – Bezugsfeldern gemeint, zwischen *system*$_{101}$ und *model*$_{49}$, *education*$_{92}$ und *science*$_{58}$, *calculation*$_{111}$ und *belief*$_{39}$, *nature*$_{79}$ und *grammar*$_{71}$, *reality*$_{90}$ und *desire*$_{60}$.

Subjektive Momente sind stark betont, etwa *feeling*$_{58}$ und *opinion*$_{92}$, *memory*$_{89}$ und *value*$_{61}$, *vocabulary*$_{120}$ und *mind*$_{40}$. *Freedom*$_{66}$ und *profit*$_{84}$ bilden ein dominierendes Begriffspaar für jedes *understanding*$_{150}$. *Beauty*$_{74}$ und *fiction*$_{76}$, *art*$_{39}$ und *illusion*$_{111}$, *pattern*$_{94}$ und *light*$_{56}$ deuten davon abgehobene Dimensionen an. Streng auf das zugrundeliegende Prinzip bezogen, heißt es zugleich nüchtern, daß *understanding*$_{150}$ generell von *sign*$_{49}$ und *context*$_{101}$ abhängig ist.

Punkt$_{82}$
Schrift$_{83}$
Bewegung$_{84}$
Negation$_{85}$

Solche Quantifizierungen verweisen auf Quantifizierungen, so wie Zeichen auf Zeichen, Codes auf Codes, Texte auf Texte. Symmetriebrüche machen auf abweichende Qualitäten, auf das Gesetz und die Ausnahme aufmerksam, sowie darauf, daß solche Ketten irgendwann unterbrochen werden müssen. Dieser Punkt ist erreicht.

Punkt$_{82}$
Gesetz$_{82}$
Ausnahme$_{82}$
Dialektik$_{82}$

Der Kampf$_{47}$ mit der Zahl$_{47}$ ließe sich als Thema$_{47}$ und Gedanke$_{47}$ endlos fortspinnen, mit jener Art von Zahl, die zur Instanz wird, stellvertretend für andere Instanzen, die das letzte Wort haben und damit das Wort$_{76}$ zur Nebensache$_{76}$ machen.

Das Alphabet hat über seinen versteckten Zahlencode auch dazu etwas beizutragen; er hilft, die richtigen Wörter zu finden, um vorerst einmal Schluß zu sagen, Schluß$_{101}$ mit diesem Programm$_{101}$, mit Mathematik$_{101}$ und ihrer latenten Romantik$_{101}$. Am System$_{101}$ ändert ein solcher Ausstieg$_{101}$ nichts. Abschied$_{51}$ und Beginn$_{51}$ sind ihm zufolge gleichwertig. Es kann seine Art von Transfer$_{101}$ allein erzeugen$_{101}$, noch dazu, wo es, wie andere auch, automatisch davon ausgeht, für jede neue Orientierung$_{155}$, für jede Verbesserung$_{155}$ offen zu sein, und das leichtverständliche Kalkulationsschema$_{195}$ den Eindruck vermittelt, viele zufriedenstellen$_{195}$ zu können, da es für Versuch$_{96}$ + Irrtum$_{99}$ genügend Raum läßt.

Auf einen Gesamtzusammenhang$_{207}$ bezogen liefern *die Elemente der Schrift*$_{207}$ mathematisch abgesicherte Hinweise, daß von der Kombinationsfähigkeit$_{223}$ einer *Theorie der Berechenbarkeit*$_{223}$ und einer *Theorie der Beziehungen*$_{223}$ ausgegangen werden kann.

Sogar für ein Welterklärungsmodell$_{252}$ bilden sie – als Buchstabenkryptogramm$_{252}$ – von sich aus plausible Varianten. Indem dabei Zufallsorientierung$_{252}$ und ein fiktiver Schriftdeterminismus$_{252}$ zusammenwirken, wird evident, inwieweit Berechnungsmöglichkeiten$_{252}$ zu plausiblen Satzkonstellationen$_{252}$ führen, ohne daß ein Realitätszusammenhang$_{252}$ verlorengeht. Der zugrundeliegende Irritationsanspruch$_{252}$ macht sich bemerkbar. Inhaltliche Interventionserfolge$_{252}$ bleiben möglich. Betont wird, daß für jeden Wahrnehmungstransfer$_{252}$ – aber auch

Zahl$_{47}$ + Serie$_{56}$ = Instanz$_{103}$

Kalkulationsschema$_{195}$

Versuch + Irrtum$_{195}$

Gesamtzusammenhang$_{207}$

die Elemente der Schrift$_{207}$

Kombinationsfähigkeit$_{223}$

Theorie der Berechenbarkeit$_{223}$

Theorie der Beziehungen$_{223}$

Welterklärungsmodell$_{252}$

Buchstabenkryptogramm$_{252}$

Realitätszusammenhang$_{252}$

Zufallsorientierung$_{252}$

Befreiungsperspektive$_{252}$

Vernetzungsraster$_{252}$

Berechnungsmöglichkeiten$_{252}$

Satzkonstellationen$_{252}$

Irritationsanspruch$_{252}$

Wahrnehmungstransfer$_{252}$

die Beobachtungsposition$_{252}$

subjektiv und objektiv$_{252}$

für jede noch denkbare Befreiungsperspektive$_{252}$ – die Beobachtungsposition$_{252}$ im Vernetzungsraster$_{252}$ ausschlaggebend ist. Codierte Wörter demonstrieren, welche Beziehungen sich in einem solchen automatisierten Wahrnehmungssystem$_{252}$ ergeben und wie Unterschiede zwischen *subjektiv und objektiv*$_{252}$ verschwinden.

Welterklärungsmodell$_{252}$
System der Ähnlichkeiten$_{252}$
Austauschturbulenz$_{252}$

Les liaisons dangereuses$_{252}$
Beziehungsintensität$_{252}$
movimiento y reacciones$_{252}$
network + relationship$_{252}$

Im vom Alphabet vorgegebenen Welterklärungsmodell$_{252}$ scheint es primär um ein *System der Ähnlichkeiten*$_{252}$ zu gehen. Dafür und zur verbleibenden Austauschturbulenz$_{252}$ sind über Sprachgrenzen hinweg aus der Schrift selbst decodierbare Ansätze greifbar: *Les liaisons dangereuses*$_{252}$ verwandelt sich zur Frage nach der Beziehungsintensität$_{252}$, manchmal auch in pragmatischere Versionen, wie *movimiento y reacciones*$_{252}$ oder *network + relationship*$_{252}$.

1 Boris Groys: Logik der Sammlung. 1997. S. 13f.
2 Artur P. Schmidt: Der Wissensnavigator. Das Lexikon der Zukunft. 1999. S. 95
3 Antonio R. Damasio: Descartes' Irrtum (1994). 1997. S. 333, 330
4 Heinz von Foerster: KybernEthik. 1993. S. 82
5 David Crystal: Die Cambridge Enzyklopädie der Sprache (1987). 1995. S. 212, 208, 209
6 Paul Virilio: Die Automatisierung der Wahrnehmung. In: Peter Sloterdijk (Hg): Vor der Jahrtausendwende: Berichte zur Lage der Zukunft. 1990. Band II. S. 432, 455
7 Jean-Marie Domenach. In: François Dosse: Geschichte des Strukturalismus (1991). 1997. Band II. S. 494
8 Walter Benjamin: Gesammelte Schriften. Werkausgabe. 1980. Band IV. S. 297f.
9 Ludwig Wittgenstein: Über Gewißheit (1969). 1971. S. 144
10 Gerhard Roth: Das Gehirn und seine Wirklichkeit. Kognitive Neurobiologie und ihre philosophischen Konsequenzen (1996). 1998. S. 80, 81, 85
11 Niklas Luhmann: Beobachtungen der Moderne. 1992. S. 187
Paul Virilio: Die Automatisierung der Wahrnehmung. In: Peter Sloterdijk (Hg): Vor der Jahrtausendwende: Berichte zur Lage der Zukunft. 1990. Band II. S. 450
12 Paul Valéry: Dichtkunst und abstraktes Denken (1939). In: Werke 1991. Band V. S. 164, 154, 161
13 Vladimir Nabokov: Deutliche Worte. Interviews – Leserbriefe – Aufsätze (1973). 1994. S. 282
14 Gilles Deleuze/Félix Guattari: Tausend Plateaus (1980). 1997. S. 157
15 Michel Serres: Hermes II, Interferenz (1972). 1992. S. 257
16 Michel Serres: Hermes IV, Verteilung (1977). 1993. S. 228f.
Richard Jochum: Komplexitätsbewältigungsstrategien in der neueren Philosophie: Michel Serres. 1998. S. 280
17 Niklas Luhmann. In: Niklas Luhmann/Frederick D. Bunsen/Dirk Baecker: Unbeobachtbare Welt. 1990. S. 14
18 Burghart Schmidt: Postmoderne – Strategien des Vergessens. 1994. S. 104

a 1	b 2	c 3	d 4	e 5
f 6	g 7	h 8	i 9	j 10
k 11	l 12	m 13	n 14	o 15
p 16	q 17	r 18	s 19	t 20
u 21	v 22	w 23	x 24	y 25
z 26				

Literatur

Achleitner, Friedrich: quadratroman (1973). Salzburg–Wien 1995
Adorno, Theodor W.: Gesammelte Schriften. 20 Bände. Frankfurt/M. 1997
Agricola, Christiane/Erhard Agricola: Wörter und Gegenwörter. Antonyme der deutschen Sprache. Leipzig 1987
Althusser, Louis: Elemente der Selbstkritik. Berlin 1975
Amiet, Pierre: Les civilisations antiques du Proche-Orient. Paris 1975
Anders, Günther: Kafka. Pro und Contra. Die Prozeß-Unterlagen. München 1951
Aronofsky, Darren: π. Film von Darren Aronofsky, mit Sean Gullette. USA 1997
Artmann, H. C.: Fleiß und Industrie (1967). Frankfurt/M. 1969
Asholt, Wolfgang/Walter Fähnders (Hg.): Manifeste und Proklamationen der europäischen Avantgarde (1909–1938). Stuttgart–Weimar 1995
Assmann, Jan: Das kulturelle Gedächtnis. Schrift, Erinnerung und politische Identität in frühen Hochkulturen. München 1992
Auden, W. H.: Ein Bewußtsein der Wirklichkeit (1943–1974). Übersetzt von Hella Bronold. München 1989

Baecker, Dirk: Gesellschaft als Kultur. Warum wir beschreiben müssen, wenn wir erkennen wollen. In: Lettre International. Berlin, Nr. 45/1999
Baecker, Dirk: Kybernetik zweiter Ordnung. In: Heinz von Foerster: Wissen und Gewissen. Versuch einer Brücke. Frankfurt/M. 1997
Ball, Hugo: Der Künstler und die Zeitkrankheit. Ausgewählte Schriften. Frankfurt/M. 1984
Barthes, Roland: Elemente der Semiologie (Paris 1965). Übersetzt von Eva Moldenhauer. Frankfurt/M. 1983
Barthes, Roland: Am Nullpunkt der Literatur (Le degré zéro de l'écriture. Paris 1953). Übersetzt von Helmut Scheffel. Frankfurt/M. 1982
Barthes, Roland: Am Wendepunkt der Literatur. In: Gibt es eine Schreibweise der Lyrik? Frankfurt/M. 1982
Barthes, Roland: Das Reich der Zeichen (L'empire des signes. Genf 1970). Übersetzt von Michael Bischoff. Frankfurt/M. 1981
Bayer, Konrad. In: Peter Weibel (Hg.): die wiener gruppe. Wien–New York 1997
Bayer, Konrad: der sechste sinn. Reinbek bei Hamburg 1966
Beck, Ulrich: Die Erfindung des Politischen. Zu einer Theorie reflexiver Modernisierung. Frankfurt/M. 1993
Becker, Oskar: Grundlagen der Mathematik in geschichtlicher Entwicklung (1964). Frankfurt/M. 1975
Benevolo, Leonardo: Fixierte Unendlichkeit. Die Erfindung der Perspektive in der Architektur (Rom–Bari 1991). Übersetzt von Rainer Spiss. Frankfurt/M.–New York 1993
Benjamin, Walter/Gershom Sholem: Briefwechsel 1933–1940. Frankfurt/M. 1985
Benjamin, Walter: Gesammelte Schriften. Werkausgabe. Frankfurt/M. 1980
Beutelspacher, Albrecht: Geheimsprachen. Geschichte und Techniken. München 1997
Beutelspacher, Albrecht: Kryptologie. Eine Einführung in die Wissenschaft vom Verschlüsseln, Verbergen und Verheimlichen. Braunschweig– Wiesbaden 1996
Bindel, Ernst: Die geistigen Grundlagen der Zahlen. Stuttgart 1998
Bischoff, Erich: Mystik und Magie der Zahlen (1929). Wiesbaden 1994
Blatner, David: The Joy of π. London 1997
Bloch, Ernst: Das Prinzip Hoffnung (1938–1947). 3 Bände. Frankfurt/M. 1974

Bloom, Harold: Kabbala. Poesie und Kritik (Kabbalah and Criticism. New York 1975). Übersetzt von Angelika Schweikhart. Basel–Frankfurt/M. 1997

Blum, Wolfgang: Die Grammatik der Logik. Einführung in die Mathematik. München 1999

Blumenberg, Hans: Die Lesbarkeit der Welt. Frankfurt/M. 1986

Bodmer, Frederick: Die Sprachen der Welt. Geschichte – Grammatik – Wortschatz in vergleichender Darstellung (The Loom of Language. London). Übersetzt von Rudolf Keller. Köln 1997

Boenicke, Rosemarie: Materie mit latenter Psyche. C. G. Jungs Begriff der Synchronizität. In: Carola Hilmes/Dietrich Mathy (Hg.): Spielzüge des Zufalls. Zur Anatomie eines Symptoms. Bielefeld 1994

Boltzmann, Ludwig: Populäre Schriften (1905). Hg.: Engelbert Broda. Braunschweig 1979

Bolz, Norbert: Philosophie nach ihrem Ende. Essen 1992

Bolz, Norbert: Die Welt als Chaos und Simulation. München 1992

Borges, Jorge Luis: Gesammelte Werke (Buenos Aires 1974). München–Wien 1981

Bourdieu, Pierre: Gegenfeuer. Wortmeldungen im Dienste des Widerstandes gegen die neoliberale Invasion (Contre-feux. 1998). Konstanz 1998

Bourdieu, Pierre: Über das Fernsehen (1996). Übersetzt von Achim Russer. Frankfurt/M. 1998

Bourdieu, Pierre: Die feinen Unterschiede. Kritik der gesellschaftlichen Urteilskraft. (La distinction. Critique sociale du jugement. Paris 1979). Übersetzt von Bernd Schwibs und Achim Russer. Frankfurt/M. 1987

Bourdieu, Pierre: Zur Soziologie der symbolischen Formen (1979). Übersetzt von Wolfgang Fietkau. Frankfurt/M. 1983

Braudel, Fernand: Sozialgeschichte des 15.–18. Jahrhunderts. Der Alltag (1979). Übersetzt von Gerlinde Summerer, Gerda Kunz, Günter Seibt. München 1985

Braunfels, Sigrid u. a.: Der „vermessene" Mensch. Anthropometrie in Kunst und Wissenschaft. München 1973

Brekle, Herbert E.: Semantik. Eine Einführung in die sprachwissenschaftliche Bedeutungslehre. München 1972

Breton, André: Die Manifeste des Surrealismus (1924/1930). Reinbek bei Hamburg 1986

Breuer, Ingeborg/Peter Leusch/Dieter Mersch: Welten im Kopf. Profile der Gegenwartsphilosophie. 3 Bände. Berlin 1996

Brian, Denis: Einstein. A Life. New York 1996

Brüning, Barbara: Über Sinn und Bedeutung von Eigennamen. Eine semantisch-erkenntnistheoretische Untersuchung. Wien 1996

Burckhardt, Martin: Metamorphosen von Raum und Zeit. Eine Geschichte der Wahrnehmung. Frankfurt/M.–New York 1994

Butor, Michel: Kreuzfahrten durch die moderne Literatur (1960/64). Übersetzt und herausgegeben von Helmut Scheffel. Frankfurt/M. 1984

Cage, John: Silence (1961). Übersetzt von Ernst Jandl. Frankfurt/M. 1995

Cage, John. Im Gespräch mit Harald Lüders. In: Carola Hilmes/Dietrich Mathy (Hg.): Spielzüge des Zufalls. Zur Anatomie eines Symptoms. Bielefeld 1994

Canguilhem, Georges/Michel Foucault (Hg.): Der Tod des Menschen im Denken des Lebens. Tübingen 1988

Chatwin, Bruce: Der Traum des Ruhelosen (London 1996). Übersetzt von Anna Kamp. München 1996

Cheiro: Cheiro's Book of Numbers. Bombay 1985

Chlebnikov, Velimir: Werke. Poesie. Prosa. Schriften. Briefe (1972). Reinbek bei Hamburg 1985

Chomsky, Noam: Probleme sprachlichen Wissens (Language and problems of kowledge. 1988). Übersetzt von Michael Schiffmann. Weinheim 1996

Chomsky, Noam: Sprache und Geist (Language and Mind. 1968). Übersetzt von Anna Kamp. Frankfurt/M. 1996

Chomsky, Noam: Reflexionen über die Sprache (Reflections on Language. 1975). Übersetzt von Georg Meggle und Maria Ulkan. Frankfurt/M. 1993

Cohen, Arthur A.: Sonia Delaunay (1975). New York 1988

Crypto Hauszeitung. Zug, Nr. 11/1992. Informationsmaterial der Crypto AG, Zug, 1997

Crystal, David: Die Cambridge Enzyklopädie der Sprache (1987). Übersetzt und bearbeitet von Stefan Röhrich, Ariane Böckler, Manfred Jansen. Frankfurt/M.–New York 1995

Czernin, Franz Josef. Im Gespräch mit Klaus Nüchtern. In: Falter. Stadtzeitung Wien, Nr. 50/1998

Damasio, Antonio R.: Descartes' Irrtum. Fühlen, Denken und das menschliche Gehirn. (New York 1994). Übersetzt von Hainer Kober. München 1995

Daniel, Peter: EN – SOF. EWIGES IMMER. Über die unendliche Kraft hebräischer Buchstaben. Wien 1991

Daniels, Dieter: Duchamp und die anderen. Der Modellfall einer künstlerischen Wirkungsgeschichte in der Moderne. Köln 1992

David, Catherine (Hg.): Politics–Poetics. Das Buch zur documenta X. Kassel 1997

Davis, Miles/Quincy Truope: Die Autobiographie (New York 1989). Übersetzt von Brigitte Jakobeit.

Hamburg 1990
Dehaene, Stanislas: Der Zahlensinn oder Warum wir rechnen können (1997). Übersetzt von Anita Ehlers. Basel– Boston–Berlin 1999
Deleuze, Gilles: L'ABECEDAIRE de Gilles Deleuze. Video Edition. 3 Kassetten. Paris 1996
Deleuze, Gilles/Félix Guattari: Tausend Plateaus. Kapitalismus und Schizophrenie (Paris 1980). Übersetzt von Gabriele Ricke und Ronald Voullié. Berlin 1997
Deleuze, Gilles: Logik des Sinns (Logique du sens. Paris 1969). Übersetzt von Bernhard Dieckmann. Frankfurt/M. 1993
Deleuze, Gilles: Spinoza. Praktische Philosophie (Paris 1981). Übersetzt von Hedwig Linden. Berlin 1988
Deleuze, Gilles/Félix Guattari: Anti-Ödipus. Kapitalismus und Schizophrenie I (Paris 1972). Übersetzt von Bernd Schwibs. Frankfurt/M. 1988
Deleuze, Gilles/Félix Guattari: Rhizom (Paris 1976). Berlin 1977
Deleuze, Gilles/Félix Guattari: Kafka. Für eine kleine Literatur. (Paris 1975). Übersetzt von Burkhart Kroeber. Frankfurt/M. 1976
DePauli-Schimanovich, Werner/Peter Weibel: Kurt Gödel. Ein mathematischer Mythos. Wien 1997
Der Babylonische Talmud. Ausgewählt, übersetzt und erklärt von Reinhold Mayer. München 1963
Der Koran. Das heilige Buch des Islam. Übersetzt von Ludwig Ullmann. München 1959
Derrida, Jaques: Grammatologie (Paris 1967). Übersetzt von Hans-Jörg Rheinberger und Hanns Zischler. Frankfurt/M. 1996
Derrida, Jaques: Die Schrift und die Differenz (Paris 1967). Übersetzt von Rodolphe Gasché. Frankfurt/M. 1976
Dibelius, Ulrich: Moderne Musik. Band I 1945–1965, Band II 1965–1985. München–Zürich 1988
Die Bibel. Altes und Neues Testament. Einheitsübersetzung. Freiburg–Basel–Wien 1980
Dornseiff, Franz: Das Alphabet in Mystik und Magie (1925). Leipzig 1975
Dosse, François: Geschichte des Strukturalismus. Band I: Das Feld der Zeichen, 1945–1966. Band II: Die Zeichen der Zeit, 1967–1991. (Paris 1991). Übersetzung Stefan Barmann. Hamburg 1996 und 1997
Drosnin, Michael: The Bible Code. London 1997
Duchamp, Marcel. Ausstellungskatalog Venedig. Mailand 1993
Dudley, Underwood: Die Macht der Zahl. Was die Numerologie uns weismachen will (Washington D. C. 1997). Übersetzt von Gisela Menzel. Basel–Boston–Berlin 1999

Eckert, Daniel/Leonhard Bauer: Die „soziale" Frage more geometrico beantwortet. In: Formalisierung der Welt. Österr. Zeitschrift für Geschichtswissenschaften. Wien, Nr. 2/1996
Eco, Umberto: Die Suche nach der vollkommenen Sprache (Rom–Bari 1993). Übersetzt von Burkhart Kroeber. München 1994
Eco, Umberto: Zeichen. Einführung in einen Begriff und seine Geschichte (Segno. Mailand 1973). Übersetzt von Günter Memmert. Frankfurt/M. 1977
Eco, Umberto: Das offene Kunstwerk (Opera aperta. Mailand 1962). Frankfurt/M. 1977
Eisenstein, Elizabeth I.: Die Druckerpresse. Kulturrevolutionen im frühen modernen Europa (The Printing Revolution in Early Modern Europe. Cambridge 1983). Wien–New York 1997
Eliade, Mircea: Geschichte der religiösen Ideen (Paris 1976). Übersetzt von Elisabeth Darlap. 3 Bände. Freiburg im Breisgau 1978–91
Eliade, Mircea: Schmiede und Alchemisten. Übersetzt von Emma von Pelet. Stuttgart 1980
Eliade, Mircea: Schamanismus und archaische Extasetechnik (Paris 1951). Übersetzt von Inge Köck. Frankfurt/M. 1975
Endres, Franz Carl/Annemarie Schimmel: Das Mysterium der Zahl. Zahlensymbolik im Kulturvergleich. Köln 1984
Enzensberger, Hans Magnus: Zugbrücke außer Betrieb. Die Mathematik im Jenseits der Kultur. Eine Außenansicht. 50. Internationaler Mathematiker-Kongreß, Berlin 1998. Natick, USA 1999

Faßler, Manfred: Was ist Kommunikation? München 1997
Faulmann, Carl: Das Buch der Schrift, enthaltend die Schriftzeichen und Alphabete aller Zeiten und aller Völker des Erdkreises (Wien 1880). Frankfurt/M. 1990
Felstiner, John: Paul Celan. Eine Biographie (1995). Übersetzt von Holger Fliessbach. München 1997
Fester, Richard: Sprache der Eiszeit. Die ersten sechs Worte der Menschheit. München–Berlin 1980
Fetz, Bernhard/Kastberger, Klaus (Hg.): Der literarische Einfall. Über das Entstehen von Texten. In: Profile. Magazin des Österreichischen Literaturarchivs. Wien, Nr. 1/1998
Feyerabend, Paul: Erkenntnis für freie Menschen. Frankfurt/M. 1979
Feyerabend, Paul: Wider den Methodenzwang. Skizze einer anarchistischen Erkenntnistheorie (Against Method. 1975). Übersetzt von Hermann Vetter. Frankfurt/M. 1976
Feynmann, Richard P.: QED. Die seltsame Theorie des Lichts und der Materie. Übersetzt von Siglinde Kummerer und

Gerda Kurz. München 1993
Florenski, Pawel: Die Göttliche Komödie und das Relativitätsprinzip (1922). Berlin 1994
Flusser, Vilém: Die Schrift. Hat Schreiben Zukunft? (1987) Frankfurt/M. 1993
Foerster, Heinz von: Wissen und Gewissen. Versuch einer Brücke. Übersetzt von Wolfram Karl Köck. Frankfurt/M. 1997
Foerster, Heinz von: KybernEthik. Übersetzt von Birger Ollrogge. Berlin 1993
Foerster, Heinz von: Sicht und Einsicht. Braunschweig 1985
Földes-Papp, Károly: Vom Felsbild zum Alphabet. Die Geschichte der Schrift von ihren frühesten Vorstufen bis zur modernen lateinischen Schreibschrift (Stuttgart 1966). Bayreuth 1975
Foucault, Michel: Schriften zur Literatur (1962–69). Frankfurt/M. 1988
Foucault, Michel: Archäologie des Wissens. Übersetzt von Ulrich Köppen. Frankfurt/M. 1986
Foucault, Michel: Überwachen und Strafen. Die Geburt des Gefängnisses (Paris 1975). Übersetzt von Walter Seitter. Frankfurt/M. 1977
Foucault, Michel: Die Ordnung der Dinge. Eine Archäologie der Humanwissenschaften (Les mots et les choses. Paris 1966). Übersetzt von Ulrich Köppen. Frankfurt/M. 1974
Franz, M.-L. von: Das Unbewußte und die Wissenschaften. In: C. G. Jung u. a.: Der Mensch und seine Symbole. Olten 1968
Freud, Sigmund: Studienausgabe. 11 Bände. Frankfurt/M. 1994
Frutiger, Adrian: Der Mensch und seine Zeichen. Schriften, Symbole, Signete, Zahlen. (Paris 1978). Dreieich 1991

Galilei, Galileo: Schriften, Briefe, Dokumente. Hg.: Anna Mudry. 2 Bände. Berlin 1987
Genette, Gérard: Palimpseste (Paris 1982). Die Literatur der zweiten Stufe. Frankfurt/M. 1993
Gerken, Gerd: Multimedia: Das Ende der Information. Wie Multimedia die Welt des Management verändert. Exformation statt Information. Düsseldorf–München 1996
Gerstl, Elfriede: wiener mischung. texte aus vielen jahren. Linz 1982
Gomringer, Eugen: theorie der konkreten Poesie. texte und manifeste 1954–1997. Wien 1997
Goodman, Nelson: Sprachen der Kunst. Entwurf einer Symboltheorie. Übersetzt von Bernd Philippi. Frankfurt/M. 1995
Graf, Otto Antonia: Otto Wagner III. Die Einheit der Kunst. Weltgeschichte der Grundformen. Wien 1990
Gresleri, Giuliano: Le Corbusier. Reise nach dem Orient. Übersetzt von Lydia Romana Höller. Zürich 1991
Grolle, Johann: Symphonie der Superstrings/Johann Grolle und Rafaela von Bredow: Gespräch mit Steven Weinberg. In: Der Spiegel. Hamburg, Nr. 30/1999
Grössing, Gerhard (Hg.): Die Schule der Atheisten: Lehrbuch der literarischen Mathematik. Wien 1998
Groys, Boris: Logik der Sammlung. Am Endes des musealen Zeitalters. München–Wien 1997
Grözinger, Karl Erich: Kafka und die Kabbala. Das Jüdische in Werk und Denken von Franz Kafka. Frankfurt/M. 1992
Grunne, Bernard de: The Birth of Art in Black Africa. Nok Statuary in Nigeria. Paris 1998

Haarmann, Harald: Die Sprachenwelt Europas. Geschichte und Zukunft der Sprachnationen Europas zwischen Atlantik und Ural. Frankfurt–New York 1993
Haarmann, Harald: Universalgeschichte der Schrift. Frankfurt–New York 1991
Havelock, E. A.: Schriftlichkeit. Das griechische Alphabet als kulturelle Revolution. Weinheim 1990
Havelock, E. A./Hershbell (Hg.): Communication Arts in the Ancient World. New York 1978
Heisenberg, Werner: Der Teil und das Ganze. Gespräche im Umkreis der Atomphysik (1969). München 1991
Held, Gerd: Flugzeugverschlingende Gärten. Duchamp, der Zufall und das Labyrinth. In: Carola Hilmes/Dietrich Mathy (Hg.): Spielzüge des Zufalls. Zur Anatomie eines Symptoms. Bielefeld 1994
Helmholtz, Hermann von: Schriften zur Erkenntnistheorie. Hg.: Ecke Bonk. Wien–New York 1998
Hesse, Eva: Die Achse Avantgarde–Faschismus. Reflexionen über Filippo Tommaso Marinetti und Ezra Pound. Zürich o. J.
Hessky, Regina/Erzsébet Knipf: Ein Textbuch zur Lexikologie. 2 Bände. Budapest 1998
Hilmes, Carola/Dietrich Mathy (Hg.): Spielzüge des Zufalls. Zur Anatomie eines Symptoms. Bielefeld 1994
Hocke, Gustav René: Die Welt als Labyrinth. Manier und Manie in der europäischen Kunst. Hamburg 1983
Hodges, Andrew: Alan Turing, Enigma (London 1983). Übersetzt von Rolf Herken und Eva Lack. Wien–New York 1994
Hofstadter, Douglas R.: Fluid Concepts and Creative Analogies. Computer models of the fundamental mechanisms of thought (1995). London 1997
Hofstadter, Douglas R.: Gödel, Escher, Bach: ein Endloses Geflochtenes Band (Gödel, Escher, Bach: an Eternal Golden Braid. 1979). Stuttgart 1985
Hohmeyer, Jürgen: Fähre aus dem Orient. Biennale Venedig 1999. In: Der Spiegel. Hamburg, Nr. 24/1999

Horkheimer, Max/Theodor W. Adorno: Dialektik der Aufklärung (1944/1947). Frankfurt/M. 1971

Ifrah, Georges: Universalgeschichte der Zahlen (Paris 1981). Frankfurt/M. –New York 1986
I Ging. Das Buch der Wandlungen. Übersetzt von Richard Wilhelm. Düsseldorf–Köln 1967
Illich, Ivan: Im Weinberg des Textes. Als das Schriftbild der Moderne entstand (L'Ere du livre. Paris 1990). Frankfurt/M. 1991

Jacobson, B. S.: Pessach. Die Gesetze und ihre Bedeutung. Zürich 1987
Jakob, Michael: Aussichten des Denkens. Gespräche. München 1994
Jantsch, Erich: Die Selbstorganisation des Universums. Vom Urknall zum menschlichen Geist (1979). München 1992
Jochum, Richard: Komplexitätsbewältigungsstrategien in der neueren Philosophie: Michel Serres. Wien 1998
Joyce, James: Finnegans Wake (1939). London 1975
Jung, C. G.: Synchronizität als ein Prinzip akausaler Zusammenhänge (1950). In: Gesammelte Werke, Band VIII. Zürich 1976
Jung, C. G. u. a.: Der Mensch und seine Symbole. Olten 1968

Kamper, Dietmar: Bildstörungen. Im Orbit des Imaginären. Stuttgart 1994
Kamper, Dietmar: Hieroglyphen der Zeit. Texte vom Fremdwerden der Welt. München 1988
Kandinsky, Wassily: Essays über Kunst und Künstler. Herausgegeben und kommentiert von Max Bill. Bern 1973
Kantorowicz, Ernst: Kaiser Friedrich der Zweite (1927). Düsseldorf–München 1973
Kastberger, Klaus: Konrad Bayer: der vogel singt. In: Bernhard Fetz/Klaus Kastberger (Hg.): Der literarische Einfall. Über das Entstehen von Texten. Wien 1998
Kayser, Hans: Lehrbuch der Harmonik. Zürich 1950
Kerényi, Karl: Dionysios. Urbild des unzerstörbaren Lebens (1976). Stuttgart 1994
Kertész, Imre: Roman eines Schicksallosen (Budapest 1975). Übersetzt von Christian Viragh. Berlin 1996
Keynes, John Maynard: Newton, the Man. In: J. R. Newman (Hg.): The Worlds of Mathematics. New York 1956
Kippenhahn, Rudolf: Verschlüsselte Botschaften. Geheimschrift, Enigma und Chipkarte. Reinbek bei Hamburg 1997
Kittler, Friedrich A.: Aufschreibsysteme. 1800/1900. München 1987
Ki-Zerbo, Joseph: Die Geschichte Schwarz-Afrikas (Paris 1978). Übersetzt von Elke Hammer. Wuppertal 1979
Klossowski, Pierre: Die Ähnlichkeit (La ressemblance). Übersetzt von Walter Seitter. Berlin 1986
Knowlson, James: Damned to Fame. The Life of Samuel Beckett. London 1997
Koch, Günter: Kausalität, Determinismus und Zufall in der wissenschaftlichen Naturbeschreibung. Berlin 1994
Koestler, Arthur: Die Wurzeln des Zufalls. (The roots of coincidence. 1972). Übersetzt von Irmgard Schoppmeier. Frankfurt/M. 1972
Konersmann, Ralf (Hg.): Kritik des Sehens. Leipzig 1997
Koolhaas, Rem: Delirious New York. Ein retroaktives Manifest für Manhattan (New York 1978). Übersetzt von Fritz Schneider. Aachen 1999
Kowanz, Brigitte: Die Zwischenzeit vom Schattensprung belichten. Ausstellungskatalog. Wien 1998
Kowol, Gerhard: Gleichungen. Eine historisch-phänomenologische Darstellung. Stuttgart 1990
Kraus, Karl: Die Sprache (1937). Frankfurt/M. 1986
Kristeva, Julia: Fremde sind wir uns selbst (Paris 1988). Übersetzt von Xenia Rajewsky. Frankfurt/M. 1990
Kristeva, Julia: Die Revolution der poetischen Sprache (Paris 1974). Übersetzt von Reinold Werner. Frankfurt/M. 1978
Kundera, Milan: Die Kunst des Romans (1986). Übersetzt von Brigitte Weidmann. Frankfurt/M. 1989

Le Corbusier: Der Modulor. Darstellung eines in Architektur und Technik allgemein anwendbaren harmonischen Maßes im menschlichen Maßstab (2. Auflage 1956). Übersetzt von Richard Herre. Stuttgart 1995
Der Modulor 2. 1955. (Das Wort haben die Benützer). Fortsetzung von „Der Modulor" (1948). Stuttgart 1995
Le Corbusier: 1922. Ausblick auf eine Architektur (Vers une Architecture). Übersetzt von Hans Hildebrandt. Berlin 1969
Lecke, Dorit: „It ends by being melodic". Der Zufall als Kompositionsmethode bei John Cage. In: Carola Hilmes/ Dietrich Mathy (Hg.): Spielzüge des Zufalls. Zur Anatomie eines Symptoms. Bielefeld 1994
Lévinas, Emmanuel: Eigennamen. Meditationen über Sprache und Literatur. Übersetzt von Frank Miething. München–Wien 1988
Lévinas, Emmanuel: Ethik und Unendliches. Graz–Wien 1987
Lévi-Strauss, Claude: Das wilde Denken (Paris 1962). Übersetzt von Hans Naumann. Frankfurt/M. 1968
Lévi-Strauss, Claude: Strukturale Anthropologie (Paris 1958). Übersetzt von Hans Naumann. Frankfurt/M. 1967

Lewis, Bernard: Stern, Kreuz und Halbmond. 2000 Jahre Geschichte des Nahen Ostens (London 1995). Übersetzt von Bernd Rullkötter. München–Zürich 1997
Lotmann, Jurij M.: Die Struktur literarischer Texte (1972). Übersetzt von Wolf-Dietrich Keil. München 1993
Lotmann, Jurij M.: Vorlesungen zu einer strukturalen Poetik. Übersetzt von Waltraud Jachnow. München 1972
Luhmann, Niklas: Beobachtungen der Moderne. Opladen 1992
Luhmann, Niklas: Ökologische Kommunikation. Kann die moderne Gesellschaft sich auf ökologische Gefährdungen einstellen? (1986) Opladen 1990
Luhman, Niklas/Frederick D. Bunsen/Dirk Baecker: Unbeobachtbare Welt. Über Kunst und Architektur. Bielefeld 1990

Maier, Johann: Die Kabbalah. Einführung, Klassische Texte, Erläuterungen. München 1995
Malewitsch, Kasimir: Suprematismus – Die gegenstandslose Welt. Hg.: Werner Haftmann. Köln 1989
Manguel, Alberto: Eine Geschichte des Lesens (A History of Reading. 1996). Berlin 1998
Maturana, Humberto R./Francisco J. Varela: Der Baum der Erkenntnis. Die biologischen Wurzeln menschlichen Erkennens (1984). Übersetzt von Kurt Ludewig. Bern 1987
Maur, Karin v. (Hg.): Magie der Zahl in der Kunst des 20. Jahrhunderts. Stuttgart 1997
Mauthner, Fritz: Wörterbuch der Philosophie. Neue Beiträge zu einer Kritik der Sprache (1923/24). 3 Bände. Hg.: Ludger Lütkehaus. Wien– Köln–Weimar 1997
Mauthner, Fritz: Sprache und Leben. Ausgewählte Texte aus dem philosophischen Werk. Hg.: Gershon Weiler. Salzburg–Wien 1986
Mazzola, Guerino: Geometrie der Töne. Elemente der Mathematischen Musiktheorie. Basel 1990
Merrell, Floyd: Signs Becoming Signs. Our perfusive pervasive universe. Bloomington–Indianapolis 1991
Mierau, Fritz (Hg.): Die Erweckung des Wortes. Essays der russischen Formalen Schule. Leipzig 1991
Michell, John: The New View Over Atlantis (1969). London 1983
Monod, Jaques: Zufall und Notwendigkeit. Philosophische Fragen der modernen Biologie (Le hasard et la nécessité. Paris 1970). Übersetzt von Friedrich Griese. München–Zürich 1983
Motte-Haber, Helga de la: Die Bedeutung von Zahlen als Grundlage musikalischer Poetik im 20. Jahrhundert. In: Karin von Maur (Hg.): Magie der Zahl in der Kunst des 20. Jahrhunderts. Stuttgart 1997
Musil, Robert: Gesammelte Werke. 2 Bände. Reinbek bei Hamburg 1978
Musil, Robert: Tagebücher. 2 Bände. Reinbek bei Hamburg 1976

Nabokov, Vladimir: Deutliche Worte. Interviews – Leserbriefe – Aufsätze (New York 1973). Übersetzt von Kurt Neff, Gabriele Forberg-Schneider, Blanche Schwappach, Dieter E. Zimmer. Reinbek bei Hamburg 1994
Nabokov, Vladimir: Erinnerung, sprich (New York 1966). Übersetzt von Dieter E. Zimmer. Reinbek bei Hamburg 1991
Naredi-Rainer, Paul v.: Architektur und Harmonie. Zahl, Maß und Proportion in der abendländischen Baukunst. Köln 1982
Nasr, Seyyed Hossein: Islamic Science. An Illustrated Study. World of Islam Festival 1976
Nauman, Bruce: Interviews 1967–1988. Übersetzt und herausgegeben von Christine Hoffmann. Amsterdam 1996
Newth, Erik: Die Jagd nach der Wahrheit. Die unendliche Geschichte der Welterforschung (1996). Übersetzt von Gabriele Haefs. München 1998

Oberhuber, Oswald: Geschriebene Bilder. Bis heute. Ausstellungskatalog. MAK – Österreichisches Museum für angewandte Kunst. Wien 1999
Ouaknin, Marc-Alain: Das verbrannte Buch. Den Talmud lesen (1986). Übersetzt von Dagmar Jacobsen und Lutz Mai. Weinheim–Berlin 1990

Parfitt, Will: Die Kabbala (Longmead 1991). Braunschweig 1993
Pavic, Milorad: Das Chasarische Wörterbuch. Lexikonroman in 100 000 Wörtern (1984). Übersetzt von Bärbel Schulte. München–Wien 1988
Peitgen, Heinz-Otto/Dietmar Saupe: The Science of Fractal Images. New York 1988
Peitgen, Heinz-Otto/Peter H. Richter: The Beauty of Fractals. Images of Complex Dynamical Systems. Berlin–Heidelberg 1986
Plant, Sadie: nullen + einsen. Digitale Frauen und die Kultur der neuen Technologien (Zeros + Ones. London 1997). Übersetzt von Gustav Roßler. Berlin 1998
Poe, Edgar Allan: Einige Bemerkungen über Geheimschriften (1841), The Raven/Der Rabe (1845), Die Methode der Komposition (1846), Heureka (1848). In: Das gesamte Werk in zehn Bänden. Hg.: Kuno Schumann/Hans Dieter Müller. Band V, IX, X. Herrsching 1980
Potocki, Jan: Die Handschrift von Saragossa (1815). Übersetzt von Louise Eisler-Fischer und Maryla Reifenberg. Frankfurt/M. 1961
Pound, Ezra: ABC des Lesens (New York

1934). Übersetzt von Eva Hesse. Frankfurt/M. 1985
Pound, Ezra: Wort und Weise (1913–1934). Übersetzt von Eva Hesse. Frankfurt/M. 1981
Priesner, Claus/Karin Figala: Alchemie. Lexikon einer hermetischen Wissenschaft. München 1998
Priessnitz, Reinhard: vierundvierzig gedichte. Linz 1978
Pynchon, Thomas: Die Enden der Parabel (Gravity's Rainbow. 1973). Übersetzt von Elfriede Jelinek und Thomas Piltz. Reinbek bei Hamburg 1989

Rauchhaupt, Ulf von: Fäden, Membranen, elf Dimensionen. In: Die Zeit. Hamburg, Nr. 31/1999
Reder, Christian: Multiplizieren und Dividieren. In: Doris Rothauer/Harald Krämer (Hg.): Struktur & Strategie im Kunstbetrieb. Wien 1996
Reder, Christian: Entwicklungsperspektive: Die Bandengesellschaft. In: Wolfgang Müller-Funk (Hg.): Die berechnende Vernunft. Über das Ökonomische in allen Lebenslagen. Wien 1993
Reichel, Hans-Christian/Enrique Prat de la Riba (Hg.): Naturwissenschaft und Weltbild. Mathematik und Quantenphysik in unserem Denk- und Wertesystem. Wien 1992
Rorty, Richard: Kontingenz, Ironie und Solidarität (Contingency, irony, and solidarity. 1989). Übersetzt von Christa Krüger. Frankfurt/M. 1993
Rössler, Otto E.: Endophysik. Die Welt des inneren Beobachters. Hg.: Peter Weibel. Berlin 1992
Roth, Gerhard: Das Gehirn und seine Wirklichkeit. Kognitive Neurobiologie und ihre philosophischen Konsequenzen (1996). Frankfurt/M. 1998
Rousseau, Jean-Jaques: Abhandlung über den Ursprung und die Grundlagen der Ungleichheit unter den Menschen (1755). In: J.- J. Rousseau: Kulturkritische Schriften. 2 Bände. Berlin 1989
Ruelle, David: Zufall und Chaos. (Chance and Chaos. New Jersey 1991). Übersetzt von Wolf Beiglböck. Berlin–Heidelberg 1994
Rühm, Gerhard: abhandlung über das weltall. In: Bernhard Fetz/Klaus Kastberger (Hg.): Der literarische Einfall. Über das Entstehen von Texten. Wien 1998
Rühm, Gerhard: 101, eine zahlendichtung (1963). In: Peter Weibel (Hg.): die wiener gruppe. Wien–New York 1997
Russel, Bertrand: Philosophie des Abendlandes. Ihr Zusammenhang mit der politischen und sozialen Entwicklung. Übersetzt von Elisabeth Fischer-Wernecke und Ruth Gillischewski. Wien 1975

Said, Edward W.: Orientalismus. Übersetzt von Liliane Weissenberg. Frankfurt/M. 1981
Sartre, Jean-Paul: Die Wörter (Les Mots. Paris 1964). Übersetzt von Hans Mayer. Hamburg 1965
Schimmel, Annemarie: Mystische Dimensionen des Islam. (Chapel Hill 1975). Aalen 1979
Schmatz, Ferdinand/Heimo Zobernig: FARBENLEHRE. Wien 1995
Schmatz, Ferdinand: SPRACHE MACHT GEWALT. Stich-Wörter zu einem Fragment des Gemeinen. Wien 1994
Schmidt, Artur P.: Der Wissensnavigator. Das Lexikon der Zukunft. Stuttgart 1999
Schmidt, Artur P.: ENDO-Management. Nichtlineare Lenkung komplexer Systeme und Interfaces. Bern–Stuttgart–Wien 1998
Schmidt, Burghart: Über den Realismus des Formalen. Rede zur Inauguration des Ambivalenzromans *das offene schloß* von Herbert J. Wimmer. In: Wespennest. Wien, Nr. 116/1999
Schmidt, Burghart: Der Streit ums Symbol in der Logik der Kunst. In: Wespennest. Wien, Nr. 114/1999
Schmidt, Burghart: Postmoderne – Strategien des Vergessens. Frankfurt/M. 1994
Scholem, Gershom: Alchemie und Kabbala (1977). Frankfurt/M. 1994
Scholem, Gershom: Origins of the Kabbalah (Ursprünge und Anfänge der Kabbala. Berlin 1962). Princeton 1990
Scholem, Gershom: Zehn unhistorische Sätze über die Kabbala (1958). In: Gershom Scholem: Judaica 3. Studien zur jüdischen Mystik. Frankfurt/M. 1987
Scholem, Gershom: Die jüdische Mystik in ihren Hauptströmungen (Jerusalem 1941). Frankfurt/M. 1967
Schrödinger, Erwin: Mein Leben, meine Weltansichten (1950). Wien 1985
Schrödinger, Erwin: Was ist Leben? Die lebende Zelle mit den Augen des Physikers betrachtet (Cambridge 1944). Übersetzt von L. Mazurcak. München 1999
Schrott, Raoul: Die Erfindung der Poesie. Gedichte aus den ersten viertausend Jahren. Frankfurt/M. 1997
Schrott, Raoul: Fragmente einer Sprache der Dichtung. Graz–Wien 1997
Schultes, Richard E./Albert Hofmann: Pflanzen der Götter. Die magischen Kräfte der Rausch- und Giftgewächse (1980). Bern 1987
Schwarz, Arturo: Arte e Alchemia/Art and Alchemy. In: Paolo Portoghesi (Hg.): 42. Biennale Venedig. Ausstellungskatalog. Venedig 1986
Sepharial: The Kabbala of Numbers. A Handbook of Interpretation (1928). Bombay 1974
Serres, Michel: Hermes I–V. Kommunikation. Interferenz. Übersetzung. Verteilung. Die Nordwest-Passage (Paris 1968–80). 5 Bände. Übersetzt von Michael Bischoff. Berlin 1991–94

Serres, Michel: Der Parasit (Paris 1980). Übersetzt von Michael Bischoff. Frankfurt/M. 1987
Shah, Idries: Die Sufis (1964). Übersetzt von Jochen Eggert und Stephan Schuhmacher. Düsseldorf–Köln 1976
Sigmund, Karl: Spielpläne. Zufall, Chaos und die Strategien der Evolution. München 1997
Silvestrini, Narciso: IdeeFarbe. Farbsysteme in Kunst und Wissenschaft. 2 Bände. Zürich 1994
Simon, Herbert A.: Die Wissenschaften vom Künstlichen (The Sciences of the Artificial, 1981). Übersetzt von Oswald Wiener unter Mitwirkung von Una Wiener. Wien 1994
Sloterdijk, Peter (Hg.): Vor der Jahrtausendwende. Berichte zur Lage der Zukunft. 2 Bände. Frankfurt/M. 1990
Sloterdijk, Peter: Kritik der zynischen Vernunft. 2 Bände. Frankfurt/M. 1983
Sokal, Alan/Jean Bricmont: Eleganter Unsinn. Wie die Denker der Postmoderne die Wissenschaften mißbrauchen (1997). Übersetzt von Johannes Schwab und Dietmar Zimmer. München 1999
Soros, Georges: The Alchemy of Finance. Reading the Mind of the Market. New York 1994
Spinoza, Benedictus (Baruch) de: Die Ethik (Ethica Ordine Geometrico demonstrata/Die Ethik nach der geometrischen Methode dargestellt. Amsterdam 1677). Übersetzt von Jakob Stern und Irmgard Rauthe-Welsch. Stuttgart 1977
Starobinski, Jean: Rousseau. Eine Welt von Widerständen (Paris 1971). Übersetzt von Ulrich Raulff. München–Wien 1988
Stewart, Ian: Die Zahlen der Natur. Mathematik als Fenster zur Welt (1995). Übersetzt von Brigitte Post. Heidelberg–Berlin 1998
Strathern, Paul: Pythagoras & sein Satz (London 1997). Übersetzt von Xenia Osthelder. Frankfurt/M. 1999
Strawinsky, Igor: Musikalische Poetik (1939/49). In: Igor Strawinsky: Schriften und Gespräche I. Mainz 1983
Streeruwitz, Marlene: Können. Mögen. Dürfen. Sollen. Wollen. Müssen. Lassen. Frankfurt/M. 1998
Streeruwitz, Marlene: Sein. Und Schein. Und Erscheinen. Tübinger Poetikvorlesungen. Frankfurt/M. 1997
Strelka, Joseph P.: Einführung in die literarische Textanalyse. Tübingen 1989
Strouhal, Ernst: acht x acht. Zur Kunst des Schachspiels. Wien–New York 1996

Taylor, Ariel Yvon/H. Warren Hyer: Numerology. Its Facts and Secrets. New Delhi 1982
Thomsen, Christian W. : LiterArchitektur. Wechselwirkungen zwischen Architektur, Literatur und Kunst im 20. Jahrhundert. Köln 1989

Ujvary, Liesl: Der verborgene und der konkrete Buchstabe. Erkenntnistheoretische Montage aus Chaostheorie, Kabbalistik, Psychoanalyse & moderner Dichtung. In: Wespennest. Wien, Nr. 74/1989

Valéry, Paul: Werke. Frankfurter Ausgabe in 7 Bänden. Frankfurt/M. 1992
Valéry, Paul: Cahiers/Hefte (Paris 1973/74). 6 Bände. Frankfurt/M. 1987
Virilio, Paul: Die Automatisierung der Wahrnehmung. In: Peter Sloterdijk (Hg.): Vor der Jahrtausendwende. Berichte zur Lage der Zukunft. 2 Bände. Frankfurt/M. 1990
Vygotsky, Lev: Thought and Language (Moskau 1934). Newly revised and edited by Alex Kozulin, Cambridge, Massachusetts–London 1986

Weibel, Peter (Hg.): Die Wiener Gruppe/the vienna group. the visual works and the action/a moment of modernity 1954–1960. Katalog Biennale Venedig. Wien–New York 1997
Weibel, Peter (Hg.): Vorwort zu: Otto E. Rössler. Die Welt des inneren Beobachters. Berlin 1992
Weinberg, Steven: Der Traum von der Einheit des Universums. München 1993
Weinreb, Friedrich: Buchstaben des Lebens. Das hebräische Alphabet. Erzählt nach jüdischer Überlieferung. Weiler im Allgäu 1990
Weinreb, Friedrich: Zahl, Zeichen, Wort. Das symbolische Universum der Bibelsprache. Reinbek bei Hamburg 1978
Werner, Helmut: Lexikon der Numerologie und Zahlenmystik. München 1995
Wertheim, Margaret: Pythagoras' Trousers. God, Physics, and the Gender Wars. London 1997 (Zürich 1998)
Wiener, Oswald. Interview mit Klaus Kastberger. In: Falter. Stadtzeitung Wien, Nr. 49/1998
Wiener, Oswald: einiges über konrad bayer/das „literarische cabaret" der wiener gruppe. In: Peter Weibel (Hg.): die wiener gruppe. Wien–New York 1997
Wiener, Oswald: Schriften zur Erkenntnistheorie. Wien–New York 1996
Wiener, Oswald: Kambrium der Künstlichen Intelligenz. In: Herbert A. Simon: Die Wissenschaften vom Künstlichen (The Sciences of the Artificial. 1981). Übersetzt von Oswald Wiener unter Mitwirkung von Una Wiener. Wien 1994
Wiener, Oswald: Die Verbesserung von Mitteleuropa, Roman. Reinbek bei Hamburg 1969
Wiener, Oswald/Manuel Bonik/Robert

Hödicke: Eine elementare Einführung in die Theorie der Turing-Maschine. Wien–New York 1998
Wimmer, Herbert J. (Hg.): Strukturen erzählen. Die Moderne der Texte. Wien 1996
Wismer, Beat: Mondrians ästhetische Utopie. Baden 1985
Wittgenstein, Ludwig: Tractatus logico-philosophicus. Logisch philosophische Abhandlung (1921). Frankfurt/M. 1973
Wittgenstein, Ludwig: Über Gewißheit (1969). Frankfurt/M. 1971
Wittgenstein, Ludwig: Wiener Ausgabe. Band I–V. Hg.: Michael Nedo. Wien–New York 1994

Yovel, Yirmiyahu: Spinoza. Das Abenteuer der Immanenz. (Spinoza and Other Heretics. 1989). Übersetzt von Brigitte Flickinger. Göttingen 1994

Zaunschirm, Thomas: Robert Musil und Marcel Duchamp. Klagenfurt 1982
Zettel, Christa: Geheimnis der Zahl. Wien 1988
Žižek, Slavoj: Ein Plädoyer für die Intoleranz. Übersetzt von Leopold Hofbauer. Wien 1998
Zürn, Unica: Der Mann im Jasmin (1977). Frankfurt/M.–Berlin 1992

Index:
Codierte Wörter
deutsch

Abbild$_{30}$ 249
Abdruck$_{60}$ 28
Abenteuer$_{91}$ 120
abenteuerlich$_{123}$ 282
Aberglaube$_{74}$ 119
abhängig$_{54}$ 279
Abhängigkeit$_{99}$ 120, 366
abheben$_{37}$ 331
Abrakadabra$_{60}$ 107
Abrechnung$_{93}$ 19, 38, 120, 134, 155, 317
Abschied$_{51}$ 118, 397
abseits$_{75}$ 280
Absicht$_{62}$ 204
absolut$_{90}$ 91, 213, 275, 276, 280
abstrahieren$_{120}$ 46, 333
Abstraktion$_{130}$ 37, 122, 125
absurd$_{65}$ 126
Absurdität$_{120}$ 113, 121, 232, 363
abwechslungsreich$_{177}$ 283
Abwehrsystem$_{158}$ 147
Abweichung$_{93}$ 34, 139, 149, 261
Abwesenheit$_{111}$ 134, 347, 371, 386
Achse$_{36}$ 369
acht$_{32}$ 337
achten$_{51}$ 331
Adam$_{19}$ 205
Additionsprinzip$_{203}$ 215, 301, 302, 340, 341, 374, 384
Addition von Zwischensummen$_{319}$ 198, 265
adeln$_{36}$ 331
Ader$_{28}$ 369
Adrenalin$_{78}$ 359
aggressionsbereit$_{192}$ 284
aggressiv$_{107}$ 281
agil$_{29}$ 279
ägyptisch$_{113}$ 181
ahnen$_{42}$ 331
ähnlich$_{60}$ 344
Ähnlichkeit$_{105}$ 97, 120, 131, 149, 198, 214, 241
Aktie$_{46}$ 369
Aktiengesellschaft$_{177}$ 124
aktiv$_{63}$ 190, 270, 280
aktivieren$_{114}$ 333
Akustik$_{92}$ 93
Alarm$_{45}$ 117
Alchemie$_{56}$ 51, 77, 89, 93, 216, 369
Algorithmus$_{143}$ 42, 221, 372
Alkohol$_{74}$ 370
alle alphabetischen Aufschreibsysteme$_{351}$ 253, 365
allein$_{53}$ 279
alles$_{49}$ 27, 80
alles in Ordnung$_{165}$ 66
alles mit allem verbinden$_{227}$ 294
allgemein$_{78}$ 223, 225, 280
Allgemeinbildung$_{147}$ 123
Allgemeinwohl$_{136}$ 122, 147
Alltäglichkeit$_{135}$ 88, 122, 239
alphanumerisch$_{148}$ 343
Alphabet$_{65}$ 58, 113, 118, 127, 151, 156, 298, 300, 328
alphabetisch$_{104}$ 273, 281
alphabetisieren$_{144}$ 334
Also sprach Zarathustra$_{265}$ 258
alt$_{33}$ 279
Altar$_{52}$ 369
Alter$_{56}$ 118
Alternative$_{127}$ 26, 372
Amazone$_{75}$ 370
amerikanisieren$_{151}$ 334
Amerikanisierung$_{174}$ 165
Amt$_{34}$ 117
Anachronismus$_{155}$ 123
anal$_{28}$ 279
Analogie$_{64}$ 107, 186, 240, 370
Analyse$_{77}$ 119, 309
analysieren$_{123}$ 48, 329, 333
Anarchie$_{59}$ 118, 141, 142, 152, 300
anarchistisch$_{132}$ 275, 282
Anatomie$_{78}$ 119
anders$_{61}$ 190, 209, 280, 301, 344
andersdenkend$_{118}$ 272, 281
andeuten$_{84}$ 332
anerkennungsbedürftig$_{240}$ 285
Anfang$_{43}$ 117, 207, 256
angeben$_{48}$ 331
Angebot$_{64}$ 138
Angebot und Nachfrage$_{166}$ 137, 147
angenehm$_{67}$ 280
Angst$_{61}$ 118, 130, 145, 230, 329
Anklage$_{51}$ 369
anonym$_{82}$ 280
Anonymität$_{137}$ 372
Anpassungsfähigkeit$_{212}$ 143
anschauen$_{86}$ 181, 332
Ansehen$_{66}$ 370
Anspruch$_{100}$ 167, 371
Ansteckungsgefahr$_{179}$ 373
Anthropologie$_{155}$ 123
antiautoritär$_{172}$ 136, 283
antidemokratisch$_{170}$ 283
Antimaterie$_{115}$ 121, 390
Antimoral$_{103}$ 165
Anti-Ödipus$_{133}$ 130
antiquiert$_{134}$ 275
Antlitz$_{102}$ 249
antworten$_{130}$ 333
Anziehungskraft$_{180}$ 124, 131
Apokalypse$_{121}$ 121, 144, 312
Apparat$_{73}$ 119, 126
applaudieren$_{122}$ 333
Äquator$_{98}$ 120
arabisch$_{61}$ 209
Arbeit$_{55}$ 118, 141, 142, 215, 266, 395, 396
arbeiten$_{74}$ 327, 328, 332
Arbeiterbewegung$_{162}$ 123, 137
Arbeitnehmerinteressen$_{246}$ 375
Arbeitsbeziehung$_{171}$ 104
arbeitslos$_{120}$ 281
Arbeitslosigkeit$_{181}$ 373
Arbeitsplatz$_{149}$ 123
Arbeitsplatzvernichtung$_{290}$ 149, 377
arbeitsunfähig$_{145}$ 282, 328
archaisch$_{70}$ 280, 316
Archäologie$_{99}$ 120
Archäologie des Wissens$_{235}$ 20, 258
Arche$_{35}$ 369
Archetypus$_{136}$ 130
Architektur$_{134}$ 122, 306
Architekturelemente$_{213}$ 341, 344
Archiv$_{61}$ 118, 217, 230
Arena$_{39}$ 117
Argument$_{99}$ 35, 120, 366
Argumentation$_{158}$ 123, 147, 190
Argumentationsvereinfachung$_{310}$ 377
Argumentationszusammen-

Kursiv hervorgehoben:
Code-Änderungen durch
Rechtschreibreform

hang $_{319}$ 265, 378
argumentieren $_{150}$ 334
aristokratisch $_{171}$ 136, 283
Arithmetik $_{114}$ 99, 121, 148, 292, 349
arm $_{32}$ 279
Armut $_{73}$ 119
Artenschutzverordnung $_{293}$ 377
Artenvielfalt $_{145}$ 122
artikulieren $_{143}$ 334
Asche $_{36}$ 117
asiatisch $_{89}$ 181, 280
Askese $_{60}$ 118
asozial $_{83}$ 280
Assoziation $_{148}$ 213, 318, 352, 372
Ästhetik $_{98}$ 67, 120, 266
ästhetische Information $_{256}$ 214
ästhetisierend $_{161}$ 97, 273, 283
Astrologie $_{121}$ 121
Atem $_{39}$ 117, 297
Atheismus $_{115}$ 121
atmen $_{53}$ 331
Atmosphäre $_{121}$ 311, 312, 394
Atombombe $_{86}$ 119, 164
Atomkraftwerk $_{162}$ 373
Attribute $_{116}$ 271
Auf der Suche nach der verlorenen Zeit $_{352}$ 251
auferstehen $_{122}$ 333
Aufgabe $_{43}$ 117, 146, 207
aufklären $_{94}$ 127, 217, 332
Aufklärung $_{117}$ 36, 98, 121, 134, 232, 261
Aufklärung der Aufklärung $_{261}$ 350
aufkommensneutral $_{209}$ 284
Aufmerksamkeit $_{153}$ 123
aufmerksamkeitsfördernd $_{261}$ 285
Auflösung $_{121}$ 343
aufrichtig $_{102}$ 281
Aufschub $_{81}$ 370
Aufstiegsmechanismus $_{232}$ 375
Auge $_{34}$ 117, 233
Augenblick $_{85}$ 119, 180, 220
Aura $_{41}$ 117
ausbilden $_{87}$ 181, 332
Ausbruch $_{93}$ 262
auseinanderdividieren $_{21}$ 336
auseinandernehmen $_{170}$ 335
Auseinandersetzungsversuch $_{338}$ 378
Ausgangspunkt $_{171}$ 104
ausgezeichnet $_{143}$ 282
Ausnahme $_{82}$ 73, 119, 207, 246, 292, 302, 318, 354, 396
Ausnahmezustand $_{187}$ 135
ausrottungsgefährdet $_{254}$ 285
Aussage $_{73}$ 357
Ausschaltung des Zufalls $_{271}$ 238, 243, 244
ausschließen $_{154}$ 334
außergewöhnlich $_{192}$ 284
außerirdisch $_{153}$ 282
Äußerung $_{130}$ 360
Aussichtslosigkeit $_{226}$ 262
ausstellen $_{128}$ 333
Ausstieg $_{101}$ 397
aussuchen $_{111}$ 333
Austausch $_{113}$ 131, 185, 306
austauschbar $_{134}$ 273
austauschen $_{132}$ 275, 334
Austauschrelation $_{207}$ 256, 341, 342, 343
Austauschturbulenz $_{226}$ 398
Aussichtslosigkeit $_{226}$ 262
Ausweglosigkeit $_{183}$ 262
authentisch $_{128}$ 282
Automatentheorie $_{190}$ 275
Automation $_{129}$ 122, 209
automatisch $_{130}$ 271
Automatisierung $_{193}$ 374
Automatisierung der Wahrnehmung $_{352}$ 255, 389
Automatisierungskrise $_{274}$ 376
Automatismus $_{172}$ 74, 255
Autonomie $_{113}$ 121, 306
autopoietisch $_{161}$ 97, 273
Autorität $_{130}$ 122
autoritätsfixiert $_{240}$ 285
Autoritätsmißbrauch $_{262}$ 376
avantgardistisch $_{175}$ 283

babbeln $_{38}$ 331
backen $_{36}$ 331
Bahre $_{34}$ 369
balgen $_{41}$ 331
Ball $_{27}$ 117
banal $_{30}$ 279
Bande $_{26}$ 24
Bank $_{28}$ 117
bankrott $_{101}$ 281
Bankverbindung $_{144}$ 122
Bär $_{26}$ 23
Barbar $_{42}$ 117
barbarisch $_{81}$ 223, 225, 274, 280
Barrikade $_{69}$ 370
Basar $_{41}$ 117
Bauch $_{35}$ 117
bauen $_{43}$ 331
Bauernkalender $_{131}$ 196, 372
Baum $_{37}$ 117
beben $_{28}$ 330
Bedarf $_{36}$ 117
bedeutend $_{80}$ 223, 225, 280
Bedeutung $_{99}$ 45, 67, 120, 366
bedeutungsfrei $_{156}$ 283
Bedeutungsproduktion $_{261}$ 350, 376
Bedeutungsreichtum $_{215}$ 374
Bedeutungsschichten $_{207}$ 341, 342
Bedeutungstransformation $_{301}$ 377
Bedeutungsunterschied $_{244}$ 289
Bedeutungswandel $_{177}$ 77, 124
Bedeutungszusammenhang $_{260}$ 58, 80, 376
Bedienungsanleitung $_{203}$ 215, 258, 301, 302, 374
Bedingung $_{83}$ 119, 179, 243, 312, 395
Bedürfnis $_{103}$ 74, 120, 165, 356
befreien $_{64}$ 331
Befreiung $_{87}$ 51, 120, 143
Befreiungsperspektive $_{252}$ 397
Befriedigung $_{107}$ 121
befruchten $_{102}$ 333
Befruchtung $_{125}$ 372
begabt $_{37}$ 279
begeben $_{40}$ 331
begehren $_{64}$ 331
begeistern $_{104}$ 333
begeisterungsfähig $_{187}$ 284
Begeisterungsmöglichkeit $_{268}$ 376
Beginn $_{51}$ 369, 397
Begriff $_{53}$ 118, 215, 266, 291
Begriffsdefinition $_{177}$ 77, 124
begründen $_{95}$ 127, 181, 327, 328, 332
begründungsbedürftig $_{234}$ 285
Behandlungsprozedur $_{230}$ 375
Beharrlichkeit $_{129}$ 80, 122, 209, 260
Behauptung $_{115}$ 121, 137
Beichte $_{52}$ 369
Beischlaf $_{65}$ 118
Beispiel $_{77}$ 29, 119, 215, 227, 309, 352
bekriegen $_{76}$ 332
beleben $_{45}$ 331
belesen $_{62}$ 280
Beliebtheitsskala $_{160}$ 373
Benehmen $_{66}$ 370
benutzerfreundlich $_{211}$ 284
Benutzeroberfläche $_{191}$ 355
beobachten $_{75}$ 327, 328, 332, 392
Beobachter $_{79}$ 50
Beobachterin $_{102}$ 50
Beobachtung $_{98}$ 49, 257, 297, 371
berechenbar $_{81}$ 152, 223, 225, 280, 366
berechnen $_{74}$ 129, 327, 328, 332
berechnete Interpretation $_{269}$ 223, 244
Berechnung $_{97}$ 30, 120, 129, 140, 142, 151, 230, 251, 293, 294
Berechnung der Töne $_{183}$ 311
Berechnungsgrundlage $_{205}$ 340, 341, 342, 343, 344, 384
Berechnungsmöglichkeiten $_{252}$ 397
Berechtigung $_{119}$ 232, 371
bereichern $_{87}$ 328, 332
Berg $_{32}$ 117
berühmt $_{92}$ 276, 281
Beschäftigung $_{127}$ 122
beschäftigungsaktivierend $_{264}$ 286
Beschäftigungsalternative $_{273}$ 376
Beschäftigungstherapie $_{228}$ 149, 223, 375
Bescheidenheit $_{116}$ 371
Beschönigung $_{129}$ 209, 372
Beschreibung $_{113}$ 131, 306

Beschwichtigung$_{158}$ 147, 373
beschwören$_{117}$ 232, 333
Besonderheit$_{124}$ 121, 314
Bestechung$_{104}$ 120
bestrafen$_{90}$ 332
beten$_{46}$ 98, 331
betriebskostensenkend$_{236}$ 285
Betriebsratsversammlung$_{283}$ 144, 377
Betrug$_{73}$ 119
Betrugsverdacht$_{173}$ 373
Bett$_{47}$ 118, 146
bewaffnen$_{76}$ 332
Bewährungshilfe-institution$_{333}$ 378
bewegen$_{61}$ 331
Bewegung$_{84}$ 119, 180, 208, 235, 386, 396
Beweis$_{63}$ 7, 118, 141, 309
beweisen$_{82}$ 181, 332
Bewertung$_{115}$ 121, 137, 148
bewilligungsabhängig$_{194}$ 284
bewußt$_{109}$ 281
bewußtmachen$_{153}$ 51, 334
Bewußtsein$_{156}$ 21, 123, 185, 277, 311, 312, 322, 351, 352
Bewußtseinserweiterung$_{320}$ 378
Bewußtseinsinhalt$_{239}$ 375
Bewußtseinskrise$_{237}$ 292
Bewußtseinsstörung$_{294}$ 72, 377
Bewußtseinsstrom$_{260}$ 58, 376
Bezeichnungssystem$_{234}$ 288
Beziehung$_{97}$ 30, 120, 129, 293, 294
Beziehung der Töne$_{183}$ 311
Beziehungen$_{116}$ 271, 395
beziehungsfixiert$_{207}$ 284, 340, 343
Beziehungsintensität$_{252}$ 398
Beziehungslehre$_{164}$ 23
beziehungslos$_{162}$ 283
Beziehungslosigkeit$_{223}$ 192, 193, 224
Beziehungsmuster$_{212}$ 253, 341, 343
Beziehungsnegation$_{201}$ 258, 374
Beziehungsproblem$_{197}$ 374
Beziehungsraster$_{197}$ 86, 246
beziffern$_{91}$ 140
Bezüge$_{71}$ 343
Bezugsperson$_{167}$ 145
Bezugssystem$_{181}$ 74, 75, 262
Bhagavadgita$_{83}$ 257
Bibel$_{30}$ 80, 93, 117, 249
Bibliothek$_{93}$ 120
bieder$_{43}$ 279
biegen$_{42}$ 331
Bilanz$_{64}$ 118, 138, 240
Bild$_{27}$ 16, 17, 20, 22, 117, 128, 200, 395
Bildauflösung$_{148}$ 318
Bildschirm$_{97}$ 45, 120
billig$_{51}$ 279
binden$_{48}$ 331
Biographie$_{90}$
Biografie$_{72}$ 139, 370
Biologie$_{74}$ 119, 230
Biomasse$_{83}$ 370
bitten$_{70}$ 332
bizarr$_{74}$ 345
Blatt$_{55}$ 369
Blei$_{28}$ 117
bleiben$_{49}$ 331
bleich$_{39}$ 279
blenden$_{56}$ 331
Blendung$_{56}$ 233
Blick$_{37}$ 117, 226, 308, 395
blicken$_{56}$ 331
blind$_{41}$ 279
Blindenschrift$_{143}$ 221
blöd$_{38}$ 279
blond$_{47}$ 279
blühen$_{67}$ 331
blühend$_{71}$ 274, 280
Blume$_{53}$ 118
Blut$_{55}$ 118
Blüte$_{65}$ 370
Boden$_{40}$ 117
Bombenattentat$_{152}$ 123
Bordell$_{68}$ 119
Börse$_{64}$ 133
Börsenkrach$_{119}$ 121, 138
Börsenspekulation$_{221}$ 193, 375
Börsenzulassungs-kriterien$_{346}$ 378
Bösartigkeit$_{141}$ 372
böse$_{46}$ 279
Bote$_{42}$ 117
Botschaft$_{94}$ 120, 138, 139, 143, 205, 293, 294
brauchen$_{72}$ 135, 332
braun$_{56}$ 136, 279
brav$_{43}$ 279
breitenwirksam$_{167}$ 283
brennen$_{72}$ 332
Brot$_{55}$ 118, 141, 142
Brücke$_{65}$ 113
Brüderlichkeit$_{150}$ 123, 143, 144
brutal$_{74}$ 280
Buch$_{34}$ 117, 233, 395, 396
Bücherverbrennung$_{202}$ 145, 374
buchführen$_{111}$ 45, 328, 333, 386
Buchhaltung$_{117}$ 98, 121, 138, 186
Buchstabe$_{81}$ 20, 30, 84, 111, 119, 152, 156, 158, 200, 208
Buchstabenbesessenheit$_{225}$ 226
Buchstabenbestand$_{160}$ 197
buchstabengetreu$_{171}$ 283
Buchstabenkryptogramm$_{252}$ 397
Buchstabenrechnung$_{185}$ 81, 105, 350
Buchstabenstatistik$_{223}$ 292
buchstabieren$_{127}$ 153, 179, 328, 333, 366
buchstäblich$_{113}$ 36, 101, 181, 224, 225, 281, 343
Buchtitel$_{100}$ 259
bunt$_{57}$ 136, 273
Bürger$_{76}$ 119
Bürgerkrieg$_{126}$ 121
bürgerlich$_{108}$ 136, 281
Bürokratie$_{125}$ 121
bürokratisch$_{150}$ 21, 282
bürokratisieren$_{190}$ 335
büßen$_{85}$ 332
byzantinisch$_{150}$ 282

Chance$_{34}$ 111, 117
Chaos$_{46}$ 117, 121, 146, 249, 257, 294, 395, 396
Chaostheorie$_{126}$ 49
charakterisieren$_{164}$ 335
charismatisch$_{131}$ 272, 282
Chemie$_{43}$ 369
Chiffre$_{55}$ 39, 51, 130, 369
Chor$_{44}$ 117
Clan$_{30}$ 369
Code$_{27}$ 16, 20, 23, 28, 51, 117, 128, 182, 200, 395, 396
Codierungs- und Decodierungsapparat$_{351}$ 253, 365, 389
Computer$_{111}$ 72, 121, 257, 347, 386
computergeneriert$_{212}$ 284
cool$_{45}$ 279

Dada$_{10}$ 237
Damm$_{31}$ 369
Dank$_{30}$ 117
danken$_{49}$ 331
das absolute Gedicht$_{175}$ 217
Das Alphabet als Code$_{148}$ 382, 383
Das Alte Testament$_{179}$ 78, 257
das Bleibende$_{82}$ 354
das Ende der Geschichte$_{166}$ 56, 147
das Ganze$_{77}$ 215
das Geheimnisvolle$_{179}$ 78
Das Gewissen der Worte$_{233}$ 258
Das Gilgamesch Epos$_{163}$ 249, 257
Das Ich und das Es$_{131}$ 257
das ideale Gedicht$_{116}$ 217
Das Kapital$_{94}$ 257
das Neue$_{69}$ 352
das neue Erkenntnis-instrument$_{351}$ 253
Das Neue Testament$_{186}$ 257
das Nichts$_{97}$ 210
das notwendige System der Schrift$_{351}$ 253
das politische System der Schrift$_{351}$ 253
Das Prinzip Hoffnung$_{223}$ 193, 258
Das Schloß$_{119}$ 257
Das Unbehagen in der Kultur$_{254}$ 258
das utopische System der Schrift$_{351}$ 253
Das weite Land$_{117}$ 257
das Wilde$_{77}$ 227
Das wilde Denken$_{130}$ 257
Dasein$_{52}$ 118, 138, 303, 304

Datenerfassung $_{154}$ 48, 123, 149, 276
Datenerfassungs-sensibilität $_{317}$ 378
Datenmenge $_{88}$ 66, 80
Datenverarbeitung $_{186}$ 186
Datum $_{59}$ 329, 370
dazwischen $_{112}$ 101
dealen $_{41}$ 331
debil $_{32}$ 279
dechiffrieren $_{110}$ 45, 328, 333
decodieren $_{82}$ 73, 75, 292
Decodierungsverfahren $_{221}$ 192, 193, 375
Definitionsmacht $_{169}$ 393
deformieren $_{112}$ 333
Dekonstruktionsprozeß $_{333}$ 382
demobilisieren $_{139}$ 334
Demokratie $_{101}$ 120, 149
demokratisch $_{126}$ 282
demokratisieren $_{166}$ 335, 392
Demonstration $_{167}$ 128
demütigen $_{103}$ 333
denken $_{53}$ 303, 304, 331
Denken über das Denken $_{181}$ 56, 74, 75
Denkmaschine $_{106}$ 269
Denkmodell $_{95}$ 83
depressionsgeschädigt $_{231}$ 285
depressiv $_{117}$ 232, 281
der alphanumerische Code $_{207}$ 34, 341, 342, 343, 384
Der Augenblick $_{112}$ 257
Der eindimensionale Mensch $_{237}$ 258
Der Fremde $_{78}$ 257
Der Gebrauch des Menschen $_{201}$ 258
Der jüngste Tag $_{156}$ 145
der kategorische Imperativ $_{261}$ 350
Der Konformist $_{167}$ 257
Der Koran $_{86}$ 257
Der Mann ohne Eigenschaften $_{227}$ 258, 273
Der Meister und Margarita $_{243}$ 258
Der Prozeß $_{145}$ 231, 257
der sechste sinn $_{162}$ 223
Der Spieler $_{111}$ 257
Der Stein der Weisen $_{196}$ 89, 219
der summierte Buchstaben-Eigenwert $_{351}$ 252, 253, 364, 365
Der Untertan $_{140}$ 257
Der Wohlstand der Nationen $_{262}$ 258
Der Zauberberg $_{132}$ 257
derb $_{29}$ 279
Deregulierung $_{146}$ 143, 147
desertieren $_{122}$ 333
destabilisieren $_{151}$ 334
Destruktion $_{156}$ 185
destruktiv $_{149}$ 148
Destruktivität $_{204}$ 216
Determinismus $_{169}$ 111, 373
deutsch $_{80}$ 209, 223, 225, 280
Dezentralisierung $_{207}$ 342
Dezimalsystem $_{171}$ 63, 154, 373
diagnostizieren $_{175}$ 335
Diagramm $_{66}$ 80, 393
Dialekt $_{62}$ 370
Dialektik $_{82}$ 73, 75, 207, 396
Dialektik der Aufklärung $_{226}$ 258, 262
Dialog $_{48}$ 19, 249, 369
dichten $_{63}$ 328, 331
Dichtung $_{86}$ 112, 113, 119, 143, 154, 155, 156, 180, 217
dick $_{27}$ 279
Die Analyse der Empfindungen $_{250}$ 258
Die Antiquiertheit des Menschen $_{303}$ 258
die Anzahl der Möglichkeiten vermehren $_{351}$ 266, 365
Die Ästhetik des Widerstands $_{280}$ 258
die Befindlichkeit im Alltag $_{210}$ 392
die Beobachtungsposition $_{252}$ 397
Die Bibel $_{48}$ 249, 257
Die Blumen des Bösen $_{173}$ 257
Die Dämonen $_{89}$ 257
die Elemente der Schrift $_{207}$ 342, 397
Die Enden der Parabel $_{134}$ 257
Die Form der Zeit $_{157}$ 257, 292
die gleiche Wellenlänge von Wörtern $_{351}$ 364, 365
Die Göttliche Komödie $_{199}$ 258
die große Zahl $_{148}$ 318, 383
die großen Erzählungen $_{251}$ 344
Die Gutenberg-Galaxis $_{190}$ 258
Die Handschrift von Saragossa $_{279}$ 258
Die Kabbala $_{48}$ 249, 257
Die Klavierspielerin $_{203}$ 258
die Konstruktions-prinzipien $_{360}$ 252, 364
die Künste $_{113}$ 306
Die Lage der arbeitenden Klasse in England $_{314}$ 258
die latente Polarität Sinn – Paradoxie $_{361}$ 255
Die Lesbarkeit der Welt $_{207}$ 258, 342, 344, 384
Die letzte Welt $_{166}$ 257
Die Methode der Komposition $_{271}$ 243, 244
Die offene Gesellschaft und ihre Feinde $_{308}$ 258
die Moderne $_{92}$ 93
Die Ordnung der Dinge $_{177}$ 77, 257
Die Reiterarmee $_{135}$ 257
Die Satanischen Verse $_{200}$ 258
die Schrift $_{101}$ 20, 73, 253
die Schrift als Beobachtungs-system $_{351}$ 252, 253, 364, 365
die Selbbestätigungs-tendenzen $_{351}$ 253
die Selbstorganisation der Buchstaben $_{359}$ 255
die Stunde der Wahrheit $_{220}$ 292
die Teile und das Ganze $_{185}$ 81, 105, 392
Die Traumdeutung $_{183}$ 257
die Überflüssigen $_{186}$ 135
Die Unfähigkeit zu trauern $_{278}$ 258
Die Ursache $_{93}$ 257
die verborgene Ordnung $_{222}$ 193
Die Wahlverwandtschaften $_{245}$ 258
die wertfreie Vernetzungs-logik $_{352}$ 255
die Wissenschaft vom Zustand $_{319}$ 198, 265
Die Wissenschaften vom Künstlichen $_{374}$ 58
Die Wörter $_{122}$ 257
die Zahlen- und Buchstaben-kombinationen $_{360}$ 252
die zweite Moderne $_{180}$ 93
die zynische Vernunft $_{247}$ 133
Dienstleistung $_{178}$ 124
Dienstleistungsgesell-schaft $_{314}$ 258, 377
Dieses ist mein … $_{150}$ 21
Differenz $_{93}$ 38, 261, 343
differenzieren $_{144}$ 334
Differenzierung $_{167}$ 213
differenzierungsunfähig $_{257}$ 286
digital $_{62}$ 190, 280, 301
diktatorisch $_{137}$ 282
Diktatur $_{104}$ 120
diktieren $_{95}$ 332
Dimension $_{102}$ 48
Ding $_{34}$ 117, 233, 313
Dinge $_{39}$ 229
diplomatisch $_{129}$ 282
Diskretion $_{124}$ 372
Diskriminierungs-systematik $_{341}$ 378
Diskurs $_{101}$ 20
Diskussion $_{140}$ 122, 322
diskutieren $_{135}$ 334
Dissonanz $_{121}$ 121, 224, 311, 312, 394
distanzieren $_{144}$ 334
Disziplin $_{118}$ 121, 232
Disziplinierungssystem $_{312}$ 377
dividieren $_{99}$ 181, 332
dogmatisch $_{99}$ 316
dokumentieren $_{154}$ 334
Dolch $_{42}$ 369
Doppelhelix $_{126}$ 121
Dorf $_{43}$ 117
Drama $_{37}$ 117
dramatisch $_{96}$ 281, 354
dramatisieren $_{136}$ 85, 130, 334
drei $_{36}$ 337
Dreieck $_{55}$ 118, 130, 188

dreihunderteinundfünfzig $_{287}$ 253
dreihundertsechsundzwanzig $_{325}$ 340
dreihundertsechzig $_{203}$ 252
dreihundertvierundzwanzig $_{325}$ 340
dreizehn $_{89}$ 337
Droge $_{49}$ 118
Drohung $_{87}$ 370
du $_{25}$ 104
Duft $_{51}$ 118
dumm $_{51}$ 279
dunkel $_{67}$ 280
Dunkelheit $_{109}$ 121, 233
durchanalysieren $_{177}$ 335
Durchdringung $_{148}$ 293, 294
durcheinanderbringen $_{193}$ 335
durcheinanderwirbeln $_{207}$ 336, 343
durchorganisieren $_{188}$ 335
Durchschnittskalkulation $_{293}$ 377
durchsetzen $_{143}$ 334
durchsetzungsschwach $_{250}$ 285
durchsetzungsstark $_{254}$ 286
Durchsichtigkeit $_{174}$ 79
Durchuntersuchungsprogramm $_{345}$ 378
Dynamik $_{77}$ 119, 215, 227, 309, 362

Ebene $_{31}$ 117
ebnen $_{40}$ 331
Echo $_{31}$ 117
echt $_{36}$ 279
eckig $_{35}$ 279
effizient $_{100}$ 181, 281
egalisieren $_{104}$ 140, 142
eggen $_{38}$ 331
Ego $_{27}$ 117, 128
egoistisch $_{114}$ 281
Ehre $_{36}$ 117
Ehrgeiz $_{78}$ 370
ehrlich $_{63}$ 270, 280
Ehrlichkeit $_{108}$ 121
Eifersucht $_{114}$ 121
eifersüchtig $_{135}$ 282
Eigenschaft $_{97}$ 273
Eigenschaften $_{116}$ 271
Eigensinn $_{96}$ 120, 230
eigensinnig $_{112}$ 101, 281
Eigentum $_{94}$ 120, 139, 257
Eigenwert $_{106}$ 99, 389, 390
eilen $_{45}$ 331
eilig $_{42}$ 331
ein Denken der Frage $_{145}$ 104
ein Wort gibt das andere $_{213}$ 228
Einbildungskraft $_{172}$ 124, 347
eine Addition von Elementen $_{253}$ 344
eine alphanumerische Musterbildung $_{351}$ 365
eine Erforschung der Zeichenhaftigkeit $_{360}$ 364
einfach $_{46}$ 279
Einfachheit $_{88}$ 80, 81
Einfall $_{59}$ 118, 191, 300
Einfallsreichtum $_{175}$ 124, 215
Eingang $_{57}$ 369
eingebildet $_{92}$ 276, 281
Einheit $_{70}$ 151, 156, 191, 204, 226
Einheiten $_{89}$ 204
Einheitlichkeit $_{147}$ 123
Einkommen $_{99}$ 120
Einmaleins $_{101}$ 100, 221, 371
eins $_{47}$ 61, 118, 152, 191, 300, 337
einsam $_{61}$ 209, 280
Einsamkeit $_{106}$ 120
Einsturzgefahr $_{177}$ 124
Einverständnis $_{178}$ 124, 263
Einzelgänger $_{128}$ 372
Einzelheit $_{113}$ 121, 131, 306
Einzelschritte $_{173}$ 373
einzigartig $_{125}$ 282, 322
Einzigartigkeit $_{170}$ 124, 237
Eis $_{33}$ 117
eisig $_{49}$ 279
Ekel $_{33}$ 117
elegant $_{64}$ 272, 280
Elektrizität $_{161}$ 123
Elektronik $_{120}$ 121
Element $_{74}$ 119, 230
Elementarlehre $_{141}$ 180
Elementarteilchen $_{169}$ 44, 111, 124
Elementarteilchenphysik $_{257}$ 80
Elend $_{40}$ 117
elf $_{23}$ 337
Emanzipation $_{143}$ 122
Emigration $_{111}$ 134, 347, 371
Emotion $_{91}$ 138, 139, 371
emotionalisieren $_{183}$ 335
empfinden $_{86}$ 332
Empfindlichkeit $_{144}$ 122
Empfindung $_{109}$ 74, 121, 224
Ende $_{28}$ 117, 145
enden $_{42}$ 331
Endophysik $_{126}$ 49
Endspiel $_{84}$ 257
Energie $_{63}$ 118, 309
Energiebedarf $_{99}$ 120
Engagement $_{91}$ 120, 138
Engagementverschwendung $_{254}$ 258, 376
engagiert $_{86}$ 136
Enge $_{31}$ 369
Engel $_{43}$ 369
entanonymisieren $_{200}$ 336
Entdeckung $_{104}$ 349
Entfernung $_{124}$ 121, 314
entfesseln $_{119}$ 333
Entfremdung $_{127}$ 372
Entfremdungsunterschied $_{272}$ 376
Enthusiasmus $_{169}$ 124
entideologisieren $_{185}$ 335
entkolonialisieren $_{207}$ 336
entkorrumpieren $_{202}$ 336
entkriminalisieren $_{205}$ 336
entmaterialisieren $_{197}$ 336
entmilitarisieren $_{200}$ 336
entnationalisieren $_{204}$ 336
entpolitisieren $_{190}$ 335
Entropie $_{102}$ 48
entsäkularisieren $_{206}$ 336
entscheiden $_{106}$ 328, 333, 395
Entscheidung $_{129}$ 122
entscheidungsfreudig $_{218}$ 284
entscheidungskompetent $_{267}$ 286
entscheidungsschwach $_{213}$ 284
Entscheidungszusammenhang $_{290}$ 149, 258, 377
Entschluß $_{140}$ 122
entschlüsseln $_{176}$ 329, 335
Entschlüsselung $_{204}$ 341
Entschlüsselungsarbeit $_{278}$ 278, 376
Entschlüsselungsversuch $_{319}$ 198, 265, 378
entschuldigen $_{141}$ 334
entsolidarisieren $_{196}$ 336
Entsolidarisierung $_{219}$ 375
entsprechend $_{131}$ 210
entsubjektivieren $_{209}$ 336
Enttäuschung $_{158}$ 123
Enttäuschungsmechanismen $_{281}$ 376
Entweder-Oder $_{136}$ 257, 297
entwerfen $_{110}$ 333
entwickeln $_{116}$ 131, 333
Entwicklung $_{139}$ 372
Entwicklungshilfe $_{198}$ 374
entwicklungsnotwendig $_{269}$ 286
Entwicklungsperspektive $_{304}$ 100, 263, 377
Entwicklungsturbulenzen $_{316}$ 378
entzaubern $_{126}$ 333
entziffern $_{123}$ 48, 329, 333
Entzugserscheinung $_{235}$ 375
entzündungshemmend $_{232}$ 285
Enzyklopädie $_{148}$ 352
erbarmungslos $_{164}$ 224, 225, 283
Erbe $_{30}$ 80, 117, 249
erben $_{44}$ 331
Erde $_{32}$ 117
Erdoberfläche $_{107}$ 22, 235, 371
Erdumdrehung $_{138}$ 122
Erfahrung $_{98}$ 120, 266
Erfahrungsauswertung $_{266}$ 376
Erfindung $_{98}$ 49, 297, 371
Erfolg $_{63}$ 7, 118, 141, 270
Erfolgsmechanismus $_{207}$ 342, 344
Ergebnis $_{79}$ 119, 362, 349, 395
Erhabenheit $_{95}$ 371
erinnern $_{97}$ 129, 181, 328, 332
Erinnerung $_{125}$ 121
Erinnerung, sprich $_{198}$ 258
erinnerungsgeprägt $_{223}$ 285
erinnerungslos $_{190}$ 136, 284
erkennen $_{86}$ 328, 332
Erkenntnis $_{129}$ 80, 122, 206, 209, 257, 260
Erkenntnis und Irrtum $_{267}$ 258
Erkenntnisgewinn $_{201}$ 340,

341, 382, 384
Erkenntnistheorie$_{209}$ 71, 258, 341, 343, 374, 382, 383
Erklärung$_{112}$ 149
Erklärung des Ausnahmezustandes$_{351}$ 253, 266, 365
erklärungsbedürftig$_{228}$ 285
Erklärungszusammenhan$_{273}$ 245, 321
Erlebnis$_{84}$ 67, 119, 293
Erlebnisverlust$_{201}$ 374
Erlösung$_{116}$ 121, 232, 257
ermöglichen$_{114}$ 333
erneuern$_{100}$ 333
Erniedrigung$_{131}$ 122
erobern$_{77}$ 332
Erotik$_{78}$ 119, 188, 359, 392
erotisch$_{97}$ 92, 275, 276, 281
Erregung$_{95}$ 120
Erscheinen$_{100}$ 289
erzählen$_{94}$ 181, 328, 332
Erzählung$_{117}$ 134
erzeugen$_{101}$ 327, 328, 333, 354, 397
es$_{24}$ 129
Es ist wie es ist$_{181}$ 133
Essenz$_{88}$ 66, 80, 240, 370
Ethik$_{53}$ 266, 304, 369
Ethnographie$_{126}$ 372
europäisch$_{120}$ 224
Eurozentrismus$_{223}$ 193, 224
evaluieren$_{112}$ 328, 333
Evangelium$_{109}$ 371
ewig$_{44}$ 272, 279
Ewigkeit$_{89}$ 120, 294, 312, 313
Exil$_{50}$ 118, 249
existentialistisch$_{225}$ 285
Existenz$_{122}$ 121, 227, 257
Existenzangst$_{183}$ 257, 373
Existenzbedingung$_{205}$ 341, 342
Existenzform$_{174}$ 49, 165, 384
Existenzgrundlage$_{211}$ 258, 341, 343, 374
Existenzminimum$_{214}$ 143, 374
exkommunizieren$_{202}$ 336
Experiment$_{129}$ 80, 122, 209, 260
experimentell$_{158}$ 91, 283
experimentieren$_{180}$ 335
Experte$_{93}$ 138, 139, 149, 371
Explosion$_{129}$ 80, 122
exponieren$_{125}$ 333
expressionistisch$_{231}$ 285
extremistisch$_{172}$ 283
extrovertiert$_{199}$ 284
exzentrisch$_{151}$ 282, 317

fabeln$_{40}$ 331
Fabrik$_{47}$ 152
Fachgebiet$_{66}$ 73
Fachkenntnis$_{124}$ 121, 314
Faden$_{30}$ 80, 117
fähig$_{36}$ 279
fahl$_{27}$ 279
Fahne$_{34}$ 369
Fähre$_{43}$ 117
fahren$_{52}$ 331
Fahrlässigkeit$_{150}$ 123
Fahrlässigkeitsproblematik$_{291}$ 377
Falke$_{35}$ 117
Fall$_{31}$ 117
Falle$_{36}$ 117
fallen$_{50}$ 331
falsch$_{49}$ 80, 102, 272, 279
fälschen$_{73}$ 328, 332
Falschmeldungsvernetzung$_{296}$ 377
Fälschung$_{96}$ 120
Falte$_{44}$ 369
Familie$_{55}$ 118, 130, 141, 142
Fanatismus$_{123}$ 121, 250
Farbe$_{32}$ 117
Faschismus$_{118}$ 121, 145, 232
faschistisch$_{124}$ 282
Fastgewißheit$_{170}$ 72
Fatalismus$_{121}$ 121, 224, 232, 265, 312
Faust$_{67}$ 257
Feder$_{38}$ 117
fegen$_{37}$ 331
Fehler$_{54}$ 215, 266
feiern$_{57}$ 331
feig$_{27}$ 278
Feige$_{32}$ 117
fein$_{34}$ 279
Feind$_{38}$ 117
Feindbildproduktion$_{208}$ 145
Feindseligkeit$_{135}$ 372
Feld$_{27}$ 117
Feldforschung$_{138}$ 71
Fell$_{35}$ 117
Felsen$_{61}$ 370
Feme$_{29}$ 369
feminin$_{70}$ 274, 280
Feminismus$_{128}$ 122
feministisch$_{134}$ 273, 282
fensterlos$_{133}$ 282
Ferne$_{48}$ 118
fernsehen$_{94}$ 120, 138, 139, 143, 332
fertigmachen$_{109}$ 333
Fest$_{50}$ 118, 249
Fetisch$_{70}$ 151, 370
Fetischismus$_{151}$ 123
Fett$_{51}$ 118
Feuer$_{55}$ 118
fiebrig$_{56}$ 279
Figur$_{61}$ 202, 217, 309, 370
Film$_{40}$ 309, 369
finanzieren$_{121}$ 322, 333
Finanzverhandlungsresultat$_{331}$ 378
finanzwissenschaftlich$_{248}$ 285
finden$_{52}$ 303, 304, 331
Fingerabdruck$_{119}$ 121, 232
Fingerspitzengefühl$_{232}$ 375
Firma$_{47}$ 369
Firmenleitung$_{153}$ 372
Fisch$_{45}$ 117
Fitneßtraining$_{184}$ 373
flach$_{30}$ 279
Fläche$_{40}$ 117, 155, 309
Flamme$_{50}$ 249, 369
Fleisch$_{62}$ 118, 230
Fleiß und Industrie$_{228}$ 223
fleißig$_{86}$ 136, 280
Flexibilisierungsvorteil$_{301}$ 377
Flexibilität$_{134}$ 143
Fliege$_{44}$ 117
fliegen$_{58}$ 331
fliehen$_{59}$ 331
fließen$_{89}$ 332
flink$_{52}$ 279
Flöte$_{63}$ 370
fluchen$_{69}$ 332
Fluchtversuch$_{166}$ 123
Flugverbindung$_{162}$ 123
Fluß$_{77}$ 119
Flüssigkeit$_{143}$ 122
Folgeerscheinung$_{168}$ 98, 373
Folgerichtigkeit$_{164}$ 23, 243
Folklore$_{94}$ 120, 139
Folter$_{76}$ 119
foltern$_{90}$ 332
Form$_{52}$ 118, 266, 303, 304, 395, 396
formale Symmetrie$_{197}$ 246
formales System$_{190}$ 67, 85
Formalismus$_{146}$ 147, 253
Formel$_{69}$ 89, 119, 138, 156, 217, 352
förmlich$_{89}$ 181, 280
forschen$_{88}$ 181, 320, 332, 347
Forschung$_{111}$ 72, 121, 347, 386
Forschungsförderungsausgaben$_{332}$ 378
forschungsintensiv$_{242}$ 285
Fortpflanzung$_{176}$ 29, 124, 257
Fortschritt$_{156}$ 21, 50, 123, 277, 311, 312, 352
Fortschrittsglaube$_{223}$ 192, 193, 258, 375
fortschrittsgläubig$_{239}$ 285
Frage$_{37}$ 117, 226, 308, 395
fragen$_{51}$ 303, 304, 331
fragend$_{55}$ 136, 279
Fragment$_{84}$ 119, 156, 180, 235, 293, 386
fragmentarisch$_{142}$ 133, 282
Fragmentarisierung$_{205}$ 216
Fragmentarisierungsproblematik$_{346}$ 378
Fragmentierung$_{158}$ 215
Frau$_{46}$ 117, 145, 146, 154
Frauenbewegung$_{149}$ 123
frei$_{38}$ 279
Freibeuterschriften$_{211}$ 258
Freiheit$_{80}$ 119, 143, 156, 210, 266, 321, 361
Freiheitskampf$_{146}$ 122, 147
Freispruch$_{123}$ 121
Freizügigkeit$_{158}$ 123, 190
fremd$_{46}$ 279
fremdenfeindlich$_{135}$ 282
Fremdwort$_{122}$ 121, 227
Frequenz$_{112}$ 371
Frequenzabstimmungsverfahren$_{347}$ 379
Freude$_{59}$ 118, 191, 300
Freund$_{68}$ 119
freundlich$_{100}$ 181, 281
Freundlichkeit$_{145}$ 372
Freundschaft$_{125}$ 121, 188
Frieden$_{61}$ 118, 145
Friedhof$_{71}$ 119
froh$_{47}$ 279
fröhlich$_{84}$ 280
fromm$_{65}$ 280

Frost $_{78}$ 119
Fruchtbarkeit $_{142}$ 122, 241
Frühpensionierungswelle $_{300}$ 377
fügsam $_{72}$ 280
fühlen $_{71}$ 48, 332
führen $_{77}$ 332
fundamentalistisch $_{198}$ 136, 284
fünf $_{52}$ 337
Funktion $_{110}$ 121, 237
funktional $_{123}$ 329
Funktionalismus $_{204}$ 253
funktionieren $_{161}$ 334
funktionierend $_{165}$ 283
Funktionsweise $_{190}$ 67, 85
fürchten $_{100}$ 333
Fußballweltmeisterschaft $_{298}$ 377
Fusion $_{84}$ 293
futuristisch $_{173}$ 136, 283

gaffen $_{39}$ 331
Gang $_{29}$ 117
Gänseblümchen $_{134}$ 372
Ganzheit $_{90}$ 28, 56, 120, 138, 139
Garten $_{65}$ 370
Gas $_{27}$ 369
gastfreundlich $_{147}$ 282
Gastfreundschaft $_{172}$ 124, 347
gebären $_{57}$ 331
geben $_{33}$ 330
Gebet $_{39}$ 117
Gebietsanspruch $_{167}$ 145, 373
gebildet $_{64}$ 272, 280
Gebrauch $_{65}$ 58, 118, 138, 151
Geburt $_{73}$ 119, 188
Geburtstag $_{120}$ 121
Geburtswehen $_{147}$ 123
Gedächtnis $_{95}$ 120, 230
Gedächtnislücke $_{152}$ 372
Gedächtnisverlust $_{212}$ 374
Gedanke $_{47}$ 34, 61, 118, 146, 152, 191, 300, 302, 395, 396, 397
gedankenlos $_{107}$ 281
Gedankenlosigkeit $_{168}$ 124
Gedankenmodell $_{122}$ 227
Gedankenspielerei $_{159}$ 362, 373
Gedicht $_{56}$ 93, 118, 154, 215, 216, 233
Gefahr $_{45}$ 117, 146
Gefangenenlager $_{121}$ 144, 371
Gefängnis $_{87}$ 370
Geflecht $_{66}$ 73, 80, 118, 127, 393
Gefühl $_{64}$ 107, 118, 240
gefühlskalt $_{127}$ 282, 322
Gegensatz $_{104}$ 120, 349
Gegenstand $_{96}$ 120, 230
Gegenstandslosigkeit $_{222}$ 193
Gegenwart $_{100}$ 120, 167, 259, 290, 300
Gegenwartsliteratur $_{243}$ 49, 222, 223, 258, 375
gegenwartsorientiert $_{252}$ 286
Geheimdienst $_{118}$ 121, 232
geheimhalten $_{107}$ 22, 328, 333
Geheimnis $_{89}$ 83, 120, 240, 312, 313, 385, 395
geheimnisvoll $_{150}$ 21, 273, 282
Geheimschrift $_{130}$ 37, 125, 372
gehen $_{39}$ 297, 331
Gehirn $_{61}$ 72, 118, 141, 142, 230, 395
Gehirnforschung $_{172}$ 373
Geige $_{33}$ 117
geil $_{33}$ 279
Geist $_{60}$ 107, 118, 230, 329
geistesgegenwärtig $_{205}$ 284, 340, 343
Geisteswissenschaften $_{249}$ 375
Gelächter $_{84}$ 119, 235
gelassen $_{82}$ 274, 280
Gelassenheit $_{124}$ 72, 121
Geld $_{28}$ 51, 117, 182
geldgierig $_{83}$ 280
gelten $_{63}$ 331
gemäßigt $_{105}$ 281
Gemeinde $_{62}$ 118
Gemeinheit $_{95}$ 120
gemeinnützig $_{155}$ 283
Gemeinsamkeit $_{131}$ 122, 196
Gemeinwohl $_{111}$ 121, 134
Gemütsverfassung $_{222}$ 193
Gen $_{26}$ 16, 17, 22, 23, 24, 28, 154, 165
Genauigkeit $_{109}$ 74, 224
Genauigkeitsmoment $_{208}$ 101
generalisieren $_{141}$ 334
genial $_{48}$ 272, 279
genießen $_{97}$ 332
Genmanipulation $_{171}$ 124
Gentechnologie $_{139}$ 122, 133
Genuß $_{85}$ 370
Geometrie $_{97}$ 30, 67, 120, 230, 251
Geometrie der Töne $_{183}$ 311
gerade $_{40}$ 279
Geräusch $_{87}$ 51, 120, 163
gerecht $_{66}$ 280
Gerechtigkeit $_{127}$ 122
Gericht $_{70}$ 119, 147, 148, 231
Gerichtsentscheidung $_{218}$ 374
Germanistik $_{126}$ 372
Geruch $_{62}$ 370
Gesamtheit $_{107}$ 235
Gesamtrechnung $_{155}$ 145, 147, 148, 217, 223
Gesamtrechnungen $_{174}$ 79
Gesamtschau $_{117}$ 261
Gesamtzusammenhang $_{207}$ 34, 341, 342, 344, 384, 397
Gesang $_{53}$ 118
Geschäft $_{74}$ 119
geschäftstüchtig $_{186}$ 283
gescheit $_{76}$ 274, 280
Geschenk $_{72}$ 57, 119, 138, 277
Geschichte $_{87}$ 51, 120, 156, 163, 231
Geschichte der religiösen Ideen $_{269}$ 258
Geschichte meines Lebens $_{209}$ 258
Geschichte und Eigensinn $_{222}$ 193, 258
Geschichtsbewußtsein $_{257}$ 376
Geschichtsfälschung $_{197}$ 374
Geschlechtsorgan $_{164}$ 123, 129
geschlechtsspezifisch $_{229}$ 273, 285
Geschlechtsverkehr $_{196}$ 154, 187, 258, 374
Geschwindigkeit $_{153}$ 123
Gesellschaft $_{117}$ 121, 134, 232, 257
gesellschaftlich $_{149}$ 282
gesellschaftskritisch $_{233}$ 285
gesellschaftspolitisch $_{247}$ 285
gesellschaftstheoretisch $_{266}$ 286
Gesetz $_{82}$ 29, 73, 84, 119, 152, 156, 207, 208, 246, 292, 318, 395, 396
Gesetz der großen Zahl $_{253}$ 242
Gesetz der kleinen Zahlen $_{245}$ 242
Gesetze der Statistik $_{242}$ 287
gesetzesverletzend $_{237}$ 285
Gesetzmäßigkeit $_{200}$ 250, 258, 341, 374
Gesicht $_{71}$ 119
Gesinnung $_{110}$ 121
Gespräch $_{82}$ 119
Geständnis $_{117}$ 232
gestehen $_{83}$ 332
Gesundheit $_{112}$ 121
gesundheitsorientiert $_{264}$ 286
Gewalt $_{68}$ 119, 138, 156
Gewaltlosigkeit $_{175}$ 124
Gewaltverzicht $_{179}$ 124
Gewebe $_{47}$ 152, 300, 302
Gewerkschaft $_{126}$ 121
Gewicht $_{75}$ 119, 230
Gewinn $_{72}$ 57, 119, 129, 138, 156, 277
gewinnen $_{91}$ 138, 140, 181, 320, 328, 332
Gewinner $_{95}$ 135
Gewissen $_{101}$ 20, 120, 131
gewissenlos $_{147}$ 282
Gewißheit $_{124}$ 42, 72, 121, 314
Gewohnheit $_{114}$ 371
Gift $_{42}$ 117
giftig $_{58}$ 279
Gipfel $_{55}$ 118
Gitterstruktur $_{227}$ 294
Glas $_{39}$ 117
Glaube $_{48}$ 118
glauben $_{62}$ 328, 331
Glaubensbekenntnis $_{194}$ 374
glaubwürdig $_{130}$ 243, 271, 282
Glaubwürdigkeit $_{175}$ 124
Glaubwürdigkeitsbeurteilung $_{328}$ 378
Glaubwürdigkeitsverlust $_{311}$ 377
gleich $_{44}$ 272, 279
gleiche Wellenlänge $_{164}$ 23, 389, 390
Gleichgewicht $_{119}$ 121, 137, 232
gleichgültig $_{125}$ 282, 322
Gleichgültigkeit $_{170}$ 38, 124, 233, 237
Gleichheit $_{86}$ 109, 113, 119, 143, 205

Gleichklang$_{89}$ 120, 312, 313
Gleichung$_{86}$ 109, 112, 113, 155, 156, 205, 217, 343, 370
Gleichungen$_{105}$ 97
Gleichungstheorie$_{185}$ 105
Gleichwertigkeit$_{171}$ 124
Gleichzeitigkeit$_{165}$ 66, 123, 165
Glied$_{37}$ 117, 188
Gliederungssystematik$_{263}$ 376
glitzern$_{111}$ 333
Globalisierung$_{151}$ 123, 144, 393
Globalisierungskonsequenz$_{317}$ 258, 378
Globalität$_{104}$ 140, 142
Glück$_{59}$ 118, 136, 141, 142, 152, 191, 257, 300, 329
glücklich$_{91}$ 140, 275, 276, 281
Glückszahl$_{125}$ 121
Gnade$_{31}$ 117
Gold$_{38}$ 117
Gott$_{62}$ 72, 93, 118, 141, 142, 144, 204, 230, 257, 259
Gottesbeweis$_{149}$ 123
Gottesdienst$_{157}$ 123, 145
göttlich$_{99}$ 7, 92, 217, 272, 281, 316
gottverlassen$_{177}$ 136, 283
Grab$_{28}$ 117
Grad$_{38}$ 22
Gral$_{38}$ 89
Grammatik$_{93}$ 34, 80, 120, 149, 247, 261, 317
Gras$_{45}$ 369
grausam$_{80}$ 223, 225, 274, 280
Grausamkeit$_{125}$ 121
Grauzone$_{107}$ 371
grell$_{54}$ 279
Grenze$_{75}$ 119, 137, 230
Grenzübergang$_{150}$ 21, 257, 372
grenzüberschreitend$_{226}$ 285
Grenzüberschreitung$_{245}$ 289, 375
Grenzwert$_{136}$ 327, 372
griechisch$_{89}$ 181, 280
groß$_{78}$ 223, 225, 274, 280
Größe$_{88}$ 66, 370
größenwahnsinnig$_{220}$ 285
großzügig$_{153}$ 282
grün$_{65}$ 136, 280
Grund$_{64}$ 118
Grundlagenforschung$_{214}$ 374
Grundsatz$_{130}$ 122
grundsatzorientiert$_{263}$ 273, 286
Grundvokabular$_{167}$ 80, 128, 366
Gruppe$_{83}$ 119
Gruppendynamik$_{174}$ 49, 78, 124, 155, 165
grüßen$_{108}$ 333
Guerillataktik$_{157}$ 51, 123
gut$_{48}$ 272, 279
Güte$_{58}$ 118, 141, 142
gutverdienend$_{148}$ 282

Haar$_{28}$ 117
haben$_{30}$ 330
Hafen$_{34}$ 117
haften$_{54}$ 331
hager$_{39}$ 279
Hahn$_{31}$ 117
Hakenkreuz$_{120}$ 145, 371
halten$_{60}$ 331
Haltung$_{83}$ 119, 312, 327, 393
Hamlet$_{59}$ 257
Hammer$_{58}$ 118
Hand$_{27}$ 16, 20, 23, 28, 117, 200
Handabdruck$_{87}$ 28
Handel$_{44}$ 117
handeln$_{58}$ 331, 392
Handlungsfolgenabschätzung$_{286}$ 377
Handlungsfreiheit$_{180}$ 93, 124
Handschrift$_{110}$ 82, 121
Handwerk$_{84}$ 119
Hanf$_{29}$ 117
Harmonie$_{83}$ 119, 312
Harmonik$_{89}$ 312, 313
hart$_{47}$ 279
Hase$_{33}$ 369
Haß$_{47}$ 140, 152
hassen$_{66}$ 331
häßlich$_{84}$ 280
Häßlichkeit$_{129}$ 942, 209, 372
Häufigkeit$_{102}$ 48, 120
Hauptsache$_{102}$ 371
Haus$_{49}$ 118
Hausfrauenarbeit$_{169}$ 124
Hausnummer$_{133}$ 372
Haut$_{50}$ 118, 249
Hebel$_{32}$ 369
heben$_{34}$ 330
hebräisch$_{78}$ 209
hegen$_{39}$ 331
heilen$_{53}$ 331
heilig$_{50}$ 271, 272, 279
Heiligtum$_{104}$ 120
Heilung$_{76}$ 119
heiraten$_{80}$ 332
heiß$_{60}$ 280
Held$_{29}$ 117
Heldenplatz$_{123}$ 250, 257
helfen$_{50}$ 331, 388
hell$_{37}$ 279
Hemmschwelle$_{126}$ 26
herausklettern$_{177}$ 335
herb$_{33}$ 279
Herd$_{35}$ 117
Herde$_{40}$ 117
Herkunft$_{103}$ 165, 213, 371
herkunftsorientiert$_{255}$ 145, 286
Herrschaft$_{106}$ 120
herrschen$_{98}$ 332
herstellen$_{118}$ 298, 333
Herstellungsform$_{212}$ 341, 343
Herstellen von Verbindungen$_{304}$ 263
herumlungern$_{156}$ 334
herunterfallen$_{159}$ 334
Herz$_{57}$ 118, 141, 142
Herz der Finsternis$_{217}$ 258
Herzklopfen$_{136}$ 122
Herzrhythmusstörungen$_{327}$ 378
Hexe$_{42}$ 117
Hieroglyphen$_{142}$ 188
Hilfe$_{40}$ 117
Himmel$_{60}$ 51, 72, 107, 118, 141, 142, 144, 145, 230
Himmelsrichtung$_{179}$ 124
hin$_{31}$ 279
hintergehen$_{113}$ 224, 333
Hintergrundrauschen$_{227}$ 294
Hintergrundstrahlung$_{258}$ 80
Hirngespinst$_{158}$ 373
Hirte$_{60}$ 370
historisieren$_{168}$ 335
Hitze$_{68}$ 119, 138
hoch$_{34}$ 279
Hochgeschwindigkeitsstrecke$_{287}$ 377
Hochleistungsfusionsreaktor$_{351}$ 256, 356, 379
hochmütig$_{109}$ 281
Hof$_{29}$ 117
hoffen$_{54}$ 331
Hoffnung$_{91}$ 120, 138, 139
hoffnungslos$_{156}$ 272, 283
höflich$_{66}$ 280
Höflichkeit$_{111}$ 121, 134
Höhe$_{41}$ 117
Höhepunkt$_{123}$ 121
höhere Gewalt$_{132}$ 153
Höhle$_{53}$ 118
holistisch$_{122}$ 227
Hölle$_{57}$ 98, 118, 141, 142
homogen$_{77}$ 280
Honoratiorenversammlung$_{297}$ 377
hören$_{65}$ 151, 328, 331, 395
Hotelzimmer$_{144}$ 122
humanisieren$_{136}$ 85, 334
Humanismus$_{138}$ 122, 133, 137
Humanität$_{112}$ 121, 149, 273
Humor$_{75}$ 119
humorvoll$_{136}$ 282
Hundert Jahre Einsamkeit$_{238}$ 258
101, eine zahlendichtung$_{185}$ 221, 223
hundertelf$_{113}$ 340
hundertsiebzig$_{167}$ 340
hungern$_{87}$ 332

I Ging$_{46}$ 249, 257
ich$_{20}$ 27, 104, 129
ideal$_{31}$ 31, 117, 279
idealisieren$_{110}$ 333
Idealismus$_{112}$ 121, 149
idealistisch$_{118}$ 232, 271, 272, 281
Idealkombination$_{154}$ 48, 149
Idee$_{23}$ 104
Ideen$_{37}$ 226, 229
identifizieren$_{153}$ 334
Identität$_{107}$ 121, 235, 346
Identitätskrise$_{188}$ 374
Ideogramm$_{85}$ 27, 113, 220, 344
Ideologie$_{81}$ 78, 119, 189
Idiot$_{57}$ 118
Idol$_{40}$ 309, 369
Igel$_{33}$ 369

Ikone$_{54}$ 118
Ilias$_{50}$ 249, 257
illegal$_{58}$ 279
Illusion$_{111}$ 134, 249
illusionistisch$_{198}$ 284
illusionslos$_{176}$ 136, 283
illusionsverdrängend$_{247}$ 285
illustrieren$_{162}$ 334
Immanenz$_{95}$ 230
immateriell$_{117}$ 305
Immunsystem$_{171}$ 124
Implosion$_{122}$ 227
Improvisation$_{180}$ 93, 131
improvisieren$_{172}$ 335
Impuls$_{90}$ 56, 120, 298
impulsiv$_{121}$ 281
indifferent$_{110}$ 281
individualisieren$_{184}$ 335
Individualität$_{160}$ 216
individuell$_{121}$ 281, 311
indoktrinieren$_{165}$ 335
Industrie$_{119}$ 121
Information$_{134}$ 122
informationsabhängig$_{207}$ 340
Informationsgesellschaft$_{270}$ 187, 376
Informationstheorie$_{233}$ 55, 375
Informationsverarbeitungsmagie$_{349}$ 229, 379
Informationsverweigerung$_{307}$ 377
informieren$_{126}$ 333
Inhalt$_{64}$ 107, 118, 240, 260, 395, 396
innere Stimmigkeit$_{200}$ 250, 253
innerer Zusammenhang$_{225}$ 226, 246
Insektenvertilgungsmittel$_{330}$ 378
Insel$_{59}$ 370
Instandhaltungsproblem$_{264}$ 376
Instanz$_{103}$ 147, 148, 165, 397
Instanzenzug$_{176}$ 124
Instinkt$_{116}$ 121
instinktiv$_{147}$ 282
Institution$_{170}$ 124, 233
Institutionalisierung$_{285}$ 377
institutionsgeprägt$_{268}$ 286
Instrumentalisierung$_{268}$ 376
inszenieren$_{138}$ 334
Inszenierung$_{161}$ 123, 137
Inszenierungskreativität$_{321}$ 378
Integrationsverweigerung$_{305}$ 377
integrieren$_{124}$ 333
Integrität$_{128}$ 122
Intellekt$_{108}$ 121, 270
intellektuell$_{158}$ 91, 273, 283
intelligent$_{127}$ 282, 322
Intelligenz$_{133}$ 23, 122, 151, 226, 277
Intelligenzquotient$_{254}$ 376
Intensität$_{136}$ 122, 154, 327
intensivieren$_{163}$ 334
Interaktionsprozeß$_{273}$ 321
interdisziplinär$_{208}$ 284
interessant$_{144}$ 133, 282, 316
Interesse$_{114}$ 121
interesselos$_{160}$ 283
interessensgeleitet$_{230}$ 285
Interessenskonflikt$_{245}$ 258, 375
interessieren$_{160}$ 334
Interferenz$_{140}$ 292
international$_{152}$ 282
Interpretation$_{184}$ 239, 262
Interpretationsversuch$_{299}$ 377
interpretieren$_{176}$ 329, 335
intervenieren$_{158}$ 334
Intervention$_{165}$ 66, 123, 165
interventionsabhängig$_{238}$ 285
Interventionserfolge$_{252}$ 397
Intimität$_{120}$ 121
Intoleranz$_{134}$ 306
Intrige$_{82}$ 119
intrigieren$_{128}$ 333
investieren$_{140}$ 334
Investment$_{141}$ 122
IQ$_{26}$ (Intelligenzquotient) 24
Ironie$_{70}$ 119, 151, 231, 366
ironisch$_{95}$ 92, 241, 276, 281, 316
irr$_{45}$ 279
irrational$_{117}$ 130, 232, 271, 281, 316
Irrationalität$_{172}$ 74
Irritationsanspruch$_{252}$ 397
irritieren$_{125}$ 333
Irrtum$_{99}$ 35, 120, 397
Isolation$_{114}$ 185
isolationistisch$_{201}$ 284
isolieren$_{106}$ 328, 333
Italienreise$_{126}$ 121

ja$_{11}$ 104
jagen$_{37}$ 331
Jahr$_{37}$ 117
Jahreszeit$_{121}$ 121, 312
Jahrtausendwende$_{172}$ 124, 347
jammern$_{74}$ 328, 332
Jenseits$_{101}$ 20, 120
Jod$_{29}$ 369
journalistenfreundlich$_{258}$ 286
journalistisch$_{178}$ 283
Jubel$_{50}$ 249, 369
jüdisch$_{79}$ 209
jung$_{52}$ 136, 279

Kabarett$_{78}$ 370
Kabbala$_{30}$ 80, 93, 117
Käfig$_{39}$ 117
kahl$_{32}$ 279
Kalender$_{70}$ 188
Kalk$_{35}$ 369
Kalkül$_{73}$ 357
Kalkulation$_{127}$ 122
Kalkulationsprinzip$_{254}$ 344
Kalkulationsschema$_{195}$ 397
kalkulieren$_{119}$ 232, 322, 333
kalt$_{44}$ 272, 279
Kälte$_{54}$ 118
kaltstellen$_{131}$ 333
Kampf$_{47}$ 118, 140, 146, 397
kämpfen$_{71}$ 153, 332
Kapital$_{70}$ 119, 134, 138, 151
Kapitalakkumulationslotterie$_{342}$ 378
kapitalintensiv$_{182}$ 283
kapitalisieren$_{149}$ 334
Kapitalismus$_{151}$ 123, 136, 144, 393
kapitalistisch$_{157}$ 272, 283
kaputtmachen$_{133}$ 334
Karrierebewußtsein$_{241}$ 375
Kartographie$_{129}$
Kartografie$_{111}$ 80
kartographieren$_{166}$
kartografieren$_{148}$ 335
kartographische Projektionsfläche$_{351}$
kartografische Projektionsfläche$_{333}$ 365
Katalysator$_{143}$ 42, 221, 372
Katastrophe$_{134}$ 122
kaufen$_{58}$ 331
Kaufkraft$_{95}$ 120, 135
Kausalität$_{120}$ 113, 121, 232, 362
Kausalzusammenhang$_{207}$ 258, 342, 344
keck$_{30}$ 279
kennen$_{63}$ 331
kennenlernen$_{131}$ 333
Kerker$_{68}$ 119
Kernspaltung$_{158}$ 123
Kettenreaktion$_{168}$ 124
Kind$_{38}$ 117
kinderfeindlich$_{131}$ 272, 282
Kindheitstraum$_{172}$ 124
kindisch$_{77}$ 274, 280
Kirche$_{54}$ 93, 118, 141, 142
Kiste$_{46}$ 240
Klage$_{36}$ 117
Klang$_{45}$ 117, 313
klar$_{42}$ 279
Klassenkampf$_{128}$ 122
Klassifikation$_{156}$ 185, 352
klassifizieren$_{163}$ 334
Klassifizierung$_{186}$ 351
Klassifizierungsproblematik$_{327}$ 378
Klassifizierungsunsicherheit$_{344}$ 378
klavierspielen$_{158}$ 334
Kleid$_{41}$ 117
klein$_{51}$ 279
kleinlich$_{83}$ 280
Klima$_{46}$ 117
klingen$_{72}$ 332
Klischee$_{72}$ 57
Knie$_{39}$ 369
Knoten$_{79}$ 119
kochen$_{56}$ 331
Kombination$_{123}$ 85
Kombinationsfähigkeit$_{223}$ 397
Kombinationsweise$_{203}$ 252
kombinieren$_{115}$ 328, 333
kommerziell$_{139}$ 282
Kommunikation$_{166}$ 56, 123, 137, 183, 392

Kommunikations-komplexität $_{336}$ 378
Kommunikationstheorie $_{265}$ 258, 376
Kommunikations-unmöglichkeit $_{337}$ 378
kommunikatives Handeln $_{241}$ 392
Kommunismus $_{168}$ 124
kommunistisch $_{174}$ 136, 283
kommunizieren $_{173}$ 335
Kompaß $_{94}$ 371
kompatibel $_{104}$ 273
Kompatibilität $_{163}$ 135
komplex $_{96}$ 276, 281, 316, 354
Komplexität $_{151}$ 123, 144, 317, 393
komplexitätsabhängig $_{224}$ 285
Komplexitätsreduktion $_{287}$ 253, 377
Komplexitätsspirale $_{250}$ 69, 375
Komplizenschaft $_{178}$ 263, 373
kompliziert $_{154}$ 282
Kompliziertheit $_{196}$ 81
Komposition $_{156}$ 154, 312
kompromißbereit $_{207}$ 284
Konditionierung $_{185}$ 72
Konflikt $_{98}$ 73, 297
konfliktbetont $_{174}$ 283
Konfliktpotential $_{210}$ 73, 310, 385, 392
König der Könige $_{154}$ 257
Konjunktiv $_{147}$ 123
Konjunktur $_{155}$ 123
Konjunkturschwankungen $_{295}$ 377
konkret $_{94}$ 217
Konkrete Poesie $_{168}$ 217
konkrete $_{99}$ Bedeutung $_{99}$ 217
konkretisieren $_{173}$ 335
Konkurrenz $_{153}$ 123
konkurrenzgeschädigt $_{241}$ 285
Konkursmasse $_{166}$ 56, 123
können $_{78}$ 327, 328, 332
konsequent $_{141}$ 282
Konsequenz $_{147}$ 123
konservativ $_{156}$ 136
konservieren $_{155}$ 334
Konsonant $_{123}$ 202
konstant $_{114}$ 281
Konstellation $_{167}$ 80, 124, 213, 382, 388, 366
Konstellationsmatrix $_{271}$ 238, 376
konstruieren $_{169}$ 335
Konstruiertheit $_{212}$ 253
Konstruktion $_{187}$ 319, 366
Konstruktionsplananalyse $_{326}$ 378
konsumentenfreundlich $_{251}$ 286
Kontext $_{109}$ 74, 121, 233
Kontingenz $_{135}$ 148, 239
Kontrapunkt $_{161}$ 302
Kontrast $_{118}$ 371
Kontrolle $_{122}$ 42, 121, 227, 265
kontrollieren $_{168}$ 335
kontrolliert $_{169}$ 283
Konvention $_{139}$ 122
konzentrationsbedingt $_{262}$ 286
Konzentrationslager $_{244}$ 375
konzentrieren $_{174}$ 335
Konzept $_{107}$ 121, 214
Kooperationsvertrag $_{249}$ 375
Koordinatensystem $_{227}$ 109, 266, 294, 365, 375
Kopf $_{48}$ 118
Kopfschmerzen $_{159}$ 123
kopieren $_{93}$ 332
Körper $_{88}$ 120, 188
körperbewußt $_{197}$ 284
Körpersprache $_{158}$ 123, 190
Korrespondenz $_{180}$ 131, 373
korrespondieren $_{186}$ 335
korrigieren $_{129}$ 333
korrupt $_{119}$ 232, 281
Korruption $_{157}$ 51, 123
Korruptionsermöglichung $_{313}$ 377
kosmopolitisch $_{184}$ 283
Kosmos $_{92}$ 28, 120, 153, 301, 302, 356
kosten $_{84}$ 332
Kostenfaktor $_{155}$ 373
Kosten-Nutzen-Relation $_{278}$ 258
Kostenwahrheit $_{176}$ 373
Kraft $_{56}$ 118, 141, 142, 216, 233
krank $_{55}$ 279
Krankheitssymptom $_{237}$ 375
Kräutergarten $_{164}$ 123
Kreativität $_{141}$ 71, 122
kreativitätsfördernd $_{249}$ 285
Krebszelle $_{115}$ 371
Kreditzinsenbelastung $_{255}$ 376
Kreis $_{62}$ 118, 230
Kreislauf $_{102}$ 42, 120
Kreuz $_{81}$ 28, 119, 152, 189
Kreuzigung $_{139}$ 122
Krieg $_{50}$ 118, 140, 249, 257
Krieg und Frieden $_{150}$ 257
Kriegszustand $_{174}$ 978, 124
Kriminalitätsstatistik $_{289}$ 377
Krise $_{62}$ 118, 230, 259
Krisenbewältigungs-alternative $_{348}$ 258, 379
Kristall $_{102}$ 89, 120, 249, 294
Kritik $_{78}$ 119, 237, 392
Kritik der reinen Vernunft $_{290}$ 149, 258
Kritik der zynischen Vernunft $_{348}$ 258
Kritikfähigkeit $_{159}$ 123
kritisch $_{97}$ 85, 276, 281, 316
Kritische Theorie $_{182}$ 241
Kryptogramm $_{157}$ 48, 51, 257, 292, 373
Kryptographie $_{169}$
Kryptografie $_{151}$ 44
Kryptologie $_{153}$ 44, 51
Küche $_{53}$ 369
Kugel $_{56}$ 359, 369
Kult $_{64}$ 186
Kultur $_{103}$ 120, 165, 356
kulturell $_{132}$ 282
Kulturgeschichte $_{190}$ 85, 130, 137, 258, 275, 374
Kulturgeschichte der Neuzeit $_{317}$ 258
kulturkritisch $_{200}$ 284
kulturlos $_{149}$ 282
Kulturoffensive $_{204}$ 374
Kulturverfall $_{179}$ 124
Kunst $_{85}$ 27, 119, 155, 156, 180
Kunst und Wissenschaft $_{270}$ 187
Kunst- und Wissens-transfer $_{333}$ 382
kunstinteressiert $_{246}$ 285
künstlerisch $_{164}$ 224, 225, 283
künstlich $_{122}$ 227, 281
künstliche Intelligenz $_{260}$ 58
Künstlichkeit $_{167}$ 382
kunstsinnig $_{157}$ 272, 283
Kunstwelt $_{145}$ 216
Kunstwerk $_{142}$ 122, 188, 236, 246
Kurssteigerung $_{194}$ 374
Kursverlustrisiko $_{267}$ 258, 376
Kurzschluß $_{177}$ 124
Kybernetik $_{120}$ 45, 121, 265
Kybernetik zweiter Ordnung $_{319}$ 265

Laboratorium $_{145}$ 104, 122, 216, 231, 307
Labyrinth $_{109}$ 233
lachen $_{43}$ 117, 207, 331
lächeln $_{60}$ 51, 107, 118, 230, 395
lächerlich $_{84}$ 280
Lagebericht $_{90}$ 28
laden $_{36}$ 331
Lager $_{43}$ 117
Laie $_{27}$ 369
Lamm $_{39}$ 117
Land $_{31}$ 117
Landkarte $_{86}$ 112, 113, 119, 164, 180
Landschaft $_{88}$ 120
Landwirtschafts-finanzierung $_{321}$ 378
lang $_{34}$ 279
langsam $_{67}$ 280
Langsamkeit $_{112}$ 121
langweilig $_{99}$ 7, 217, 272, 281
Lärm $_{49}$ 369
lässig $_{72}$ 274, 280
lateinisch $_{100}$ 181
Laub $_{36}$ 117
launisch $_{87}$ 280
laut $_{54}$ 136, 279
lautlos $_{100}$ 281
leben $_{38}$ 89, 117, 144, 146, 331, 395
lebend $_{42}$ 279
lebendig $_{58}$ 136, 279
lebensbejahend $_{106}$ 281
Lebenserwartungs-zunahme $_{291}$ 377
Lebensfreude $_{116}$ 371
lebensgefährlich $_{139}$ 282
Lebensgefühl $_{121}$ 121, 224, 311, 312, 394
Lebenskunst $_{142}$ 372
lebenslustig $_{145}$ 282

Lebensmittel $_{136}$ 122
lebensmüde $_{105}$ 281
Lebensqualität $_{163}$ 123, 137
Lebensstandard $_{138}$ 122, 298
lebensüberdrüssig $_{210}$ 284
Lebensunterhalt $_{176}$ 124
Lebensweise $_{118}$ 121, 232
Lebewesen $_{90}$ 120, 138, 139, 298
leck $_{31}$ 279
Leder $_{44}$ 117
leer $_{40}$ 279
Leere $_{45}$ 117
legal $_{37}$ 279
legen $_{43}$ 331
Lehm $_{38}$ 369
Lehre $_{48}$ 118, 249
lehren $_{62}$ 331
Lehrjahre des Gefühls $_{196}$ 258
Leib $_{28}$ 369
Leiche $_{42}$ 117
leicht $_{57}$ 279
Leichtigkeit $_{118}$ 121
Leid $_{30}$ 9117, 249
leiden $_{49}$ 331, 395
leidend $_{53}$ 279
Leidenschaft $_{106}$ 120, 395
leidenschaftlich $_{138}$ 282, 322
leidgeprüft $_{128}$ 282
Leinwand $_{82}$ 315, 370
leise $_{50}$ 272, 279
Leistung $_{107}$ 121, 346
leistungsbewußt $_{235}$ 285
Leistungsgesellschaft $_{243}$ 222, 375
leistungsorientiert $_{259}$ 286
leistungsstark $_{195}$ 284
lernen $_{68}$ 107, 328, 332
Lernfähigkeit $_{130}$ 37
Lernprozeß $_{167}$ 124, 388
Lesbarkeit $_{102}$ 50, 249, 294, 371
lesen $_{55}$ 331
leuchten $_{88}$ 332
leugnen $_{78}$ 332
Lexikon $_{90}$ 28, 370
liberal $_{59}$ 136, 280
liberalisieren $_{138}$ 137
Licht $_{52}$ 118, 205, 303, 304
Licht ist was man sieht $_{232}$ 305
Lichtgeschwindigkeit $_{205}$ 63, 340, 342, 374
lieb $_{28}$ 279
Liebe $_{33}$ 117, 188, 250
lieben $_{47}$ 152, 331
Liebestragödie $_{136}$ 122
Lied $_{30}$ 117
liegen $_{52}$ 331
Liga $_{29}$ 117
lind $_{39}$ 279
linear $_{59}$ 280
Linearität $_{114}$ 121, 349
Linguistik $_{131}$ 122, 210
Linie $_{49}$ 28, 118
links $_{65}$ 126, 136, 280
linksextremistisch $_{237}$ 285
Liste $_{65}$ 113
literarisch $_{122}$ 227, 281
Literatur $_{124}$ 121, 266, 314, 365
Lob $_{29}$ 117
loben $_{48}$ 331
Loch $_{38}$ 117, 188
locken $_{60}$ 331
Logik $_{54}$ 39, 93, 118, 141, 142, 148, 266, 382
Logik der Entdeckung $_{185}$ 81, 107
logisch $_{73}$ 98, 140, 274, 280, 345, 357
logisch-mathematische Beweisführung $_{361}$ 255
Lohn $_{49}$ 118
lohnabhängig $_{103}$ 281
Lohnerhöhung $_{150}$ 123, 143, 144
Lokalaugenschein $_{157}$ 48, 123
lokalpatriotisch $_{189}$ 284
Los $_{46}$ 369
Lösung $_{93}$ 80, 149
Lotterie $_{104}$ 140, 142
Löwe $_{60}$ 370
Luft $_{59}$ 118
Lüge $_{50}$ 118, 140, 249, 388
lügen $_{64}$ 328, 331
Lust $_{72}$ 119, 129, 277
lustig $_{88}$ 280
Lustprinzip $_{180}$ 93, 124
luxuriös $_{144}$ 282
Lyrik $_{75}$ 119

Machbarkeit $_{91}$ 120, 134, 138, 139
machen $_{44}$ 331
Macht $_{45}$ 117, 146, 313
mächtig $_{66}$ 280
Machtkampf $_{92}$ 120, 138, 139
Machtmißbrauch $_{158}$ 147
machtorientiert $_{178}$ 283
Machtverhältnis $_{178}$ 124
Mädchen $_{53}$ 118
Mafia $_{30}$ 369
Magie $_{35}$ 117, 247
magisch $_{60}$ 301
magische Zeichen $_{135}$ 184
Magnetfeld $_{87}$ 180
Mahabharata $_{74}$ 257
mahnen $_{55}$ 331
Makrokosmos $_{150}$ 256, 365
malen $_{45}$ 331
Malerei $_{63}$ 309
Management $_{93}$ 138, 139, 149, 371
Mangelware $_{99}$ 371
manipulieren $_{137}$ 334
Mann $_{42}$ 117, 145, 146
männlich $_{79}$ 21, 223, 225, 273, 274, 280
manövrieren $_{139}$ 334
Märchen $_{67}$ 119
Markenname $_{95}$ 135, 371
Markt $_{63}$ 7, 118, 133, 138, 270
Marktanteil $_{124}$ 372
marktorientiert $_{196}$ 284
Marktwirtschaft $_{190}$ 137, 374
Marxismus $_{137}$ 122
Maschine $_{72}$ 57, 119, 277
Maske $_{49}$ 118
masochistisch $_{146}$ 282
Maß $_{52}$ 118, 303, 304
Masse $_{57}$ 118
Masse und Macht $_{141}$ 257
Massengesellschaft $_{188}$ 374
Massenmord $_{121}$ 145, 371
Massentourismus $_{226}$ 375
maßgeschneidert $_{169}$ 283
Maßlosigkeit $_{159}$ 123, 362
Maßnahmenpaket $_{160}$ 373
Material $_{79}$ 370, 394
Materialermüdungserscheinung $_{329}$ 378
materialisieren $_{158}$ 334, 353
Materialismus $_{160}$ 123, 251
materialistisch $_{166}$ 283
Materie $_{71}$ 80, 119, 138, 153, 155, 156
Materie und Gedächtnis $_{205}$ 258
materiell $_{95}$ 305
Mathematik $_{101}$ 20, 35, 36, 70, 100, 120, 148, 149, 221, 223, 253, 397
mathematische Anwendung von Sprache $_{349}$ 229
mathematische Modelle $_{191}$ 350
mathematische Struktur $_{273}$ 245, 321
mathematisieren $_{160}$ 334
Mathematisierung von Sprache $_{304}$ 263
Matriarchat $_{112}$ 121, 273
Matrix $_{85}$ 113
Mauer $_{58}$ 118
Maultier $_{99}$ 371
Mechanik $_{64}$ 240, 370
Mechanismus $_{125}$ 26, 121
medienbewußt $_{159}$ 273, 283
Medienwirkung $_{153}$ 123
Meditation $_{110}$ 121
Medium $_{65}$ 58, 113, 118, 138, 298
Medizin $_{80}$ 119
Meer $_{41}$ 117
mehrdeutig $_{110}$ 36, 281
meinungsbildend $_{152}$ 282
Meinungsbildungsstatistik $_{318}$ 378
Meinungsforschung $_{213}$ 374
Meinungsfreiheit $_{182}$ 373
Meinungsumfrage $_{173}$ 124, 257
Meinungsverschiedenheit $_{256}$ 376
Melancholie $_{97}$ 230, 371
melancholisch $_{122}$ 227
Melodie $_{63}$ 118, 141
Membran $_{66}$ 80
Membrane $_{71}$ 80
Menge $_{44}$ 117
Mengenlehre $_{106}$ 269
Mensch $_{62}$ 72, 93, 118, 141, 142, 144, 230, 259
menschenfreundlich $_{181}$ 56, 283
menschenmöglich $_{153}$ 282
Menschenrechte $_{140}$ 28, 257, 372
Menschenscheu $_{137}$ 122, 282
menschenunwürdig $_{203}$ 284

menschenverachtend $_{181}$ 56, 283
Menschheit $_{104}$ 120, 140, 142
menschlich $_{94}$ 92, 223, 225, 276, 281
Menschlichkeit $_{139}$ 122
messen $_{75}$ 327, 328, 332
Messer $_{79}$ 119
Meßwert $_{122}$ 227
Metamorphose $_{148}$ 213, 318, 372, 383
Metapher $_{86}$ 109, 112, 113, 155, 156, 217, 370
Metaphysik $_{127}$ 79, 122, 153, 179, 247, 366
metaphysisch $_{146}$ 273, 282
Meteor $_{76}$ 214, 233, 370
Methode $_{70}$ 119, 138, 151, 155, 156, 188, 217
Methode der Eröffnung $_{208}$ 101, 343
Methodenstreit $_{175}$ 124
Meuterei $_{96}$ 120
Mikrokosmos $_{158}$ 123
Mikroprozessor $_{217}$ 258, 374
Milchstraße $_{146}$ 122
mild $_{38}$ 279
Milieugebundenheit $_{183}$ 373
Militär $_{87}$ 120, 140
militarisieren $_{161}$ 334
Militarisierung $_{184}$ 373
militärstrategisch $_{216}$ 284
Millionengewinn $_{175}$ 373
Minderheit $_{105}$ 120
Minderwertigkeitskomplex $_{305}$ 377
Mißerfolgsverschleierung $_{308}$ 258, 377
mißtrauen $_{139}$ 334, 372
mißverstehen $_{176}$ 329, 335
mitbestimmen $_{142}$ 334
Mitbestimmungsverweigerung $_{338}$ 378
Mitgefühl $_{106}$ 120, 395
Mitte $_{67}$ 119
Mitteilung $_{130}$ 360
mitteilungsbedürftig $_{246}$ 285
Mitteleuropa $_{155}$ 123, 217
mittelmäßig $_{152}$ 282
Mittelpunkt $_{161}$ 302
Mitternacht $_{131}$ 122
Mobilität $_{106}$ 269, 371
Mode $_{37}$ 117
Modell $_{61}$ 72, 118, 130, 133, 141, 142, 217, 230, 309, 395
Modell eines Koordinatensystems $_{359}$ 255
Modelle des menschlichen Verstehens $_{342}$ 220
modellieren $_{112}$ 333
modern $_{69}$ 274, 280, 316
modernisieren $_{148}$ 334
modisch $_{71}$ 274, 280
Möglichkeit $_{117}$ 36, 121, 134
Möglichkeit des Verstehens $_{280}$ 168
Möglichkeitsformen $_{207}$ 342
Moment $_{80}$ 321, 361
Mönch $_{58}$ 118
Mond $_{46}$ 117, 146
Monokultur $_{160}$ 123
Monolog $_{91}$ 371
Montagetechnik $_{145}$ 122, 231, 307
montieren $_{113}$ 224, 333
Moral $_{59}$ 118, 141, 142, 152
moralisch $_{98}$ 281
moralisieren $_{138}$ 334
Mord $_{50}$ 118, 140, 249
morden $_{69}$ 332
Morgendämmerung $_{173}$ 124
Morsealphabet $_{135}$ 221
Morsezeichen $_{140}$ 372
motivationsbestärkend $_{261}$ 286
Motivsuche $_{135}$ 122
motorradfahren $_{156}$ 334
M-Theorie $_{93}$ 80
Müllverwertungssystem $_{336}$ 378
multifunktionell $_{214}$ 284
Multikulturalität $_{246}$ 375
multiplizieren $_{189}$ 335
Münze $_{84}$ 370
Museum $_{92}$ 356
Musik $_{73}$ 119, 156, 309
müssen $_{96}$ 332
Muster $_{96}$ 67, 79, 120, 230, 240, 354
Mustererkennung $_{205}$ 63, 258, 305, 342, 344, 374, 394
Mutation $_{113}$ 371
mutig $_{70}$ 280
mutterseelenallein $_{210}$ 284
Muttersprache $_{167}$ 124, 128, 388
Mysterium $_{143}$ 198
Mystik $_{97}$ 120, 151, 210, 230
Mystik der Töne $_{183}$ 311
mythologisieren $_{194}$ 335
Mythos $_{100}$ 120, 247, 290

Nachfrage $_{63}$ 138
nachfrageintensivierend $_{230}$ 285
Nachkommenschaft $_{154}$ 123
Nachkriegszeit $_{155}$ 123
Nachricht $_{84}$ 29, 119, 386
Nachrichtendienst $_{174}$ 373
Nächstenliebe $_{122}$ 121
Nacht $_{46}$ 117, 146, 294
Nachwelt $_{86}$ 119, 257
nackt $_{49}$ 271, 279
Nagel $_{39}$ 369
nagen $_{41}$ 331
nahe $_{28}$ 145, 279
Nähe $_{33}$ 117, 188, 250
Nahrung $_{83}$ 119, 312
Name $_{33}$ 117, 250
Namensgebung $_{122}$ 371
Nationalismus $_{167}$ 145, 257, 373
nationalsozialistisch $_{255}$ 145, 286
NATO $_{50}$ 166
Natur $_{74}$ 29, 119, 129, 156, 230
Naturgesetz $_{156}$ 21, 123, 277, 311, 312
Naturschutz $_{171}$ 124
naturverbunden $_{179}$ 283
Naturwelt $_{134}$ 216
Naturwissenschaften $_{239}$ 375
Naturzustand $_{179}$ 78, 124, 257
Navigation $_{112}$ 121
Navigationsinstrument $_{284}$ 377
Nebel $_{38}$ 369
Nebensache $_{76}$ 119, 155, 340, 362, 397
Nebenwirkung $_{143}$ 122, 239
Negation $_{85}$ 343, 344, 396
negativ $_{78}$ 237
nehmen $_{59}$ 331
Neid $_{32}$ 117
neokonservativ $_{190}$ 136
Nervensystem $_{179}$ 78, 124
Nervosität $_{148}$ 123
nett $_{59}$ 280
Netz $_{65}$ 58, 113, 118, 298
Netzhaut $_{115}$ 121, 390
Netzwerk $_{122}$ 121
neu $_{40}$ 279
Neuanfang $_{83}$ 179, 180
Neubauwohnung $_{166}$ 123
neufeststellen $_{177}$ 335
Neugier $_{79}$ 50, 119, 298, 395
neugierig $_{95}$ 281
Neujahr $_{77}$ 370
neukartographieren $_{206}$ *neukartografieren* $_{188}$ 336
neun $_{54}$ 337
neunzig $_{96}$ 340
neupositionieren $_{208}$ 336
neuregistrieren $_{187}$ 335
Neuropsychologie $_{207}$ 342
Neurose $_{97}$ 140, 142, 371
Neutralität $_{146}$ 122, 137, 147
Neutralitätsgrundsatz $_{295}$ 377
neuüberlegen $_{134}$ 334
nichts $_{73}$ 140, 266
Nichtverstehen $_{170}$ 38
Nichtwissen $_{143}$ 37
Niederlage $_{80}$ 321, 370
Nihilismus $_{133}$ 122, 151
Nirwana $_{80}$ 119, 210, 266
Nische $_{58}$ 369
Nomade $_{52}$ 118
Nomadentum $_{120}$ 46
nonkonformistisch $_{222}$ 193, 285
Nonsens $_{100}$ 35, 120
Nordpol $_{94}$ 371
normal $_{73}$ 140, 280, 357
normale Zivilisationsgrundlage $_{351}$ 253
normalisieren $_{152}$ 334
Normalität $_{128}$ 26, 122
notwendig $_{111}$ 101, 150, 281
Notwendigkeit $_{156}$ 50, 123, 136, 302, 311, 312, 351, 352
null $_{59}$ 118, 152, 191, 300, 329, 337
Nullsummenspiel $_{205}$ 341, 342
Numerierung $_{145}$ *Nummerierung* $_{158}$ 122, 231, 307
numerisch $_{110}$ 36
Nummer $_{84}$ 257, 293, 370, 386
Nutzen $_{100}$ 35, 120, 167, 259, 290

Nützlichkeit $_{163}$ 86, 123, 135, 249, 257

Oase $_{40}$ 117, 155
oben $_{36}$ 279
Oberfläche $_{80}$ 361, 370
Oberschicht $_{110}$ 121
objektivieren $_{145}$ 328, 334
Objektivität $_{149}$ 74, 123, 148, 222
öde $_{29}$ 279
Odyssee $_{92}$ 257
Offenbarung $_{109}$ 121, 224
offene Suchstrategien $_{220}$ 292
öffentlich $_{103}$ 281
Öffentlichkeit $_{148}$ 123, 294
öffnen $_{65}$ 328, 331
Öffnung $_{88}$ 66, 80
oft $_{41}$ 279
ohnmächtig $_{103}$ 281
Ohr $_{41}$ 369
Ökologie $_{94}$ 120
Ökologie des Geistes $_{206}$ 258
Ökonomie $_{102}$ 120, 142
Ökonomie des Glücks $_{208}$ 147
ökonomisch $_{127}$ 282, 322
Öl $_{32}$ 369
Operationsbasis $_{182}$ 373
Opfer $_{60}$ 118
Opium $_{74}$ 370
Opportunismus $_{216}$ 154, 374
opportunistisch $_{222}$ 193, 285
Opposition $_{148}$ 123, 294
Oppositionszerstörung $_{335}$ 378
Optik $_{71}$ 370
optimieren $_{124}$ 333
Optimierungsproblem $_{247}$ 133, 375
Optimierungszwischenbilanz $_{337}$ 378
Optimismus $_{154}$ 123
optimistisch $_{160}$ 283
Orakel $_{62}$ 118, 133, 141, 158, 204, 259
Orchidee $_{67}$ 370
ordnen $_{70}$ 48, 135, 151, 332
Ordnung $_{93}$ 19, 34, 80, 120, 134, 138, 139, 149, 205, 257, 262, 294, 343
Ordnung der Differenz $_{213}$ 228, 343
Ordnungsbedürfnis $_{215}$ 374
Ordnungsliebe $_{145}$ 122
Organisation $_{142}$ 97, 122, 241, 246, 287
organisieren $_{134}$ 334
organisiert $_{135}$ 282
Organismus $_{136}$ 122, 130
Orgasmus $_{113}$ 121, 189
Orgie $_{54}$ 118
Orient $_{81}$ 119, 152
orientieren $_{132}$ 275, 334
Orientierung $_{155}$ 147, 373, 397
orientierungslos $_{220}$ 285
Orientierungslosigkeit $_{281}$ 376
Original $_{85}$ 370
Originalität $_{140}$ 122
Ort $_{53}$ 118, 266, 291
Orthographie $_{140}$
Orthografie $_{122}$ 122
österreichisch $_{164}$ 224, 225, 283
Ozonloch $_{108}$ 371

Paar $_{36}$ 369
Paarung $_{78}$ 359
Palast $_{69}$ 370
Papier $_{65}$ 113, 118
Paradies $_{73}$ 119, 136, 188, 266, 309
paradiesisch $_{112}$ 281
Paradiesvorstellung $_{238}$ 258, 375
Paradoxie $_{93}$ 38
Paradoxieauflösung $_{214}$ 341, 344
Paradoxon $_{108}$ 90, 121, 214, 391
Parallelaktion $_{147}$ 372
paralleles Denken $_{154}$ 48
Parallelwelten $_{156}$ 21, 322
parasitär $_{108}$ 136, 281
Parfum $_{75}$ 370
Parkraumbewirtschaftung $_{275}$ 376
Parlamentsdebatte $_{176}$ 373
parteipolitisch $_{180}$ 283
Parteizentrale $_{170}$ 124
Partisanenkampf $_{164}$ 123
Partitur $_{123}$ 85, 202, 372
Partnerschaft $_{149}$ 372
pathetisch $_{109}$ 281
patriarxhalisch $_{146}$ 273
Patrone $_{89}$ 370
Pech $_{32}$ 117
Pentagramm $_{108}$ 90
perfekt $_{81}$ 152, 223, 225, 280, 366
Perfektionismus $_{200}$ 250, 253
Peripherie $_{109}$ 121
persiflieren $_{136}$ 85, 334
Person $_{87}$ 28, 51, 93, 120, 188
Personenkult $_{170}$ 124
personifizieren $_{188}$ 335
persönlich $_{124}$ 282
Persönlichkeit $_{169}$ 124
Persönlichkeitsbild $_{215}$ 258
Persönlichkeitsstörung $_{307}$ 377
Perspektive $_{146}$ 65, 137, 147, 329, 372
Perspektivenwechsel $_{235}$ 20
Perversion $_{141}$ 372
Pessimismus $_{162}$ 123
pessimistisch $_{168}$ 136, 283
Pfad $_{27}$ 117
Pfeil $_{48}$ 118
Pflanze $_{80}$ 119
Pflicht $_{74}$ 119, 257, 327
Phänomenologie des Geistes $_{266}$ 258
Phantasie $_{93}$
Fantasie $_{75}$ 19, 38, 120, 139, 149, 262
phantasielos $_{139}$
fantasielos $_{121}$ 282
phantasieren $_{130}$
fantasieren $_{112}$ 333
phantasievoll $_{154}$
fantasievoll $_{136}$ 282
Philosophie $_{132}$ 122, 257, 392
Philosophie des Abendlandes $_{241}$ 258
philosophieren $_{169}$ 329, 335
philosophisch $_{157}$ 272, 283
Philosophische Untersuchungen $_{352}$ 251
Physik $_{88}$ 23, 80, 120, 240
Physik und Chemie $_{170}$ 233
physikalisch $_{140}$ 282
Plage $_{41}$ 369
Plan $_{43}$ 117, 207
planen $_{62}$ 331
Planet $_{68}$ 370
planmäßig $_{116}$ 281
Planquadrat $_{125}$ 264
Planungsprofessionalität $_{308}$ 377
Pluralismus $_{161}$ 123, 137, 216
pluralistisch $_{167}$ 283
Poesie $_{69}$ 119, 156, 217
poetisch $_{95}$ 241, 275, 276, 281
poetische Gesetze der Statistik $_{342}$ 220
Polarisierungstendenz $_{271}$ 376
Polarstern $_{138}$ 122
Politik $_{92}$ 120, 134, 139, 356
Politik und Verbrechen $_{231}$ 258
politisch $_{111}$ 150, 281
politischer Raum $_{187}$ 135
politisieren $_{151}$ 334
Polizeiverordnung $_{230}$ 375
popularisieren $_{178}$ 335
Pornographie $_{142}$
Pornografie $_{124}$ 372
pornographisch $_{167}$
pornografisch $_{149}$ 283
porträtieren $_{164}$ 335
positionieren $_{168}$ 335
positiv $_{110}$ 237, 281
positivistisch $_{197}$ 284
pragmatisch $_{115}$ 137
praktisch $_{105}$ 281
präsent $_{98}$ 281
Präsenz $_{104}$ 349
Praxis $_{87}$ 51, 93, 120, 143, 231
praxisbezogen $_{161}$ 273, 283
Präzision $_{132}$ 122, 238
Präzisionseffekt $_{204}$ 341
Preis $_{67}$ 138, 257, 370
preisbewußt $_{176}$ 283
preiswert $_{133}$ 282
Prinzip $_{108}$ 121, 270
privat $_{86}$ 136
privatisieren $_{165}$ 137, 335
Privatsphäre $_{158}$ 123
probieren $_{102}$ 333
Problem $_{81}$ 78, 111, 152, 370
Problematik $_{122}$ 227
problematisch $_{141}$ 133
problematisieren $_{181}$ 335
problembewußt $_{190}$ 136, 284
Problembewußtsein $_{237}$ 258, 292, 375
Problemlösung $_{174}$ 78, 124,

293, 392
Problemlösungskapazität$_{303}$ 99, 100, 258, 377
Produktion$_{143}$ 97, 122, 239, 257
produktionsabhängig$_{216}$ 284
produktiv$_{136}$ 130, 282, 322
Produktivität$_{191}$ 142, 350, 355, 374
Produktivitätsrhythmus$_{342}$ 378
Produktivitätszunahme$_{298}$ 377
professionell$_{165}$ 283
Profiterwartungsprognose$_{339}$ 378
profitieren$_{135}$ 334
Profitmaximierung$_{218}$ 264
profitorientiert$_{217}$ 284
Programm$_{101}$ 20, 35, 70, 100, 120, 149, 221, 253, 290, 354, 382, 397
programmieren$_{152}$ 334
Programmierung$_{175}$ 131, 215
Programmierungsfehler$_{248}$ 375
Programmierungsfortschritt$_{350}$ 289, 364, 379
progressiv$_{148}$ 282
Projekt$_{95}$ 83, 120, 230
Projektionsfläche$_{192}$ 99, 374
Proletariat$_{135}$ 122, 137, 257
proletarisieren$_{184}$ 335
prominent$_{124}$ 282
Prophet$_{98}$ 266
prophezeien$_{137}$ 334
Prophezeiung$_{160}$ 349
Proportion$_{156}$ 123, 312, 352
Proportionsberechnung$_{272}$ 245, 376
Prosa$_{69}$ 119, 156, 217
prosaisch$_{108}$ 136, 281, 390
Prostitution$_{196}$ 187, 374
protektionsgebunden$_{234}$ 285
protestantisch$_{187}$ 284
Protestversammlung$_{258}$ 376
Prozeß$_{118}$ 121, 232
prozeßgesteuert$_{238}$ 285
Prozeßsteuerung$_{248}$ 375
prüfen$_{85}$ 181, 328, 332, 343
Prüfungsklima$_{173}$ 124
Prüfungssorgfalt$_{225}$ 226, 246, 375, 395
pseudowissenschaftlich$_{258}$ 286
Pseudowissenschaftlichkeit$_{303}$ 100
psychiatrieren$_{170}$ 335
Psychoanalyse$_{163}$ 123, 129
psychologisch$_{159}$ 283
psychologisieren$_{199}$ 336
psychopathologisch$_{219}$ 285
psychotherapeutisch$_{239}$ 285
Publikum$_{105}$ 120, 149
publikumsfeindlich$_{194}$ 284
Punkt$_{82}$ 28, 119, 207, 208, 292, 302, 396
Punkte im Raum-Zeit-Kontinuum$_{360}$ 252
puristisch$_{142}$ 282

QED$_{26}$ (Quantenelektrodynamik) 24
QI$_{26}$ (Lebensenergie) 24
Quadrat$_{82}$ 119, 208
Qual$_{51}$ 118
quälen$_{75}$ 327, 328, 332
quälend$_{79}$ 223, 225, 274, 280
Qualität$_{106}$ 99, 120, 389, 390, 395
Qualitätsanspruch$_{225}$ 226, 246, 375, 395
Qualitätsproblem$_{206}$ 341
Qualitätsverlust$_{242}$ 375
Quanten$_{92}$ 301, 302
Quantenbeziehungen$_{208}$ 72, 101, 341, 343
Quantencomputer$_{203}$ 301, 302
Quantenmechanik$_{156}$ 49
quantenphysikalisch$_{232}$ 285
Quantenstatistik$_{220}$ 292
Quantentheorie$_{172}$ 124, 255
Quelle$_{72}$ 119, 277
Querdenken$_{114}$ 121
querschießen$_{162}$ 334
Querschnitt$_{154}$ 123
querschnittgelähmt$_{225}$ 285
Querschnittsbetrachtung$_{292}$ 377
Querverbindungen$_{196}$ 89, 353

Rache$_{35}$ 117
radial$_{45}$ 279
radikal$_{56}$ 136, 216, 279
radikalisieren$_{135}$ 334
Radikalität$_{111}$ 121, 134, 249, 347, 386
Radioaktivität$_{165}$ 373
Rand$_{37}$ 369
Rangordnung$_{133}$ 143, 372
Rarität$_{92}$ 351, 356, 371
rasen$_{57}$ 331
Rassenhaß$_{123}$ 121, 250
Rassismus$_{138}$ 145, 372
Raster$_{81}$ 111
Rasterfahndung$_{156}$ 50, 373
rational$_{90}$ 91, 213, 275, 276, 280
rationalisieren$_{169}$ 329, 335
Rationalisierung$_{192}$ 99, 374
rationalisierungsabhängig$_{265}$ 286
Rationalisierungsformel$_{280}$ 258
ratlos$_{85}$ 280
Rätsel$_{80}$ 84, 119, 143, 321, 361
rätselhaft$_{115}$ 181, 281, 390
Raub$_{42}$ 117
Rauch$_{51}$ 118
Raum$_{53}$ 118, 266, 291
Raumbezug$_{114}$ 292, 349
Raumkoordinaten$_{179}$ 305
Raumkrümmung$_{176}$ 124
rauschen$_{89}$ 294, 332
reagieren$_{82}$ 328, 332
reaktionär$_{117}$ 316
Reaktionsgeschwindigkeit$_{265}$ 376
reaktionsschnell$_{185}$ 283
real$_{36}$ 217
Realeinkommen$_{135}$ 372
realisieren$_{115}$ 333
Realismus$_{117}$ 36, 121, 134, 232
Realität$_{91}$ 33, 120, 134, 138, 139, 216
realitätsgestört$_{219}$ 285
realitätsorientiert$_{243}$ 285
Realitätsverlust$_{227}$ 109, 258, 273, 375
Realitätszusammenhang$_{252}$ 397
rebellieren$_{105}$ 333
Rebellion$_{92}$ 93, 120, 139
rebellisch$_{93}$ 273, 281
Rechenprogramm$_{154}$ 48, 126, 149, 276
rechnen$_{67}$ 21, 107, 259, 328, 331, 395
Rechnung$_{90}$ 28, 33, 56, 120, 138, 139, 247, 298
Rechnungswesen$_{175}$ 124, 215
Recht$_{54}$ 93, 118, 141
Rechtfertigung$_{161}$ 123, 137, 192
Rechtfertigungszwang$_{251}$ 376
rechts$_{73}$ 136, 140, 280
Rechtschreibreform$_{193}$ 374
Rechtschreibung$_{160}$ 123, 197
rechtsextremistisch$_{245}$ 145, 285
Rechtsmittelbelehrung$_{244}$ 375
Rechtsordnung$_{166}$ 243, 373
rechtsprechen$_{142}$ 334
Rechtssicherheit$_{177}$ 257, 373
Rechtsstaatlichkeit$_{211}$ 145, 374
Rede$_{32}$ 117
reden$_{46}$ 98, 331
Reduktion$_{117}$ 98
reell$_{52}$ 279
Reflexion$_{108}$ 81, 371
Reflexionslogik$_{181}$ 262
Reform$_{75}$ 119, 137, 392
reformieren$_{126}$ 333
Reformphilosophie$_{207}$ 342
rege$_{35}$ 279
Regel$_{47}$ 34, 152
Regelhaftigkeit$_{143}$ 97
Regelmäßigkeit$_{165}$ 66, 123, 144, 165, 243
regeln$_{61}$ 331
Regelungsverfahren$_{205}$ 341, 342
Regenbogen$_{92}$ 371
regenerationsunfähig$_{221}$ 285
Regenzeit$_{109}$ 121
regieren$_{81}$ 152, 332
Regierung$_{104}$ 120, 140, 142
regierungsorientiert$_{256}$ 286
Regierungsprogramm$_{224}$ 375
regionale Differenzierung$_{253}$ 225
Regionalismus$_{162}$ 373
Register$_{101}$ 20, 253
registrieren$_{147}$ 334
Registrierung$_{170}$ 237

rehabilitationsbedürftig$_{259}$ 286
reich$_{43}$ 279
Reichtum$_{97}$ 120, 151, 230, 251, 273
Reichtum der Töne$_{183}$ 311
Reichweite$_{105}$ 371
Reihenfolge$_{104}$ 349
Reinheit$_{88}$ 120
Reise$_{56}$ 77, 118
Reiseerzählung$_{173}$ 124
Reiz$_{58}$ 118, 141
rekordverdächtig$_{173}$ 283
Relation$_{94}$ 293, 294
relativ$_{87}$ 280
Relativität$_{142}$ 100, 122, 236, 246, 287
relativitätsbewußt$_{270}$ 275, 286
Relativitätstheorie$_{241}$ 49, 99, 258, 375
Relevanz$_{103}$ 74, 120, 165, 365, 394
Religion$_{89}$ 83, 120, 140, 240, 257, 313, 385
Rentabilität$_{136}$ 122, 147, 297
Rentabilitätsdenken$_{208}$ 147, 341, 343
reparaturbedürftig$_{215}$ 284
Repräsentationskosten$_{283}$ 377
repräsentieren$_{172}$ 335
Republik$_{94}$ 120, 139
Resignation$_{131}$ 122
respektvoll$_{155}$ 283
Ressentiment$_{161}$ 123, 137
ressentimentfördernd$_{250}$ 285
Ressentimentverstärkung$_{322}$ 378
Restauration$_{161}$ 137
retten$_{82}$ 332
Rettung$_{105}$ 120
Rettungsanker$_{173}$ 124
Revitalisierungskonzept$_{315}$ 378
Revolte$_{97}$ 120, 151
Revolution$_{151}$ 123, 136, 144
revolutionär$_{175}$ 136, 283
Rhythmus$_{132}$ 122, 153, 392
rhythmusgebunden$_{204}$ 284
richtig$_{74}$ 98, 274, 280
Richtung$_{100}$ 131, 167
Ring$_{48}$ 118
riskant$_{92}$ 281
riskieren$_{108}$ 328, 333
Ritual$_{81}$ 78, 119, 158, 189
ritzen$_{92}$ 28, 153
rivalisierend$_{145}$ 282
roh$_{41}$ 279
Rohstoffmonopol$_{207}$ 342
Roman$_{61}$ 217
Romantik$_{101}$ 120, 397
romantisch$_{120}$ 224, 281
Röntgenbild$_{125}$ 264, 372
Rosenzucht$_{149}$ 123
rot$_{53}$ 136, 279
Rückkoppelungsprozeß$_{312}$ 377
rücksichtslos$_{182}$ 283
Rücktrittsdrohung$_{251}$ 376
Rückzug$_{112}$ 371
ruhig$_{63}$ 270, 280
Ruine$_{67}$ 119
rund$_{57}$ 279
russisch$_{116}$ 281

Sache$_{36}$ 117, 154
Sachkenntnis$_{137}$ 372
sachlich$_{63}$ 270
Sachlichkeit$_{108}$ 121, 270, 391
Sachverhalt$_{117}$ 36, 134, 186, 232, 371
Sachverhaltsdarstellung$_{269}$ 223, 244, 376
Sachverstand$_{134}$ 122, 143, 306
Sachzwang$_{102}$ 42, 120, 142
Sack$_{34}$ 117
Sadismus$_{105}$ 120
säen$_{44}$ 331
Saft$_{46}$ 117
sagen$_{46}$ 98, 331
Salz$_{58}$ 118
Samen$_{52}$ 188
sammeln$_{77}$ 327, 328, 332, 352
Sand$_{38}$ 117
sanft$_{60}$ 280
Sanierungsprogramm$_{228}$ 375
Sanktion$_{103}$ 120, 165
Sarg$_{45}$ 369
Satellit$_{98}$ 45
satt$_{60}$ 280
Satz$_{66}$ 80, 103, 118, 154, 156
Satzkonstellationen$_{252}$ 397
Sauerstoff$_{130}$ 122
Schablone$_{79}$ 370
Schachspiel$_{103}$ 356
schaden$_{54}$ 331
Schadenersatzansprüche$_{253}$ 376
Schädlingsbekämpfung$_{202}$ 145, 374
Schaltzentrale$_{164}$ 373
Scham$_{44}$ 369
Schamane$_{64}$ 118, 186, 240
schamanisch$_{98}$ 92
Schärfe$_{65}$ 300
Schatten$_{90}$ 120
Schattenwirtschaft$_{217}$ 374
Schatz$_{77}$ 370
Schauprozeß$_{170}$ 124
Schauspiel$_{113}$ 121, 131
Scheide$_{53}$ 188
Schein$_{58}$ 98, 118, 141, 142
scheitern$_{101}$ 20, 333, 354
schematisieren$_{148}$ 334
schichtenspezifisch$_{209}$ 284
Schicksal$_{85}$ 119
Schiff$_{51}$ 118
Schlaf$_{49}$ 118
Schlafbedürfnis$_{152}$ 123
schlafen$_{68}$ 332
schlagen$_{69}$ 332
schlampig$_{88}$ 280
Schlange$_{69}$ 119, 193
schlank$_{68}$ 274, 280
schlimm$_{77}$ 280
Schluß$_{101}$ 397
Schlüssel$_{123}$ 42, 85, 121, 202
Schlüsselposition$_{240}$ 375
schlußfolgern$_{178}$ 335
Schlußfolgerung$_{206}$ 341, 343
schmeicheln$_{99}$ 332
Schmerz$_{92}$ 120, 138, 139
Schmerzschwelle$_{179}$ 124
Schmuck$_{78}$ 119
schmücken$_{102}$ 333
Schmutz$_{110}$ 121
Schnecke$_{68}$ 370
Schnittstelle$_{166}$ 137, 373
schön$_{64}$ 272, 280
Schönheit$_{106}$ 120, 154, 389, 390
Schönheitsbegriff$_{178}$ 124, 313
schonungsbedürftig$_{217}$ 284
Schöpfung$_{114}$ 121, 189
Schöpfungsgeschichte$_{220}$ 192, 264, 356, 375
Schreckensherrschaft$_{211}$ 145
schreiben$_{83}$ 21, 153, 179, 181, 327, 328, 332, 347, 393
Schrift$_{83}$ 29, 73, 84, 119, 153, 156, 179, 180, 208, 243, 247, 257, 312, 327, 328, 347, 393, 395, 396
Schriftdeterminismus$_{252}$ 397
schriftlich$_{115}$ 181, 281, 390
Schriftsteller$_{174}$ 124
Schrifttheorie$_{163}$ 86
Schriftzeichen$_{153}$ 44, 51, 123, 151, 195
Schuld$_{67}$ 119, 138
Schuldenstand$_{144}$ 122
Schuldgefühl$_{131}$ 122, 130, 257
Schuldkomplex$_{163}$ 373
Schule$_{68}$ 119
Schulversagen$_{154}$ 372
Schuß$_{89}$ 370
schützen$_{121}$ 333
Schwäche$_{75}$ 119
Schwächezeichen$_{145}$ 372
Schwachsinn$_{121}$ 121
schwachsinnig$_{137}$ 282
schwarz$_{98}$ 281
Schwarzweißmalerei$_{236}$ 375
Schwebezustand$_{170}$ 38, 72, 124
schweigen$_{93}$ 38, 120, 127, 139, 149, 181, 205, 317, 327, 328, 332
Schweigepflicht$_{153}$ 372
schweißüberströmt$_{266}$ 286
Schwellenangst$_{162}$ 123
schwer$_{76}$ 280
Schwerkraft$_{132}$ 122
schwermütig$_{151}$ 282
Schwierigkeit$_{146}$ 122
schwimmen$_{107}$ 333
schwindelerregend$_{173}$ 283
Schwingung$_{125}$ 26, 121
Schwingungszustände$_{259}$ 80
sechs$_{54}$ 337
sechundzwanzig$_{99}$ 189
See$_{29}$ 117
Seele$_{46}$ 117, 146
Seelenwanderung$_{167}$ 124
Segel$_{48}$ 118
sehen$_{51}$ 205, 303, 304, 331, 395
sehnen$_{65}$ 331
sehnsüchtig$_{138}$ 282

Seide $_{42}$ 369
Seidenstraße $_{157}$ 123
sein $_{47}$ 118, 146, 152, 302, 329, 331
Sein und Zeit $_{146}$ 257, 329
Seinsvergessenheit $_{222}$ 193
Seite $_{58}$ 369
Seitenwechsel $_{147}$ 372
Sekunde $_{79}$ 119, 208, 233
Selbständigkeit $_{162}$
Selbstständigkeit $_{201}$ 123, 223
Selbstaufgabe $_{120}$ 145, 371
Selbstbedienungsmentalität $_{297}$ 377
Selbstbeobachtung $_{175}$ 124, 131, 215
Selbstbeschreibung $_{190}$ 67, 85
Selbstbeschreibungen $_{209}$ 253, 382
Selbstbestätigung $_{207}$ 342
Selbstbestrafung $_{190}$ 130
Selbstbestrafungsmechanismus $_{334}$ 378, 382
Selbstbetrachtungen $_{215}$ 258
Selbstbetrug $_{150}$ 123
selbstbewußt $_{186}$ 283
Selbstdarstellung $_{210}$ 310, 341, 343, 374, 385, 392
Selbsterhaltungstrieb $_{256}$ 214, 376
Selbsterkenntnis $_{206}$ 154, 258, 374
Selbsthilfe $_{117}$ 134, 371
Selbstkontrolle $_{199}$ 291, 310, 374
Selbstkritik $_{155}$ 123, 215
selbstlos $_{123}$ 282
Selbstmord $_{127}$ 122
selbstmordgefährdet $_{206}$ 284
selbstquälerisch $_{195}$ 284
selbstreferentiell $_{206}$ 284
Selbstreferenz $_{174}$ 49, 155, 384
Selbstreflexion $_{185}$ 107
selbstvergessen $_{191}$ 284
Selbstversorgungsprogramm $_{343}$ 378
Selbstverständlichkeit $_{262}$ 258, 376
Selbstverteidigung $_{218}$ 374
Selbstvertrauen $_{201}$ 341
Selbstverwirklichung $_{257}$ 376
Selbstzensur $_{180}$ 373
selbstzerstörerisch $_{265}$ 286
Selbstzufriedenheitsgefühl $_{310}$ 377
Selbstzweck $_{145}$ 122, 231, 257
selten $_{75}$ 280, 345
Semantik $_{92}$ 93, 120, 134, 356
senden $_{61}$ 331
Sendungsbewußtsein $_{259}$ 376
Sensationsbedürfnis $_{238}$ 375
sensationsbewußt $_{244}$ 285
sensibel $_{85}$ 280
Sensibilität $_{144}$ 122
Sentimentalität $_{187}$ 258, 263, 319, 366, 374
Sentimentalitätsidealisierung $_{339}$ 378
Serie $_{56}$ 118, 216, 359, 397
serielles Denken $_{157}$ 48
serviceorientiert $_{214}$ 284
Sex $_{48}$ 369
Sexualität $_{137}$ 122
sicher $_{62}$ 280
Sicherheit $_{104}$ 120, 349
sicherheitsorientiert $_{256}$ 286
sichern $_{76}$ 328, 332
sieben $_{54}$ 22, 337, 369
Sieg $_{40}$ 117, 146
siegen $_{59}$ 331
Signal $_{62}$ 158
signalisieren $_{141}$ 334
Signatur $_{109}$ 121
Silbe $_{47}$ 152, 158
Simulation $_{133}$ 122, 143, 277
simulationsbedürftig $_{249}$ 285
simulieren $_{125}$ 333
Singularität $_{156}$ 21, 351
Sinn $_{56}$ 39, 77, 93, 98, 118, 136, 141, 142, 216, 233, 266, 291, 395
Sinnesorgan $_{135}$ 122, 148, 221, 239
Sinnestäuschung $_{199}$ 189, 258, 291, 310, 374, 392
sinnesverwirrt $_{213}$ 284
Sinneswahrnehmung $_{212}$ 305, 374
Sinngebung $_{112}$ 121, 149, 257
sinnieren $_{107}$ 328, 333
sinnlich $_{88}$ 280
Sinnlichkeit $_{133}$ 122, 151, 226, 277
Sinnproduktion $_{199}$ 291, 310
Sisyphusarbeit $_{191}$ 374
Situation $_{128}$ 48, 122
Situationskomik $_{206}$ 374
situationsverhaftet $_{252}$ 286
sitzen $_{93}$ 332
Skepsis $_{98}$ 49, 120, 266, 297
Sklavenhandel $_{128}$ 122
slawisch $_{94}$ 223, 225, 281
Soldat $_{71}$ 119
Solidarität $_{133}$ 122, 143, 144
Sommer $_{83}$ 360
sonderbar $_{96}$ 92, 276, 281, 354
Sonne $_{67}$ 119, 156
Sonnenaufgang $_{138}$ 122
Sonnenenergie $_{144}$ 256
Sonnenwende $_{132}$ 372
Sorge $_{64}$ 118
Sorgfalt $_{98}$ 73, 120, 266
sortieren $_{123}$ 48, 329, 333
Souveränität $_{175}$ 217
Souveränitätsbewußtsein $_{350}$ 253, 258, 289, 364, 379
sozial $_{82}$ 280
sozialdemokratisch $_{208}$ 136
Sozialindikatorensystematik $_{344}$ 378
Sozialismus $_{163}$ 123, 137
sozialistisch $_{169}$ 135, 136, 283
Sozialkompetenz $_{207}$ 342, 374
Sozialwissenschaften $_{247}$ 375
sozialwissenschaftlich $_{260}$ 286
Spalte $_{73}$ 129, 188, 370
spannend $_{87}$ 280
Spannung $_{106}$ 120, 214, 269, 395
spannungslos $_{171}$ 283
sparen $_{73}$ 327, 328
Sparsamkeit $_{132}$ 122, 238
Spaß $_{74}$ 119
Spaziergänger $_{151}$ 123
Speicher $_{83}$ 243, 370, 395
Spekulation $_{143}$ 37, 42, 122, 198, 239
spekulationsfördernd $_{251}$ 286
spekulativ $_{136}$ 130, 282
Spendensammlung $_{177}$ 124
Sperma $_{72}$ 129, 189, 370
Sperrstunde $_{159}$ 123
spezialisieren $_{167}$ 335
spezialisiert $_{168}$ 283
Spezialisierungsdruck $_{266}$ 258, 376
Spiegel $_{73}$ 126, 370
Spiegelbild $_{100}$ 120, 167
Spiel $_{61}$ 72, 118, 141, 142, 202, 217, 230, 309, 395, 396
spielen $_{80}$ 328
Spielregel $_{108}$ 121, 142, 270, 391
Spieltheorie $_{141}$ 71, 122
Spießbürger $_{163}$ 123, 137
Spinnennetz $_{156}$ 50, 373
Spionage $_{86}$ 140
Spirale $_{80}$ 119, 143
spiritualistisch $_{212}$ 284
Spiritualität $_{180}$ 93, 124
Spitzenleistungsehrgeiz $_{313}$ 377
spontan $_{99}$ 366
Spontaneität $_{159}$ 72, 123, 216, 362
Sport $_{88}$ 120
spotten $_{109}$ 333
Sprachanalyse $_{142}$ 287
Sprache $_{70}$ 28, 49, 119, 134, 151, 155, 156, 188, 191, 217, 226, 231, 366, 395, 396
Sprachgebrauch $_{130}$ 37, 257, 372
sprachinteressiert $_{226}$ 285
sprachlich $_{97}$ 85
Sprachlosigkeit $_{172}$ 124, 347
Sprachphilosophie $_{197}$ 86
Sprachregelung $_{154}$ 123, 257
Sprachstruktur $_{213}$ 220, 228, 259, 343, 374
Sprachvermögen $_{169}$ 44, 373, 393
Sprachverwirrung $_{220}$ 158, 192, 193, 375
sprachwissenschaftlich $_{243}$ 222, 285
sprechen $_{88}$ 327, 328, 347
Sprichwort $_{149}$ 372
sprunghaft $_{130}$ 282
Spur $_{74}$ 327, 340
spüren $_{98}$ 181, 328
Spurensuche $_{149}$ 74, 123, 222
spurlos $_{120}$ 281
Spürsinn $_{135}$ 122
Staat $_{61}$ 118
Staatsgewalt $_{148}$ 123
Staatsstreich $_{162}$ 123, 137
Stabilitätsvorstellung $_{302}$ 377
Stacheldraht $_{119}$ 145, 371

Stadt$_{64}$ 118
Stadtplanungsdesaster$_{259}$ 376
standardisieren$_{160}$ 334
Standardisierungsprogramm$_{303}$ 377
Standfestigkeit$_{169}$ 124
Standpunkt$_{140}$ 122, 322
stark$_{69}$ 280
Stärke$_{79}$ 119
Statistik$_{128}$ 30, 48, 122, 261
statistische Realität$_{243}$ 222
Staub$_{63}$ 118
Stein$_{67}$ 119
Stellenwert$_{153}$ 44, 123, 151, 195
Stellungnahme$_{151}$ 372, 393
Steppe$_{81}$ 119
Sterbehilfe$_{109}$ 371
sterben$_{83}$ 332
stereotyp$_{143}$ 133, 282
Stern$_{76}$ 119, 214, 233
Sternbild$_{103}$ 214
Sternkunde$_{131}$ 196, 372
Sternschnuppe$_{178}$ 124
Sternstunde$_{159}$ 123
Sternzeichen$_{146}$ 122
Steuerbefreiungsansuchen$_{279}$ 376
steuerschonend$_{170}$ 283
Steuerung$_{130}$ 122
Stichprobe$_{115}$ 371
Stier$_{71}$ 188
still$_{72}$ 280
Stille$_{77}$ 119, 215, 352
Stillstand$_{130}$ 122
stilvoll$_{121}$ 281
Stimme$_{79}$ 119, 156, 394
Stimmengewinn$_{165}$ 373
Stimmung$_{116}$ 121
Stöckelschuhe$_{154}$ 123
Stoffwechsel$_{141}$ 89, 122
Störaktion$_{147}$ 123
stören$_{96}$ 181, 328
Störung$_{119}$ 121, 138, 232
Strafe$_{69}$ 119, 193
Strafverfahren$_{161}$ 373
Strand$_{76}$ 370
Straßenverkehrsordnung$_{314}$ 377
String-Theorie$_{167}$ 80
stromlinienförmig$_{221}$ 285
Stromzufuhrunterbrechung$_{341}$ 378
Struktur$_{148}$ 123, 213, 247, 291, 293, 294, 318, 343, 352, 382, 383
Strukturalismus$_{242}$ 49, 287, 375
strukturalistisch$_{248}$ 285
strukturanalytisch$_{260}$ 286
Strukturbegriff$_{201}$ 382
Strukturen$_{167}$ 382
strukturieren$_{199}$ 336
Strukturmechanismus$_{273}$ 258, 376
Strukturmodell$_{209}$ 253, 341, 343, 382
studieren$_{115}$ 333
Stufe$_{71}$ 370
stumm$_{86}$ 136, 280
stur$_{78}$ 223, 225, 280
Sturmwarnung$_{189}$ 374
Subjekt$_{88}$ 120, 156, 347
subjektiv$_{119}$ 232, 271, 281
subjektiv und objektiv$_{252}$ 397, 398
Subjektivität$_{174}$ 124, 148, 293
Subkultur$_{145}$ 122
Sublimierung$_{150}$ 123
substantivieren$_{198}$ 336
Substanz$_{122}$ 121, 227
Subtext$_{111}$ 386
subventioniert$_{193}$ 284
subversiv$_{137}$ 322
Suche$_{56}$ 77, 93, 118, 136, 141, 142, 216
suchen$_{70}$ 48, 151
Suche nach Worten$_{177}$ 77
Suchprogramm$_{152}$ 128
Sucht$_{71}$ 119, 153, 192
Südseeinsel$_{137}$ 122
sumerisch$_{115}$ 181
Summe$_{71}$ 192
Summe der Einzelteile$_{220}$ 192, 292, 356
Sünde$_{68}$ 119
Sündenfall$_{113}$ 121, 129, 189
Symbiose$_{107}$ 121, 235, 346
Symbol$_{86}$ 67, 112, 113, 119, 143, 155, 156, 164, 217
Symbolhandlung$_{167}$ 124, 128, 129, 145, 213, 388
symbolisch$_{125}$ 282, 322
symbolische Formen$_{201}$ 341
symbolische Logik$_{184}$ 56
Symmetrie$_{127}$ 26, 79, 99, 122, 247, 261
Symmetrieanalyse$_{204}$ 341
Symmetriebildung$_{196}$ 89, 219, 353
Symmetriebrechung$_{205}$ 305, 342, 394
Sympathie$_{116}$ 121
synchron$_{116}$ 130
Synthesizer$_{168}$ 373
System$_{101}$ 20, 70, 100, 120, 149, 221, 223, 253, 290, 382, 397
System der Ähnlichkeiten$_{252}$ 157, 241, 344, 398
System der Schrift$_{211}$ 341, 343, 384
System für Buchstaben und Zahlen$_{351}$ 365
Systematik$_{142}$ 188, 241, 287
systematisch$_{161}$ 97, 273, 283
systematisieren$_{201}$ 336
Systemfehler$_{155}$ 215
systemgläubig$_{165}$ 283
Systemtheorie$_{181}$ 56, 133, 257, 262, 373
Systemzusammenhang$_{243}$ 222
Szenenapplaus$_{169}$ 124

Tabu$_{44}$ 117
Tag$_{28}$ 117, 360
Tagesablauf$_{95}$ 120, 230
Taktik$_{72}$ 119
Tal$_{33}$ 117
Talent$_{72}$ 119
Talmud$_{71}$ 93, 257
Tanz$_{61}$ 309
tanzen$_{80}$ 332
Tarnung$_{95}$ 67, 120, 230
Tat$_{41}$ 117
Tatsache$_{77}$ 119, 156, 227, 340, 352, 362
Taube$_{49}$ 118
tauschen$_{91}$ 332
Technik$_{70}$ 119, 151, 188
Technik des logischen Zusammenhangs$_{351}$ 365
Technokratie$_{129}$ 122
Technologierevolution$_{264}$ 376
Teilchen$_{76}$ 23
Teilchenbeschleuniger$_{204}$ 374
Teilnahmebedingung$_{170}$ 373
teilnehmen$_{105}$ 328, 333
telefonieren$_{128}$ 333
Telekommunikationsbranche$_{278}$ 55, 376
Tellerwäscher$_{154}$ 372
Tempel$_{71}$ 93, 119, 188, 257
terrorisieren$_{173}$ 335
Terrorismus$_{175}$ 124
Testamentsvollstreckung$_{315}$ 378
teuer$_{69}$ 280
Teufel$_{69}$ 119, 193
Text$_{69}$ 89, 119, 138, 156, 217, 352, 395, 396
Theater$_{77}$ 119, 309
theaterspielen$_{157}$ 334
Thema$_{47}$ 397
Theologie$_{96}$ 230, 240, 371
theoretisch$_{130}$ 243, 271, 282
theoretisieren$_{170}$ 335
Theorie$_{80}$ 119, 143, 208, 361
Theorie der Berechenbarkeit$_{223}$ 55, 397
Theorie der Beziehungen$_{223}$ 397
Theorie der Relationen$_{220}$ 292
Theorie der Schrift$_{190}$ 73, 85
Theorie des Scheiterns$_{228}$ 149
Theorie für alles$_{179}$ 78
Theorie von allem$_{174}$ 79, 87
therapieren$_{119}$ 333
These$_{57}$ 118
Thora$_{62}$ 93, 257
Tiefe$_{45}$ 117, 313
Tier$_{52}$ 118
Tod$_{39}$ 117, 144, 146, 297
Todesfurcht$_{139}$ 122
Todessehnsucht$_{180}$ 124
tödlich$_{76}$ 280
Tohuwabohu$_{134}$ 294
Toleranz$_{111}$ 121, 134, 347, 386
Ton$_{49}$ 19, 369
Tonleiter$_{118}$ 371
Topographie$_{130}$
Topografie$_{112}$ 122, 125
Topologie$_{114}$ 292
tot$_{55}$ 279
total$_{68}$ 280

Totalität $_{123}$ 121, 142, 250, 257
töten $_{79}$ 332
Totenmaske $_{123}$ 372
Tourismuswirtschaft $_{282}$ 376
Tradition $_{110}$ 82, 121, 237
Traditionsbewußtsein $_{285}$ 377
traditionsgebunden $_{201}$ 284
tragisch $_{85}$ 280
Träne $_{63}$ 370
Transfer $_{101}$ 20, 70, 73, 253, 382, 397
transferieren $_{152}$ 334
Transferprogramm $_{202}$ 341
Transformation $_{183}$ 247
Transformationsprozeß $_{320}$ 378
transformieren $_{175}$ 335
Transparenz $_{152}$ 128, 372
Transzendenz $_{166}$ 123, 154, 257
transzendenzbestärkend $_{270}$ 275, 286
Transzendenzbewußtsein $_{322}$ 378
Trauer $_{83}$ 119, 312, 327
Traum $_{73}$ 119, 126, 309
Trauma $_{74}$ 327
traumdeuten $_{142}$ 334
Traumdeutung $_{165}$ 123, 129
träumen $_{97}$ 129, 332
Traummuster $_{169}$ 128
traurig $_{94}$ 223, 225, 276, 281
Traurige Tropen $_{187}$ 258
Trefferquote $_{156}$ 49, 123, 277, 322
trennen $_{90}$ 181, 320, 328, 332
Trennschärfe $_{136}$ 257, 327, 372
Trennung $_{113}$ 121, 131, 148, 189
Triebverzicht $_{165}$ 123, 129
trinken $_{91}$ 332
Trinkgeld $_{100}$ 371
Tristram Shandy $_{189}$ 265
trivial $_{91}$ 140, 276, 281
trivialer Formalismus $_{260}$ 58
Trommel $_{96}$ 120
Tropfen $_{94}$ 205
Trümmerhaufen $_{168}$ 124
Tüchtigkeit $_{138}$ 298, 372
tun $_{55}$ 331
Turbulenz $_{139}$ 122
Turing-Maschine $_{161}$ 46
türkisch $_{114}$ 281
Turm $_{72}$ 188, 370
typisieren $_{140}$ 334
Typographie $_{140}$
Typografie $_{122}$ 122
Typus $_{101}$ 290

üben $_{47}$ 152, 331
überbevölkert $_{166}$ 283
überbewerten $_{143}$ 334
überentwickeln $_{167}$ 335
überflüssig $_{149}$ 282
überfordern $_{131}$ 333
übergewichtig $_{142}$ 282
Überlegenheitsgefühl $_{219}$ 264, 375
überlisten $_{130}$ 333
überraschend $_{123}$ 282
Überraschung $_{142}$ 122, 236
überreagieren $_{133}$ 334
überreglementiert $_{202}$ 284
Überschwemmungs-katastrophe $_{330}$ 378
überschwenglich $_{162}$ 283
übersetzen $_{140}$ 334
übersetzungsunfähig $_{253}$ 286
übertragen $_{116}$ 131
Übertragungsvorgang $_{242}$ 287
übervorteilen $_{171}$ 335
Überwachungsstaat $_{208}$ 258
überzeugen $_{129}$ 333
Überzeugung $_{152}$ 123
überzeugungsbedürftig $_{268}$ 286
Überzeugungstäter $_{240}$ 375
Uferlosigkeit $_{157}$ 373
Uhr $_{47}$ 61, 118, 152, 191, 300
Ulysses $_{120}$ 257
umfassend $_{102}$ 281
Umfrageergebnis $_{150}$ 372
Umgangssprache $_{152}$ 123, 128, 293
umkommen $_{105}$ 333
Umsatz $_{100}$ 120
umweltschädlich $_{166}$ 283
Umweltschutz-bestimmungen $_{333}$ 378
Unabhängigkeitsstreben $_{236}$ 375
Unbedenklichkeits-erklärung $_{284}$ 377
unberechenbar $_{116}$ 281
Unberechenbarkeit $_{161}$ 46, 123, 137, 192, 302, 349
unbeschreiblich $_{138}$ 282
unbeweisbar $_{119}$ 232, 281
Unbewußtes $_{168}$ 128, 129, 217
und $_{39}$ 297, 298
unendlich $_{90}$ 91, 213, 275, 280
Unendlichkeit $_{135}$ 88, 122, 157, 203, 221
Unentscheidbarkeit $_{188}$ 263
Unentscheidbarkeits-situation $_{335}$ 378
unentschieden $_{141}$ 282
unerklärlich $_{137}$ 322
Unerträglichkeit $_{186}$ 135
Unfall $_{66}$ 118
ungerecht $_{101}$ 20, 281
Ungerechtigkeitsvorwurf $_{304}$ 377
Ungewißheit $_{159}$ 72
ungewöhnlich $_{144}$ 282, 316
ungleichzeitig $_{155}$ 283
Ungleichzeitigkeit $_{200}$ 374
unglücklich $_{126}$ 282
unintellektuell $_{193}$ 284
uninteressant $_{179}$ 283
Universalität $_{176}$ 124, 154, 385
Universität $_{163}$ 123
Universum $_{142}$ 122
unkompliziert $_{189}$ 284
unkontrolliert $_{204}$ 284
unkritisierbar $_{174}$ 79, 148, 283, 384, 392
Unlösbarkeit $_{152}$ 123
Unmittelbarkeit $_{180}$ 131
unnatürlich $_{146}$ 282
UNO $_{50}$ 166
unobjektiv $_{129}$ 282
Unordnung $_{128}$ 26, 48, 372
unorthodox $_{154}$ 282
unrealistisch $_{158}$ 91, 283
unreformierbar $_{163}$ 283, 385
Unschärfe $_{100}$ 300
Unschuld $_{102}$ 120, 131, 142
unsicher $_{97}$ 85, 281
Unsicherheit $_{139}$ 180
Unsicherheitsfaktor $_{229}$ 375
unsichtbar $_{115}$ 130, 281, 390
Unsinn $_{91}$ 120, 138, 139, 216
unsterblich $_{131}$ 272, 282
Unsterblichkeit $_{176}$ 29, 124
Unsterblichkeits-versprechen $_{328}$ 378
unsubventioniert $_{228}$ 285
unten $_{74}$ 280
Unter dem Vulkan $_{181}$ 257
Unterbewußtsein $_{234}$ 288, 375
unterbrechen $_{133}$ 334
Unterbrechung $_{156}$ 185, 302
unterdrücken $_{159}$ 334
Unterdrückungs-mechanismus $_{326}$ 378
unterdurchschnittlich $_{257}$ 286
Unterernährung $_{189}$ 258, 374
unterfinanziert $_{200}$ 284
Untergang $_{107}$ 121, 235
Untergangsprophezeiung $_{286}$ 377
Untergangsszenario $_{233}$ 258, 375
untergehen $_{117}$ 232, 333
Untergrund $_{142}$ 246
unterhalten $_{138}$ 334
Unterhaltung $_{161}$ 123, 192
Unterhaltungsindustrie $_{299}$ 377
Unterlassungssünde $_{258}$ 376
unternehmen $_{137}$ 122, 334
Unternehmensphilosophie $_{288}$ 377
unternehmerisch $_{180}$ 283
unternehmungslustig $_{267}$ 286
unterrichten $_{155}$ 334
unterschätzen $_{179}$ 335
unterscheiden $_{145}$ 328, 334
Unterscheidung $_{168}$ 98, 217
Unterscheidungsnotwendig-keit $_{343}$ 378
Unterschied $_{126}$ 121, 261
unterschlagen $_{147}$ 334
unterschreiben $_{161}$ 334
Unterschrift $_{161}$ 373
unterschriftsreif $_{218}$ 284
unterstützen $_{208}$ 336
untersuchen $_{148}$ 334, 382
Untersuchung $_{171}$ 104, 124
untersuchungsabhängig $_{244}$ 285
Untersuchungsverständnis $_{340}$ 378
untertauchen $_{150}$ 334
Untervermietungs-möglichkeit $_{348}$ 379
unterversorgt $_{202}$ 284
unterwegs $_{132}$ 282
unterweisen $_{153}$ 334
unüberbietbar $_{143}$ 282
Unübersetzbarkeit $_{222}$ 375

unübersichtlich 177 283
Unübersichtlichkeit 222 192, 193, 258, 375
unveränderliche Beziehungen 280 168
unverantwortlich 223 285
Unverbindlichkeit 186 135, 149, 351, 373
unverfroren 156 283
unvergeßlich 162 283
unverhältnismäßig 241 285
unveröffentlicht 203 284
unverwechselbar 176 283
Unvollständigkeit 220 356
Unvollständigkeitstheorem 323 357, 378
Unvorhersehbarkeit 219 111
unwahrscheinlich 175 283
Unwahrscheinliches 199 392
Unwahrscheinlichkeit 220 158, 192
unwissend 128 282
Unwissenheit 166 123, 129, 137
unzugänglich 148 282
unzurechnungsfähig 227 285
Unzuständigkeitsbehauptung 340 378
urban 56 390
Urbanität 111 121, 134, 347
Urheberrechtsverletzung 300 377
Urheberschaft 134 122
Urknall 89 120
Ursache 75 29, 119, 156, 230, 340, 362
Ursache und Wirkung 217 264
Ursprung 134 122, 273, 294, 306
Ursprungsmythos 253 225, 242, 376
Urteil 85 9119, 147, 148, 220, 343
urteilen 104 328, 333
Urteilskraft 160 123, 197, 251
Uterus 104 371
Utopie 86 112, 113, 119, 143
utopisch 111 150, 281

Vagina 54 118, 188
Vater 66 118, 210
Väter und Söhne 176 257
Verachtung 119 232, 257
Veränderung 134 122
Veränderungsgeschwindigkeit 306 377
verantworten 175 335
verantwortlich 188 284
Verantwortung 198 136, 258, 374
Verantwortungsabwälzung 329 378
verantwortungslos 263 273, 286
Verantwortungslosigkeit 324 378
verbessern 127 329, 333
Verbesserung 155 123, 147, 215, 217, 397
Verbindung 116 106, 121, 395, 396
Verbindungen 135 88, 184
Verbindungsnetz 200 341
Verblödungserscheinung 267 376
Verbot 82 119, 208, 246, 318
verboten 101 20, 281
verbrauchen 117 333
Verbrechen 100 120
Verbrechen und Strafe 208 258
Verdacht 81 78, 119, 152
Verdächtigung 144 372
verdeutlichen 146 334
verdienen 96 332
verdrängen 113 129, 224, 328, 333
verehren 95 332
vereinen 92 153, 184, 328, 332
vereinheitlichen 166 335
Vereinheitlichungstendenz 296 377
Vereinigung 131 196
Verfahren 97 30
Verfahrensbeschleunigung 263 376
Verfahrensmangel 168 98, 124
Verfall und Ende des öffentlichen Lebens 350 258, 364
Verfassung 132 122
Verfassungsgerichtsurteil 325 378
verfassungstreu 215 284
Vergangenheit 135 122, 137, 203
Vergangenheitsbewältigung 280 376
vergangenheitsfixiert 245 145, 285
Vergangenheitsorientierung 309 288, 377
Vergänglichkeit 156 123, 352
vergeblich 91 281
vergegenständlichen 197 336
vergegenwärtigen 185 335
vergessen 114 328, 333
Vergeßlichkeit 172 373
vergeuden 101 333, 354
Vergleich 89 33, 83, 204, 240
Vergnügen 118 121
vergöttern 149 334
vergraben 92 332
Verhalten 105 120, 149, 241
Verhalten der Worte 213 220, 228
Verhaltensforschung 235 20, 258, 375
verhaltensgestört 233 285
Verhaltensweise 185 72. 262, 373, 392
Verhältnis 133 122, 226
verheimlichen 131 130
Verhinderungsautomatik 275 376
verinnerlichen 156 334, 353
verkaufen 103 333
Verkehrszeichen 176 124
Verkettung 143 97, 100
Verknüpfung 160 123, 197, 251, 349
verkomplizieren 198 336
verläßlich 133 282
verlieben 92 332
verliebt 93 273, 276, 281
verlieren 108 333
Verlustabschreibungslogistik 347 379
vermessen 120 46, 224, 322, 333
Vermessungsfrequenz 274 245, 376
Vermischung 139 122
vermissen 124 333
Vermittlung 161 137
Vermittlungsbemühung 276 376
verneinen 106 328, 333, 395
vernetzen 129 333
Vernetzung 152 123
Vernetzungsraster 252 397, 398
Vernichtung 141 122
Vernunft 120 113, 121, 224, 232, 257, 363
vernünftig 141 282
vernunftorientiert 253 286
veröffentlichen 167 335
Verrat 84 119
verraten 103 333
versachlichen 127 329, 333
verschlüsseln 182 241, 335
Verschlüsselung 210 73, 310, 341, 343, 374, 385, 392
verschmutzen 174 335
verschönern 146 334
Verschwiegenheit 180 124
Verschwiegenheitsversprechen 332 378
verschwinden 144 289
Verschwörung 178 124, 263
Verschwörungstheorie 277 135, 376
versichern 121 333
Versicherung 149 123
versinnbildlichen 179 19, 320, 335
verspekulieren 180 335
Versprechen 133 122, 143
Verstand 103 74, 120, 165, 356
Verständigung 166 183
Verständigungsschwierigkeit 331 378
verständlich 140 282, 392
Verständnis 150 21, 123, 143
verständnislos 196 284
verständnisvoll 211 284
Versteck 103 120, 356
verstehen 116 106, 121, 131, 183, 217, 328. 333, 392, 395, 396
versteuern 147 334
verstummen 150 334
Versuch 96 120, 154, 230, 397
Versuchsaufzeichnung 250 69, 258, 375
Versuchsprogramm 216 346, 374
vertauschen 136 85
Verteidigungsbereitschaft 276 376

Verteilungsgerechtigkeit $_{279}$ 258, 376
Vertragsbruch $_{162}$ 123
vertragsbrüchig $_{183}$ 283
Vertrauen $_{124}$ 121, 188
verunglimpfen $_{162}$ 334
verunmöglichen $_{171}$ 335
verursachen $_{134}$ 334
verurteilen $_{149}$ 334
vervollkommnen $_{191}$ 335
verwalten $_{120}$ 46, 333
verwaltet $_{126}$ 282
Verwaltung $_{143}$ 122
verwandeln $_{118}$ 232, 298, 333
Verwandlung $_{141}$ 89, 97, 122, 257
verwandt $_{107}$ 22, 281
Verwandtschaft $_{164}$ 23, 373, 389, 390
Verwandtschafts-beziehung $_{280}$ 259
Verwandtschafts-strukturen $_{350}$ 289
Verwechslung $_{157}$ 123
Verweigerung $_{154}$ 123
Verwesung $_{134}$ 216, 372
verwirklichen $_{157}$ 334, 353
Verwirklichung $_{180}$ 124
verwirtschaften $_{191}$ 335
verzaubern $_{132}$ 334
Verzweiflung $_{168}$ 124
Verzweiflungsausbruch $_{280}$ 376
Verzweigung $_{157}$ 48, 123
Viehzucht $_{122}$ 371
Vieldeutigkeit $_{159}$ 123, 215, 349
vielseitig $_{117}$ 232, 281
vielversprechend $_{185}$ 283
vier $_{54}$ 337
virtuell $_{119}$ 217
Virus $_{89}$ 120
Vision $_{88}$ 80, 120
visionär $_{112}$ 101, 281
visualisieren $_{163}$ 334
Vitalität $_{119}$ 121
vitalitätsfördernd $_{227}$ 285
Vokabular $_{103}$ 356, 371, 394
Vokal $_{61}$ 202
Völkermord $_{138}$ 145
Völkerwanderung $_{195}$ 374
Volksempfinden $_{165}$ 123
volkstümlich $_{170}$ 136, 283
Volksverbundenheit $_{226}$ 258, 375
Volksvertretung $_{229}$ 375
Volkszählung $_{173}$ 124
vollautomatisch $_{191}$ 142, 284
Vollendung $_{126}$ 26, 121, 154
Vollkommenheit $_{174}$ 79, 87
Voraussetzung $_{208}$ 72
Vorbild $_{82}$ 208, 315, 354, 370
Vorsicht $_{114}$ 371
Vorurteilsbestätigung $_{289}$ 377
vorwärtsbringen $_{210}$ 336, 384
Vorwurf $_{123}$ 121
Vulva $_{78}$ 188

Waage $_{37}$ 369
wach $_{35}$ 279
wachsam $_{68}$ 280
Wachsamkeit $_{113}$ 121
wachsen $_{73}$ 328, 332
Wachstum $_{108}$ 121, 142
Wachstumsprozesse $_{250}$ 69
Wachstumstheorie $_{207}$ 342
Waffe $_{41}$ 117, 146
wagen $_{50}$ 331
Wahl $_{44}$ 117, 146
wählen $_{68}$ 332
Wahlversprechen $_{177}$ 373
Wahnsinn $_{102}$ 120, 142
wahnsinnig $_{118}$ 232, 272, 281
wahr $_{50}$ 102, 272, 279
Wahrheit $_{92}$ 93, 120, 138, 139, 153, 257, 291, 301, 302, 351, 356
Wahrheitsfindung $_{186}$ 149, 154, 186, 239, 258, 263, 351, 373
Wahrheitssuche $_{167}$ 80, 124, 213, 243
wahrnehmen $_{109}$ 45, 74, 328, 333, 395
Wahrnehmung $_{132}$ 122, 153, 238, 392
wahrnehmungsabhängig $_{205}$ 284, 340
Wahrnehmungssystem $_{252}$ 398
Wahrnehmungstheorie $_{231}$ 305, 375
Wahrnehmungstransfer $_{252}$ 397
wahrscheinlich $_{140}$ 282, 392
Wahrscheinlichkeit $_{185}$ 56, 72, 81, 105, 107, 111, 221, 223, 239, 350, 373, 392
Wahrscheinlichkeits-rechnung $_{294}$ 72, 377
Währungsstabilität $_{234}$ 375
wandern $_{79}$ 298, 328, 332
Ware $_{47}$ 152, 369
warm $_{55}$ 360
Wärme $_{65}$ 118
Warnung $_{98}$ 120, 297
warten $_{81}$ 332
wartungsintensiv $_{235}$ 285
Was etwas bewirkt $_{199}$ 310
Was ist Leben? $_{129}$ 257
Was tun? $_{98}$ 257
Wasser $_{85}$ 119
Wassertropfen $_{179}$ 78, 124
Wasserverschmutzung $_{282}$ 376
Wechselbeziehung $_{172}$ 74, 124, 255
Wechselwirkung $_{178}$ 263, 373
Weg $_{35}$ 117
wegrationalisieren $_{204}$ 336
weiblich $_{71}$ 21, 273, 274, 280
Weichenstellung $_{177}$ 124
Weihnachten $_{110}$ 371
Weihrauch $_{96}$ 371
Wein $_{51}$ 118
weise $_{61}$ 209, 280
Weisheit $_{98}$ 120, 266
weiß $_{75}$ 273, 274, 280
weisungsungebunden $_{224}$ 285
Weitblick $_{94}$ 120, 139
Weiterbildungsnotwendig-keit $_{324}$ 378
weiterempfehlen $_{164}$ 335
weiterleben $_{118}$ 333
weiterverrechnen $_{192}$ 335
Welle $_{57}$ 23, 118
Wellenlänge $_{115}$ 23, 121, 390
Welt $_{60}$ 51, 72, 118, 141, 142, 144, 145, 230, 329
Weltall $_{85}$ 27, 119, 208
Weltanschauung $_{169}$ 124, 393
Weltbild $_{87}$ 51, 93, 120, 163, 180, 231
Welterklärungsmodell $_{252}$ 157, 241, 344, 376, 397, 398
Weltformel $_{129}$ 80, 206
weltfremd $_{106}$ 281
Weltfremdheit $_{148}$ 123
weltgewandt $_{134}$ 273, 282
Weltherrschaft $_{166}$ 56, 123
Weltkrieg $_{110}$ 371
Weltmodell $_{121}$ 224
Weltraum $_{113}$ 371
Weltraumforschung $_{224}$ 375
Weltregierung $_{164}$ 123
Weltschmerz $_{152}$ 123
Weltuntergang $_{167}$ 124
Weltuntergangsstimmung $_{302}$ 100, 377
Weltverbesserungs-anspruch $_{334}$ 378, 382
Weltwährungssystem $_{277}$ 135, 376
Weltwirtschaft $_{187}$ 135, 374
Weltzustand $_{165}$ 129
werben $_{67}$ 331
Werk $_{57}$ 118, 141, 142
Werkzeug $_{116}$ 154, 183
Wert $_{66}$ 103, 118, 138, 204, 393
werten $_{85}$ 332, 343
wertfrei $_{104}$ 273, 281
Wertlosigkeit $_{173}$ 124
Wertpapierhandel $_{175}$ 373
Wertschöpfungsfaktor $_{270}$ 187, 376
Wertsicherung $_{170}$ 373
Wesen $_{66}$ 73, 80, 103, 118, 138, 204, 393
Wettbewerb $_{123}$ 142
wettbewerbsfreundlich $_{242}$ 285
Wetter $_{91}$ 120
Wettkampf $_{115}$ 121, 137, 185
wichtig $_{79}$ 223, 225, 274, 280
widerspiegeln $_{146}$ 334
Widerspruch $_{144}$ 122
Widerspruchskonkurrenz $_{316}$ 378
Widersprüchlichkeit $_{226}$ 262
Widerstand $_{117}$ 121, 134
wiedererkennen $_{150}$ 21, 22
Wiedererkennbarkeit $_{197}$ 86
wiederfinden $_{116}$ 131, 328, 333
Wiedergeburt $_{137}$ 122
wiedergewinnen $_{155}$ 334
wiederholen $_{118}$ 232
Wiederholung $_{141}$ 89, 97, 122
wiedervereinigen $_{172}$ 335
wiederverwenden $_{174}$ 335
wiederverwerten $_{194}$ 335

Wie etwas gemacht ist $_{210}$ 310, 392
wienerisch $_{113}$ 224, 225, 281
wild $_{48}$ 271, 272, 279
Wildnis $_{90}$ 120
Willensbildung $_{163}$ 373
Willensfreiheit $_{174}$ 78, 124, 392
willensstark $_{163}$ 283
Wind $_{50}$ 118, 249
wir $_{50}$ 388
wirklich $_{93}$ 217, 273, 276, 281
Wirklichkeit $_{138}$ 71, 122, 298
Wirklichkeitsnähe $_{190}$ 73, 85
Wirkung $_{103}$ 74, 120, 165, 213, 394
wirkungslos $_{168}$ 217, 283
Wirtschaft $_{127}$ 122
wirtschaftlich $_{159}$ 283
Wirtschaftsembargo $_{207}$ 342
Wirtschaftsfeindlichkeit $_{261}$ 376
Wirtschaftskriminalität $_{288}$ 377
Wirtschaftskrise $_{208}$ 136, 145, 374
Wirtschaftsmodell $_{207}$ 342, 344, 374
Wirtschaftsperspektive $_{292}$ 377
Wirtschaftsrealität $_{237}$ 292
Wirtschaftswissenschaften $_{311}$ 377
wissen $_{89}$ 83, 89, 120, 140, 156, 181, 204, 240, 312, 313, 320, 327, 328, 332, 385, 395, 396
Wissensarchäologie $_{207}$ 342
Wissenschaft $_{146}$ 65, 122, 147, 153, 154, 257, 329
Wissenschaft vom Austausch $_{309}$ 288
wissenschaftlich $_{178}$ 136, 283
wissenschaftlicher Rationalismus $_{372}$ 58
wissenschaftskritisch $_{262}$ 286
Wissensgesellschaft $_{225}$ 395
Wissenstransfer $_{209}$ 71, 374, 382, 383
Wissensvermittlung $_{269}$ 258, 376
Wissensvermittlungsmodell $_{349}$ 229, 379
Witz $_{78}$ 119, 359, 392
Woche $_{54}$ 22, 369
Wohlstand $_{116}$ 121
Wohlstandsgesellschaft $_{252}$ 258, 344, 376
Wohlstandsverwahrlosung $_{318}$ 378
wohnen $_{79}$ 332
Wolke $_{66}$ 118
wollen $_{81}$ 327, 328, 332
Wort $_{76}$ 23, 29, 41, 119, 154, 155, 156, 214, 229, 233, 397
Wortbrücken $_{155}$ 126
Wörter und Zahlen $_{209}$ 253, 341, 343, 382, 383, 384
Wörterbuch $_{138}$ 71, 122
Wortfetzen $_{152}$ 128, 293
wortgewaltig $_{160}$ 273, 283
Worthülse $_{146}$ 147
Wortklauberei $_{160}$ 123
wörtlich $_{113}$ 36, 181, 224, 225, 281, 343
Wortmagie $_{111}$ 249, 386
Wortqualitäten $_{201}$ 382
Wortschatz $_{153}$ 51, 123, 195
Wunde $_{67}$ 119
Wunder $_{85}$ 27, 67, 119
wunderwirken $_{165}$ 335
Wünschelrute $_{174}$ 373
Wunscherfüllung $_{209}$ 382, 383
Wunscherfüllungsneurose $_{325}$ 378
Wunschloses Unglück $_{252}$ 258
Würdenträger $_{164}$ 123
Würfel $_{90}$ 120, 139, 298
Würfelspiel $_{151}$ 123
Wurzel $_{105}$ 371
Wüste $_{93}$ 120, 155
wutentbrannt $_{172}$ 283

Zahl $_{47}$ 19, 30, 34, 41, 61, 118, 146, 152, 158, 191, 294, 300, 302, 329, 382, 397
zahlen $_{66}$ 331
zählen $_{71}$ 48, 135, 153, 332
Zahlenbuchstaben $_{161}$ 192
Zahlencode $_{93}$ 19, 80
Zahlenfriedhof $_{137}$ 122
Zahlenmystik $_{163}$ 123, 249
Zahlenreihe $_{111}$ 72, 386
Zahlenspürsinn $_{201}$ 382
Zahlentheorie $_{146}$ 65, 143, 153, 372
Zahlen und Buchstaben $_{200}$ 341
Zahlen- und Buchstabenkombination $_{323}$ 357, 378
Zahlenwert $_{132}$ 153, 372, 392
zahlungsunfähig $_{179}$ 136, 283
zärtlich $_{102}$ 281
Zärtlichkeit $_{147}$ 123
zehn $_{53}$ 337
Zeichen $_{70}$ 28, 49, 119, 134, 151, 155, 156, 188, 191, 204, 217, 226, 366
Zeichenhaftigkeit der Welt $_{253}$ 242
Zeichenbeziehung $_{167}$ 80, 128
Zeichenformationen $_{200}$ 341
Zeichennetz $_{135}$ 157
Zeichenraster für eine Gesamtschau $_{351}$ 365
zeichensetzend $_{163}$ 283
Zeichensprache $_{140}$ 28, 122, 180, 292, 322
Zeichensystem $_{171}$ 63, 154, 373
zeichnen $_{84}$ 153, 181, 328, 332
Zeichnung $_{107}$ 121
zeigen $_{66}$ 328, 331
Zeile $_{57}$ 369
Zeit $_{60}$ 22, 51, 118, 141, 142, 144, 230, 329
zeitbezogen $_{134}$ 273, 275, 282
zeitlos $_{106}$ 281
Zeitpunkt $_{142}$ 246
Zeitwende $_{111}$ 347
Zeitwort $_{136}$ 327
Zellteilung $_{143}$ 122
Zelt $_{63}$ 118
zensurieren $_{154}$ 334
zentralistisch $_{183}$ 283
Zentrifugalkraft $_{195}$ 374
Zentrum $_{117}$ 121, 138, 186
zerbrechen $_{104}$ 333
zerfallen $_{99}$ 328, 332
zerstören $_{145}$ 328, 334
Zerstörung $_{168}$ 124
Zerstreuung $_{174}$ 124
zeugen $_{78}$ 332
Zeugenaussage $_{151}$ 372
Zeugnis $_{101}$ 20, 371
Zeugung $_{101}$ 20
Zickzackkurs $_{159}$ 373
Ziel $_{52}$ 118, 138, 147, 148
zielgruppenspezifisch $_{269}$ 286
Zielsetzung $_{164}$ 123
Zielvorstellungsgenauigkeit $_{345}$ 378
Ziffer $_{70}$ 151, 155, 156, 188, 217, 370
Zigeunermusik $_{178}$ 124, 313
Zitat $_{76}$ 119
Zivilcourage $_{148}$ 123
Zivilisation $_{165}$ 123, 129, 137, 144
Zufall $_{78}$ 29, 79, 119, 156, 236, 237, 257, 359, 362, 392, 395, 396
Zufall und Notwendigkeit $_{273}$ 245, 258, 321
zufällig $_{99}$ 7, 217, 272, 281, 366
Zufallsbegegnung $_{179}$ 78, 305, 373
Zufallsforschung $_{208}$ 72, 101, 147, 341, 343, 374
Zufallsinformation $_{231}$ 258, 305, 375
Zufallsorientierung $_{252}$ 397
Zufallszahl $_{144}$ 100, 122
Zufriedenheit $_{150}$ 123, 143, 144
zufriedenlassen $_{178}$ 335
zufriedenstellen $_{195}$ 335, 395
Zukunft $_{119}$ 121, 137
zukunftslos $_{184}$ 283
zukunftsträchtig $_{229}$ 273, 285
zurücktreten $_{187}$ 335
zurückverfolgen $_{209}$ 336, 384
zurückverlangen $_{203}$ 336
zusammenarbeiten $_{186}$ 335
zusammenbringen $_{181}$ 335
Zusammenbruch $_{164}$ 123
zusammengehören $_{189}$ 335
Zusammenhang $_{142}$ 97, 122, 180, 188, 241, 246, 257
zusammenhanglos $_{188}$ 284
Zusammenhangsfiktion $_{245}$ 242
zusammenkrampfen $_{196}$ 336
zusammennehmen $_{171}$ 335
zusammenrechnen $_{179}$ 19, 320, 335
zusammenschneiden $_{193}$ 335
zusammenschreiben $_{195}$ 335
zusammensein $_{159}$ 334
zusammensetzen $_{201}$ 336
zusammenspielen $_{192}$ 335

zusammenstauchen$_{203}$ 336
zusammenstimmen$_{205}$ 336, 343
zusammensuchen$_{182}$ 335
zusammenzählen$_{183}$ 335
Zuschauer$_{122}$ 121
Zustand$_{105}$ 97, 120, 131, 149, 198, 241
Zuständigkeit$_{171}$ 124
Zustandsbegründung$_{242}$ 287
Zustandswahrscheinlich-keit$_{309}$ 288, 377
Zwang$_{71}$ 119, 138, 153, 192
Zwangsjacke$_{120}$ 145
zwangsläufig$_{151}$ 282
Zwangsvorstellung$_{255}$ 376
zweckentsprechend$_{199}$ 284
Zweckmäßigkeits-erwägung$_{306}$ 377
zweckpessimistisch$_{236}$ 285
zwei$_{63}$ 337
zweideutig$_{129}$ 282
zweifeln$_{100}$ 181, 327, 328, 333
zweihunderteins$_{200}$ 340
zweihundertfünf$_{205}$ 337
zweihundertfünfzig$_{247}$ 340
zweihundertsechs$_{207}$ 340
zweihundertsieben$_{207}$ 337
Zwiespalt$_{131}$ 122, 130
zwingen$_{98}$ 332
Zwischenbilanz$_{171}$ 104, 124
Zwischenfrage$_{144}$ 372
zwischenlanden$_{157}$ 334
Zwischenraum$_{160}$ 123, 197, 349
Zwischenstromland$_{223}$ 193, 375
zwölf$_{87}$ 337
Zyklus$_{114}$ 121, 349
zynisch$_{104}$ 273, 281
Zynismus$_{146}$ 122, 137, 147

Index: Codierte Wörter englisch

Kursiv hervorgehoben: Code-Änderungen durch amerikanisches Englisch

a rose$_{58}$ 221
abstraction$_{122}$ 175
absurdity$_{119}$ 168, 175
accident$_{59}$ 172
accumulation$_{133}$ 166, 176
administration$_{166}$ 177
advancement$_{102}$ 174
adventure$_{110}$ 175
advertisement$_{155}$ 177
agent$_{47}$ 172
air$_{28}$ 171
alphabet$_{65}$ 167, 172, 309
ambition$_{83}$ 173, 344
American$_{64}$ 166, 168, 172, 223, 224
American way of life$_{166}$ 166
amortization$_{161}$ 166, 177
amusement$_{111}$ 175, 347
analogy$_{75}$ 173
anarchy$_{70}$ 173
angel$_{39}$ 171
anger$_{45}$ 171
animal$_{50}$ 172
anormality$_{128}$ 176
answer$_{80}$ 167, 173
anthropology$_{166}$ 177
anticommunism$_{164}$ 166
anybody$_{86}$ 166, 173
appointment$_{143}$ 176
architecture$_{131}$ 176, 306
argument$_{99}$ 174
arrangement$_{116}$ 175, 245
art$_{39}$ 171, 309, 396
article$_{68}$ 173
artist$_{87}$ 174, 323
assimilation$_{141}$ 176
astronomy$_{140}$ 176
attention$_{118}$ 175
attitude$_{100}$ 167, 174
authority$_{137}$ 176
authorization$_{177}$ 178
availability$_{123}$ 175
average$_{59}$ 172

background$_{96}$ 174
balance$_{38}$ 171
ball$_{27}$ 24, 25, 164, 171, 309
beauty$_{74}$ 168, 173, 208, 396
behaviour$_{101}$
behavior$_{80}$ 174
being$_{37}$ 171
belief$_{39}$ 171, 396
believer$_{78}$ 173
bell$_{31}$ 171
benefit$_{61}$ 172
bible$_{30}$ 168, 171
bill$_{35}$ 171
bird$_{33}$ 171
birth$_{57}$ 172
blood$_{48}$ 167, 172, 308
blues$_{59}$ 172, 304
boat$_{38}$ 171
body$_{46}$ 171
book$_{43}$ 171
boom$_{45}$ 171
boss$_{55}$ 172
boy$_{42}$ 171
brain$_{44}$ 171, 309
bread$_{30}$ 168, 171
break$_{37}$ 171
broadcasting$_{113}$ 175
brutality$_{128}$ 176
bureaucracy$_{118}$ 175
business$_{108}$ 175

cabin$_{29}$ 171
calculation$_{111}$ 167, 175, 347, 396
call$_{28}$ 171
capitalism$_{103}$ 167, 174, 311, 312, 323
card$_{26}$ 164
care$_{27}$ 309
cartoon$_{86}$ 167
case$_{28}$ 171
cash$_{31}$ 171
catastrophism$_{162}$ 177
chain$_{35}$ 171
challenge$_{67}$ 173
championship$_{131}$ 176, 306
chance$_{34}$ 171
change$_{38}$ 171
child$_{36}$ 171
choice$_{43}$ 171
Christmas$_{110}$ 175
church$_{61}$ 172
circle$_{50}$ 172
circumstance$_{129}$ 314
citizen$_{86}$ 166, 173
city$_{57}$ 172
civil society$_{151}$ 144, 166, 393
civilization$_{149}$ 165, 177, 311, 312
cleverness$_{122}$ 175

cloud$_{55}$ 172
club$_{38}$ 171
cocksureness$_{152}$ 177
code$_{27}$ 24, 25, 164, 171, 309
coincidence$_{84}$ 173
cold$_{34}$ 171
combination$_{115}$ 175
comedy$_{65}$ 172
commerce$_{75}$ 173
common sense$_{135}$ 166
commonplace$_{110}$ 175
commonwealth$_{142}$ 176
communicability$_{169}$ 178
communication$_{150}$ 177, 395, 396
communism$_{120}$ 175
community$_{133}$ 176
communization$_{173}$ 178
company$_{87}$ 167, 174
comparison$_{123}$ 175
compensation$_{144}$ 176
competition$_{139}$ 176
complexity$_{142}$ 46, 176
complication$_{130}$ 176
composition$_{148}$ 177, 311, 312
compromise$_{126}$ 175
computability$_{166}$ 177
computer$_{111}$ 167
concentration$_{151}$ 177
concept$_{76}$ 168, 173
confession$_{119}$ 175
conformity$_{138}$ 176
confusion$_{116}$ 175
congratulation$_{170}$ 178
connection$_{112}$ 167, 175
consequence$_{121}$ 163, 175
conservatism$_{158}$ 177
consideration$_{146}$ 176
consistence$_{126}$ 175
constitution$_{179}$ 178, 270
construction$_{171}$ 178
consumption$_{159}$ 177
contemplation$_{157}$ 177
context$_{101}$ 174, 396
contexture$_{145}$ 176
continuity$_{150}$ 177
contract$_{94}$ 312
contribution$_{160}$ 177
control$_{97}$ 167. 174
controlling$_{139}$ 176
co-ordination$_{137}$ 176
copyright$_{121}$ 175
corporation$_{144}$ 176
correctness$_{139}$ 176
correspondence$_{154}$ 177
corruption$_{149}$ 177
cosmopolitism$_{178}$ 178
council$_{77}$ 173, 309
countdown$_{129}$ 80, 176, 386
counterbalance$_{134}$ 176, 318
counterbalance of beauty and mathematics$_{360}$ 252, 364
cover$_{63}$ 172
cowboy$_{83}$ 173
creativity$_{132}$ 176
credibility$_{116}$ 175
credit$_{59}$ 172
crime$_{48}$ 167, 172, 308
crisis$_{77}$ 173, 309
cryptography$_{172}$ 178
culture$_{100}$ 167, 174
cunt$_{58}$ 172, 188

dance$_{27}$ 171, 309
dark$_{34}$ 171
day$_{30}$ 168, 171
decentralization$_{176}$ 178
decision$_{78}$ 173
defect$_{43}$ 171
democracy$_{87}$ 167, 174, 323
democratization$_{173}$ 178
demonstration$_{167}$ 178
desert$_{71}$ 173
desire$_{60}$ 172, 396
desk$_{39}$ 171
destination$_{130}$ 176
destruction$_{148}$ 177
detail$_{51}$ 172
detective$_{93}$ 174
determination$_{147}$ 177, 311, 312
development$_{131}$ 176
devil$_{52}$ 172
digit$_{49}$ 190
digitalization$_{156}$ 177, 322
dirt$_{51}$ 172
discount$_{105}$ 174
discrimination$_{157}$ 177
discussion$_{132}$ 176
dissolution$_{157}$ 177
dissonance$_{103}$ 167, 174, 311, 312, 323
distance$_{75}$ 173, 386
distribution$_{160}$ 177
diversification$_{163}$ 177
DNA$_{19}$ (desoxyribonucleic acid) 205
dog$_{26}$ 164
doll$_{43}$ 171
dollar$_{62}$ 166, 168, 172, 223, 225
Dow Jones Index$_{161}$ 166
drama$_{37}$ 171
drawing$_{76}$ 173
dream$_{41}$ 171, 309
drink$_{56}$ 172
drug$_{50}$ 172
duty$_{70}$ 173

earth$_{52}$ 172
ecology$_{82}$ 173
economization$_{159}$ 177
economy$_{90}$ 167, 174, 309
education$_{92}$ 174, 306, 396
election$_{83}$ 173
electromagnetism$_{179}$ 178
emancipation$_{120}$ 175
emergency$_{95}$ 174
employee$_{96}$ 174
employment$_{138}$ 176
enemy$_{62}$ 166, 172
energy$_{74}$ 168, 173, 208
engineering$_{107}$ 175
English$_{74}$ 168, 173, 208, 223, 225
enlightenment$_{146}$ 176, 213, 31, 312
enterprise$_{129}$ 176
entertainment$_{158}$ 177
enthusiasm$_{129}$ 176, 314
environment$_{149}$ 165, 177
equation$_{102}$ 174
equilibrium$_{136}$ 176
essay$_{69}$ 173
essentiality$_{158}$ 177
establishment$_{147}$ 177
eternity$_{116}$ 175
evening$_{76}$ 173
event$_{66}$ 172
everybody$_{121}$ 163
example$_{76}$ 168, 173, 208, 352
exchangeability$_{145}$ 163, 176
exclusiveness$_{177}$ 178
exercise$_{88}$ 174
exhaustion$_{136}$ 176
exhibition$_{115}$ 175
existence$_{104}$ 174
expansionism$_{158}$ 177
experience$_{104}$ 174
expert$_{88}$ 174
exploration$_{149}$ 177
explosion$_{129}$ 176, 314, 386
expropriation$_{180}$ 167, 178
extermination$_{167}$ 178
eye$_{35}$ 171

factory$_{88}$ 174
family$_{66}$ 168, 172
fantasy$_{86}$ 167, 173
farm$_{38}$ 171
fast food$_{86}$ 167
fatalism$_{81}$ 173
fate$_{32}$ 171
fear$_{30}$ 346
feeling$_{58}$ 396
fence$_{33}$ 22, 171
fever$_{56}$ 172
fiction$_{76}$ 168, 173, 223, 225, 396
field$_{36}$ 171
fight$_{50}$ 172
file$_{32}$ 171
film$_{40}$ 309
fine arts$_{92}$ 306
flower$_{79}$ 173
fluctuation$_{142}$ 176
food$_{40}$ 171
fool$_{48}$ 172
force$_{47}$ 172
formalism$_{106}$ 174
fortune$_{99}$ 174
forty-eight$_{133}$ 308
foundation$_{119}$ 175
fragmentation$_{143}$ 176
freedom$_{66}$ 167, 168, 172, 225, 396
friend$_{56}$ 172
fun$_{41}$ 171
functionalism$_{156}$ 177
fundamentalism$_{152}$ 177
future$_{91}$ 174

game$_{26}$ 164
gang$_{29}$ 171
gate$_{33}$ 22, 171
generalization$_{156}$ 24, 177, 322
gift$_{42}$ 171
girl$_{46}$ 171

globe $_{41}$ 163, 171
glory $_{77}$ 167, 173, 352
goal $_{35}$ 171
God $_{26}$ 23, 24, 25, 164, 165, 167
gossip $_{85}$ 173
government $_{133}$ 166, 176
grammar $_{71}$ 168, 177, 208, 223, 225, 396
grand unified theory $_{203}$ 215
grave $_{53}$ 172
gravity $_{102}$ 174
gun $_{42}$ 171

hair $_{36}$ 171
hand $_{27}$ 164, 171
happening $_{90}$ 174
happiness $_{107}$ 175
happy end $_{89}$ 166, 344
hardliner $_{89}$ 174
harmonization $_{163}$ 166, 177
harmony $_{94}$ 166, 174, 311, 312
hat $_{29}$ 171
hate $_{34}$ 171
health $_{54}$ 172
heart $_{52}$ 172
heat $_{34}$ 171
heaven $_{55}$ 172, 188, 303, 304
hell $_{37}$ 171
help $_{41}$ 163
hero $_{46}$ 171
hesitation $_{120}$ 346
highlight $_{88}$ 174
highway $_{81}$ 173
history $_{114}$ 175
hole $_{40}$ 171
home $_{41}$ 171
homelessness $_{153}$ 177
hope $_{44}$ 171, 309
hospitality $_{154}$ 177
human being $_{94}$ 166, 344
humanity $_{111}$ 175, 347
humanization $_{151}$ 166, 177, 312
humour $_{96}$
humor $_{75}$ 168, 223, 225, 352
hybridization $_{160}$ 177
hypertrophy $_{174}$ 178

idealization $_{125}$ 175
identification $_{138}$ 176
illusion $_{111}$ 175, 347, 396
image $_{35}$ 171
imagination $_{112}$ 175
immigration $_{128}$ 176
importance $_{114}$ 175
imprisonment $_{165}$ 177
improvement $_{150}$ 177
improvisation $_{180}$ 167, 178
In God we trust $_{175}$ 166
incomparability $_{167}$ 178
inconsistency $_{169}$ 178
independence $_{98}$ 174
indisposition $_{172}$ 178
individualism $_{146}$ 176
individuality $_{159}$ 177
indivisibility $_{172}$ 178
indoctrination $_{165}$ 177
industry $_{130}$ 176
infantilism $_{126}$ 175
infinity $_{106}$ 174
informality $_{142}$ 176
information $_{134}$ 176, 318
innocence $_{82}$ 173
insider $_{78}$ 173, 225
inspiration $_{144}$ 176
instability $_{140}$ 176, 322
instinct $_{108}$ 175
institution $_{170}$ 178
insurance $_{104}$ 174
integrity $_{127}$ 167, 176
intelligence $_{115}$ 175
intensity $_{135}$ 176, 188
intercourse $_{147}$ 177
interest $_{110}$ 175
interface $_{81}$ 173, 384
internet $_{105}$ 174
intimity $_{119}$ 175
intrigue $_{103}$ 167, 174, 312
intuition $_{131}$ 176, 306
invention $_{122}$ 175
investigation $_{164}$ 166, 177
investment $_{141}$ 176
irrationality $_{171}$ 178
It works when it works $_{280}$ 168

jail $_{32}$ 171
jazz $_{63}$ 172
jealousy $_{108}$ 175
job $_{27}$ 24, 25, 164, 167, 171
journalism $_{132}$ 176
journey $_{108}$ 175
joy $_{50}$ 172
judge $_{47}$ 172
justice $_{87}$ 323

key $_{41}$ 163, 171
knife $_{45}$ 171
knowledge $_{96}$ 174

label $_{32}$ 171
lady $_{42}$ 171
lake $_{29}$ 171
land $_{31}$ 171
language $_{68}$ 168, 173, 223, 225
law $_{36}$ 171
lawyer $_{84}$ 173
leadership $_{97}$ 167, 174
leisure $_{89}$ 166, 174
liberalism $_{100}$ 167, 174
liberation $_{105}$ 174
liberty $_{91}$ 174
library $_{85}$ 173
lie $_{26}$ 164
life $_{32}$ 171
lifestyle $_{113}$ 175
light $_{56}$ 172, 303, 304, 396
literature $_{129}$ 176, 314, 386
lobbyism $_{97}$ 167, 174
loneliness $_{124}$ 175
love $_{54}$ 172, 188
luck $_{47}$ 172

madness $_{75}$ 173
mainstream $_{113}$ 175
male $_{31}$ 162
man $_{28}$ 167, 171
management $_{93}$ 174
mankind $_{66}$ 167, 172
map $_{30}$ 171
market $_{68}$ 173, 344
marketing $_{98}$ 174
masterpiece $_{114}$ 175, 245, 307
match $_{45}$ 171
materialism $_{120}$ 175
mathematics $_{112}$ 167, 175
meal $_{31}$ 171
meaning $_{63}$ 7, 166, 168, 172, 223, 225, 344
meeting $_{73}$ 173, 309
melody $_{74}$ 168, 173, 208
member $_{56}$ 172
memory $_{89}$ 174, 396
message $_{69}$ 168, 173
metal $_{51}$ 172
metamorphosis $_{171}$ 178
method $_{65}$ 167, 172, 309
microchip $_{94}$ 174, 311, 312
midnight $_{84}$ 173
mind $_{40}$ 171, 309, 396
minority $_{123}$ 175
minute $_{82}$ 173
mirror $_{91}$ 174
misanthropy $_{158}$ 177
miscalculation $_{152}$ 177
misgovernment $_{174}$ 178
missing link $_{136}$ 251
mission $_{98}$ 174
mistake $_{78}$ 173, 236
model $_{49}$ 172, 190, 396
modification $_{118}$ 175
moment $_{80}$ 79, 167, 173, 225
money $_{72}$ 173
monopoly $_{125}$ 175
monument $_{115}$ 175
moon $_{57}$ 172, 303, 304
morale $_{64}$ 166, 172
moralism $_{100}$ 167, 174
moralization $_{153}$ 177
mother $_{79}$ 167, 173
movement $_{107}$ 175
movie $_{64}$ 172
multiplication $_{174}$ 178
music $_{65}$ 168, 172, 223, 225, 309
musicality $_{132}$ 176
mystery $_{125}$ 175
mystification $_{163}$ 177
mythology $_{140}$ 176, 322

name $_{33}$ 22, 171
nationality $_{140}$ 145, 176, 322
nature $_{79}$ 167, 173, 396
navigation $_{112}$ 167, 175
necessity $_{119}$ 168, 175
need $_{28}$ 171
neighbourhood $_{141}$
neighborhood $_{120}$ 176
network $_{106}$ 174
network + relationship $_{252}$ 398
nevermore $_{115}$ 243, 244, 245
news $_{61}$ 172, 352
newspaper $_{117}$ 167, 175
night $_{58}$ 172, 303, 304

nightmare $_{95}$ 174
nihilism $_{93}$ 174
ninety $_{87}$ 340
no $_{29}$ 162
nobody $_{75}$ 173, 208
noise $_{62}$ 172
non-fiction $_{119}$ 168
nonconformity $_{181}$ 167, 178, 262
nonsense $_{105}$ 174, 344
normality $_{127}$ 167, 176
novel $_{68}$ 173
nuclear fusion power plant $_{298}$ 256
number $_{73}$ 168, 173, 208, 223, 225, 309, 352, 386
numerology $_{145}$ 163, 176

observation $_{140}$ 322
occasion $_{79}$ 173, 225
office $_{44}$ 171
oil $_{36}$ 171
opinion $_{92}$ 174, 306, 396
opportunism $_{176}$ 178
opposition $_{148}$ 177
optimism $_{114}$ 175
order $_{60}$ 172
organism $_{96}$ 174
organization $_{149}$ 165, 175
orgasm $_{73}$ 188, 189
origin $_{72}$ 173
ownership $_{127}$ 167, 176

page $_{29}$ 171
pain $_{40}$ 171
painting $_{90}$ 174, 309
paradise $_{73}$ 168, 173, 188, 189, 309
parliament $_{109}$ 167, 175
parliamentarism $_{169}$ 178
participation $_{151}$ 165, 177
particularism $_{160}$ 177
partnership $_{144}$ 176
party $_{80}$ 167, 173
passenger $_{104}$ 174
passport $_{124}$ 175
password $_{115}$ 175
patriotism $_{140}$ 145, 176
pattern $_{94}$ 79, 166, 174, 311, 312, 396
peace $_{30}$ 162, 168, 171
penetration $_{137}$ 176, 188
penthouse $_{123}$ 175
people $_{69}$ 173
percentage $_{94}$ 174, 311, 312
perception $_{121}$ 175
perfectionism $_{152}$ 177, 311, 312
performance $_{114}$ 175, 307
permission $_{137}$ 176
person $_{87}$ 167, 174, 323
personality $_{154}$ 177, 311, 312
perspective $_{138}$ 176
pessimism $_{122}$ 175
philanthropy $_{162}$ 166, 177
philosophy $_{143}$ 176, 311, 312
physics $_{99}$ 174
picture $_{92}$ 174, 306
pig $_{32}$ 162
pilgrim fathers $_{161}$ 166
pioneer $_{82}$ 173
plan $_{43}$ 171
platform $_{101}$ 174
play $_{54}$ 172
plurability $_{145}$ 163
Poe, Edgar Allan $_{111}$ 244
poem $_{49}$ 172
poetics $_{87}$ 323
poetry $_{99}$ 174
point $_{74}$ 168, 173, 208
police $_{60}$ 172
policeman $_{88}$ 174
policy $_{80}$ 167, 173
political correct $_{179}$ 270
politics $_{103}$ 167, 174, 311, 312, 323
pollution $_{134}$ 176
popularity $_{153}$ 177
population $_{139}$ 176
pornography $_{153}$ 177
possibility $_{155}$ 177
posterity $_{147}$ 177
poverty $_{121}$ 175
power $_{77}$ 167, 173, 223, 225
practicability $_{148}$ 177
pragmatism $_{117}$ 167, 175, 245
presence $_{85}$ 173
presentation $_{156}$ 177, 322
prevention $_{138}$ 176
prick $_{57}$ 172, 188
priority $_{130}$ 176
privatization $_{180}$ 167, 178
privilege $_{103}$ 167, 174, 312
procedure $_{105}$ 174
process $_{95}$ 174
product $_{97}$ 167, 174
production $_{135}$ 176
profession $_{136}$ 176
profit $_{84}$ 173, 396
programme $_{106}$
program $_{88}$ 174
progress $_{117}$ 167, 175
project $_{87}$ 167, 174, 323
prominence $_{112}$ 175
promiscuity $_{168}$ 178
property $_{133}$ 166, 176
prophecy $_{106}$ 174
prosperity $_{161}$ 166, 177
protectionism $_{176}$ 178
provincialism $_{160}$ 177
psychology $_{145}$ 176
public $_{63}$ 172
publicity $_{117}$ 167, 175

qualification $_{137}$ 176
quantity $_{127}$ 167, 176
question $_{120}$ 175
questionary $_{164}$ 177
quintessence $_{151}$ 79, 177

radioactivity $_{156}$ 177
random $_{65}$ 167
ranking $_{74}$ 352, 386
rationalism $_{131}$ 176, 306
rationality $_{144}$ 176, 213, 311, 312
raven $_{60}$ 243, 244
reality $_{90}$ 167, 174, 309, 396
reason $_{72}$ 173
record $_{63}$ 172
referendum $_{109}$ 167, 175
reformation $_{134}$ 176, 318
registration $_{155}$ 177
relation $_{94}$ 166, 174, 311, 312
relationship $_{146}$ 176
religion $_{89}$ 166, 174
report $_{92}$ 174
representative $_{177}$ 178
republic $_{86}$ 167, 173
research $_{77}$ 173, 208, 309
respect $_{86}$ 173
result $_{95}$ 174
revolution $_{151}$ 166, 177
rhythm $_{92}$ 174, 306
right $_{62}$ 166, 172
rise $_{51}$ 172
romanticism $_{134}$ 176

safe $_{31}$ 171
sale $_{37}$ 171
sanction $_{95}$ 174
satellite $_{103}$ 312
satisfaction $_{136}$ 176, 188, 251
scenario $_{84}$ 173
science $_{58}$ 172, 221, 396
screen $_{64}$ 172
screenplay $_{118}$ 175
second $_{60}$ 172
secret $_{70}$ 168, 173, 223, 225
seed $_{33}$ 171
segmentation $_{142}$ 176
sense $_{62}$ 166, 172
sensibility $_{143}$ 176
sentence $_{85}$ 173
separation $_{118}$ 175
service $_{81}$ 173, 384
sex $_{48}$ 167, 172, 308
sexuality $_{136}$ 176, 188
shadow $_{70}$ 173
shame $_{46}$ 171
shareholder $_{113}$ 175
ship $_{52}$ 172
shopping $_{104}$ 174
show $_{65}$ 172
sign $_{49}$ 172, 190, 396
silence $_{67}$ 173
simplification $_{155}$ 177
simulation $_{133}$ 176, 308
simultaneity $_{168}$ 178
singularity $_{155}$ 177
sir $_{46}$ 171
situation $_{128}$ 176
skin $_{53}$ 172
sky $_{55}$ 172, 303, 304
slang $_{53}$ 172
slave $_{59}$ 172
slavery $_{102}$ 174
sleep $_{57}$ 172
slogan $_{68}$ 173
socialism $_{100}$ 167, 174
society $_{96}$ 174
software $_{107}$ 175
solution $_{125}$ 175
song $_{55}$ 172
soul $_{67}$ 173
sound $_{73}$ 173, 309
sovereignty $_{159}$ 177
space $_{44}$ 171, 309
speculation $_{135}$ 166, 176

speed $_{49}$ 172
spider $_{71}$ 173
spirit $_{91}$ 174
spleen $_{71}$ 173
sponsoring $_{146}$ 176
sponsorship $_{168}$ 178
stage $_{52}$ 172
standard $_{81}$ 173, 225, 384
standardization $_{175}$ 166, 178
star $_{58}$ 172, 303, 304
start $_{78}$ 173
statement $_{117}$ 167, 175
station $_{98}$ 174
statistics $_{139}$ 176
stimulation $_{153}$ 177, 312
stock exchange $_{135}$ 166
story $_{97}$ 167, 174
straightness $_{159}$ 177
stranger $_{102}$ 174
strip $_{82}$ 173
striptease $_{132}$ 176
structure $_{145}$ 163, 176, 213, 311, 312
subjectivism $_{152}$ 177
subordination $_{161}$ 166, 177
subscription $_{165}$ 177
substandard $_{123}$ 175
suburb $_{83}$ 173
success $_{89}$ 166, 174
suicide $_{70}$ 173
sun $_{54}$ 172, 256, 303, 304
superiority $_{175}$ 166, 178
superlative $_{148}$ 177
supermarket $_{147}$ 177
superstrings $_{185}$ 81
surplus $_{126}$ 175
surprise $_{125}$ 175
surrealism $_{135}$ 176
survival $_{124}$ 175
sympathy $_{127}$ 167, 176
synchronism $_{157}$ 177
system $_{101}$ 100, 174, 396

table $_{40}$ 171
talent $_{72}$ 173
target $_{71}$ 173
team $_{39}$ 171
tear $_{44}$ 171, 309
technology $_{124}$ 175
television $_{130}$ 176
terrorism $_{135}$ 176
test $_{64}$ 172
text $_{69}$ 173, 223, 225
the alphabet for fiction and non-fiction $_{351}$ 253
the basic principles of relativity $_{350}$ 253
the elimination of occasional accidents $_{345}$ 243
The Philosophy of Composition $_{345}$ 243, 244
The Large Glass $_{134}$ 318
The Raven $_{93}$ 243, 244
The White House $_{166}$ 166
theater $_{77}$ 309
the essential space and time relations $_{360}$ 252
the general coordination system $_{333}$ 382
theology $_{107}$ 175
theory $_{91}$ 174
theory of everything $_{245}$ 79, 242
thing $_{58}$ 172
thought $_{99}$ 174
time $_{47}$ 172
totality $_{122}$ 175
trade $_{48}$ 172
tradition $_{110}$ 175
transfer $_{101}$ 100, 174
translation $_{143}$ 176
transmission $_{170}$ 178
transparency $_{154}$ 177
transport $_{141}$ 176
treatment $_{116}$ 175
trend $_{61}$ 172, 352
trouble $_{93}$ 174
trust $_{98}$ 174
Turing-machine $_{142}$ 46
twilight $_{108}$ 175
two hundred and eighty-four $_{285}$ 340
two hundred and eighty-two $_{283}$ 340
two hundred and fifteen $_{216}$ 340
two hundred and fifty-one $_{251}$ 337
two hundred and ninety-three $_{294}$ 340

uncertainty $_{150}$ 346
underground $_{141}$ 176
understanding $_{150}$ 24, 177, 311, 312, 395, 396
understatement $_{179}$ 178
unemployment $_{173}$ 178
unfairness $_{126}$ 175
unification $_{121}$ 163, 175
union $_{73}$ 173
United Nations $_{165}$ 166
Universal Product Code $_{245}$ 79
universality $_{175}$ 166, 178
universe $_{113}$ 175
university $_{162}$ 177
urbanization $_{150}$ 177
use $_{45}$ 171

value $_{61}$ 166, 168, 172, 352, 396
variability $_{128}$ 176
variation $_{109}$ 167, 175
verbalization $_{154}$ 177
violence $_{85}$ 173
virility $_{124}$ 175
virtuality $_{157}$ 177
virtuosity $_{178}$ 178
visualization $_{178}$ 178
vocabulary $_{120}$ 175, 396
voice $_{54}$ 172
voluntarism $_{164}$ 177

Wall Street $_{135}$ 166
war $_{42}$ 171
water $_{67}$ 173
wave $_{51}$ 172
wealth $_{69}$ 173
weather $_{80}$ 173
wellness $_{109}$ 175
wheel $_{53}$ 172
wing $_{53}$ 172
wisdom $_{83}$ 173
witness $_{109}$ 167, 175
woman $_{66}$ 167, 172, 210
wonder $_{79}$ 173
word $_{60}$ 172, 243, 244
wording $_{90}$ 174
work $_{67}$ 168, 173, 225
world $_{72}$ 168, 173, 208, 223, 225
writer $_{93}$ 174, 243, 244

year $_{49}$ 172

Index: Codierte Wörter andere Sprachen

ancien régime $_{103}$ 165

ceci est à moi $_{102}$ 22
chien $_{39}$ 164
ciel $_{29}$ 164
Cogito ergo sum $_{167}$ 387

dAPERTutto $_{140}$ 322
dappertutto $_{156}$ 322
De Civitate Dei $_{116}$ 257
dieu $_{39}$ 164

Eli $_{26}$ 23
Enigma $_{49}$ 27
Ethica Ordine Geometrico demonstrata $_{351}$ 250, 253, 258, 365

fin $_{29}$ 164

histoire $_{103}$ 22

La vida, una cosa misteriosa $_{251}$ 344
Les liaisons dangereuses $_{252}$ 398

Mariée mise à nu par ses célibataires, même (La) $_{351+(13)}$ 318, 365
movimiento y reacciones $_{252}$ 398

Nemesis Divina $_{143}$ 257

Principia Mathematica $_{189}$ 258, 265

Systema Naturae $_{182}$ 241

Tractatus logico-philosophicus $_{354}$ 251
Tractatus theologico-politicus $_{356}$ 251
us-Enigma $_{89}$ 385

Personenregister

Abulafia, Abraham 85, 87
Achleitner, Friedrich 221f., 223
Adorno, Theodor W. 149f., 151, 258, 352
Agnon, Samuel Josef 250
Althusser, Louis 229
Amiet, Pierre 186
Anaximander 179
Anders, Günther 231, 258
Apollinaire, Guillaume 235
Archimedes 345
Arensberg, Walter 317
Aristoteles 314
Aronofsky, Darren 346
Art & Language 320
Artmann, H. C. 222, 223
Assmann, Jan 34, 180, 187f., 196, 260
Auden, W. H. 246
Augustinus, Aurelius 257, 320, 387

Baal-schem, Israel 88
Babel, Isaak E. 257
Bach, Johann Sebastian 308
Baecker, Dirk 33, 49
Ball, Hugo 237
Barthes, Roland 26, 104, 227, 310
Bateson, Gregory 258
Baudelaire, Charles 226, 257
Baudrillard, Jean 73
Bauer, Leonhard 350
Bayer, Konrad 219ff.
Beck, Ulrich 297, 298
Becker, Oskar 97
Beckett, Samuel 164, 257
Benevolo, Leonardo 91
Benjamin, Walter 82, 231, 391
Berg, Alban 309
Bergson, Henri 258
Bernhard, Thomas 250, 257
Bernoulli, Jaques 72
Beutelspacher, Albrecht 42f., 45, 54f.
Beuys, Joseph 77, 320
Blatner, David 64f.
Bloch, Ernst 193, 229, 258
Bloom, Harold 85f.
Blum, Wolfgang 11f.
Blumenberg, Hans 29f., 77, 179f., 258
Bodmer, Frederick 181
Boenicke, Rosemarie 130f.
Boltzmann, Ludwig 48, 72, 89
Bolz, Norbert 38
Borges, Jorge Luis 236, 237f., 345
Borwein, Jonathan 65
Borwein, Peter 65
Bosch, Hieronymus 316
Boscovich, Roger Joseph 261
Boulez, Pierre 308
Bourdieu, Pierre 38, 68, 91, 136ff., 142f., 146f., 148f., 351f.
Bouyer, M. 65
Brancusi, Constantin 316
Braque, Georges 235
Braudel, Fernand 354
Brekle, Herbert E. 158
Breton, André 90, 108, 236, 315, 316, 327
Brian, Denis 78f., 229
Bricmont, Jean 73f.
Broodthaers, Marcel 320
Bruegel, Pieter der Ältere 316
Bulgakow, Michail 258, 260
Burckhardt, Martin 131
Butor, Michel 163

Cage, John 307f.
Camus, Albert 257
Canetti, Elias 257, 258
Canguilhem, Georges 34
Casanova, Giacomo 258
Celan, Paul 195, 233
Cendrars, Blaise 235
Chaitin, Gregory J. 363
Chargaff, Erwin 69
Chlebnikov, Velimir 261ff.
Chomsky, Noam 195f., 360f.
Chuang Tsu 266
Chudnovsky, David 65
Chudnovsky, Gregory 65
Church, Alonzo 57
Cohen, Arthur A. 235
Coltrane, John 314
Conrad, Joseph 258
Cranach, Lucas 316
Crescas, Chasdai ben Abraham 229
Crystal, David 9, 161, 298f., 360, 388f.
Czernin, Franz Josef 224f.

da Vinci, Leonardo 91
Dali, Salvador 316
Damasio, Antonio R. 387f.
Daniels, Dieter 83, 130, 316, 317
Dante Alighieri 209, 258, 260, 261, 262, 307
Darboven, Hanne 320
Darwin, Charles Robert 197
David, Catherine 322f.
Davis, Miles 314
De Chirico, Giorgio 316
Dehaene, Stanislas 190
Delaunay, Sonia 235
Deleuze, Gilles 4, 73, 130, 138f., 151, 251, 299, 394
DePauli-Schimanovich, Werner 78
Derrida, Jaques 85, 86, 93, 101, 235
Descartes, René 235, 387
Domenach, Jean-Marie 390f.
Dornseiff, Franz 81, 106f., 145, 181f., 189, 197
Dosse, François 26, 229, 290, 292, 294, 318, 355, 351, 390f.
Dostojewskij, Fjodor Michailowitsch 250, 257, 258
Dubuffet, Jean 316
Duchamp, Marcel 83, 221, 308, 315ff., 355
Dudley, Underwood 242
Dürer, Albrecht 316

Eckert, Daniel 350
Eco, Umberto 151ff.
Einstein, Albert 78, 197, 229, 246, 306
El-Arabi, Ibn 197
Eliade, Mircea 77f., 89f., 184, 189, 206, 219, 258, 313
Endres, Franz Carl 219, 255, 364
Engels, Friedrich 258

Enzensberger, Hans Magnus 258
Ernst, Max 316
Euler, Leonhard 64
Eyck, Jan van 316

Faßler, Manfred 38, 39
Faulmann, Carl 161f.
Felstiner, John 195, 233
Ferguson, D. F. 65
Fermat, Pierre 72
Feyerabend, Paul 71
Feynmann, Richard 24, 300
Fibonacci, Leonardo 61
Flaubert, Gustave 258
Florenski, Pawel 260f.
Flusser, Vilém 34f., 37, 112, 239, 321f., 345f., 352
Foerster, Heinz von 46f., 48, 263, 265f., 309, 388
Földes-Papp, Károly 161f.
Ford, John 164
Foucault, Michel 77, 102f., 157f., 192, 195, 257, 258, 344, 351
Franz von Assisi 209
Franz, M.-L. von 130
Freud, Sigmund 71f., 91ff., 125ff.,197, 257, 258, 390
Friedell, Egon 258
Friedman, William 54
Friedrich II. 199

Galilei, Galileo 146f., 148
García Márquez, Gabriel 258
Gauß, Carl Friedrich 61
Gerstl, Elfriede 228
Giacometti, Alberto 316
Gibbs, William 72
Giorgione 316
Gödel, Kurt 55, 73, 78, 252, 356f.
Goethe, Johann Wolfgang 250, 257, 258
Goldbach, Ch. 61
Gomringer, Eugen 213ff.
Gorki, Maxim 260
Graf, Otto Antonia 186f.
Graham, Dan 320
Green, Michael 80
Gresleri, Giuliano 307
Grolle, Johann 80f.
Groys, Boris 351f., 353f., 356, 386
Grözinger, Karl Erich 231
Guattari, Félix 133, 138f., 151, 299, 394
Guihelm (Wilhelm) IX. von Aquitanien 234
Guilloud, Jean 65
Guy, Richard K. 242

Haarmann, Harald 161, 180, 183f., 186, 189
Habermas, Jürgen 193, 392
Hagelin, Boris 53
Handke, Peter 258
Hauer, Josef Matthias 309
Hawking, Stephen 79
Hegel, Georg Wilhelm Friedrich 258
Heidegger, Martin 133, 193, 195, 257, 329
Heisenberg, Werner 25
Held, Gerd 317
Helmholtz, Hermann von 349f.
Hendrix, Jimi 314
Hesse, Eva 107f., 108f., 235, 327
Hobbes, Thomas 222
Hodges, Andrew 55, 61, 163f.
Hofmann, Albert 77
Hofstadter, Douglas 39f.
Hohmeyer, Jürgen 322
Homer 250, 257, 260
Horkheimer, Max 149f., 258, 352
Horn, Rebecca 316
Hugo, Victor 250
Hujwiri (Derwisch) 197
Hulten, Pontus 315, 316f.
Humboldt, Alexander von 246
Huygens, Christiaan 72

Ifrah, Georges 12, 181f., 190, 191f., 198, 200f.
Indiana, Robert 320
Jantsch, Erich 309f.
Jarry, Alfred 318
Jelinek, Elfriede 258
Jochum, Richard 292
Johns, Jasper 316, 320
Joyce, James 163, 164, 257
Jung, C. G. 130, 197

Kafka, Franz 231f., 257
Kamper, Dietmar 109
Kanada, Yasumasa 65
Kandinsky, Wassily 216, 297, 305, 316, 319
Kant, Immanuel 149, 258, 350
Kantorowicz, Ernst 198f.
Kapuscinski, Ryszard 257
Kastberger, Klaus 219
Kawara, On 320
Kayser, Hans 311f.
Kepler, Johannes 69, 240, 241
Kerényi, Karl (Károly) 182f.
Kertész, Imre 309
Keynes, John Maynard 239
Khayyam, Omar 109, 197
Kierkegaard, Søren 257
Kippenhahn, Rudolf 43f., 54f.,
Ki-Zerbo, Joseph 185
Klausen, Max 44
Klee, Paul 215, 316, 319
Kluge, Alexander 193, 258
Knowlson, James 164
Koch, Günter 362f.
Kolmogorov, Andrej N. 363
Koolhaas, Rem 111
Kopernikus, Nikolaus 241
Kosuth, Joseph 320
Kounellis, Jannis 320
Kowanz, Brigitte 303, 305
Kowol, Gerhard 105f.
Kraus, Karl 235
Kristeva, Julia 24, 73, 101, 288, 318f.
Kubler, George 257, 292
Kubrick, Stanley 12
Kundera, Milan 232

Lacan, Jaques 26, 73
Le Corbusier 306f.
Lecke, Dorit 308
Leibnitz, Gottfried Wilhelm 252, 306, 315
Leroi-Gourhan, André 187
Lévinas, Emmanuel 205, 238, 249f.
Lévi-Strauss, Claude 107, 112, 138, 257, 258, 287f., 289
Lichtenstein, Roy 320
Ligeti, György 309
Linné, Carl von 240, 257
Lowry, Malcolm 257
Luhmann, Niklas 37, 38f., 97, 293f., 321, 392, 395
Luria, Isaak 88

Mach, Ernst 241, 258
Maggid von Meseritz 88
Magritte, René 316
Maimonides, Moses 85, 199, 229
Majakovskij, Vladimir 261
Malewitsch, Kasimir 305, 316, 319
Mallarmé, Stéphane 226, 242, 319
Mandelstam, Ossip 260
Mann, Heinrich 257
Mann, Thomas 257
Marcuse, Herbert 258
Marinetti, Filippo Tommaso 319, 327
Mark Aurel 258
Marx, Karl 257, 353
Maturana, Humberto R. 29, 82, 98
Maur, Karin von 320f.
Mauthner, Fritz 103, 220, 229, 269f., 327, 362
Mazzola, Guerino 310f.
McLuhan, Herbert 258
Mendel, Gregor 69
Menuhin, Yehudi 313
Merz, Mario 316, 320
Messiaen, Olivier 309
Miró, Joan 316, 319
Mitscherlich, Alexander 258
Mitscherlich, Margarete 258
Mondrian, Piet 297, 305, 319
Monod, Jaques 179, 245, 258, 321
Morse, Samuel 53

Moses aus Burgos 83
Moses de Leon 87
Motte-Haber, Helga de la 321
Musil, Robert 241f., 258, 273

Nabokov, Vladimir 207, 258, 394
Naredi-Rainer, Paul von 63, 306f.
Nathan von Gaza 88
Nauman, Bruce 320
Negt, Oskar 193, 258
Neumann, John von 55ff.
Newton, Isaac 195, 239, 240, 315
Nietzsche, Friedrich 182, 258
Nobel, Alfred 54
Nobel, Emanuel 53

Oberhuber, Oswald 320
Oldenburg, Claes 320
Ouaknin, Marc-Alain 101f., 104f.

Paracelsus, Philippus 90, 241
Pascal, Blaise 72
Pask, Gordon 265
Pasolini, Pier Paolo 258
Pauli, Wolfgang 241
Picabia, Francis 316, 319
Picasso, Pablo 235, 316
Pico della Mirandola 90
Pistoletto, Michelangelo 316
Plant, Sadie 56, 92, 299f., 354
Platon 148, 250, 315
Poe, Edgar Allan 242ff.
Popper, Karl R. 258
Potocki, Jan 144, 258
Pound, Ezra 233, 235, 327
Priessnitz, Reinhard 221, 227
Proust, Marcel 251
Puschkin, Alexander 250
Pynchon, Thomas 257, 264
Pythagoras 3, 80, 90, 148, 179, 182, 215, 307, 311, 314, 346

Racine, Jean 250
Ransmayr, Christoph 257
Rauchhaupt, Ulf von 80f.
Rauschenberg, Robert 320
Reich, Steve 314
Rejewski, Marian 54
Rembrandt 316
Rodtschenko, Alexander 319
Rorty, Richard 4f., 366
Rössler, Otto E. 261, 262
Rot, Dieter 319
Roth, Gerhard 392
Rousseau, Jean-Jacques 21f.
Rozycki, Jerzy 54
Rubinstein, Akiba Kiwelowicz 195
Rudolf II. 90
Ruelle, David 23, 67, 72, 311
Rühm, Gerhard 218f., 221, 223, 319
Rumi, Maulana Galal 197
Rushdie, Salman 258
Russell, Bertrand 258, 265

Said, Edward W. 209f.
Sargon II. 190
Sartre, Jean-Paul 26, 257
Saussure, Ferdinand de 289f., 311
Scheich Ghasali 197
Scherbius, Artur 53
Schimmel, Annemarie 210, 219, 255, 364
Schmatz, Ferdinand 226f.
Schmidt, Arno 292
Schmidt, Artur P. 48, 300f., 386f.
Schmidt, Burghart 75, 322, 395
Schnitzler, Arthur 257
Scholem, Gershom 82f., 84f., 86f., 88, 90, 93, 101, 151, 205f.
Schönberg, Arnold 309
Schopenhauer, Arthur 222
Schrödinger, Erwin 28f., 48, 241, 388
Schrott, Raoul 11, 28, 109, 120f., 234f., 241
Schwarz, Arturo 316
Schwarz, John 80
Schwitters, Kurt 319

Senett, Richard 45, 258, 364
Sepharial 346f.
Serres, Michel 58, 73, 81, 83, 137, 271, 290f., 294, 300, 394
Shah, Idries 197ff., 206, 209
Shakespeare, William 257
Sigmund, Karl 71, 89
Silvestrini, Narciso 314f.
Simon, Herbert A. 39, 61, 67
Sloterdijk, Peter 93, 106, 133, 258, 262
Smith, Adam 258
Sokal, Alan 73f.
Sontag, Susan 353
Sorge, Richard 44
Soros, George 79
Spinoza, Benedictus (Baruch) de 229, 240, 250, 258, 259, 262, 266, 305, 318
Starobinski, Jean 21f.
Stein, Gertrude 221
Sterne, Laurence 265
Stewart, Ian 13, 67, 69f., 240
Strathern, Paul 12, 90f.
Strawinsky, Igor 313f.
Streeruwitz, Marlene 293
Strouhal, Ernst 61f., 195, 354f.
Szeemann, Harald 322

Tamura, Yoshiaki 65
Tàpies, Antonio 319
Thomkins, André 164
Tišma, Aleksandar 258
Todorov, Tzvetan 101
Tolstoj, Leo N. 250, 257
Tschernyschevskj, Nikolaj G. 257
Turgenjev, Ivan 257
Turing, Alan 54, 55, 56, 61, 163, 355

Ujvary, Liesl 92

Valéry, Paul 24, 103, 236, 242, 246, 256f., 310, 393f
Varela, Francisco J. 29, 82, 98
Virilio, Paul 73, 352, 389, 392f.

Walter, Franz Erhard 320
Warhol, Andy 320
Weber, Max 40
Weibel, Peter 49f., 78
Weinberg, Steven 80
Weiner, Lawrence 320
Weinreb, Friedrich 23, 200ff., 207
Weiss, Peter 258
Werner, Helmut 346
Wertheim, Margaret 79, 195, 240
Whitehead, Alfred North 258, 265
Wiener, Norbert 265
Wiener, Oswald 56f., 58, 217, 220, 222, 223, 275f.
Wismer, Beat 305
Witten, Edward 80
Wittgenstein, Ludwig 64, 73, 86, 93, 106, 219, 251, 266, 359ff., 361f., 391f.

Xenakis, Iannis 309

Yovel, Yirmiyahu 229

Zaunschirm,Thomas 221, 317, 318
Zižek, Slavoj 133ff.
Zürn, Unica 227
Zwi, Sabbatai 88
Zygalski, Hendrik 54